SECTORES REGULADOS

Sector energético, Sector de las telecomunicaciones y Sector del transporte

Coordinador

Antonio J. Alonso Timón

SECTORES REGULADOS

Sector energético, Sector de las telecomunicaciones y Sector del transporte

Antonio J. Alonso Timón
Alfonso Arévalo Gutiérrez
Cristina Arenas Alegría
José Joaquín Jerez Calderón
Rosa María Collado Martínez
José María Codes Calatrava
Mariano Magide Herrero
Beatriz Rodríguez Villar
Rocío Tarlea
María José Trillo-Figueroa

Dykinson, S.L.

Colección "Derecho Administrativo"
Dirección de D. José María Abad Liceras y Dña. María Burzaco Samper

Editorial DYKINSON, S.L. Meléndez Valdés, 61 - 28015 Madrid
Teléfono (+34) 91 544 28 46 - (+34) 91 544 28 69
e-mail: info@dykinson.com
http://www.dykinson.es
http://www.dykinson.com

Consejo Editorial véase www.dykinson.com/quienessomos

ISBN: 978-84-9031-985-7
Depósito Legal: M-11800-2014

ÍNDICE

PARTE I.
SECTOR ENERGÉTICO

PARTE II. SECTOR DE LAS TELECOMUNICACIONES

PARTE I.
SECTOR ENERGÉTICO

EL SECTOR ELÉCTRICO

ROCÍO TARLEA
Letrada del Consejo de Estado

JOSÉ MARÍA CODES
Letrado de las Cortes Generales

energía eléctrica: 2.1. El mercado de producción de energía eléctrica. 2.2. Régimen de instalaciones. 3. Las actividades de transporte y distribución. 4. La actividad de comercialización. 5. Los servicios de recarga energética.- VI. EL RÉGIMEN DE AUTORIZACIÓN DE INSTALACIONES: 1. Disposiciones generales. 2. Clases de autorizaciones.- VII. LA REGULACIÓN ADMINISTRATIVA DE LAS ENERGÍAS RENOVABLES: 1. Introducción. Marco normativo. 2. Breve referencia a la actividad de ordenación en el sector de las energías renovables: requisitos para el acceso al régimen especial: 2.1. Concepto de régimen especial. 2.2. Autorización de las instalaciones. 2.3. Inclusión en el régimen especial. 2.4. Garantía de origen. 2.5. La situación actual. 3. Actividad de fomento: el régimen retributivo de las energías renovables: 3.1. Introducción. 3.2. El régimen tarifario del Real Decreto 661/2007. 3.3. El Registro de Preasignación y las modificaciones legislativas posteriores. El régimen de la nueva Ley del Sector Eléctrico.

I. INTRODUCCIÓN

La regulación del sector eléctrico aparece condicionada tanto por el carácter de servicio esencial que presenta el suministro de electricidad como por una serie de peculiaridades físicas, técnicas y económicas propias de dicho suministro. Al no ser almacenable la energía eléctrica, las oscilaciones de la demanda de los consumidores deben ser atendidas en tiempo real, siendo precisa una adecuada coordinación del sistema para que pueda garantizarse el suministro de forma continuada. Asimismo, dicho suministro exige que los productores estén unidos a los consumidores a través de redes de transporte y distribución que conforman verdaderos monopolios naturales. Estos rasgos propios del sector eléctrico determinaron que el mismo estuviera, desde sus orígenes, organizado a partir de empresas verticalmente integradas que desarrollaban las actividades de generación, transporte y distribución de energía eléctrica.

Esta estructura tradicional del sector eléctrico ha ofrecido en ocasiones importantes escollos para la realización de una de las políticas europeas más ambiciosas y conflictivas: el establecimiento en el seno de la Unión Europea de un mercado interior de la electricidad y el gas natural. A la consecución de este objetivo ha obedecido la evolución del sector eléctrico español desde los años 90 del pasado siglo hasta el momento actual.

La regulación del sector eléctrico se enfrenta al difícil reto de armonizar múltiples intereses económicos, sociales, medioambientales y políticos, muchas veces contrapuestos entre sí. Por este motivo, la actual ordenación jurídica del suministro eléctrico es notablemente compleja y cambiante, dando lugar a un sector del ordenamiento en el que el denominado "riesgo regulatorio" y el problema del déficit tarifario cobran un papel protagonista.

II. EVOLUCIÓN DEL RÉGIMEN JURÍDICO DEL SUMINISTRO ELÉCTRICO EN ESPAÑA

1. De los orígenes a la declaración del suministro como servicio público

Como recuerda GIMENO FELIÚ, la electricidad llegó a España a finales del siglo XIX, durante el período de la Restauración[1]. En aquel momento el suministro de electricidad no se organizó conforme a un modelo de servicio público; la Administración no estaba preparada para asumir dicho suministro y, además, esa posibilidad habría sido contraria al principio decimonónico de libertad industrial. En consecuencia, la actividad de suministro eléctrico fue inicialmente desarrollada por empresas privadas no vinculadas al Estado mediante concesión administrativa y en régimen de absoluta libertad. Todo ello, claro está, sin perjuicio del sometimiento de dicha actividad a ciertas normas de policía administrativa que iban siendo dictadas en distintos ámbitos con los que el suministro eléctrico presentaba una ineludible conexión, como el uso de las vías públicas para el alumbrado o los aprovechamientos hidráulicos para la generación de electricidad.

En el año 1924 tuvo lugar lo que NEBREDA PÉREZ[2] denomina la "puesta de largo" del Derecho eléctrico. En efecto, el **Decreto de 19 de**

---

(1) En efecto, en 1875, año con el que se inicia la Restauración mediante la proclamación de Alfonso XII como rey, DALMAU y XIFRE instalan en la Plaza de Canaletas de Barcelona la primera central eléctrica para dar suministro a la empresa "La maquinista terrestre y marítima". En Madrid, la Cía General Madrileña de Electricidad inició en 1900 el alumbrado público, en colaboración con AEG (GIMENO FELIÚ, J.M., "El sector eléctrico como servicio público". Civitas, Madrid, 1994, p. 34).

(2) NEBREDA PÉREZ, J., "*Distribución eléctrica. Concurrencia de disciplinas jurídicas*", Civitas, Madrid, 1999, p.48.

abril de 1924 llevó a cabo la **declaración del suministro eléctrico como servicio público,** estableciendo la obligación de las empresas eléctricas de prestarlo de forma regular y de someterse a un régimen de tarifas públicas y a la supervisión administrativa. Como explica MUÑOZ MACHADO(3), el suministro eléctrico se configuraba en el Decreto de 1924 como un servicio público en el sentido de que suponía un ofrecimiento al público de prestaciones de interés general controlado por la Administración en los términos anteriormente señalados. Sin embargo, a diferencia de lo que sucedió de forma coetánea con otros servicios, el Decreto no transformaba el suministro eléctrico en una actividad de titularidad pública a la que sólo pudieran acceder los particulares a través de la técnica concesional, sino que las empresas eléctricas continuaban desarrollando su actividad sin vincularse al Estado a través de concesión administrativa.

Dichas empresas eléctricas actuaron durante las primeras décadas en un mercado nacional que se encontraba compartimentado en zonas geográficas en cada una de las cuales operaba un monopolio verticalmente integrado; no existía, pues, un mercado unificado de energía eléctrica. Sin embargo, tras la Guerra Civil la aparición de restricciones eléctricas, con grave incidencia en toda la economía española, hizo necesario intensificar la eficiencia del sector. Para ello era preciso crear un verdadero "sistema eléctrico" allí donde hasta entonces sólo había existido un conjunto de empresas que desarrollaban su actividad sin una conexión estrecha entre ellas. A esta finalidad de lograr un único sistema nacional respondió el nacimiento de la Unidad Eléctrica, S.A. (UNESA) en el año 1944. A UNESA, entidad integrada por las grandes empresas eléctricas existentes, le fue atribuida mediante Orden Ministerial de 2 de diciembre de 1944 la misión de conjugar los sistemas regionales existentes en cada una de las "zonas eléctricas" en que se encontraba dividido el territorio español. La interconexión de la producción y el transporte de electricidad, garantizada por UNESA, permitió la creación de un sistema único sin necesidad de acudir a la nacionalización del sector (solución por la que habían optado en aquel momento otros países europeos como Francia o el Reino Unido). La generación y el transporte de energía eléctrica se mantuvieron, por tanto, en manos de las empresas privadas.

---

(3) MUÑOZ MACHADO, S. *"Introducción al sector energético: regulación pública y libre competencia"* en *"Derecho de la Regulación Económica"*. Volumen III, Sector energético, tomo I. Iustel, Madrid, 2009, p. 19.

Este modelo de agregación de sistemas zonales coordinados a través de UNESA permaneció vigente durante las décadas posteriores. Sin embargo, a partir de 1980 surgió la necesidad de potenciar el control de la Administración sobre la producción y el transporte de energía eléctrica. A esta finalidad obedeció la aprobación de la **Ley 49/1984, de 26 de diciembre, sobre explotación unificada del Sistema Eléctrico Nacional.** Esta ley declaraba la explotación unificada del sistema como un servicio público, lo que supuso la **nacionalización de la red de transporte,** que hasta entonces había permanecido en manos privadas. La sociedad gestora de ese servicio público de explotación unificada era Red Eléctrica de España, sociedad anónima de capital mayoritariamente público creada en 1985, cuya función consistía en coordinar la producción y suministro de energía eléctrica a través de las redes de alta tensión.

En 1986 España ingresó en las Comunidades Europeas. En un momento en el que en el ámbito comunitario se daban ya los primeros pasos en el camino de la liberalización del suministro eléctrico, en nuestro Derecho verían la luz dos normas esenciales inscritas aún en la filosofía de la planificación: el llamado **Marco Legal Estable** (MLE), aprobado por **Real Decreto 1538/1987, de 11 de diciembre,** y la **Ley 40/1994, de 30 de diciembre, de Ordenación del Sector Eléctrico Nacional** (LOSEN):

- En cuanto al MLE, recibió este nombre porque pretendió otorgar a las empresas generadoras la garantía de la recuperación de las importantes inversiones que habían realizado, estableciendo el derecho de esas empresas a obtener una retribución que cubriese los *costes estándares* reconocidos a su actividad. El problema radicaba, naturalmente, en la fijación objetiva de esos costes, cuestión que trajo consigo inevitables controversias.
- Algunas deficiencias detectadas en el funcionamiento del MLE y su insuficiente rango legal (Real Decreto) llevaron a la aprobación de la LOSEN en el año 1994. La LOSEN derogó la Ley anterior de 1984 y reguló el sector eléctrico por primera vez de manera general y sistemática. Abría una pequeña puerta a la libre competencia en el ámbito de la generación, permitiendo la fijación de costes reconocidos a través de mecanismos de mercado; y creaba, junto al Sistema Integrado, un Sistema Independiente en el que la energía podría someterse a intercambios libremente

pactados por las partes (sistema éste último que nunca llegó a tener una existencia real). Además, implantó por primera vez en el sector eléctrico un *"ente regulador"* del mismo, la Comisión del Sistema Eléctrico Nacional, encargada de *"velar por la objetividad y transparencia"* de dicho sistema.

En relación con la LOSEN se ha dicho que, bajo unos aparentes avances hacia la liberalización, subyacía una Ley que en realidad no alteraba los principios básicos del modelo anterior, aunque con algunas modificaciones en su instrumentación. En efecto, las actividades comprendidas en el Sistema Integrado continuaban recibiendo la calificación de servicio público, estando su prestación reservada al Estado en lo que respectaba a la explotación unificada de dicho Sistema; seguía imperando una planificación conjunta de carácter vinculante; y se continuaba garantizando a las empresas generadoras una retribución a tarifa, conforme a costes reconocidos y no conforme a precios de mercado.

2. Del servicio público tradicional al servicio de interés económico general

La vigencia de la LOSEN sería breve, pues las tendencias liberalizadoras del Derecho comunitario vendrían a ponerle fin. En 1996 se aprobó la **Directiva 96/92/CE, del Parlamento Europeo y del Consejo, de 19 de diciembre de 1996 sobre normas comunes para el mercado interior de la electricidad.** Esta directiva perseguía la consecución de un mercado competitivo de energía eléctrica, sin perjuicio de que los Estados miembros pudiesen imponer a las empresas del sector ciertas obligaciones de servicio público. La directiva definió los calendarios de apertura progresiva de los mercados, e introdujo principios esenciales para el nuevo modelo como el de separación de actividades reguladas y liberalizadas, el de libertad de acceso a las redes de transporte y distribución o el de apertura gradual de los mercados para la elección libre de suministrador. Además previó la obligación de los Estados miembros de designar una autoridad reguladora independiente encargada de la resolución de los conflictos relacionados con los contratos y las negociaciones entre los operadores del sistema.

La aprobación de la citada Directiva 96/92/CE y la necesidad de su incorporación al ordenamiento español llevó a que la LOSEN fuera sustituida por un nuevo marco legislativo: la **Ley 54/1997, de 27 de no-**

viembre, del Sector Eléctrico (LSE), actualmente derogada, con las mínimas salvedades que se señalarán más adelante. A diferencia de su predecesora, la LSE de 1997 era ya **exponente de la tendencia liberalizadora** comunitaria, yendo incluso más allá de lo exigido por la directiva que incorporaba. Las novedades fundamentales introducidas por la LSE de 1997 fueron las siguientes:

— En primer lugar, el suministro de energía eléctrica pasó de ser considerado un **servicio público**, en el sentido tradicional, a configurarse como un **servicio de interés económico general.** En efecto, a diferencia de las normas anteriores a ella, la LSE de 1997 se asienta en el convencimiento de que garantizar el suministro eléctrico, que se califica de "servicio esencial" (art. 2), no requiere que el Estado se reserve para sí el ejercicio de ninguna de las actividades que integran dicho suministro, sino que es suficiente con que el sector de la electricidad se someta a una cierta **regulación administrativa.**

— Como consecuencia de lo anteriormente señalado, la LSE de 1997 terminó con la reserva de la explotación unificada del sistema en favor del Estado que había imperado bajo la LOSEN, atribuyendo la gestión del sistema eléctrico a dos sociedades mercantiles y privadas: el **operador del mercado** y el **operador del sistema** (responsables, respectivamente, de la gestión económica y técnica del sistema).

— Se estableció una **separación entre actividades** sujetas a un régimen de libre mercado (generación y comercialización) y actividades reguladas (transporte y distribución), previéndose para lograr una competencia efectiva el **derecho de acceso de terceros a las redes** previo abono de los correspondientes peajes.

— Como manifestación del principio de libre iniciativa empresarial, la **planificación** eléctrica dejó de ser obligatoria en el ámbito de la generación, en el que permaneció con **carácter meramente indicativo**[4]. En cambio, la planificación continuó siendo vinculante en lo que respecta a las instalaciones de transporte.

---

(4) Cabe recordar la STC 18/2011, de 3 de marzo, que declaró la inconstitucionalidad el art. 6 de la Ley 11/1997, de 2 de diciembre, del Parlamento de Canarias, de Regulación del Sector Eléctrico Canario. Dado que dicho precepto preveía una planifica-

— Frente a la retribución de los operadores a través de tarifas fijadas administrativamente que imperaba con anterioridad, bajo la vigencia de la LSE de 1997 la formación de precios tiene lugar libremente en el mercado de producción (centrándose la intervención administrativa esencialmente en la determinación de los peajes). Mientras que bajo la LOSEN se garantizaba a las empresas de generación eléctrica la recuperación de los costes incurridos, el modelo liberalizado de generación de la LSE de 1997 traía consigo la posibilidad de que el precio de mercado de la electricidad fuese insuficiente para compensar las inversiones realizadas, cuya recuperación pasaba a depender de la rentabilidad de las mismas. Por este motivo la disposición transitoria sexta de la LSE de 1997 estableció un mecanismo que permitiese a las empresas productoras recuperar los que vinieron a llamarse "**Costes de Transición a la Competencia**" **(CTC's).**

— Finalmente, la LSE de 1997 reforzó la posición de la Comisión del Sistema Eléctrico Nacional, que pasó a denominarse **Comisión Nacional del Sistema Eléctrico**, para tratar de convertir dicho organismo en una autoridad reguladora con las características de independencia exigidas por el Derecho comunitario.

3. El fortalecimiento del mercado interior de la electricidad: la Directiva 2003/54/CE y el "tercer paquete energético"

El impulso hacia la consolidación de un mercado interior de la electricidad realizado por la Directiva de 1996 hubo de reforzarse algunos años más tarde, dando lugar a la aprobación de la **Directiva 2003/54/CE,** del Parlamento Europeo y del Consejo, de 26 de junio de 2003, **sobre normas comunes para el mercado interior de la electricidad**. Esta nueva directiva, que derogaba la anterior de 1996, perseguía reforzar el mercado interior de electricidad, abundando para ello en la eliminación de los obstáculos que aún subsistían para su plena realización. Entre otras, la Directiva de 2003 incluyó medidas tendentes a garantizar el acceso no discriminatorio a las redes (reforzando la separación entre actividades) y la libre elección de suministrador por parte de los consumidores; asimismo, trató de impulsar la cooperación entre las autoridades regulado-

---

ción a largo plazo de carácter vinculante en relación con el régimen ordinario de generación, el TC apreció su contradicción con la normativa básica estatal.

ras europeas. La transposición de la Directiva de 2003 a nuestro ordenamiento interno tuvo lugar a través de la modificación operada en la LSE de 1997 mediante **Ley 17/2007, de 4 de julio,** si bien (como señala la Exposición de Motivos de esa ley) la mayor parte de las disposiciones de la directiva ya se encontraban incorporadas al Derecho español.

Precisamente en ese mismo año 2007 la Comisión Europea propuso una reforma del sector energético, por considerar que la Unión aún se encontraba lejos de alcanzar el objetivo de un auténtico mercado interior de la energía[(5)]. Ello condujo a la aprobación del llamado "**tercer paquete energético**", que contenía –entre otros instrumentos normativos– la **Directiva 2009/72/CE**, del Parlamento Europeo y del Consejo, de 13 de julio de 2009, sobre normas comunes para el mercado interior de la electricidad y por la que se deroga la Directiva 2003/54/CE; el **Reglamento (CE) nº 713/2009** del Parlamento Europeo y del Consejo, de 13 de julio de 2009, por el que se crea la Agencia de Cooperación de los Reguladores de la Energía; y el **Reglamento nº 714/2009,** del Parlamento Europeo y del Consejo, 13 de julio de 2009, relativo a las condiciones de acceso a la red para el comercio transfronterizo de electricidad. La reforma aprobada en 2009 profundiza en la separación de actividades (insistiendo en la independencia de la actividad de gestión de la red de transporte); contempla medidas para garantizar que las empresas de terceros países que deseen adquirir una participación significativa o pretendan adquirir el control de una empresa titular de una red de un Estado miembro de la Unión cumplan los mismos requisitos de separación que las empresas comunitarias; promueve una mayor colaboración entre los operadores de las redes de transporte europeos; refuerza la protección a los consumidores, especialmente a aquéllos que presentan un carácter vulnerable; e incrementa las funciones y fortalece la independencia de los reguladores nacionales, creándose además una Agencia de cooperación de tales reguladores[(6)].

---

(5) En este sentido pueden citarse, entre otros documentos, las Comunicaciones de la Comisión de 10 de enero de 2010 *"Una política energética para Europa"* y *"Perspectivas del marcado interior del gas y la electricidad"*.

(6) La Agencia de Cooperación de los Reguladores de la Energía (ACER) tuvo sus precedentes en el Consejo de Reguladores de Energía Europeos (CEER), conformado de forma voluntaria por las autoridades reguladoras nacionales de varios Estados miembros. Posteriormente, en el año 2000, se creó el Grupo de organismos reguladores europeos de la electricidad y el gas (ERGEG) como órgano consultivo de la Comisión Europea; el ERGEG se disolvió en el año 2011 con la entrada en funcionamiento de la ACER.

La aprobación del “tercer paquete energético”, en lo que al ordenamiento eléctrico español se refiere, encontró su reflejo en el **Real Decreto-ley 13/2012, de 30 de marzo**, que modificó la LSE de 1997 con la finalidad –entre otras– de transponer la Directiva 2009/72/CE.

4. El problema del déficit tarifario y la búsqueda del equilibrio financiero

Sin duda uno de los principales problemas a los que se enfrenta la regulación del sector eléctrico en España es la existencia de un alarmante déficit tarifario de carácter estructural, cuyo importe acumulado supera actualmente los 26.000 millones de euros. Dicho déficit nace de la insuficiencia de las tarifas fijadas por el Gobierno y abonadas por los consumidores para cubrir los costes reconocidos del sistema.

El déficit de tarifa surgió por primera vez en el año 2000 –como resultado de un ligero desajuste entre la previsión inicial de ingresos y costes– y, tras alcanzar un valor significativo en 2002, volvió prácticamente a desaparecer durante los dos ejercicios siguientes. Fue a partir de 2005 cuando el déficit tarifario comenzó a alcanzar valores anuales cercanos a los 5.000 millones de euros, sin que la Administración optase por incrementar los peajes de acceso en orden a lograr la suficiencia de la tarifa para cubrir los costes reconocidos.

La LSE de 1997 obligó a las empresas eléctricas a financiar temporalmente el déficit del sistema, reconociéndoseles el derecho a obtener su reembolso en quince anualidades. El reembolso anual del déficit de ejercicios pasados se considera un coste regulado que se incluye en los peajes que forman parte de la tarifa de que pagan los consumidores, siendo éstos, en último término, a los que corresponde hacer frente al déficit que se va generando.

El carácter crítico de esta situación fue expresamente reconocido en el preámbulo del Real Decreto-ley 6/2009, de 30 de abril, norma ésta que estableció, entre otras, dos previsiones fundamentales:

— Por un lado se determinaron déficits máximos anuales decrecientes, si bien los límites de déficit anual que entonces se fijaron pronto hubieron de ser ampliados por el Real Decreto-ley 14/2010, de 23 de diciembre, por el que se establecen medidas urgentes para la corrección del déficit tarifario del sector eléctrico. Además, se dispuso que a partir del 1 de enero de 2013 no podría aparecer déficit ex ante, debiendo ser los peajes de acceso suficientes para satisfacer la totalidad de los costes del sistema.

— Por otro lado, se estableció un mecanismo para posibilitar que las empresas eléctricas pudiesen titulizar la deuda derivada del déficit acumulada en sus balances, cediendo sus derechos de cobro al Fondo de Amortización del Déficit Tarifario (FADE) cuya creación se preveía en el propio Real Decreto-ley 6/2009. Además, se autorizaba el otorgamiento de avales del Estado a los bonos emitidos por el FADE desde la entrada en vigor del Real Decreto-ley hasta el 31 de diciembre de 2013, con el límite de ciertos importes máximos anuales.

Con posterioridad al año 2009 se aprobaron sucesivas normas tendentes a lograr una solución del problema del déficit eléctrico (o, al menos, a frenar su ritmo de crecimiento)(7). Para ello se adoptaron tanto medidas dirigidas a incrementar los ingresos destinados al sostenimiento del sistema como medidas encaminadas a reducir sus costes.

Entre las medidas tendentes a incrementar los ingresos cabe mencionar el establecimiento de peajes de acceso a las redes para la actividad de generación (Real Decreto-ley 14/2010) o la introducción de nuevas figuras tributarias que gravan dicha actividad y cuya recaudación se destina

---

(7) El recurso al real decreto-ley en este ámbito, justificado por el Gobierno en razones de extraordinaria y urgente necesidad, ha sido constante. Solamente durante el año 2012 se aprobaron nada menos que cuatro: el Real Decreto-ley 1/2012, de 27 de enero, por el que se procede a la suspensión de los procedimientos de preasignación de retribución y a la supresión de los incentivos económicos para nuevas instalaciones de producción de energía eléctrica a partir de cogeneración, fuentes de energía renovables y residuos; el Real Decreto-ley 3/2012, de 30 de marzo, por el que se transponen las directivas en materia de mercados interiores de electricidad y gas y en materia de comunicaciones electrónicas y por el que se adoptan medidas para la corrección de las desviaciones por desajustes entre costes e ingresos en los sectores eléctrico y gasista; el Real Decreto-ley 20/2012, de 13 de julio, de medidas para garantizar la estabilidad presupuestaria y de fomento de la competitividad; el Real Decreto-ley 29/2012, de 28 de diciembre, de mejora de la gestión y protección social en el Sistema Especial para Empleados de Hogar y otras medidas de carácter económico y social. Ya en 2013 se aprobaron el Real Decreto-ley 2/2013, de 1 de febrero, de medidas urgentes en el sistema eléctrico y en el sector financiero, y el Real Decreto-ley 9/2013, de 12 de julio, por el que se adoptan medidas urgentes para garantizar la estabilidad financiera del sistema eléctrico.

a cubrir determinados costes del sistema eléctrico (Ley 15/2012, de 27 de diciembre, de medidas fiscales para la sostenibilidad energética).

Entre las medidas dirigidas a reducir los costes del sistema destacan aquéllas destinadas a rebajar la retribución de la producción que venía considerándose de "régimen especial" (y las que más adelante en este capítulo se hará referencia); asimismo se encuadran aquí las medidas de reducción de la retribución de las actividades reguladas (transporte y distribución), de la retribución en relación con las restricciones por garantía de suministro (ayudas al carbón) y de la retribución de los servicios de pagos por capacidad e interrumpibilidad (Real Decreto-ley 13/2012 y Real Decreto-ley 20/2012). Asimismo, el Real Decreto-ley 2/2013, de 2 de febrero, de medidas urgentes en el sistema eléctrico y en el sector financiero modificó el índice de actualización de las retribuciones, tarifas y primas correspondientes a los sujetos del sector eléctrico.

Las numerosas medidas aplicadas se revelaron, sin embargo, insuficientes, para hacer frente al problema del déficit tarifario, resultando imposible el cumplimiento de los límites de déficit existentes. El Gobierno, reticente a incrementar los peajes de acceso debido al impacto que sobre los consumidores tendría esta decisión en un contexto de crisis económica como el imperante, hubo de eliminar en los últimos días de 2012 el límite máximo de déficit fijado para dicho año y permitir la generación de déficit para 2013 (Real Decreto-ley 29/2012, de 28 de diciembre). Por otro lado, durante el primer semestre de 2013 una serie de factores (relacionados, esencialmente, con unas condiciones meteorológicas atípicas y con una contracción de la demanda de energía más acusada de lo previsto), dieron lugar nuevamente a una desviación con respecto a las hipótesis manejadas al inicio de año para fijar los peajes de acceso.

Todo ello ponía de manifiesto que, más allá de las medidas de carácter parcial que habían venido adoptándose, **resultaba necesaria y urgente una profunda reforma del marco regulador del sector eléctrico y, en especial, de su régimen económico.**

Esa reforma se la llevado a cabo en varias fases sucesivas. En primer lugar, mediante la aprobación del **Real Decreto-ley 9/2013, de 12 de julio,** por el que se adoptan medidas urgentes para garantizar la estabilidad financiera del sistema eléctrico; en segundo lugar, una vez en vigor esas medidas urgentes, mediante la **aprobación de una nueva ley del sector eléctrico:** la **Ley 24/2013, de 26 de diciembre**; y, por último, mediante el desarrollo reglamentario de dicha ley, que se ha producido hasta el momento en que escribimos únicamente de modo parcial[8].

5. La nueva Ley del Sector Eléctrico

La Ley 24/2013, de 26 de diciembre, del Sector Eléctrico recoge gran parte de las medidas introducidas por el Real Decreto-ley 9/2013 (como son, entre otras, las referidas al régimen retributivo de las actividades reguladas y de la generación a partir de fuentes de energía renovables, cogeneración y residuos).

La nueva Ley tiene como finalidad básica el establecimiento de la regulación del sector manteniendo los objetivos de la derogada LSE de 1997: garantizar el suministro eléctrico con los niveles necesarios de calidad y al menor coste posible. Como señala la exposición de motivos de la Ley, tales objetivos han sido alcanzados en lo esencial durante los dieciséis años de vigencia de la LSE de 1997, salvo el objetivo económico. Por esta razón, la finalidad principal de la reforma global operada por la nueva Ley es la de **garantizar la sostenibilidad financiera del sistema eléctrico**. Los pilares fundamentales sobre los cuales se asienta la Ley para alcanzar dicha finalidad son los siguientes:

— Se someten las actuaciones de las Administraciones Públicas y de los sujetos del sistema al **principio de sostenibilidad económica y financiera** (artículo 13), de tal modo que, de acuerdo con el artículo 13.4, los ingresos del sistema[9] (que se enume-

[8] En este punto conviene destacar que la disposición transitoria primera de la nueva Ley 24/2013 establece que, en tanto no se dicten las normas de desarrollo de la misma que sean necesarias para la aplicación de alguno de sus preceptos, *"continuarán aplicándose las correspondientes disposiciones en vigor en materia de energía eléctrica"*.

[9] En lo que respecta a los ingresos del sistema, cabe subrayar que, como novedad, **la Ley 24/2013 distingue entre "peajes" y "cargos"** a la hora de referirse a ciertos ingresos que bajo la LSE de 1997 se encuadraban bajo la categoría única de "peajes" y que eran siempre financiados con cargo al sistema. La distinción introducida por la nueva Ley, según señala su exposición de motivos, responde a la terminología utilizada en las directivas europeas y a la conveniencia de diferenciar los pagos por contribución a la cobertura de los costes de las redes de transporte y distribución (peajes), de aquellos pagos relacionados con otros aspectos regulados del sistema (cargos).

Así, los **peajes de acceso** son ahora exclusivamente los ingresos que se destinan a cubrir el coste de las actividades de transporte y distribución de energía eléctrica. En cambio los **cargos** están destinados a cubrir los costes de las actividades del sistema que corresponran en el artículo 13.2) serán suficientes para cubrir sus costes (enumerados en el artículo 13.3) Además, cualquier medida normativa en relación con el sector que suponga un incremento de costes para el sistema eléctrico o una reducción de ingresos deberá incorporar una reducción equivalente de otras partidas de costes o un incremento equivalente de ingresos que asegure el equilibrio del sistema (artículo 13.5). De esta manera se descarta definitivamente la posibilidad de aparición de nuevos déficits.

— Este principio se refuerza con el establecimiento de **restricciones tasadas a la aparición de desajustes temporales** anuales ocasionados por situaciones coyunturales, previéndose como mecanismo correctivo la obligación de revisión automática de los peajes y cargos que correspondan si se superan determinados umbrales (artículo 19).

— Asimismo, se establecen criterios para determinar la retribución de las actividades reguladas de forma homogénea en todo el territorio nacional, teniendo en consideración para la determinación de su rentabilidad la actividad de una instalación tipo realizada por una **empresa "eficiente y bien gestionada"**, así como el nivel de riesgo de la actividad.

— **Se abandona la diferencia entre el régimen ordinario y el régimen especial** de producción de energía eléctrica existente en la LSE de 1997, sin perjuicio de la posibilidad de establecimiento de un **régimen retributivo específico para la generación a partir de fuentes de energía renovables, cogeneración y residuos** (basado en la participación de los productores en el mercado y en una eventual retribución adicional determinada también por referencia a una instalación tipo y a una empresa eficiente y bien gestionada).

dan, teniendo en cuenta las cuantías que también proceden de las partidas presupuestarias o de otros mecanismos. Así, entre otros, los cargos cubrirán el régimen retributivo específico de la actividad de generación a partir de fuentes de energía renovables, cogeneración de alta eficiencia y residuos, retribución del extracoste de la actividad de producción en los sistemas eléctricos en los territorios no peninsulares con régimen retributivo adicional, la retribución asociada a la aplicación de mecanismos de capacidad y las anualidades correspondientes a los déficit del sistema eléctrico, con sus correspondientes intereses y ajustes.

— Las actividades destinadas al suministro en los sistemas no peninsulares podrán tener un régimen singular para el que se tendrán en cuenta exclusivamente los extracostes de estos sistemas asociados a su no peninsularidad y a su carácter aislado.

Junto con la finalidad principal de garantía de la sostenibilidad financiera del sistema, la nueva Ley persigue también otros objetivos, entre los que destacan los siguientes:

— Clarificar las competencias que en el sector eléctrico corresponden a la Administración General del Estado.

— Definir más claramente los conceptos de conexión y acceso a las redes.

— Reformular el régimen sancionador establecido en la LSE de 1997 para adaptarlo a la evolución que el sector ha experimentado desde los comienzos de la liberalización.

— Establecer una regulación específica para el autoconsumo de energía eléctrica.

Además de todo lo anterior, parece desprenderse de la exposición de motivos de la nueva norma la voluntad del legislador de hacer frente a la dispersión normativa imperante *"no deseable en un sector económico tan relevante"* como el eléctrico. No obstante, lo cierto es que la Ley no deroga muchas normas diseminadas en disposiciones actualmente vigentes, tanto de rango legal como reglamentario. Ni tan siquiera deroga íntegramente la LSE de 1997, puesto que deja vigentes cuatro de sus disposiciones adicionales (e incluso modifica la 21ª). No deja de causar cierta perplejidad que la aprobación de una ley del sector eléctrico completamente nueva no vaya a ser aprovechada para unificar la regulación de la materia, sino que, al contrario, vaya a servir una vez más para introducir una gran confusión en la determinación de las normas que resultan aplicables.

III. ORGANIZACIÓN ADMINISTRATIVA[10]

1. La organización ministerial

En el ámbito de la Administración General del Estado, el **Ministerio** competente en materia energética, en general, y en materia de energía

(10) En este punto seguimos a GONZÁLEZ RÍOS, en *"Régimen jurídico-administrativo de las energías renovables y de la eficiencia energética"*.

eléctrica, en particular es el de **Industria, Energía y Turismo**. Dentro de este departamento se encuadra la Secretaría de Estado de Energía, de la que dependen la **Dirección General de Política Energética y Minas** (en adelante, DGPEM) y la Subdirección General de Relaciones Energéticas Internacionales. Por último, hay que destacar que de la DGPEM dependen cinco Subdirecciones Generales: de Hidrocarburos, Energía Eléctrica, Energía Nuclear, Minas y Planificación Energética y Seguimiento. No existe, por tanto, ninguna Subdirección General dedicada de manera monográfica a las energías renovables, lo cual llama la atención a la vista de la enorme importancia económica y social de las mismas.

2. La Administración institucional

En lo que respecta a los entes de naturaleza institucional que desempeñan funciones en los sectores energéticos y, por tanto, en el sector eléctrico, procede hacer referencia a la **Comisión Nacional de los Mercados y la Competencia,** al **Instituto para la Diversificación y Ahorro de la Energía** y al **Centro de Investigaciones Energéticas, Medioambientales y Tecnológicas.**

2.1 El organismo regulador: la Comisión Nacional de los Mercados y la Competencia

El organismo regulador en el sector energético había sido hasta fechas muy recientes la **Comisión Nacional de la Energía** (en adelante, CNE), que fue creada por la Disposición Adicional Undécima de la Ley 34/1998, de 7 de octubre, del Sector de Hidrocarburos (y que vino a sustituir a la Comisión Nacional del Sistema Eléctrico, su precedente como organismo regulador del sector).

Tras la aprobación de la **Ley 3/2013, de 4 de junio, de creación de la Comisión Nacional de los Mercados y la Competencia** (en adelante CNMC), este nuevo ente, llamado super-regulador, es el órgano al que se atribuyen todas las competencias que anteriormente correspondían a la CNE sobre los sectores energéticos, en general, y sobre el sector eléctrico, en particular. En otro capítulo de esta obra hemos hecho una valoración crítica tanto de la técnica legislativa del Derecho regulatorio español, en general y en particular, así como de la Ley de creación de la CNMC, por lo que no reiteraremos aquí nuestras reflexiones.

Las funciones que en relación con el sector eléctrico corresponden a la CNMC se encuentran enumeradas en los artículos 5, 7 y 12 de la citada Ley 3/2013, a las que deben añadirse *"cualesquiera otras funciones que le sean atribuidas por Ley o por Real Decreto"* (artículo 7, función 37ª). Tales funciones de la CNMC como regulador del sector eléctrico son de distinta naturaleza; entre ellas pueden distinguirse:

— Funciones de **carácter normativo,** pues dicta circulares de desarrollo y ejecución de normas reglamentarias en materia energética, siempre que tales normas le habiliten de modo expreso para ello (artículo 7, función 36ª) y establece mediante circular –entre otras– la metodología de cálculo de la parte de los peajes de acceso a las redes de electricidad correspondientes a los costes de transporte y distribución (artículo 7, función 1ª).

— Funciones **consultivas** y de **propuesta o informe.** La CNMC actúa como órgano consultivo de la Administración en materia energética. Así, por ejemplo, emite informe en el proceso de planificación energética, en los procedimientos de elaboración de disposiciones que afecten a los mercados energéticos, en expedientes de aprobación de regímenes económicos o retributivos y en los expedientes de autorización de instalaciones energéticas (función 34ª).

— Funciones **de resolución de conflictos y arbitrales,** pues resuelve los conflictos en materia de acceso a las redes de transporte y distribución y en relación con la gestión económica y técnica del sistema y el transporte (artículo 12, apartado b)) y actúa como órgano arbitral en los conflictos suscitados entre los sujetos que realicen actividades en el sector eléctrico (artículo 5, apartado b).

— Funciones de **inspección y supervisión**, en el amplio elenco de supuestos que determina el artículo 7 de la Ley 3/2013.

— Asimismo, la CNMC vela para que los sujetos que actúen en los mercados energéticos lleven a cabo su actividad respetando los principios de **libre competencia,** aplicando lo dispuesto en la Ley 15/2007, de 3 de julio, de Defensa de la Competencia, en materia de conductas que supongan impedir, restringir y falsear la competencia, en materia de concentraciones económicas y en materia de ayudas públicas.

2.2 El Instituto para la Diversificación y Ahorro de la Energía

En segundo lugar, hay que referirse al **Instituto para la Diversificación y Ahorro de la Energía** (en adelante, IDAE).

El IDAE, según el Real Decreto 802/1986, de 11 de abril, por el que se establece el Estatuto del Instituto para la Diversificación y Ahorro de la Energía (que ha experimentado diversas modificaciones) es una Entidad de derecho público con la naturaleza prevista en el artículo 6.1.b), de la Ley 11/1977, de 4 de enero, General Presupuestaria, adscrita al Ministerio de Industria y Energía, a través de la Secretaría General de la Energía y Recursos Minerales. A día de hoy, el IDAE es un organismo adscrito al Ministerio de Industria, Energía y Turismo, a través de la Secretaría de Estado de Energía, de la que depende orgánicamente.

Dentro de sus fines y funciones(11) se incluye un amplio espectro de potestades de análisis, propuesta, asesoramiento, control, consultoría

(11) Serán fines y funciones del Instituto para la Diversificación y Ahorro de la Energía los siguientes:

a) Proponer, adoptar y ejecutar, en su caso, las directrices, medidas y estudios que sean precisos para obtener el nivel idóneo de conservación, ahorro y diversificación energética en los sectores industriales, avícola o de servicios, pudiendo, a tales efectos, realizar cualquier clase de actividades y servicios tanto en relación con las Administraciones y Empresas públicas, como con cualesquiera Entidades, Empresas y personas privadas.

b) Analizar, determinar, proponer y ejecutar las medidas necesarias para obtener políticas sectoriales eficaces, fomentar la utilización de nueva tecnología en equipos y proyectos e incentivar el uso de nuevas fuentes de energía, la racionalización del consumo y la reducción de los costes energéticos.

c) Analizar, definir, proponer y aplicar programas tendentes a investigar las fuentes de energías renovables a la oferta energética.

d) La asignación y control de cualesquiera subvenciones e incentivos financieros para fines de conservación, ahorro, diversificación y desarrollo energético. Igualmente podrá ejercer el Instituto funciones de agencia, mediación o creación de cauces de financiación a Empresas o a Entidades en general que sean adecuados para la consecución de los objetivos definidos.

e) A los efectos previstos en los apartados precedentes, el Instituto podrá desarrollar actividades de asistencia técnica, ingeniería de servicios, consultoría, dirección o ejecución de obra, asesoramiento y comercialización, en general, de productos, patentes, marcas, modelos y diseños industriales, realizar inversiones, directa o indirectamente, en proyectos de interés energético y en Sociedades ya constituidas o de nueva creación.

f) Realizar, en general, cuantas funciones y actividades afecten a la promoción y gestión del ahorro energético y a la conservación, diversificación y desarrollo de la energía.

y asistencia. Sus órganos de Gobierno son el Consejo de Gobierno, la Comisión Ejecutiva y el Director General.

El Real Decreto-ley 20/2012, de 13 de julio, de medidas para garantizar la estabilidad presupuestaria y de fomento de la competitividad, amplía las funciones del IDAE para dar apoyo a las tecnologías orientadas a la descarbonización de la generación eléctrica; prestar asistencia al Ministerio de Industria, Energía y Turismo en procedimientos administrativos, judiciales o arbitrales en los que sea parte la Administración General del Estado; y desarrollar como medio propio instrumental y servicio técnico, en los términos que prevea su Estatuto, y en todo lo relacionado con sus fines y funciones, los trabajos que se le encomienden por parte de la Administración General del Estado así como por sus organismos y entidades dependientes, que tengan la consideración de poder adjudicador(12).

2.3 El Centro de Investigaciones Energéticas, Medioambientales y Tecnológicas

Además de la CNMC y del IDAE, hay que tener en cuenta a nivel estatal el Centro de Investigaciones Energéticas, Medioambientales y Tecnológicas (CIEMAT), Organismo Público de Investigación adscrito al Ministerio de Economía y Competitividad a través de la Secretaría de Estado de Investigación, Desarrollo e Innovación y focalizado principalmente en los ámbitos de la energía y el medio ambiente y los campos tecnológicos relacionados con ambos(13).

IV. DISTRIBUCIÓN DE COMPETENCIAS EN MATERIA DE ENERGÍA ELÉCTRICA

1. Las competencias de la Unión Europea en materia de energía eléctrica

Aunque la preocupación en torno a las cuestiones energéticas se encuentra en el origen mismo de las Comunidades Europeas, hasta el año 2007 los Tratados no contenían ningún precepto en el que se reconociese una política energética como competencia comunitaria. En efecto, aun-

(12) Esta información aparece en la propia web del IDAE: *http://www.idae.es/index.php/relmenu.30/relcategoria.101/idpag.11/mod.pags/mem.detalle*

(13) http://www.ciemat.es/portal.do;jsessionid=162B0AFEA428D104B2C349960B9B2F74?IDM=6&NM=1

que las referencias a la política energética europea comenzaron a aparecer en los documentos comunitarios desde mediados de los años 80, habría que esperar a la aprobación del Tratado de Lisboa para que el actualmente denominado **Tratado de Funcionamiento de la Unión Europea (TFUE)** pasase a reconocer expresamente la energía como un ámbito de **competencia compartida** entre la Unión y los Estados miembros (artículo 4). Como novedad, el **artículo 194 TFUE** establece un fundamento jurídico específico para el desarrollo de la política energética de la Unión y enuncia los objetivos de ésta última: garantizar el funcionamiento del mercado de la energía; garantizar la seguridad del abastecimiento energético en la Unión; fomentar la eficiencia energética y el ahorro energético así como el desarrollo de energías nuevas y renovables; y fomentar la interconexión de las redes energéticas. Estos objetivos se fijan *"en el marco del establecimiento o del funcionamiento del mercado interior y atendiendo a la necesidad de preservar y mejorar el medio ambiente*, así como con *"un espíritu de solidaridad entre los Estados miembros"*.

La ausencia de un fundamento jurídico específico para el desarrollo de una política energética con anterioridad a Lisboa no impidió, sin embargo, que sobre la base de los preceptos atributivos de otras competencias comunitarias se desplegase una importante intervención desde Europa en los sectores energéticos, en general, y en el sector eléctrico, en particular; intervención que, como ha venido exponiéndose, ha dado lugar a la profunda transformación de los sectores eléctricos de los Estados miembros desde los años noventa del siglo pasado hasta el momento actual. Por ello, hasta el momento, las distintas normas que han ido aprobándose en materia eléctrica lo han sido, sobre todo, sobre la base de las competencias en materia de **mercado interior** y en materia de **medio-ambiente**. Así, por ejemplo, las normas sobre sector eléctrico contenidas en el "tercer paquete energético" fueron aprobadas con fundamento en el artículo 95 del Tratado de la Comunidad Europea (actual art. 114 TFUE), que establece la cláusula de armonización que permite adoptar medidas de aproximación de la legislación de los Estados miembros que tengan por objeto el establecimiento y el funcionamiento del mercado interior.

2. Distribución constitucional de competencias

En lo que respecta a nuestro ordenamiento interno, el sistema de distribución de competencias en materia de energía eléctrica arranca de los apartados 22 y 25 del artículo 149.1 de la Constitución (CE). En el **artículo 149.1.22** se establece que es competencia exclusiva del Estado ***"la autorización de las instalaciones eléctricas cuando su aprovechamiento afecte a otra Comunidad o el transporte de energía salga de su ámbito territorial"***. El **artículo 149.1.25**, por su parte, atribuye al Estado la competencia sobre ***"las bases del régimen (...) energético"***. De acuerdo con el marco constitucional descrito, las Comunidades Autónomas han asumido dos tipos de competencias en materia eléctrica: una competencia exclusiva de tipo de ejecutivo (autorizar instalaciones eléctricas dentro de su propio territorio) y una competencia de desarrollo legislativo (el desarrollo de las bases del régimen eléctrico establecidas por el Estado).

La aprobación de normas estatales y autonómicas dictadas con fundamento en los títulos competenciales mencionados ha dado lugar a diversos conflictos de interpretación de dichos preceptos, cuyo alcance ha venido a ser precisado por la jurisprudencia del TC:

1) Una primera cuestión conflictiva surgió en relación con el artículo 149.1.22, en concreto acerca de la interpretación que debía conferirse a la característica de que el aprovechamiento de una instalación "afecte" o no a más de una Comunidad Autónoma. La STC 12/1984, de 2 de febrero, cuya doctrina fue posteriormente reiterada en la STC 74/1992, de 14 de mayo, tiene en cuenta una serie de criterios para determinar si existe esa afectación "supracomunitaria". Entre dichos criterios se encuentran las características técnicas de la instalación (como el nivel de tensión de las líneas) y su interconexión con la red eléctrica nacional, así como el carácter meramente excepcional o, por el contrario, habitual, del consumo eléctrico más allá del territorio autonómico[14]. Por lo demás, para que la competencia autorizatoria co-

---

[14] Las sentencias citadas resuelven sendos conflictos positivos de competencia. En la STC 12/1984 el Alto Tribunal resuelve a favor del Estado, señalando lo siguiente (FJ 2°): *"Si el aprovechamiento de la línea desde fuera de Cataluña es no sólo técnicamente posible y previsto, como se infiere de las condiciones que la hacen apta para transportar energía a 380 KW; si está conectada a la Red General Peninsular, si la condición deficitaria de Cataluña la obliga a importantes intercambios; si éstos han sido muy cuantiosos en fecha inmediatas; y, finalmente, si está técnicamente prevista su ampliación y la expresa intervención de la línea de que se trata en tales intercambios desde y, sobre todo, hacia Cataluña, es claro que el aprovechamiento de la línea afecta al resto de la España peninsular, que tal aprovechamiento no será excepcional y que por consiguiente la afectación en este sentido determina que*

rresponda al Estado bastará que se dé una de las dos condiciones que se mencionan en el artículo 149.1.22 (sentencia del Tribunal Constitucional 108/1996, de 12 de junio, dictada en relación con instalaciones petrolíferas pero cuya doctrina es también de aplicación a las instalaciones eléctricas).

2) Otra cuestión que ha tenido que ser dilucidada a la luz de la jurisprudencia del TC es la del alcance que debe tener "lo básico" cuando el artículo 149.1.25 establece la competencia estatal para dictar las bases del régimen energético. De acuerdo con la jurisprudencia constitucional, en principio las bases habrán de estar establecidas en normas con rango de ley. Sin embargo, el TC ha considerado que la exigencia de rango legal para el establecimiento de las bases en materia energética *"no es absoluta"* (STC 197/1996), sino que *"excepcionalmente pueden considerarse básicas algunas normas no contenidas en normas de rango legal e incluso ciertos actos de ejecución cuando, por la naturaleza de la materia, resultan complemento necesario para garantizar la consecución de la finalidad objetiva a que responde la competencia estatal sobre las bases (STC 48/1988, FD 3°)"*. Esto último es lo que sucede en el ámbito del sector eléctrico, si bien cabe observar que en dicho sector la excepcionalidad a la que alude el TC se convierte en realidad en una práctica habitual existiendo numerosas normas reglamentarias e incluso actos de ejecución estatales que se declaran básicos.

Junto a los dos preceptos examinados que atribuyen al Estado títulos competenciales específicos en materia energética (149.1.22 y 149.1.25 CE), debe tenerse también en cuenta el **artículo 149.1.13,** que atribuye al Estado una competencia general sobre las ***"bases y coordinación de la planificación general de la actividad económica".*** Según el TC, el mencionado artículo atribuye al Estado una competencia de carácter horizontal de gran fuerza expansiva, que alcanzaría también a la ordena-

sea necesario declarar la titularidad de la competencia de autorización en favor del Estado". La STC 74/1992, en cambio, declara que la competencia de la Comunidad Autónoma de Aragón para autorizar la ampliación de una central hidroeléctrica, dado que el transporte de la energía producida se realizaba *"a una tensión muy inferior a la de las grandes líneas de la red nacional"* y se consumía *"íntegramente en las factorías que in situ tiene la propia Empresa"* (FJ 2°).

ción de los sectores energéticos. En este sentido la STC 18/2011, de 3 de marzo, afirma que la competencia atribuida por el artículo 149.1.13 al Estado incluye *"no sólo las genéricas competencias relativas a las bases y coordinación de la planificación general económica, sino también las más específicas de ordenación del sector energético, referentes a las bases del régimen del mismo"*. Ello es así dado que el sector eléctrico *"no sólo constituye un sector estratégico para el funcionamiento de cualquier sociedad moderna, representando por sí mismo una parte muy importante dentro del conjunto de la economía nacional, sino que es clave como factor de producción esencial para la práctica totalidad de los sectores económicos, condicionando de manera determinante en muchos casos su competitividad"*.

3. Las competencias estatales en la nueva Ley del Sector Eléctrico

La nueva Ley 24/2013 establece, en su artículo 3, las competencias que en el sector eléctrico corresponden a la **Administración General del Estado**. Tales competencias son las siguientes:

1. Establecer la regulación básica de las actividades destinadas al suministro de energía eléctrica.
2. Determinar las medidas necesarias para garantizar el suministro de energía eléctrica.
3. Garantizar la sostenibilidad económica y financiera del sistema eléctrico.
4. Ejercer las facultades de planificación eléctrica en los términos establecidos en el artículo 4 de la Ley.
5. Establecer el régimen retributivo y fijar la retribución de aquellas actividades que tengan una retribución regulada de acuerdo con lo previsto en la Ley.
6. Otorgar y revocar el régimen retributivo a las instalaciones y a los sujetos a los que les sea aplicable de acuerdo con lo previsto en la presente ley y en su normativa desarrollo.
7. Regular la estructura de los cargos por costes regulados y de los peajes correspondientes al uso de redes de transporte y distribución, así como establecer los criterios para el otorgamiento de garantías por los sujetos que corresponda y fijar, en su caso, el precio voluntario para el pequeño consumidor máximo del sumi-

nistro de energía eléctrica a los consumidores que reglamentariamente se determine.

8. Ejercer las funciones de ordenación previstas en el Título II de la Ley.
9. Regular la organización y funcionamiento del mercado de producción de energía eléctrica.
10. Regular los términos en que se ha de desarrollar la gestión económica y técnica del sistema, aprobando las reglas de mercado y los procedimientos de operación de carácter instrumental y técnico necesarios.
11. Establecer los requisitos de calidad y seguridad que han de regir el suministro de energía eléctrica, teniendo en cuenta los criterios establecidos en el artículo 1 de la propia Ley.
12. Determinar los derechos y obligaciones de los sujetos relacionados con el suministro de energía eléctrica.
13. Autorizar las siguientes instalaciones eléctricas:
    a) Instalaciones peninsulares de producción de energía eléctrica, incluyendo su línea de evacuación, de potencia eléctrica instalada superior a 50 MW eléctricos, instalaciones de transporte primario peninsular y acometidas de tensión igual o superior a 380 kV.
    b) Instalaciones de producción, incluyendo su línea de evacuación, transporte secundario, distribución, acometidas y líneas directas, que excedan del ámbito territorial de una Comunidad Autónoma, así como las líneas directas conectadas a instalaciones de generación de competencia estatal.
    c) Instalaciones de producción ubicadas en el mar territorial.
    d) Instalaciones de transporte primario y acometidas de tensión nominal igual o superior a 380 kV ubicadas en los territorios no peninsulares, cuando estos estén conectados eléctricamente con el sistema peninsular.
    e) Instalaciones de producción de potencia eléctrica instalada superior a 50 MW eléctricos ubicadas en los territorios no peninsulares, cuando sus sistemas eléctricos estén efectivamente integrados con el sistema peninsular, de acuerdo con lo establecido en el artículo 25.2 de la Ley.

14. Impartir, en el ámbito de su competencia, instrucciones relativas a la ampliación, mejora y adaptación de las redes e instalaciones eléctricas de transporte y distribución, en garantía de una adecuada calidad y seguridad en el suministro de energía, con un mínimo impacto ambiental.
15. Inspeccionar, en el ámbito de su competencia, a los sujetos que realicen actividades destinadas al suministro de energía eléctrica reguladas en la presente ley, así como sus instalaciones, en los términos previstos en la Ley y su normativa de desarrollo.
16. Sancionar, en el ámbito de su competencia y de acuerdo con lo dispuesto en la Ley y en sus disposiciones de desarrollo, las infracciones cometidas.

En lo que respecta a las **Comunidades Autónomas**, cabe recordar que el artículo 3.3 de la LSE de 1997 enumeró originalmente las competencias que a las mismas correspondían "en el ámbito de sus respectivos Estatutos". No obstante, dicho precepto fue declarado inconstitucional por la STC 18/2011, de 3 de marzo, en la que se entendió que al incluir ese listado de competencias autonómicas en el artículo 3.3 el legislador estatal había incurrido en un exceso competencial, *"penetrando en el ámbito reservado por el bloque de la constitucionalidad a las Comunidades Autónomas" (FD 7º)*. En consonancia con este pronunciamiento del Tribunal Constitucional, la nueva Ley prescinde de enumerar las competencias autonómicas en relación con el sector eléctrico.

IV. LA REGULACIÓN DEL SUMINISTRO ELÉCTRICO: PRINCIPALES TÉCNICAS REGULATORIAS

Como ha venido exponiéndose, la construcción paulatina de un mercado interior de la energía en la Unión Europea ha determinado el tránsito de un modelo tradicional de servicio público hacia la configuración del suministro eléctrico como servicio de interés económico general, en relación con el cual los poderes públicos desarrollan una **actividad de regulación** que persigue una doble finalidad: la **efectividad de la libre competencia** empresarial y la garantía de **un suministro eléctrico de calidad en todo el territorio nacional a precios asequibles**. Junto con la existencia de un organismo independiente regulador del sector (papel que como ya se ha analizado corresponde actualmente a la CNMC) al servicio de la doble finalidad enunciada se articulan **distintas técnicas**

regulatorias, las cuales **han venido a sustituir a las propias del servicio público tradicional.**

Entre dichas técnicas se encuentran la **separación de actividades,** el reconocimiento del derecho de **acceso de terceros a las redes** de transporte y distribución y la imposición a los operadores eléctricos de una serie de **obligaciones de servicio público.**

1. La separación de actividades

Cuando los primeros impulsos liberalizadores del sector eléctrico llegaron a España todas las actividades propias del suministro eléctrico (producción, transporte y distribución, en la que se incluía la comercialización) eran desarrolladas de modo integrado por las mismas empresas, tal y como sucedía en gran parte de los países europeos. Una estructura empresarial de tales características resultaba, como puede comprenderse, un obstáculo para la libre competencia: cuando la red de transporte es gestionada por una empresa verticalmente integrada dicho gestor tiende a dispensar un trato de favor a las empresas de generación y comercialización de su mismo grupo en detrimento de aquéllas otras que les hacen la competencia. Para evitar este tipo de situaciones, el Derecho comunitario (y, en ejecución y cumplimiento del mismo, el Derecho español) estableció la obligada separación (*unbundling*) entre las empresas que desarrollan actividades competitivas (como la generación o la comercialización) y aquéllas que desarrollan actividades reguladas (como el transporte o la distribución), separación en la que ha venido a insistir la Directiva 2009/72/CE.

En un principio, la normativa comunitaria (concretamente la Directiva 96/92/CE) estimó suficiente una **separación contable** de las distintas actividades de las empresas eléctricas de un mismo grupo, con la finalidad de lograr una transparencia de los estados financieros de las empresas verticalmente integradas y evitar subvenciones cruzadas. Sin embargo, la Comisión Europea pronto advirtió que la separación contable resultaba insuficiente, por lo que la Directiva 2003/45/CE impuso la **separación jurídica** y **funcional** para el desarrollo de actividades libres y reguladas; ello no implicaba un cambio en la propiedad de los activos, sino simplemente una independencia de los gestores de las redes de transporte y distribución con respecto a los intereses de generación y suministro. Finalmente, durante el proceso que condujo a la aprobación del denominado "tercer paquete energético" se puso de manifiesto que las normas sobre separación jurídica y funcional hasta entonces imperantes resultaban insuficientes para solucionar los conflictos de intereses que se producen cuando el gestor de red pertenece a una empresa verticalmente integrada. Por ese motivo, la Directiva de 2009 consideró que una forma claramente eficaz de garantizar una independencia efectiva era establecer una **separación patrimonial**, de tal modo que el propietario de la red y gestor de la misma sea una entidad completamente separada y distinta de las empresas con intereses en la producción y el suministro de electricidad, lo que comportaría, en su caso, la transferencia de los correspondientes activos de red en favor de dicha entidad independiente. Este modelo de separación patrimonial es conocido como modelo TSO (*Transmission System Operator*).

Sin embargo, la Directiva 2009/72/CE, debido a la posición mantenida al respecto por algunos Estados miembros de la Unión (como Francia o Alemania), no llegó a imponer ese modelo de separación patrimonial, sino que lo prevé de forma meramente opcional. En concreto, junto a la posibilidad de optar por un modelo TSO, la Directiva de 2009 también permite que la red de transporte continúe perteneciendo a empresas verticalmente integradas, siempre y cuando se garantice una adecuada independencia en la gestión de la red de transporte con respecto a los intereses de generación y suministro, cumpliendo para ello determinados requisitos especialmente estrictos. De este modo la Directiva 2009/72/CE admite, junto con el modelo TSO antes descrito, los denominados modelos ISO (*Independent System Operator*) e ITO (*Independent Transmission Operator*). En ambos la red de transporte continúa perteneciendo a una empresa verticalmente integrada. En el modelo ISO se designa como gestor de esa red a una empresa distinta, propuesta por el titular de la red, mientras que en el modelo ITO el gestor de la red de transporte puede formar parte de la empresa verticalmente integrada, pero cumpliendo ciertos requisitos que garanticen su independencia y que la directiva establece.

En España la Ley 24/2013, de acuerdo con las exigencias de las directivas europeas, recoge el principio de separación de actividades, que presenta una doble manifestación: por un lado, la separación entre actividades libres y actividades reguladas comporta el sometimiento de unas y otras a un régimen jurídico y económico muy distinto dado su diferente grado de liberalización. Por otro lado, la separación de actividades determina la sujeción de los operadores eléctricos a una serie de medidas que afectan a su estructura empresarial, de modo tal que quede suficientemente garantizada la independencia de intereses.

En lo que respecta a este segundo aspecto, el artículo 12 de la Ley establece un modelo de **separación jurídica**, al señalar que las sociedades mercantiles que desarrollen alguna o algunas de las actividades reguladas (operación del sistema, transporte y distribución) deben tener como objeto social exclusivo el desarrollo de las mismas sin que puedan, por tanto, realizar actividades de producción, de comercialización o de servicios de recarga energética (que son actividades libres). Tampoco podrán las sociedades que desarrollen actividades reguladas tomar participaciones en empresas que realicen actividades libres. No obstante, un grupo de sociedades podrá desarrollar actividades incompatibles (reguladas y libres) siempre que las mismas sean ejercitadas por sociedades diferentes que respeten una serie de criterios de **separación funcional** que garanticen su independencia y que se determinan en el artículo 12.2. De este modo, por ejemplo, las personas responsables de la gestión de sociedades que realicen actividades reguladas no podrán participar en estructuras organizativas del grupo empresarial que sean responsables, directa o indirectamente, de la gestión cotidiana de actividades libres. Las sociedades que realicen actividades reguladas establecerán un código de conducta en el que se expongan las medidas adoptadas para garantizar la adecuada separación.

Si lo anterior es plenamente aplicable a la separación entre las actividades libres y la actividad regulada de distribución, cabe señalar que para el caso de la actividad de transporte la Ley 24/2013 va más allá de las citadas medidas de separación funcional y establece una verdadera **separación patrimonial** con respecto a las empresas de generación y comercialización. En efecto, en el sector eléctrico español tanto la titularidad de la red de transporte como su gestión corresponden a Red Eléctrica de España (REE), conforme a un modelo TSO. Por tanto, puede decirse que en España se establece una separación de tipo jurídico y funcional entre las actividades libres y la actividad regulada de distribución y un modelo de separación patrimonial entre las actividades libres y la actividad de transporte.

Cabe añadir que el Derecho comunitario y el ordenamiento español no sólo velan por la existencia de una adecuada separación entre las actividades liberalizadas y las actividades reguladas, sino que –con la misma finalidad de propiciar la libre competencia– se ocupan también de garantizar la independencia de intereses dentro de éstas últimas. De este modo, como más adelante se verá, la Ley 24/2013 se refiere a la **separación entre las actividades de transporte y distribución** y a la **independencia de intereses entre la actividad de transporte y la gestión de la red**.

2. El acceso de terceros a las redes de transporte y distribución

Como ha venido señalándose, entre las diferentes actividades que integran el suministro eléctrico la producción de electricidad y su comercialización se configuran como actividades que pueden desarrollarse en régimen de libre competencia. En cambio, el transporte y distribución de electricidad son actividades reguladas, porque las redes a través de las cuales se transporta y distribuye la energía constituyen "**monopolios naturales**". En efecto, no resulta razonable ni desde el punto de vista medioambiental ni desde el punto de vista de la eficiencia económica y técnica que distintas empresas dupliquen o multipliquen esas redes para poder operar en el sistema eléctrico. El monopolio se justifica, pues, por el hecho de que la inversión en nuevas redes resultaría ineficiente tanto para las empresas que la llevasen a cabo como para el sistema en su conjunto.

Para posibilitar la libre competencia en el mercado de la electricidad, venciendo la barrera de entrada que supone el monopolio natural antes descrito, se acude a una técnica regulatoria que consiste en reconocer un **derecho de acceso de terceros a las redes** ya existentes (al que suele hacerse referencia con las siglas ATR). En este sentido, el artículo 8.2 de la Ley 24/2013 señala que *"se garantiza el acceso de terceros a las redes de transporte y distribución"*. Cualquier suministrador de electricidad podrá adquirir energía a cualquier productor y transportarla y distribuirla a través de las redes que ya existen sin necesidad de ostentar la titularidad de esas redes a cambio de satisfacer una contraprestación o **peaje de acceso**[15].

---

(15) Cabe recordar que, junto a los peajes de acceso a las redes que corresponde abonar en su caso a los distribuidores y consumidores de electricidad, la LSE de 1997 (tras su modificación por Real Decreto-ley 14/2010, de 23 de diciembre) estableció también la **obligación de los productores de electricidad** de pagar un peaje fijado en función de la energía vertida a dichas redes, el cual se determinará reglamentariamente. Esta previsión

El derecho de acceso corresponde, además de a los suministradores de electricidad (es decir, quienes venden y revenden energía), a los consumidores. En cuanto a los sujetos obligados a permitir el acceso, son los gestores de las redes de transporte y distribución (sin que sea relevante, por tanto, la titularidad de las instalaciones que conforman dichas redes). Los conflictos que se susciten en relación con la aplicación de contratos de acceso a la red se someterán a la CNMC para su resolución (artículo 33.3 de la Ley 24/2013).

El ejercicio del derecho de acceso de terceros a las redes de transporte y distribución acceso tiene **carácter regulado**(16) y se articula en torno a cuatro principios fundamentales procedentes del Derecho comunitario, que encuentran su reflejo en la Ley y en el Real Decreto 1955/2000, de 1 de diciembre, por el que se regulan las actividades de transporte, distribución, comercialización, suministro y procedimientos de autorización de instalaciones de energía eléctrica. Tales principios son los siguientes:

— *Publicidad de las reglas de acceso y de las tarifas:* Conlleva la necesidad de que las reglas de funcionamiento, así como las tarifas o peajes de acceso sean de general conocimiento.

— *Objetividad de los criterios que se determinen:* Es necesario que las reglas de funcionamiento y las tarifas sean establecidas de acuerdo con criterios fundados y no relacionados con los intereses de una u otra empresa del sector. Este principio también condiciona los criterios de la eventual denegación de acceso; en este sentido señala la Ley (artículo 33.2) que el operador del sistema, como gestor de la red de transporte, sólo podrá denegar el acceso en caso de que no disponga de la capacidad necesaria y siempre de forma motivada.

---

se mantiene, en los mismos términos, en el artículo 16.2 de la Ley 24/2013. En cumplimiento de la habilitación reglamentaria contenida en este último precepto, estos peajes se regulan en el Real Decreto 1544/2011, de 31 de octubre, que continúa en vigor en virtud de la disposición transitoria primera de la Ley 24/2013.

(16) Tal y como tuvo ocasión de señalar el Tribunal de Justicia de la Unión Europea en sentencia de fecha 22 de mayo de 2008 (C-439/06). Este acceso regulado se distingue del acceso negociado previsto para otros servicios económicos esenciales de red, como es el caso del acceso a las instalaciones de almacenamiento y transporte de productos petrolíferos (art. 41 de la Ley 34/1998, de 7 de octubre, del Sector de Hidrocarburos).

— *Principio de no discriminación:* Este principio se afirma en relación con las normas técnicas de acceso a las redes, así como sobre las tarifas que se exijan y, en general, sobre cualesquiera otras que puedan incidir, afectar, limitar o impedir la conexión con redes eléctricas y, por tanto, el ejercicio del derecho de acceso (STJUE de 7 de junio de 2005, C – 17/03).

— *Precios razonables:* El acceso a las redes no es una prestación gratuita, sino que, como ya se ha adelantado, está sujeto a la satisfacción de un precio o peaje. Dicho peaje será fijado por el Ministro de Industria, Energía y Turismo, previo Acuerdo de la Comisión Delegada del Gobierno para Asuntos Económicos el Gobierno (artículo 16 de la Ley), de conformidad con la metodología establecida por la CNMC y considerando a estos efectos el coste de la retribución de estas actividades. Serán peajes únicos en todo el territorio nacional, sin perjuicio de tener en cuenta las especialidades por niveles de tensión y las características de los consumos por horario y potencia (en el caso de los consumidores) o la energía vertida a las redes (en el caso de los productores), y no incluirán ningún tipo de impuesto.

Los peajes de acceso serán fijados, en principio, anualmente, si bien podrán revisarse cuando se produzcan circunstancias que afecten de modo relevante a los costes regulados o a los parámetros utilizados para su cálculo.

3. La imposición a los operadores de obligaciones de servicio público

La separación de actividades y el reconocimiento del derecho de acceso de terceros a las redes a las que acaba de hacerse referencia se presentan como técnicas de regulación ordenadas fundamentalmente a lograr la efectividad de la competencia en el libre mercado. La regulación del sector eléctrico persigue cohonestar dicha finalidad con el objetivo irrenunciable de garantizar un suministro eléctrico adecuado para todos los consumidores, objetivo que justifica la imposición a los operadores de **obligaciones de servicio público.** En este sentido señala la Directiva 2009/72/CE (art. 3.2) que *"los Estados miembros podrán imponer a las empresas eléctricas, en aras del interés económico general, obligaciones de servicio público que podrán referirse a la seguridad, incluida la seguridad del* *suministro, a la regularidad, a la calidad y al precio de los suministros, así como a la protección del medio ambiente (...)".*

3.1 El suministro de último recurso

Como obligación de servicio público por excelencia aparece la prestación del denominado "**servicio universal**". La Directiva 2009/72/CE del Parlamento Europeo y del Consejo de 13 de julio de 2009 establece (artículo 3.3) que los Estados miembros deberán garantizar que todos los clientes domésticos y, cuando lo consideren adecuado, las pequeñas empresas, *"disfruten en su territorio del derecho a un* ***servicio universal****, es decir, del derecho al suministro de electricidad de una* ***calidad determinada*** *y a unos* ***precios razonables, fácil y claramente comparables, transparentes y no discriminatorios****"*.

En cumplimiento de las previsiones del Derecho comunitario, la LSE de 1997 estableció que determinados consumidores para los que el suministro de energía eléctrica se concibe como servicio universal tendrían derecho a recibir dicho suministro a un precio denominado tarifa de último recurso (TUR). En la nueva Ley (artículo 17), la TUR pasa a denominarse "**precio voluntario para el pequeño consumidor**" (PVPC), reservándose la expresión "tarifa de último recurso" para designar, como después se verá, la tarifa reducida que sirve como referencia para la determinación del bono social.

En la actualidad, tienen derecho a acogerse al PVPC los consumidores cuya potencia contratada sea inferior a 10 Kw[17]. Por tanto, de modo excepcional, el precio de comercialización de la energía para aquéllos consumidores con derecho a acogerse a la TUR no se fija libremente por el mercado, sino que se trata de un suministro a tarifa. Por ello se ha señalado que el PVPC tiene vocación de desaparecer para dar lugar a una actividad de comercialización de la electricidad plenamente liberalizada, manteniéndose tan sólo un régimen de precios regulados para los consumidores considerados especialmente vulnerables[18].

---

(17) Así se establece en el artículo 2 de la Orden ITC/1659/2009, de 22 de junio, por la que se establece el mecanismo de traspaso de clientes del mercado a tarifa al suministro de último recurso de energía eléctrica y el procedimiento cálculo y estructura de las tarifas de último recurso de energía eléctrica.

(18) Diversos trabajos del Consejo de Reguladores de Energía Europeos (CEER) publicados en 2011 se pronunciaban en este sentido. Sin embargo, en su Informe 4/2012,

La actividad de suministro de último recurso es desarrollada por determinadas empresas a las que se impone esta obligación de servicio público. Tales empresas reciben el nombre de **comercializadores de último recurso (CUR)** y serán designadas, según la LSE, por el Gobierno. En concreto, la designación de los CUR se llevó a cabo en el artículo 2 del Real Decreto 485/2009, de 3 de abril, por el que se regula la puesta en marcha del suministro de último recurso en el sector de la energía eléctrica. [19]

El artículo 17 de la Ley 24/2013 define el PVCP como el precio máximo que podrán cobrar los CUR a los consumidores que, de acuerdo con la normativa vigente, cumplan los requisitos para que les resulten de aplicación. El PVPC se caracteriza, de acuerdo con el propio artículo 17 citado, por los siguientes rasgos:

---

de 7 de marzo, la CNE afirmaba que la eliminación de la antigua TUR o la reducción de su umbral (medida que también se ha planteado) debe estar supeditada a la verificación del cumplimiento, durante un cierto período de tiempo, de unas condiciones suficientes de competencia en el mercado minorista de electricidad que actualmente no concurren en nuestro país. Deben fomentarse, por tanto, esas condiciones de competencia, a través de la adopción de medidas de distinta índole, entre las que destacan las dirigidas a lograr una mayor protección y capacitación del consumidor doméstico.

(19) En dicho artículo se establecía que la obligación de suministro de último recurso será asumida por las siguientes empresas: ENDESA ENERGÍA XXI, S. L., IBERDROLA COMERCIALIZACIÓN DE ÚLTIMO RECURSO, S. A. U, UNIÓN FENOSA METRA, S.L, HIDROCANTÁBRICO ENERGÍA ÚLTIMO RECURSO, S. A. U y E.ON COMERCIALIZADORA DE ÚLTIMO RECURSO, S. L. Este artículo fue anulado mediante sentencia de la Sala Tercera del Tribunal Supremo de 5 de abril de 2011, que entendió que *"si bien puede inferirse del preámbulo de la disposición reglamentaria analizada cuáles son las razones que justificarían la designación de comercializadoras de último recurso a aquellas empresas del sector eléctrico de ámbito nacional que cuentan «con medios suficientes para poder asumir el riesgo de desarrollar la actividad de suministro libre y de suministro a consumidores de baja tensión a un precio máximo y mínimo, y con separación de cuentas», sin embargo, no se establecen criterios objetivos que permitan determinar por qué se excluye a aquellas empresas distribuidoras acogidas a la disposición transitoria undécima de la Ley 54/1997, de 27 de noviembre, del Sector Eléctrico, y en su caso, cuáles son los presupuestos que deben servir para revisar la lista de empresas comercializadoras que asuman la obligación de suministro de último recurso de energía eléctrica..."*. No obstante lo anterior, la sentencia precisa que *"la estimación del recurso contencioso-administrativo se circunscribe a la obligación del Gobierno de determinar los criterios o variables que condicionan, desde la perspectiva territorial, técnica, financiera y contable, la designación de comercializadores de último recurso y, por tanto,* ***no se extiende a la exclusión de las empresas comercializadoras de energía eléctrica designadas en el artículo 2 (...), que pudiera producir un vacío normativo contrario a la protección de los intereses de los consumidores (...)****"*.

— Es **único** en todo el territorio nacional.
— No debe ocasionar distorsiones de la **competencia en el mercado.**
— En su fijación debe respetarse el **principio de suficiencia de ingresos** (principio que, como enseguida se verá, ha venido siendo sistemáticamente vulnerado).
— La concreta metodología de cálculo del PVPC será **fijada por el Gobierno**. El Ministro de Industria, mediante Orden y previo Acuerdo de la Comisión Delegada del Gobierno para Asuntos Económicos, dictará las disposiciones necesarias para el establecimiento de dicho precio. En todo caso, el PVPC se calcula incluyendo de forma aditiva los conceptos mencionados en el artículo 17. Dichos conceptos son a) el coste de producción de la energía eléctrica, b) los peajes de acceso y c) los costes de comercialización. El primero y el tercero de estos conceptos se fijan de acuerdo con las reglas del libre mercado, mientras que los peajes de acceso tienen carácter regulado.

El coste de producción de la energía que se integra en la anteriormente llamada TUR, hoy PVPC, había venido estableciéndose a través de un mecanismo competitivo de mercado, denominado subasta de Compras de Energía para el Suministro de Último Recurso (CESUR). Las subastas CESUR se celebraban trimestralmente y en ellas compraban energía diversos agentes, especialmente los CUR. Cuando el precio resultante de una subasta CESUR se incrementaba (por ejemplo como consecuencia de una subida en el precio de los combustibles), ello debería haber tenido como reflejo un incremento de la TUR. Sin embargo, éste no fue siempre el caso, puesto que en algunas ocasiones, para evitar una subida de la TUR y su impacto en los consumidores, se compensó el incremento del precio de la energía con la disminución de los peajes de acceso, componente regulado de la TUR, vulnerándose el principio de suficiencia al que debe sujetarse la fijación de la tarifa. Ello tuvo su reflejo en el crecimiento del déficit tarifario y ha dado lugar a diversos pronunciamientos del Tribunal Supremo que han obligado a la Administración a aplicar un incremento de los peajes de modo tal que los mismos cubran adecuadamente los costes de las actividades reguladas[20].

---

(20) Entre tales pronunciamientos cabe citar las Sentencias de la Sala Tercera del TS de 2 de julio y 12 de julio de 2013, que anularon determinados preceptos de la Orden IET/3586/2011, de 30 de diciembre, por la que establece los peajes de acceso a partir del 1

En el momento en el que estas líneas se redactan, el Gobierno ha anunciado que el sistema de fijación del precio de la energía mediante la celebración de la subastas CESUR vendrá a ser sustituido, a partir del mes de abril de 2014, por un nuevo sistema en el que –de acuerdo con el artículo 17.2 de la Ley 24/2013– se tome como referencia el precio medio del mercado mayorista para cada período(21).

3.2 *Los consumidores vulnerables y el bono social*

La Directiva 2009/72/CE (art. 3.7) afirma que *"los Estados miembros adoptarán las medidas oportunas para proteger a los clientes finales y, en particular, garantizarán una protección adecuada de los clientes vulnerables"*, señalando que corresponderá definir este concepto a cada Estado miembro. El artículo 45.1 de la Ley 24/2013, en cumplimiento de lo establecido en la directiva, se refiere al **consumidor vulnerable**, señalando que es aquél que cumpla *"las características sociales, de consumo y poder adquisitivo que se determinen"*. La definición de los consumidores vulnerables y de los requisitos que los mismos deben cumplir, así como las medidas que procede adoptar en relación con este colectivo, se determinarán reglamentariamente por el Gobierno.

A los consumidores vulnerables que cumplan con las características sociales, de consumo y poder adquisitivo que por real decreto del Consejo

---

de enero de 2012; o la Sentencia de 30 de diciembre de 2013, de la Sala Tercera del TS, por la que se declara la nulidad del artículo 3 y de la parte correlativa del anexo II de la Orden IET/843/2012, de 25 de abril, por la que se establecen los peajes de acceso a partir de 1 de abril de 2012 y determinadas tarifas y primas de las instalaciones del régimen especial. Todos estos autos asumieron el criterio de sentencias anteriores de la misma Sala que anularon órdenes de fijación de peajes por las que, a fin de evitar un eventual incremento de la TUR, se disponía una reducción de aquéllos (por todas, Sentencia de 31 de octubre de 2011).

(21) En la modificación apuntada ha tenido sin duda una influencia decisiva la anulación de la 25ª subasta CESUR, celebrada el 19 de diciembre de 2013 y correspondiente al primer trimestre del año 2014, cuyo resultado arrojó un precio de la electricidad anormalmente elevado. La anulación de la subasta se produjo al no ser la misma validada, como resultaba necesario, por la CNMC, al apreciar en su resolución de 20 de diciembre de 2013 *"la concurrencia de circunstancias atípicas en el desarrollo de la misma y en un contexto de precios elevados en el mercado diario durante las semanas previas"*. Al ser anulada la subasta se ha aprobado por el Gobierno un mecanismo transitorio para la fijación del precio de la electricidad mediante el Real Decreto-ley 17/2013, de 27 de diciembre, por el que se determina el precio de la energía eléctrica en los contratos sujetos al precio voluntario para el pequeño consumidor en el primer trimestre de 2014.

de Ministros se determinen les será de aplicación el llamado **bono social**. A estos efectos, se establecerá un umbral referenciado a un indicador de renta per cápita familiar. En todo caso, se circunscribirá a personas físicas en su vivienda habitual (artículo 45.2 de la Ley 24/2013)[(22)].

Asimismo, tendrán derecho los consumidores que acrediten ser familias numerosas y los consumidores que acrediten formar parte de una unidad familiar que tenga todos sus miembros en situación de desempleo.

El bono social cubre la diferencia entre el valor del PVPC y un valor de referencia que se denominaba tarifa reducida en la LSE de 1997 y que la nueva Ley pasa a llamar "**tarifa de último recurso**". Dicha tarifa será fijada por orden ministerial, previo acuerdo de la Comisión Delegada del Gobierno para Asuntos Económicos.

El bono social se presenta como una obligación de servicio público cuya financiación se impone por el artículo 45.4 de la Ley 24/2013 a *"las matrices de los grupos de sociedades o, en su caso, sociedades que desarrollen simultáneamente las actividades de producción, distribución y comercialización de energía eléctrica"*. El porcentaje de reparto de las cantidades a financiar se calculará anualmente por la CNMC[(23)].

---

(22) En tanto no se produzca el desarrollo reglamentario de este precepto, de conformidad con la disposición transitoria décima de la Ley 24/2013 tendrán derecho al bono social los consumidores, que siendo personas físicas, tengan una potencia contratada inferior a 3 kW en su vivienda habitual; los consumidores con 60 o más años de edad que acrediten ser pensionistas del Sistema de la Seguridad Social por jubilación, incapacidad permanente y viudedad y que perciban las cuantías mínimas vigentes en cada momento para dichas clases de pensión con respecto a los titulares con cónyuge a cargo o a los titulares sin cónyuge que viven en una unidad económica unipersonal; así como los beneficiarios de pensiones del extinguido Seguro Obligatorio de Vejez e Invalidez y de pensiones no contributivas de jubilación e invalidez mayores de 60 años.

(23) Inicialmente, el Real Decreto-ley 6/2009, por el que se creó el bono social, impuso su financiación a las empresas de generación de energía eléctrica. La imposición de esta obligación, desarrollada por Orden ITC/1723/2009, de 26 de junio, fue contestada en vía judicial por las empresas de generación, que sostuvieron que la misma presentaba un carácter discriminatorio prohibido por el Derecho de la Unión Europea. Las empresas recurrentes vieron estimada su pretensión por la Sentencia de la Sala Tercera del Tribunal Supremo de 7 de febrero de 2012, la cual declaró inaplicables los preceptos del citado Real Decreto-ley 6/2009 en los que esa obligación se establecía (artículo 2.5 y último párrafo de la disposición transitoria segunda), así como las disposiciones adicionales segunda y tercera de la Orden ITC/1223/2009.

V. RÉGIMEN DE ACTIVIDADES EN LA NUEVA LEY DEL SECTOR ELÉCTRICO

La Ley 24/2013 regula las distintas actividades destinadas al suministro de energía eléctrica, señalando que se reconoce la libre iniciativa empresarial en el ejercicio de dichas actividades, sin perjuicio de las limitaciones que se pudieran establecer para las actividades que tengan carácter de monopolio natural (artículo 2.1). Además de los intercambios de electricidad intracomunitarios (que serán libres) e internacionales (que estarán sujetos autorización administrativa del Ministerio de Industria), el artículo 1.2 de la Ley incluye entre las actividades destinadas al suministro de electricidad la gestión económica y técnica del sistema eléctrico, la generación de electricidad, su transporte, su distribución y su comercialización.

1. La gestión económica y técnica del sistema eléctrico

La gestión económica y la gestión técnica del sistema son dos actividades necesarias *"para asegurar el correcto funcionamiento del sistema eléctrico"* (artículo 28 de la Ley 24/2013). Dichas actividades se atribuyen en la Ley en exclusiva a dos sociedades mercantiles que ostentan, respectivamente, la condición de operador del mercado y de operador del sistema. Aunque tradicionalmente había existido una distinción radical entre gestión técnica (atribuida al operador del sistema) y gestión económica (encomendada al operador del sistema), lo cierto es que en la actualidad el operador del sistema realiza también algunas funciones de gestión económica.

1.1. La gestión económica del sistema

La gestión económica del sistema corresponde al llamado **operador del mercado**. En efecto, la Ley señala (artículo 29) que el operador del mercado asume la gestión del sistema de ofertas de compra y venta de energía eléctrica en el mercado diario. De acuerdo con la ley, el operador del mercado es una sociedad mercantil de cuyo accionariado podrá formar parte cualquier persona física o jurídica. Se establece no obstante, una doble limitación: por un lado, la participación directa o indirecta de cada accionista en el capital de esa sociedad no puede superar el 5 %; por otro, la suma de participaciones, directas o indirectas, de los sujetos que realicen actividades en el sector eléctrico no deberá superar el 40 %, no pudiendo sindicarse estas acciones a ningún efecto. La concreta sociedad mercantil a la que corresponde la gestión económica del sistema se denomina actualmente **OMI, Polo español, S.A. (OMIE)**

En este punto hay que tener en cuenta la existencia de un único **Mercado Ibérico de la Energía Eléctrica (MIBEL),** creado a partir del Convenio internacional relativo a la constitución de un mercado ibérico de la energía eléctrica entre el Reino de España y la República Portuguesa, hecho en Santiago de Compostela el 1 de octubre de 2004 (y modificado en el año 2008). En virtud de dicho convenio se llevó a cabo la creación de un único **Operador del Mercado Ibérico (OMI),** que actualmente se configura como una entidad de la que dependen dos sociedades gestoras. La sociedad gestora portuguesa, OMI - Polo Portugués, S.G.M.R, S.A. **(OMIP),** opera el mercado a plazo, mientras que a la sociedad gestora española OMI, Polo español, S.A. **(OMIE),** le corresponde la operación del mercado *spot* (diario e intradiario).

1.2. La gestión técnica del sistema

La gestión técnica es una actividad de carácter regulado cuyo desarrollo corresponde al llamado **operador del sistema**. El operador del sistema tendrá como función principal *"garantizar la continuidad y seguridad del suministro eléctrico y la correcta coordinación del sistema de producción y transporte"* (artículo 30 de la Ley). En efecto, como señalaba la exposición de motivos de la LSE de 1997, *"la imposibilidad de almacenar la electricidad requiere que la oferta sea igual a la demanda en cada instante de tiempo, lo que supone necesariamente una coordinación de la producción de energía eléctrica, así como la coordinación entre las decisiones de inversión en generación y en transporte de energía eléctrica"*. Precisamente en esta concreta actividad de coordinación consiste, principalmente, la gestión técnica del sistema, dentro de un objetivo general de garantía del suministro eléctrico.

El operador del sistema, **que será también el gestor de la red de transporte**, es una sociedad mercantil, estableciéndose en la ley el procedimiento para su designación (artículo 31) y correspondiéndole esta condición actualmente a **Red Eléctrica de España, S.A (REE).** El operador del sistema debe cumplir una serie de requisitos (enunciados en el artículo 30.1) que tratan de garantizar su **independencia con respecto**

de los intereses de generación y comercialización. Junto con tales requisitos, cabe tener en cuenta que la disposición adicional vigésimo tercera LSE de 1997, cuya vigencia es mantenida por la Ley 24/2013, establece una serie de limitaciones relativas al accionariado de Red Eléctrica Corporación, S.A, que es la matriz de la que depende Red Eléctrica de España, S.A.(24).

Las concretas funciones del operador del sistema se enuncian en la Ley (artículo 30.2) detalladamente y con carácter abierto (pues le corresponderán, además de las mencionadas en la ley, cualesquiera otras que reglamentariamente se le asignen). Se trata, como puede intuirse, de funciones de carácter marcadamente técnico. No obstante, como ya se ha adelantado, el operador del sistema asume también alguna función de carácter económico respecto de los servicios de ajuste del sistema y del servicio de pagos por capacidad, así como respecto de los sistemas insulares y extrapeninsulares.

2. La producción de energía eléctrica

La producción o generación de electricidad es una actividad que se desarrolla en **régimen de libre competencia** (artículo 8.1 de la Ley) por los llamados productores de energía eléctrica, ya sea para su consumo propio o para terceros. Como ya se ha adelantado en un epígrafe anterior de este capítulo, la LSE de 1997 regulaba, junto con un **régimen ordinario** de producción de electricidad, un **régimen especial** aplicable a las instalaciones de generación que utilizasen determinadas formas de producción, **distinción ésta que, sin embargo, vino a desaparecer a partir del Real decreto-ley 9/2013 y que por tanto tampoco se contempla ya en la Ley 24/2013.**

---

(24) Dicha disposición señala que podrá formar parte de ese accionariado cualquier persona física o jurídica, siempre que la suma de su participación directa o indirecta en el capital de esta sociedad no supere el 5 % del capital social ni ejerza derechos políticos por encima del 3 %. Estas acciones no podrán sindicarse a ningún efecto. Además, los sujetos que realicen actividades en el sector eléctrico y las personas físicas o jurídicas que, directa o indirectamente, participen en el capital de dichos sujetos con una cuota superior al 5 %, no podrán ejercer derechos políticos en Red Eléctrica Corporación, S.A., por encima del 1 %. Las limitaciones anteriores no son aplicables a la participación correspondiente a la Sociedad Estatal de Participaciones Industriales (SEPI), que mantendrá, en todo caso, una participación en la sociedad matriz Red Eléctrica Corporación, S.A., no inferior al 10 %.

2.1. *El mercado de producción de energía eléctrica*

Afirma la Ley 24/2013 en su artículo 8.1 que *"la producción de energía eléctrica se desarrolla en un régimen de libre competencia en el mercado de producción de energía eléctrica. El mercado de producción de energía eléctrica es el integrado por el conjunto de transacciones comerciales de compra y venta de energía y de otros servicios relacionados con el suministro de energía eléctrica"*.

Dicho mercado de producción se estructura en realidad en torno a una secuencia de mercados organizados, pudiendo distinguirse, de acuerdo con el propio artículo 8.1 de la Ley, además de los mercados a plazo[(25)], el mercado diario, el mercado intradiario y los mercados de servicios de ajuste y de balance (restricciones técnicas del sistema, servicios complementarios y gestión de desvíos) y los mercados no organizados (como sucede en el caso de los contratos bilaterales físicos y financieros).

La regulación que en relación con el mercado de producción de energía eléctrica se contiene los artículos 23 a 25 de la Ley, cuyo contenido es muy similar al que recogían los artículos 23 a 25 de la derogada LSE. La regulación prevista en los artículos citados de la nueva Ley contiene numerosas remisiones al desarrollo reglamentario. En este sentido, en tanto no se produzca la aprobación de tal desarrollo, continúa vigente el Real Decreto 2019/1997, de 26 de diciembre, por el que se organiza y regula el mercado de producción de energía eléctrica. Entre los aspectos fundamentales de la regulación contenida en dicha norma destacan los siguientes:

— El **mercado diario** de producción es aquél en el que se establecen, mediante un proceso de casación de ofertas, las transacciones de adquisición y venta de energía eléctrica con entrega física para el día siguiente. Para ello, el **operador del sistema (REE)** realiza una estimación de la demanda eléctrica que va a haber para el día siguiente en el conjunto del territorio español. A conti-

(25) Los mercados a plazo responden a la necesidad que tienen los agentes de controlar el riesgo económico de su actividad mercantil. Dada la incertidumbre acerca de dónde se situará el precio de la electricidad en el mercado diario, resulta interesante para los productores asegurarse un precio de venta por anticipado, para toda su producción o para parte de ella. En España, la modalidad de contratación eléctrica a plazo que ha alcanzado más desarrollo ha sido la contratación fuera del mercado (OTC). En cuanto a la contratación a plazo en mercados organizados pueden citarse, por ejemplo, la contratación en las subastas CESUR o la contratación en el mercado a plazo gestionado por OMIP.

nuación los distintos productores de energía eléctrica presentan sus ofertas de electricidad a un precio fijado en MW/h y por cada unidad de producción o central generadora, salvo que se hayan acogido a sistemas de contratación bilateral o a plazo excluidos del sistema de ofertas (art 23 LSE).

— Tras ello tiene lugar la casación de la oferta y la demanda de energía, función que corresponde al **operador del mercado (OMIE).** Éste último va adjudicando los paquetes de electricidad ofertados hasta cubrir la demanda total estimada del día, siguiendo un criterio de precio ascendente (es decir, de la oferta más barata a la más cara). La casación determina la formalización del contrato, que queda perfeccionado cuando se produce el suministro de energía eléctrica (artículo 24.2 de la Ley). De la operación de casación va a resultar un precio final de la electricidad que viene determinado por la última de las ofertas aceptadas. Ese precio se denomina **"precio marginal"** y se paga a todos los productores por igual (sea cual sea el precio al que aquéllos hubieran presentado inicialmente sus ofertas).

— El operador del mercado comunica al operador del sistema el resultado de la casación en el mercado diario, al que se añade el resultado de los contratos bilaterales con entrega física celebrados. Con esta información, el operador del sistema elabora un "programa diario base de funcionamiento" para el día siguiente.

— A partir de aquí, entran en juego los **mercados de servicios de ajuste.** En puridad no se puede hablar de la existencia de un mercado, pues no existe una concertación entre oferta y demanda, sino que los servicios de ajuste son prestados a requerimiento del operador del sistema por parte de los productores de energía u otros operadores. Entre los servicios de ajuste cabe destacar la resolución de las **restricciones técnicas** que, a la vista del programa inicialmente elaborado, haya detectado el operador del sistema. Estas restricciones técnicas se solucionan con el redespacho de la generación, dando entrada a centrales que no estaban previstas, incrementando la potencia de las ya acopladas o incluso desacoplando otras centrales[26].

---

(26) Cabe recordar aquí el comportamiento anticompetitivo desarrollado por algunas empresas eléctricas, consistente en presentar en el mercado diario de ofertas a pre-

— Con el resultado de los mercados de servicios de ajuste el operador del sistema elabora el denominado "programa diario viable". Los ajustes que en la oferta y demanda de energía se puedan producir con posterioridad a haberse fijado ese programa diario viable se realizan en el **mercado intradiario.** Las sesiones del mercado intradiario se corresponderán con cada uno de los períodos de programación que hayan sido casados en el mercado diario. Tras la casación en el mercado intradiario, el operador del sistema elabora la "programación horaria final". Los desvíos de generación y consumo que a partir del cierre de esta programación puedan producirse serán gestionados por el operador del sistema mediante una serie de procedimientos técnicos.

2.2. *Régimen de instalaciones*

En otro orden de cosas, la Ley 24/2013 regula las autorizaciones y demás **requisitos a los que deben sujetarse las instalaciones** de producción de energía eléctrica.

A los sujetos productores les corresponde construir, operar y mantener las centrales o instalaciones de producción. De acuerdo con el artículo 21 de la Ley, la construcción, explotación, modificación sustancial, transmisión y cierre de cada instalación de producción de energía eléctrica estará sometida al régimen de **autorización administrativa** previa, de conformidad con lo establecido en el artículo 53 de la propia Ley.

Todas las instalaciones de producción que hayan sido autorizadas deben inscribirse en el **Registro Administrativo de Instalaciones de Producción de Energía Eléctrica** dependiente del Ministerio de Industria, siendo esta inscripción condición necesaria para poder participar en el mercado de producción de energía eléctrica en cualquiera de las modalidades de contratación con entrega física (artículo 21).

---

cios muy elevados, buscando ser excluidas de la casación en dicho mercado a sabiendas de que serían posteriormente llamadas para resolver las posibles restricciones técnicas que apareciesen. El servicio de resolución de restricciones que después prestaban les era retribuido al precio, muy elevado, que habían ofertado en el mercado diario. Estas prácticas fueron sancionadas en varias ocasiones por el entonces Tribunal de Defensa de la Competencia, y dieron lugar a que, mediante Real Decreto 2351/2004, de 23 de diciembre, se modificase el sistema de retribución para el mercado de restricciones técnicas.

3. Las actividades de transporte y distribución

Las actividades de transporte y distribución son actividades reguladas (artículo 8.2 de la Ley), dada la necesidad de superar el obstáculo que para la libre competencia supone el monopolio natural representado por las infraestructuras de red necesarias para transportar y distribuir la electricidad. La regulación de estas actividades que se encuentra contenida en la Ley 24/2013 es desarrollada en este punto por el Real Decreto 1955/2000, de 1 de diciembre, por el que se regulan las actividades de transporte, distribución, comercialización, suministro y procedimientos de autorización de instalaciones de energía eléctrica.

La **actividad de transporte** se desarrolla en régimen de exclusividad por un transportista único[(27)], denominado **gestor de la red de transporte**. La Ley regula el procedimiento para la designación y certificación del gestor de la red de transporte, en el que participarán el Ministro de Industria, la CNMC y la Comisión Europea, así como la exigencia de certificación si el gestor de la red de transporte pasase a estar bajo el control de personas de países no comunitarios (artículos 31 y 32). Como ya se ha señalado anteriormente, en la actualidad la condición de gestor de la red de transporte corresponde a la sociedad mercantil **Red Eléctrica de España, S.A (REE), entidad que ostenta al mismo tiempo la condición de operador del sistema** (artículo 30). Como gestor de la red de transporte, REE es responsable del desarrollo y ampliación de la **red de transporte en alta tensión**[(28)], de tal manera que asegure *"el manteni-*

---

(27) *"No obstante lo anterior,* –señala el artículo 34.2 de la Ley– *para la mejor gestión de la red de distribución, se habilita al Ministerio de Industria, Energía y Turismo para autorizar expresa e individualizadamente, previa consulta a la Comisión Nacional de los Mercados y la Competencia y a la Comunidad Autónoma en la que radique la instalación, que determinadas instalaciones de transporte secundario, por sus características y funciones, sean titularidad del distribuidor de la zona que se determine. En estos casos, los distribuidores deberán asumir las obligaciones del transportista único relativas a la construcción, maniobra y mantenimiento de tales instalaciones de transporte".*

(28) El artículo 34.1 de la Ley 24/2013 establece cuáles son los elementos constitutivos de la red de transporte, señalando lo siguiente: *"La red de transporte de energía eléctrica está constituida por la red de transporte primario y la red de transporte secundario.*

La red de transporte primario está constituida por las líneas, parques, transformadores y otros elementos eléctricos con tensiones nominales iguales o superiores a 380 kV y aquellas otras instalaciones de interconexión internacional y, en su caso, las interconexiones con los sistemas eléctricos de los territorios no peninsulares.

miento y mejora de una red configurada bajo criterios homogéneos y coherentes" (artículo 36.3 f) de la Ley). Asimismo, corresponderá al gestor de la red de transporte la gestión del tránsito de electricidad entre sistemas exteriores que se realicen utilizando las redes del sistema eléctrico español.

En cuanto a la actividad de **distribución de energía eléctrica,** consiste en *"la transmisión de energía eléctrica desde las redes de transporte, o en su caso desde otras redes de distribución o desde la generación conectada a la propia red de distribución, hasta los puntos de consumo u otras redes de distribución en las adecuadas condiciones de calidad con el fin último de suministrarla a los consumidores"* (artículo 38.1 de la Ley). La actividad de distribución no requiere autorización administrativa previa, exigiéndose sin embargo la inscripción en el **Registro Administrativo de Distribuidores,** dependiente del Ministerio de Industria, Energía y Turismo. Los distribuidores serán los gestores de las redes de distribución que operen y serán responsables de la explotación, el mantenimiento y, en caso necesario, el desarrollo de su red de distribución, así como, en su caso, de sus interconexiones con otras redes, y de garantizar que su red tenga capacidad para asumir, a largo plazo, una demanda razonable de distribución de electricidad.

El carácter regulado de las actividades de transporte y distribución se pone de manifiesto, esencialmente, en los siguientes aspectos:

— La **separación de intereses en las actividades reguladas**: Como también se expuso en su momento, en España impera un modelo TSO (*Transmission System Operation*), puesto que REE es a la vez operador del sistema, transportista único, gestor de la red y titular de la misma. En este

---

La red de transporte secundario está constituida por las líneas, parques, transformadores y otros elementos eléctricos con tensiones nominales iguales o superiores a 220 kV no incluidas en el párrafo anterior y por aquellas otras instalaciones de tensiones nominales inferiores a 220 kV, que cumplan funciones de transporte.

En los sistemas eléctricos de los territorios no peninsulares tendrán consideración de red de transporte secundario todas aquellas instalaciones de tensión igual o superior a 66 kV así como las interconexiones entre islas que por su nivel de tensión no sean consideradas de transporte primario.

Asimismo, se considerarán elementos constitutivos de la red de transporte todos aquellos activos de comunicaciones, protecciones, control, servicios auxiliares, terrenos, edificaciones y demás elementos auxiliares, eléctricos o no, necesarios para el adecuado funcionamiento de las instalaciones específicas de la red de transporte antes definida".

sentido cabe subrayar que la LSE trata de garantizar que las funciones de operación del sistema y gestión de la red de transporte queden separadas de la actividad del transportista. Y ello para evitar que los intereses que pudiera tener REE como transportista en lo relativo a la definición de determinadas infraestructuras de transporte o en la ejecución de tales infraestructuras pudieran influir en dicha definición o ejecución en detrimento de las necesidades de una adecuada operación del sistema. Por este motivo, la disposición adicional 23ª LSE de 1997 (cuya vigencia se mantiene en virtud de la disposición derogatoria única de la nueva Ley) impone una separación funcional entre la actividad de gestión de la red y la actividad de transporte; no es, en cambio, una separación jurídica, puesto que ambas actividades se desarrollan por la misma entidad, sino que se prevé la creación de una unidad orgánica separada dentro de la propia REE para el ejercicio de la actividad de operación del sistema y gestión del transporte. El Director Ejecutivo de esa Unidad será nombrado por el consejo de REE, pero necesitará la aprobación del Ministro de Industria.

Por otro lado, la Ley garantiza también una adecuada separación de intereses entre la actividad de transporte y distribución, al señalar que el responsable de administración de la red de distribución no podrá participar en la gestión cotidiana de las actividades de transporte (artículo 12.2 a)).

— El carácter **vinculante de la planificación en materia de transporte**: Las funciones de mantenimiento, desarrollo y ampliación de la red en que consiste la actividad de transporte están sujetas a las previsiones de la planificación, que en este ámbito no resulta meramente indicativa, sino que presenta un carácter vinculante. Por ello la Ley señala que el titular de la red de transporte deberá someter sus planes de inversión anuales y plurianuales a la aprobación de la Secretaría General de Energía del Ministerio de Industria, Energía y Turismo (artículo 34.4). Además, para el reconocimiento de la retribución de las nuevas instalaciones de transporte será requisito indispensable que hayan sido incluidas en la planificación eléctrica (artículo 35.2).

— El **régimen retributivo**: La Ley (artículo 14.8) dispone que las metodologías de retribución de las actividades de transporte y distribución se establecerán reglamentariamente atendiendo a los costes necesarios para construir, operar y mantener las instalaciones de acuerdo al principio de realización de la actividad al menor coste para el sistema eléctrico. Los regímenes económicos de las actividades de transporte y distribución tomarán como base los siguientes principios:

a) El devengo y el cobro de la retribución generado por instalaciones de transporte y distribución puestas en servicio el año n se iniciará desde el 1 de enero del año n+2.

b) La retribución en concepto de inversión se hará para aquellos activos en servicio no amortizados tomando como base para su retribución financiera el valor neto de los mismos.

c) Al efecto de permitir una retribución adecuada a la de una actividad de bajo riesgo, la tasa de retribución financiera del activo con derecho a retribución a cargo del sistema eléctrico de las empresas de transporte y distribución estará referenciado al rendimiento de las Obligaciones del Estado a diez años en el mercado secundario incrementado con un diferencial adecuado.

A lo anterior la Ley añade que la metodología de retribución de la actividad de transporte deberá contemplar incentivos económicos, que podrán tener signo positivo o negativo, para la mejora de la disponibilidad de las instalaciones y otros objetivos. Por su parte la metodología de retribución de la actividad de distribución deberá incluir la formulación para remunerar aquellas otras funciones reguladas efectuadas por las empresas distribuidoras, así como los incentivos que correspondan, que podrán tener signo positivo o negativo, para la mejora de la calidad del suministro, la reducción de las pérdidas, la lucha contra el fraude, la innovación tecnológica y otros objetivos.

En desarrollo de estas previsiones contenidas en el artículo 14 de la Ley deben citarse dos normas reglamentarias de reciente aprobación: el Real Decreto 1047/2013, de 27 de diciembre, por el que se establece la metodología para el cálculo de la retribución de la actividad de transporte de energía eléctrica; y el Real Decreto 1048/2013, de 27 de diciembre, por el que se establece la metodología para el cálculo de la retribución de la actividad de distribución de energía eléctrica.

— El **régimen autorizatorio de las instalaciones**: De acuerdo con la Ley (artículo 35.2) la puesta en funcionamiento, modificación, transmisión y cierre de las instalaciones de transporte y distribución requerirá autorización administrativa previa, de conformidad con lo establecido en el artículo 53 de la propia Ley.

4. La actividad de comercialización

La actividad de comercialización adquirió carta de naturaleza a partir de la LSE de 1997; en efecto, aunque la LOSEN ya hacía referencia a dicha actividad, preveía únicamente la posibilidad de que fuese regulada por el Gobierno.

La nueva Ley regula la actividad de comercialización al tratar del suministro de energía eléctrica, que se define como *"la entrega de energía a través de las redes de transporte y distribución mediante contraprestación económica en las condiciones de regularidad y calidad que resulten exigibles"* (artículo 43.1). Además, la Ley define como sujetos del sistema a los comercializadores, señalando que son *aquellas sociedades mercantiles o sociedades cooperativas de consumidores y usuarios que, accediendo a las redes de transporte o distribución, adquieren energía para su venta a los consumidores, a otros sujetos del sistema o para realizar operaciones de intercambio internacional"* (artículo 6.1 f)).

La actividad de comercialización se rige por los principios de libertad de contratación y libre elección de suministrador[29]. Para garantizar la libertad de elección de suministro se creó la **Oficina de Cambios de Suministrador (OCSUM),** responsable de la supervisión de los cambios de suministrador conforme a los principios de transparencia, objetividad e independencia, y que realizaba sus funciones simultáneamente en los sectores del gas natural y de la electricidad (47 bis LSE). De acuerdo con la disposición transitoria tercera de la Ley 24/2013, la OCSUM seguirá desempeñando sus funciones hasta el 30 de junio de 2014. A partir de esta fecha, dichas funciones serán desempeñadas por la CNMC, que tendrá acceso a las Bases de Datos de Consumidores y Puntos de Suministro de gas y de electricidad.

---

[29] La LSE estableció, no obstante, un período transitorio hasta lograr que la libertad de elección fuese efectiva para todos los consumidores. Durante dicho período se distinguieron dos clases de consumidores: los **consumidores cualificados**, para los cuales el suministro se realizaba por empresas comercializadoras en un mercado libre; y los **consumidores a tarifa**, para los cuales el suministro era realizado por empresas distribuidoras, cuya actividad era retribuida a través de una tarifa fijada administrativamente. Una vez finalizado el período transitorio, a partir del 1 de enero de 2009 el suministro pasó a ser íntegramente realizado por empresas comercializadoras en régimen de libre competencia, desapareciendo por tanto el suministro a tarifa. Como excepción se alza hoy aún el PVPC (antigua TUR), al que ya se hizo referencia en su momento.

La Ley impone a las empresas comercializadoras una serie de **obligaciones en relación con el suministro** (artículo 46.1). Entre las obligaciones que se imponen a los comercializadores destacan la de **comunicar el inicio y el cese de su actividad**, acompañando una **declaración responsable** sobre el cumplimiento de los requisitos que se establezcan reglamentariamente; la obligación de abonar el peaje de acceso correspondiente; y las obligaciones las referidas a la atención, protección e información a los consumidores (dado que el papel de éstos últimos resulta capital en orden a alcanzar un adecuado grado de competencia en la actividad de comercialización). En este sentido, de forma correlativa, el artículo 44.1 de la Ley establece cuáles son los **derechos que corresponden a los consumidores** en relación con el suministro, así como una serie de normas acerca de la **calidad del suministro** contenidas en los artículos 51 y 52 de la Ley.

5. Los servicios de recarga energética

De acuerdo con el artículo 48.1 de la Ley, *"el servicio de recarga energética tendrá como función principal la entrega de energía a través de servicios de carga de vehículos y de baterías de almacenamiento en unas condiciones que permitan la carga de forma eficiente y a mínimo coste para el propio usuario y para el sistema eléctrico"*.

La prestación de servicios de recarga energética constituye una actividad que puede desarrollarse libremente por sociedades mercantiles que reciben el nombre de **gestores de cargas del sistema** que fueron incluidos como sujetos del sistema eléctrico mediante Real Decreto-ley 6/2010, de 9 de abril**.** Según la Ley (artículo 6.1 h)), los gestores de cargas del sistema son aquellas sociedades mercantiles que, siendo consumidores, están habilitados para la reventa de energía eléctrica para servicios de recarga energética.

De conformidad con el artículo 48.2 de la Ley, el inicio de la actividad está sujeto a **comunicación previa**, junto a la que se presentará la correspondiente declaración responsable sobre el cumplimiento de los requisitos que se determinen reglamentariamente. Por su parte el artículo 48.3 menciona cuáles son los derechos y obligaciones de los gestores de cargas del sistema, a los que se añaden aquéllos que se establezcan reglamentariamente.

El desarrollo reglamentario del régimen aplicable a este tipo de servicios se encuentra contenido en el Real Decreto 647/2011, de 9 de mayo, por el que se regula la actividad de gestor de cargas del sistema para la realización de servicios de recarga energética.

VI. EL RÉGIMEN DE AUTORIZACIÓN DE INSTALACIONES

1. Disposiciones generales

A diferencia de lo que sucedía bajo la vigencia de la derogada LSE, que contemplaba el régimen autorizatorio de las instalaciones de transporte, distribución y producción en el marco de los preceptos referidos a cada una de estas actividades, la nueva Ley recoge en un precepto único, el artículo 53, el régimen de autorización aplicable a todas las clases de instalaciones.

Los procedimientos administrativos de autorización tendrán carácter reglado y respetarán los principios de objetividad, proporcionalidad, transparencia, igualdad y no discriminación, sin que, en ningún caso, pueda supeditarse el otorgamiento de la autorización al pago de costes o al cumplimiento de requisitos no vinculados al desarrollo de cada actividad (artículo 53.6).

Las autorizaciones administrativas serán otorgadas por la Administración competente, sin perjuicio de las concesiones y autorizaciones que sean necesarias de acuerdo con otras disposiciones que resulten aplicables y en especial las relativas a la ordenación del territorio y al medio ambiente. La Administración Pública competente únicamente podrá denegar la autorización cuando no se cumplan los requisitos previstos en la normativa aplicable o cuando tenga una incidencia negativa en el funcionamiento del sistema (artículo 53.7).

Además, es preciso tener en cuenta que las instalaciones de producción, transporte, distribución de energía eléctrica y líneas directas, las destinadas a su recepción por los usuarios, los equipos de consumo, así como los elementos técnicos y materiales para las instalaciones eléctricas deberán ajustarse a las correspondientes normas técnicas de seguridad y calidad industriales, de conformidad a lo previsto en la Ley 21/1992, de 16 de julio, de Industria, y demás normativa que resulte de aplicación (artículo 53.9).

Finalmente, cabe subrayar que el incumplimiento de las condiciones y requisitos establecidos en las autorizaciones o la variación sustancial de los presupuestos que determinaron su otorgamiento podrán dar lugar a su revocación, previa audiencia del interesado (artículo 53.10).

2. Clases de autorizaciones

El artículo 53 establece que, para la **puesta en funcionamiento de nuevas instalaciones de transporte, distribución, producción y líneas directas** o para la **modificación de las existentes** se requerirán tres clases de autorizaciones administrativas:

a) **Autorización administrativa previa**, que se tramitará con el anteproyecto de la instalación como documento técnico y, en su caso, conjuntamente con la evaluación de impacto ambiental, según lo dispuesto en el texto refundido de la Ley de Evaluación de Impacto Ambiental de proyectos, aprobado por Real Decreto Legislativo 1/2008, y otorgará a la empresa autorizada el derecho a realizar una instalación concreta en determinadas condiciones. La autorización administrativa de instalaciones de generación no podrá ser otorgada si su titular no ha obtenido previamente los permisos de acceso y conexión a las redes de transporte o distribución correspondientes.

b) **Autorización administrativa de construcción**, que permite al titular realizar la construcción de la instalación cumpliendo los requisitos técnicos exigibles. Para solicitarla, el titular presentará un proyecto de ejecución junto con una declaración responsable que acredite el cumplimiento de la normativa que le sea de aplicación.

c) **Autorización de explotación**, que permite, una vez ejecutado el proyecto, poner en tensión las instalaciones y proceder a su explotación.

La Ley prevé que, en los términos que reglamentariamente se establezcan, la Administración Pública competente pueda eximir de obtener las autorizaciones administrativas previa y de construcción a ciertas instalaciones de producción de pequeña potencia, así como a otras instalaciones en el caso de modificaciones consideradas no sustanciales.

Para la autorización de instalaciones de transporte, distribución, producción y líneas directas de energía eléctrica el promotor de las mismas deberá acreditar suficientemente una serie de extremos:

a) Las **condiciones técnicas y de seguridad** de las instalaciones y del equipo asociado.
b) El adecuado cumplimiento de las condiciones de **protección del medio ambiente.**
c) Las características del **emplazamiento de la instalación**.
d) Su **capacidad legal, técnica y económico-financiera** para la realización del proyecto.

Por otro lado, el artículo 53 también somete a **autorización administrativa previa** la **transmisión y cierre definitivo de las instalaciones de transporte, distribución, producción y líneas directas**, así como el **cierre temporal de las instalaciones de producción**. El titular de la instalación tendrá la obligación de proceder al desmantelamiento de la misma tras el cierre definitivo, salvo que la autorización administrativa de cierre definitivo permita lo contrario. En todo caso, el cierre definitivo de instalaciones de generación requerirá el informe del operador del sistema en el que se consignarán las posibles afecciones del cierre a la seguridad de suministro y en el que se deberá pronunciar motivadamente si éste resulta posible sin poner en riesgo la seguridad de suministro.

VII. LA REGULACIÓN ADMINISTRATIVA DE LAS ENERGÍAS RENOVABLES

1. Introducción. Marco normativo

En esta parte del Capítulo estudiaremos la regulación administrativa de las energías renovables, para lo que se debe realizar una aclaración inicial: hasta la entrada en vigor de la actual **Ley 24/2013, de 26 de diciembre, del Sector Eléctrico**, en adelante, LSE, el estudio de la incidencia de la actividad regulatoria de la Administración Pública en el ámbito de las energías renovables requería, en una obra de estas características, un Capítulo completo, con una identidad diferenciada de la regulación general del sector eléctrico; de hecho, era ésta la intención inicial de la presente obra colectiva. La razón de ello es que antes de la actual LSE el régimen de producción de energía eléctrica a través de fuentes de energía renovable gozaba, como veremos, de un "régimen especial" y diferenciado de las instalaciones de "régimen general". Esto implicaba que se desplegase un haz específico de actuaciones administrativas en el ámbito de las energías renovables, pudiéndose distinguir, siguiendo la clasificación que utiliza SANTAMARÍA PASTOR, entre actividad de ordenación, actividad de fomento y actividad sancionadora.

Sin embargo, una de las más importantes novedades de la LSE es la desaparición del régimen especial, lo cual implica que toda referencia a la actividad de ordenación de la Administración Pública en el sector de las energías renovables resultaría reiterativa, ya que, a día de hoy, no hay ninguna diferencia en estos temas entre el régimen general y el régimen especial. Por ello, recogeremos del modo más breve posible el concepto de régimen especial y describiremos, a título puramente histórico, los procedimientos administrativos que regían hasta la entrada en vigor de la LSE la inclusión en el mismo, así como el régimen de autorizaciones y licencias que disciplinaban la vida de las instalaciones de régimen especial. Sí mantendremos lo referido al régimen retributivo de las instalaciones de producción a partir de energías renovables ya que, si bien la LSE introduce también importantísimas novedades en esta cuestión, las instalaciones que tenían acceso al régimen primado antes de la aprobación de la LSE podrán seguir disfrutando de dicho régimen privilegiado, con los matices y requisitos que se señalarán más adelante.

Antes de entrar en detalle, debemos hacer dos precisiones previas. La primera tiene que ver con la extensión y con la complejidad de la materia. Si el Derecho regulatorio español se caracteriza por la profusión legislativa, quizá éste sea el sector en el que más se ha desbocado la actividad normativa de los poderes públicos. Desde el año 2000 hasta nuestros días, se han dictado más de 20 normas con rango de ley y más de cien reales decretos referidos a las energías renovables. Esto provoca una enorme inseguridad jurídica y, para el autor de un epígrafe de estas características, que debamos advertir de antemano que se hará referencia únicamente a las normas que se han considerado fundamentales para entender la regulación del sector. Bien es cierto que la aprobación de la LSE ha venido a simplificar en parte esta situación, pero una exposición mínimamente rigurosa requiere analizar la normativa que ha regulado la materia en los últimos años.

En segundo lugar, las energías renovables y su gestión económica han contribuido a producir un problema jurídico, político y, sobre todo, económico, de gran actualidad y entidad, como es el déficit tarifario del sector eléctrico español, al que se ha hecho referencia anteriormente. Somos conscientes de la gran importancia de esta cuestión y por ello no queríamos dejar aquí de citarla. Sin embargo, no podemos entrar en ella debido a que su complejidad obligaría, como mínimo, y si se quisiera escribir algo con el más mínimo rigor, a afrontar otro Capítulo de igual o mayor extensión que éste, por lo que a lo largo de los epígrafes que siguen a continuación nos referiremos al déficit tarifa sólo en ciertas ocasiones y, además, cuando hagamos estas referencias, no nos quedará otra opción que dar muchas cosas por sabidas. También la nueva LSE pretende solucionar o, al menos, paliar este problema. El tiempo dirá si lo consigue.

Hechas estas precisiones, resumimos a continuación el marco normativo que ha regido el sector de las energías renovables en nuestro país.

Siguiendo a GIMÉNEZ[30], la regulación de fomento de las energías renovables en España parte de la Ley 82/1980, de 30 de diciembre, de conservación de energía, a la que siguió el Real Decreto 2366/1994, de 9 de diciembre, que extendió la actividad de fomento, además de a la cogeneración y a las centrales eléctricas de pequeña potencia, a las que se refería la ley del año 1980, es decir, a la eólica, la biomasa y las solares. Posteriormente, el RD 2818/1998, previó que las primas debían ser actualizadas anualmente en función de una serie de parámetros. La siguiente norma destacable es el Real Decreto 436/2004, *"auténtico hito en la regulación de las renovables en España, que estableció un sólido y razonable marco económico de apoyo a la producción de energía eléctrica hasta su derogación por el RD6 661/2007"*, en palabras de GIMÉNEZ[31].

La Directiva 2001/77/CE del Parlamento Europeo y del Consejo, de 27 de septiembre de 2001, relativa a la promoción de la electricidad generada a partir de fuentes de energía renovables en el mercado interior de la electricidad, y la Directiva 2003/30/CE del Parlamento Europeo y del Consejo, de 8 de mayo de 2003, relativa al fomento del uso de biocarburantes u otros combustibles renovables en el transporte, constituyen el marco comunitario en el que se encuadra nuestro régimen jurídico de energías renovables.

A nivel interno, y si nos referimos a normas con rango de ley, la primera norma que hay que destacar por encima de todas es la **derogada**

---

(30) En este punto seguimos dos capítulos del citado autor: *"El régimen jurídico de las energías renovables en España"*, en "Tratado de regulación del sector eléctrico, Tomo I, Aspectos jurídicos" y *"El régimen jurídico-administrativo de las energías renovables"* en "Tratado de Energías Renovables, Volumen II, Aspectos Jurídicos".

(31) Op. cit.

Ley 54/1997, de 27 de noviembre, del sector eléctrico, y en especial el Capítulo II de su Título IV (artículos 27 a 31), en el que se regula el régimen especial de la producción de energía eléctrica.

La primera norma reglamentaria que la doctrina destaca por encima de otras en la materia, dictada al amparo de la LSE de 1997, fue el Real Decreto 436/2004, de 12 de marzo (en adelante RD 436/2004) complementado por el Plan de Energías Renovables para el período 2005-2010.

El **Real Decreto 661/2007, por el que se regula la actividad de producción de energía eléctrica en régimen especial** (en adelante RD 661/2007) continuó el camino iniciado por el reglamento anterior y estableció un régimen que favorecía el desarrollo de las energías renovables. En palabras de CALANCHA[32], estamos ante *"el último Real Decreto omnicomprensivo de todas las tecnologías renovables"*. Este RD fue derogado por el **Real Decreto-Ley 9/2013, de 12 de julio, por el que se adoptan medidas urgentes para garantizar la estabilidad financiera del sistema eléctrico** (en adelante, RD-Ley 9/2013).La Directiva 2009/28/CE del Parlamento Europeo y del Consejo, relativa al fomento del uso de energía procedente de fuentes renovables, estableció que el 20% del consumo final bruto de energía en la Unión Europea para el año 2020 debía proceder de fuentes renovables, a la vez que incluyó en este concepto de energías renovables a la *"energía procedente de fuentes renovables no fósiles, es decir, energía eólica, solar, aerotérmica, geotérmica, hidrotérmica y oceánica, hidráulica, gases de vertedero, gases de plantas de depuración y biogás"*. Para garantizar que se consiguieran estos objetivos se establece la obligación para los Estados miembros de introducir los denominados *"sistemas de apoyo"*.

El impulso a las energías renovables que quería realizar la Directiva citada chocó con dos dificultades: por un lado, la integración complicada de las energías renovables en la configuración de las redes de transporte y distribución y, por otro, el problema del déficit tarifario, creado por el difícilmente asumible coste que genera el pago de los complementos retributivos asignados a la producción mediante instalaciones de régimen especial.

Por ello, el **Real Decreto-Ley 6/2009, de 30 de abril, por el que se adoptan determinadas medidas en el sector energético y se aprueba el bono social** (en adelante RD-Ley 6/2009) crea el Registro de

(32) CALANCHA, *"Energías renovables"*, en "Cuadernos de Derecho para Ingenieros".

Preasignación de Retribución y modifica el régimen económico previsto en el RD 661/2007. A este RD-Ley le siguieron nuevas normas, a las que nos referiremos en el último epígrafe.

Para terminar con el recorrido normativo con incidencia en el campo de las energías renovables, debemos volver a citar aquí la **Ley 24/2013, de 26 de diciembre, del Sector Eléctrico,** cuyas principales novedades en este campo también citaremos durante este Capítulo.

Como complemento al marco normativo que afecta al sector de las energías renovables, debemos referirnos a los **Planes que desde la Administración estatal se han realizado para fomentar las energías renovables.**

En cumplimiento de la LSE de 1997 se aprobó el *Plan de Fomento de las Energías Renovables 2000-2010*, que establecía como objetivo alcanzar en 2010 que el 12 % de la demanda total de energía primaria se cubriese con fuentes de energías renovables. Este Plan sirvió de guía e inspiración para el *Plan de Energías Renovables 2011-2020*[(33)].

Tras la elaboración del Plan de Fomento de las Energías Renovables, y en el marco de una evolución muy negativa de la economía mundial y española, se realizaron, en el seno de la Comisión de Industria, Turismo y Comercio del Congreso de la Diputados, los trabajos de la Subcomisión de análisis de la estrategia energética española para los próximos 25 años. En este marco, el 21 de diciembre de 2010 se aprobó un documento con el apoyo de la mayoría de los grupos parlamentarios, en el que se recomendaba que la participación de las energías renovables fuera del 20,8% en el año 2020. Este es el objetivo global que se recoge en el Plan de Energías Renovables 2011-2020, que da respuesta, a su vez, al artículo 78 de la Ley 2/2011, de 4 de marzo, de Economía Sostenible, que fija los mismos objetivos de la Directiva 2009/28/CE como los objetivos nacionales mínimos de energías renovables en 2020, estableciendo además que el Gobierno aprobará planes de energías renovables que hagan posible el cumplimiento de los objetivos fijados y que permitan la posibilidad efectiva de desarrollo de las energías renovables en todas las Comunidades Autónomas.

---

(33) Un resumen detallado del mismo se puede encontrar en siguiente enlace, del que se ha obtenido la información que traemos al texto: *http://www.minetur.gob.es/energia/es/novedades/documents/resumen_per_2011-2020.pdf*

Las fuentes de energía renovables a las que se refiere este Plan son las siguientes: biocarburantes y biolíquidos, biogás, biomasa, energías del mar, eólica, geotermia y otras energías del ambiente, hidroeléctrica, residuos (municipales, industriales y lodos de EDAR) y solar (fotovoltaica, térmica y termoeléctrica).

Sin poder entrar en una valoración crítica de lo que en este Plan se incluye, sí podemos señalar que el citado objetivo del 20% se había sobrepasado ya en el año 2010, cuando la contribución del papel de las renovables al consumo final bruto de electricidad era del 29,2%. Por otro lado, la contribución de la electricidad renovable a la producción bruta de electricidad en España en 2010 fue de un 32,3%.

A grandes rasgos, consideramos que éstas son las normas más importantes del enorme acervo jurídico dedicado a las energías renovables en nuestro país[(34)]. También debemos aclarar, como se ha hecho antes, que

---

(34) El Ministerio de Industria, Turismo y Comercio, en el Resumen del Plan de Energías Renovables 2011-20120, considera que el marco normativo de las energías renovables está integrado fundamentalmente por las siguientes normas:

"España cuenta, en la actualidad, con un sólido marco normativo de apoyo a las energías renovables. Algunos de sus hitos fundamentales son: la Ley 54/1997 del Sector Eléctrico, que integró el Régimen Especial, regulado en el Real Decreto 661/2007; el Real Decreto ley 6/2009, por el que se establece el registro de preasignación de retribución para las instalaciones del régimen especial; el Real Decreto 1955/2000, que rige procedimientos de autorización; el Real Decreto 842/2002, por el que se aprueba el Reglamento electrotécnico para baja tensión junto a sus instrucciones técnicas complementarias; el Real Decreto 314/2006 por el que se aprueba el Código Técnico de la Edificación; la Ley 22/1973, de Minas (modificada por la Ley 54/1980) en lo que tiene que ver con la energía geotérmica; en materia de aguas, el Real Decreto Legislativo 1/2001; la Ley 9/2006 y el Real Decreto Legislativo 1/2008 en lo que respecta a la regulación en materia ambiental; la Orden ITC/2877/2008, por la que se establece un mecanismo de fomento del uso de biocarburantes y otros combustibles renovables con fines de transporte; el Real Decreto 1578/2008, referente a la retribución de la actividad de producción de energía eléctrica mediante tecnología solar fotovoltaica; el Real Decreto 1565/2010, por el que se regulan y modifican determinados aspectos relativos a la actividad de producción de energía eléctrica en régimen especial; el Real Decreto 1614/2010, por el que se regulan y modifican determinados aspectos relativos a la actividad de producción de energía eléctrica a partir de tecnologías solar termoeléctrica y eólica; y el Real Decreto-ley 14/2010, por el que se establecen medidas urgentes para la corrección del déficit tarifario del sector eléctrico. Más recientemente, la Ley 2/2011, de 4 de marzo, de Economía Sostenible, que incluye, en su Artículo 78, los objetivos nacionales mínimos en materia de ahorro y eficiencia energética y energías renovables".

gran parte de la normativa de desarrollo de la LSE de 1997 sigue vigente en todo lo que no sea contraria a la LSE y a la espera de que se aprueben los reglamentos de desarrollo de ésta.

2. Breve referencia a la actividad de ordenación en el sector de las energías renovables: requisitos para el acceso al régimen especial(35)

Como hemos señalado en la introducción, la desaparición del régimen especial implica que lo expuesto a continuación tenga un interés puramente doctrinal, por lo que intentaremos ser lo más sintéticos posible. En cualquier caso, insistimos en que el interés de este epígrafe también reside en que las instalaciones que fueran de régimen especial antes de la entrada en vigor de la LSE podrán seguir beneficiándose del régimen primado en las condiciones que más adelante veremos, por lo que puede ser ilustrativo conocer qué condiciones tuvieron que cumplir en su día dichas instalaciones para beneficiarse de dicho régimen especial.

2.1. Concepto de régimen especial

La normativa del sector eléctrico distinguía dos tipos de instalaciones de producción: las instalaciones de generación en régimen ordinario y las instalaciones de generación en régimen especial. Curiosamente, se definían negativamente las de régimen ordinario, que eran todas aquellas que no fueran de régimen especial.

Las instalaciones de régimen especial se caracterizaban en función de dos criterios, a saber, la fuente de producción y la potencia de instalación. Es importante destacar, por tanto, que no todas las instalaciones de generación que utilizaban energías renovables se incluían en el régimen especial, sino sólo aquéllas que además cumplían con el requisito de la potencia de instalación.

Desde el punto de vista de las fuentes de producción, eran instalaciones de régimen especial, según el artículo 27 de la LSE de 1997:

Algunas de las normas que aparecen en esta enumeración se han citado en la introducción, otras se citarán a lo largo de este Capítulo y a otras no se hará más mención que la que se ha hecho en esta nota. Para mayor estudio, lo contenido en esta cita puede consultarse y ampliarse en el siguiente enlace: http://www.minetur.gob.es/energia/es-es/novedades/documents/resumen_per_2011-2020.pdf

(35) En este epígrafe seguimos a GIMÉNEZ, en las obras antes citadas.

a) Aquéllas que utilizasen la cogeneración u otras formas de producción de electricidad asociadas a actividades no eléctricas siempre que supusiesen un alto rendimiento energético.

b) Cuando se utilizase como energía primaria alguna de las energías renovables no consumibles, biomasa o cualquier tipo de biocarburante, siempre y cuando su titular no realizase actividades de producción en el régimen ordinario.

c) Cuando se utilizasen como energía primaria residuos no renovables.

También tenía la consideración de producción en régimen especial la producción de energía eléctrica desde instalaciones de tratamiento y reducción de los residuos de los sectores agrícola, ganadero y de servicios, con una potencia instalada igual o inferior a 25 MW, cuando supusieran un alto rendimiento energético.

El segundo criterio, que es el que manifiesta que no todas las instalaciones de energías renovables se podían acoger a los que GIMÉNEZ denomina *"privilegios"*[36] de las instalaciones de régimen especial –prioridad de acceso a la red, prioridad de evacuación y régimen económico singular–, era el referido a la potencia de instalación. Y es que el artículo 27.1 de la LSE de 1997 establecía que la actividad de producción de energía eléctrica tendría la consideración de producción en régimen especial cuando se realizase desde instalaciones cuya potencia instalada no superase los 50 MW. Por tanto, las instalaciones de energías renovables con una potencia superior a los 50 MW no se consideraban de régimen especial.

2.2. Autorización de las instalaciones

El artículo 28.1 de la LSE de 1997 establecía que la construcción, explotación, modificación sustancial, la transmisión y el cierre de instalaciones de producción de energía eléctrica en régimen especial estaba sometida al régimen de autorización administrativa previa con carácter reglado. El apartado 2 añadía que los solicitantes de estas autorizaciones debían acreditar las condiciones técnicas y de seguridad de las instalaciones propuestas, el adecuado cumplimiento de las condiciones de protección del medio ambiente y la capacidad legal, técnica y económica

[36] GIMÉNEZ, op. cit.

adecuada al tipo de producción que fueran a desarrollar y, una vez otorgadas, debían proporcionar a la Administración competente información periódica de cuantos datos afectasen a las condiciones que determinaron su otorgamiento.

El desarrollo detallado de esta normativa se encuentra en los artículos 115 y siguientes del RD 1955/2000, en los que se regulan los requisitos y el procedimiento para la obtención de las distintas autorizaciones necesarias para la construcción, explotación, modificación sustancial, la transmisión y el cierre de instalaciones de producción de energía eléctrica en régimen especial.

2.3. *Inclusión en el régimen especial*

Los artículos 6 a 8 del RD 661/2007 determinaban los requisitos que debían cumplirse para la inclusión de la instalación en el ámbito del régimen especial.

El artículo 6 del RD 661/2007 establecía que la condición de instalación de producción acogida al régimen especial sería otorgada por la Administración competente para su autorización. Para que una instalación de producción pudiera acogerse al régimen especial se debían acreditar las principales características técnicas y de funcionamiento de la instalación. Asimismo, debía realizarse una evaluación cuantificada de la energía eléctrica que fuera a ser transferida en su caso.

Según el artículo 9 del RD 661/2007, las instalaciones de producción de energía eléctrica en régimen especial debían ser inscritas obligatoriamente en la sección segunda del Registro administrativo de instalaciones de producción de energía eléctrica (RAIPRE), dependiente del Ministerio de Industria, Turismo y Comercio. Sobre la base de lo establecido en este artículo, se distinguía entre una inscripción previa y una inscripción definitiva, en cuyo detalle no nos detendremos.

Además de las distintas autorizaciones que hemos estudiado, se debe tener en cuenta que la construcción de instalaciones de producción estaba también sometida a la obtención de determinadas licencias urbanísticas, de actividad y de carácter medioambiental, además de a la obtención de la concesión administrativa necesaria para el aprovechamiento privativo del dominio público hidráulico.

2.4. *Garantía de origen*

Los poderes públicos, con el objeto de fomentar la contribución de las energías renovables a la producción de electricidad y poder demostrar ante los consumidores finales que una cuota o cantidad determinada de energía se ha obtenido a partir de dichas fuentes, así como facilitar el comercio de electricidad producida a partir de fuentes de energía renovables y de cogeneración de alta eficiencia, expiden una garantía del origen proveniente de fuentes de energías renovables de la electricidad producida.

Para ello, la Orden del Ministerio de Industria, Turismo y Comercio 1522/2007, de 24 de mayo, por la que se establece la regulación de la garantía del origen de la electricidad procedente de fuentes de energía renovables y de cogeneración de alta eficiencia, que sigue vigente, designaba a la CNE como organismo responsable, en todo el territorio español, para la expedición de la garantía de origen de la electricidad generada a partir de fuentes de energía renovables y de cogeneración de alta eficiencia, así como para su gestión, pudiendo realizar dichas labores bien directamente o a través de un tercero, previa autorización por parte de la Secretaría de Estado de Energía del Ministerio de Industria, Turismo y Comercio, que deberá ser independiente de las actividades de generación, distribución y comercialización y ser designado conforme a lo establecido por la legislación de contratos del sector público.

La competencia para expedir esta garantía de origen corresponderá ahora a la CNMC, en sustitución de la extinta CNE.

2.5. *La situación actual*

La entrada en vigor de la LSE hace que lo señalado en este epígrafe tenga, como ya hemos señalado, un mero interés académico ya que, como señala su Exposición de Motivos, *"la elevada penetración de las tecnologías de producción a partir de fuentes de energía renovables, cogeneración y residuos, incluidas en el denominado régimen especial de producción de energía eléctrica, ha ocasionado que su regulación singular ligada a la potencia y a su tecnología carezca de objeto. Por el contrario, hace preciso que la regulación contemple a estas instalaciones de manera análoga a la del resto de tecnologías que se integran en el mercado, y en todo caso, que sean consideradas por razón de su tecnología e implicaciones en el sistema, en lugar de por su potencia, por lo que se abandonan los conceptos diferen-*

ciados de régimen ordinario y especial. Por este motivo se procede a una regulación unificada, sin perjuicio de las consideraciones singulares que sea preciso establecer".

Dichas consideraciones singulares hacen referencia al régimen retributivo, al que pasaremos a continuación. Para toda la actividad de ordenación atinente a las instalaciones que comiencen a producir electricidad a partir de fuentes de energías renovables desde la entrada en vigor de la LSE, nos remitimos a lo señalado en los epígrafes anteriores.

3. Actividad de fomento: el régimen retributivo de las energías renovables[37]

3.1. Introducción

El régimen tarifario de las energías renovables se encontraba regulado, hasta la entrada en vigor del RD-ley 9/2013, en los artículos 24 y siguientes del RD 661/2007, que se completaba con las previsiones del RD 1578/2008, que se aprobó como consecuencia del agotamiento del cupo previsto por el RD 661/2007 para la tecnología solar fotovoltaica. El RD 1578/2008, también derogado a día de hoy, introdujo como principal novedad el Registro de Preasignación de Retribución, que se generalizó para todas las tecnologías incluidas en el régimen especial por el RD-Ley 6/2009.

Este régimen económico tenía el objetivo claro de fomentar las energías renovables entre todas las tecnologías que se integran en el régimen especial. La razón era que, como ha señalado GIMÉNEZ[38] *"el precio que pueden obtener en el mercado competitivo de generación es insuficiente para cubrir sus costes de construcción y operación, con un retorno razonable de la inversión, de modo que precisan de complementos retributivos para ser rentables".*

De este modo, *"la característica común del régimen retributivo del régimen especial es su naturaleza instrumental respecto del fin promocional de las tecnologías de cogeneración y las que emplean fuentes renovables de energía. Tanto la venta a tarifa regulada como la venta al mercado... supo-*

---

(37) En este punto seguimos a CAZORLA y su capítulo *"El régimen tarifario de las energías renovables"*, en *"Tratado de Energías Renovables, Volumen II, Aspectos jurídicos"*.

(38) GIMÉNEZ, op. cit.

nen una subvención material a la actividad de generación eléctrica con tecnologías de cogeneración o que emplean fuentes de energías renovables... Ahora bien, la subvención al régimen especial no encaja dentro del concepto formal y estricto de subvención pública y, por el contrario, se enmarca en el seno de la potestad tarifaria de las Administraciones Públicas, ya que es la Administración General del Estado quien, en ejercicio de dicha potestad expresamente prevista en el artículo 17.1 de la LSE, fomenta a través de un régimen económico favorable la actividad privada de energía eléctrica para un grupo de tecnologías concretas"[39].

3.2. *El régimen tarifario del Real Decreto 661/2007*

a) Régimen general

El RD 661/2007 reconocía a los titulares de instalaciones de régimen especial de generación dos opciones, que eran la venta a tarifa o la venta en el mercado de producción eléctrica.

Antes de entrar en el estudio de estos conceptos, conviene referirse al sistema de cupos de potencia en el acceso al régimen económico del RD 661/2007. El RD 661/2007 establecía que para que una instalación pudiera beneficiarse del régimen económico recogido en el mismo, dicha instalación debía estar inscrita en el RAIPRE. Además de este mecanismo de inscripción, esta norma establecía un sistema de cupos máximos[40] con el fin de fijar unos límites a partir de los cuales las instalaciones que entraran en funcionamiento no tendrían derecho al régimen económico establecido en la misma, de tal manera que una vez que se alcanzara el ochenta y cinco por ciento del objetivo de potencia de cada una de las tecnologías, fuera la Secretaría General de Energía la encargada de fijar el plazo, no superior a doce meses, durante el que las instalaciones inscritas en el RAIPRE con anterioridad a la finalización de dicho plazo tendrían derecho a la prima o a la tarifa regulada en el propio RD 661/2007.

Este límite de potencia fue aplicado únicamente en una ocasión, en el caso de la energía solar fotovoltaica[41], respecto de la cual se aprobó la

---

(39) CAZORLA, op. cit.

(40) 371 MW para la energía solar fotovoltaica, 500 MW para la solar termoeléctrica, 2.400 MW de mini-hidráulica y 20155 MW de eólica).

(41) En 2007 las instalaciones fotovoltaicas ya habían superado el 85 por ciento previsto para 2010.

Resolución de la Secretaría General de Energía, de 27 de septiembre de 2007, que estableció un plazo de 12 meses para que las plantas solares fotovoltaicas pudieran acceder al régimen económico del RD 661/2007. Al terminar dicho plazo, se aprobó el RD 1578/2008 que, a la vista de las disfunciones ocasionadas por el sistema de cupos y con la finalidad de solventarlas, creó el Registro de Preasignación.

En definitiva, el límite de potencia, que se estableció con el objetivo de evitar sobrecostes excesivos al sistema, fue superado con creces, por lo que el Gobierno decidió cambiar el sistema a través del RD-Ley 6/2009, al que luego nos referiremos con más detalle.

Pasando ya a las opciones que el RD 661/2007 otorgaba a los productores en régimen especial, en los supuestos de *venta a tarifa*, los productores en régimen especial que optaran por la venta a tarifa debían realizar ofertas al mercado a precio cero, de tal manera que el precio que se percibía por el productor en régimen especial era el que resultaba de la casación en el mercado sin perjuicio de la liquidación posterior que debía realizar la CNE.

En los casos de venta en el mercado, la retribución del productor consistía en el precio que se obtuviera en alguno de los mercados organizados en los que se vendía la energía, (spot horario, subastas, etc.) o el que se pactara, y el precio obtenido se complementaba con una prima cuyo importe podía variar en función tanto de la tecnología como de la antigüedad de las plantas. El cálculo de la prima se recogía en el artículo 27 del RD 661/2007[42], dentro del cual lo que más destacaba, por ser no-

---

[42] 1. La prima a que se refiere el artículo 24.1.b consiste en una cantidad adicional al precio que resulte en el mercado organizado o el precio libremente negociado por el titular o el representante de la instalación.

2. Para ciertos tipos de instalaciones pertenecientes a la categoría b, se establece una prima variable, en función del precio del mercado de referencia.

Para éstas, se establece una prima de referencia y unos límites superior e inferior para la suma del precio del mercado de referencia y la prima de referencia. Para el caso de venta de energía a través del sistema de ofertas gestionado por el operador de mercado, así como para los contratos de adquisición entre los titulares de las instalaciones y los comercializadores cuya energía es vendida en el sistema de ofertas, el precio del mercado de referencia será el precio horario del mercado diario. Para el resto de posibilidades contempladas en la opción b del artículo 24.1, el precio del mercado de referencia será el precio que resulte de acuerdo a la aplicación del sistema de subastas regulado en la Orden ITC/400/2007, de 26 de febrero, por la que se regulan los contratos bilaterales que firmen las empresas distribuidoras para el suministro a tarifa en el territorio peninsular.

vedad de este RD, era la previsión para determinadas tecnologías de un límite máximo y de un límite mínimo de ingresos a percibir en el supuesto de que la venta se haga en el mercado.

Además de las retribuciones que pudieran obtenerse más las correspondientes primas, existían determinados complementos previstos por el RD 661/2007: complemento por discriminación horaria, complemento por eficiencia, complemento de energía reactiva, pago por capacidad, complemento de continuidad frente a huecos de tensión, complemento de interrumpibilidad y complemento de repotenciación para instalaciones eólicas.

b) Servicios de ajuste

El artículo 33 del RD 661/2007 establecía que las instalaciones de régimen especial que hubieran optado por la venta al mercado, podían participar en los mercados asociados a los servicios de ajuste del sistema con previa autorización obtenida mediante resolución de la DGPEM y habilitación del operador del sistema; y que si el programa de producción de una instalación de régimen especial resultaba modificado por alguno de los servicios de ajuste del sistema, esta modificación del programa devengaría los derechos de cobro y/u obligaciones de pago correspondientes a la provisión del servicio, obteniendo en todo caso la instalación el derecho a la percepción de la prima y los complementos correspondientes por la energía vertida de forma efectiva a la red.

La prima a percibir en cada hora, se calcula de la siguiente forma:

Para valores del precio del mercado de referencia más la prima de referencia comprendidos entre el límite superior e inferior establecidos para un determinado grupo y subgrupo, el valor a percibir será la prima de referencia para ese grupo o subgrupo, en esa hora.

Para valores del precio del mercado de referencia más la prima de referencia inferiores o iguales al límite inferior, el valor de la prima a percibir será la diferencia entre el límite inferior y el precio horario del mercado diario en esa hora.

Para valores del precio del mercado de referencia comprendidos entre el límite superior menos la prima de referencia y el límite superior, el valor de la prima a percibir será la diferencia entre el límite superior y el precio del mercado de referencia en esa hora.

Para valores del precio del mercado de referencia superiores o iguales al límite superior, el valor de la prima a percibir será cero en esa hora.

3. La prima o, cuando corresponda, prima de referencia, así como los límites superior e inferior se determinan en función de la categoría, grupo y subgrupo al que pertenece la instalación, así como de su potencia instalada y, en su caso, antigüedad desde la fecha de puesta en servicio, en los artículos 35 al 42 del presente Real Decreto.

c) Actualización, revisión e irretroactividad

El RD 661/2007, en su artículo 44, recogía la actualización de las primas y tarifas anual o trimestralmente en función de la tecnología de que se tratara a través de determinadas fórmulas entre las que destaca el IPC. Este artículo establecía igualmente la irretroactividad de las revisiones tarifarias al establecer que la tarifa regulada y los límites máximo y mínimo vigentes al tiempo del acta de puesta en marcha de la instalación correspondiente serían de aplicación a éstas con durante todo el período de regulación.

En relación con estas cuestiones, la Sentencia del Tribunal Supremo de 25 de octubre de 2006 afirmó que los titulares de las instalaciones no tenían un derecho subjetivo a que el régimen económico no se modificase y declaró la imposibilidad de alegar los principios de seguridad jurídica y confianza legítima contra estas modificaciones, la obligación de los titulares de asumir un cierto riego regulatorio y la obligación del Gobierno de respetar los principios del establecimiento de primas y tarifas(43).

---

(43) Esta Sentencia del TS sienta la jurisprudencia de que aquellos que invierten en actividades de retribución regulada no tienen derecho al mantenimiento de tal situación, por lo que se debe asumir el riesgo regulatorio. Así, la Sentencia afirma, entre otros muchos pronunciamientos, los siguientes:

"Los titulares de las instalaciones de producción de energía eléctrica en régimen especial no tienen un derecho inmodificable a que se mantenga inalterado el régimen económico que regula la percepción de las primas".

"No cabe oponer simplemente el valor de la seguridad jurídica a una modificación reglamentaria como argumento supuestamente invalidante de ésta.... La misma consideración es aplicable al principio de confianza legítima, creciente e indebidamente aducido como argumento descalificador de no pocas modificaciones normativas que algunos agentes económicos reputan más o menos perjudiciales para sus intereses".

"Mientras nos sea sustituida por otra, la regulación legal antes reseñada (artículo 30 de la LSE) permite a las empresas correspondientes aspirar a que las primas incorporen en su fijación como factor relevante el obtener unas tasa de rentabilidad razonables con referencia al coste del dinero en el mercado de capitales o, por decirlo unas más con palabras del preámbulo del Real Decreto 436/2004, una retribución razonable para sus inversiones".

"Las empresas que libremente deciden implantarse en un mercado como el de generación de electricidad en régimen especial, sabiendo de antemano que es gran parte de pendiente de la fijación de incentivos económicos por las autoridades públicas, son o deben ser conscientes de que éstos pueden ser modificados dentro de las pautas legales, por dichas autoridades".

La Sentencia del Tribunal Supremo de 12 de abril de 2012 insiste en esta línea al recordar que *"la práctica eliminación del riesgo empresarial que supone acogerse a la tarifa regulada ... es de suyo una ventaja sobre los operadores del sector eléctrico sujetos a las vicisitudes de la libre competencia, ventaja cuyo reverso lo constituye... la posibilidad de alteración de las medidas administrativas ante cambios de las circunstancias ulteriores (con el respeto a unos mínimos de rentabilidad que en este momento no es el caso recordar). De este modo, el único límite legal para la modificación del régimen económico primado es, de acuerdo con el artículo 30.4 LSE, la rentabilidad razonable"*[44].

d) Liquidación

El artículo 30 del RD 661/2007 encargaba a la CNE realizar la liquidación de las primas equivalentes, las primas, los incentivos y los complementos a las instalaciones de régimen especial.

3.3. *El Registro de Preasignación y las modificaciones legislativas posteriores. El régimen de la nueva Ley del Sector Eléctrico*

El RD-Ley 6/2009 creó un Registro de Preasignación de retribución para el acceso al régimen económico regulado en el RD 661/2007, mediante la extensión de la necesidad de inscripción en este Registro a todas las instalaciones del régimen especial, después de que el RD 1578/2008 estableciese este registro para las instalaciones fotovoltaicas sometidas a su régimen.

El objetivo de este RD-Ley era, según se afirma en su Exposición de Motivos, y *"ante el creciente déficit tarifario, esto es, la diferencia entre la*

[44] Esta sentencia fue dictada en uno de los numerosos recursos interpuestos contra la modificación operada en la retribución del régimen especial mediante el Real Decreto 1565/2010, de 19 de noviembre, por el que se regulan y modifican determinados aspectos relativos a la actividad de producción de energía eléctrica en régimen especial. Durante los años 2012, 2013 y 2014 la Sala Tercera del Tribunal Supremo ha resuelto en el mismo sentido más de ochenta recursos similares.

Por otro lado, cabe recordar que las modificaciones operadas en el año 2010 dieron también lugar a que varios fondos de inversión y empresas extranjeras decidieran acudir a diversos arbitrajes internacionales contra el Reino de España (aún pendientes de resolución) esgrimiendo, entre otros argumentos, una posible infracción del Tratado sobre la Carta Europea de la Energía.

recaudación por las tarifas reguladas que fija la Administración y que pagan los consumidores por sus suministros regulados y por las tarifas de acceso que se fijan en el mercado liberalizado y los costes reales asociados a dichas tarifas, está produciendo graves problemas que, en el contexto actual de crisis financiera internacional, está afectando profundamente al sistema y pone en riesgo, no sólo la situación financiera de las empresas del sector eléctrico, sino la sostenibilidad misma del sistema", adoptar *"una medida de urgencia que garantice la necesaria seguridad jurídica a aquellos que han realizado inversiones, y ponga las bases para el establecimiento de nuevos regímenes económicos que propicien el cumplimiento de los objetivos pretendidos: la consecución de unos objetivos de potencia por tecnología a un coste razonable para el consumidor y la evolución tecnológica de las mismas que permitan una reducción gradual de sus costes y por consiguiente su concurrencia con las tecnologías convencionales"*.

Con este Registro de Preasignación se pretendía, por tanto, evitar la *"carrera por la obtención de la subvención"*(45) que se suscitó a partir del RD 661/2007 y que, como se ha señalado en la cita del párrafo anterior, estaba poniendo en peligro la propia sostenibilidad del sistema.

El artículo 4.2 del RD-Ley 6/2009 establecía –y hablamos en pasado, porque este artículo 4 fue derogado totalmente por el RD-Ley 9/2013– que la inscripción en el Registro de Preasignación de retribución era condición necesaria para el otorgamiento del derecho al régimen económico establecido en el RD 661/2007. Este registro tendría, de este modo, como objetivo, conocer las instalaciones proyectadas, si cumplían con las condiciones para acceder al sistema eléctrico, su volumen de potencia y el impacto en los costes de la tarifa eléctrica antes de haber obtenido el derecho a acceder al régimen económico del régimen especial. De esta manera se adelantaba el control de los proyectos y se evitaba el abuso de las condiciones establecidas en el RD 661/2007. La inscripción en el Registro de Preasignación se obtenía con el cumplimiento de los requisitos recogidos en el artículo 4.3 del RD-Ley 6/2009.(46)

(45) CAZORLA, op. cit.

(46) Para inscribirse en el Registro de preasignación de retribución será necesario el cumplimiento de los siguientes requisitos: **a)** Disponer de la concesión por parte de la compañía eléctrica distribuidora o de transporte de punto de acceso y conexión firme para la totalidad de la potencia de la instalación. **b)** Disponer de autorización administrativa de la instalación otorgada por el órgano competente. En el caso de instalaciones de potencia no superior a 100 kW, este requisito no será necesario. **c)** Disponer de licencia de obras expe-

El RD-Ley 6/2009 preveía que en la inscripción en el registro se daría prioridad a los proyectos de fechas más antiguas hasta que fuera cubierto el objetivo de potencia previsto para cada grupo y subgrupo. Los posibles problemas transitorios se trataban de resolver en la Disposición Transitoria Quinta del propio RD-Ley, la cual quedó derogada en gran parte por el RD-Ley 9/2013, por lo que no nos detendremos en dicha regulación transitoria.

Es preciso señalar que el arreglo al que intentó llegar el RD-Ley 6/2009 no consiguió solucionar las graves disfunciones que la gestión y, en especial, el régimen retributivo de las energías renovables, habían generado en el sector eléctrico español. La prueba de esta afirmación es (además de que sus buenas intenciones no han podido cumplirse) el gran número de modificaciones normativas que durante los últimos dos años se han producido en la materia, con la consiguiente inseguridad jurídica producida en todos los actores del sector. Podemos citar, entre otras, las siguientes modificaciones de calado:

1. **El Real Decreto-Ley 1/2012 de 27 de enero, por el que se procede a la suspensión de los procedimientos de preasignación de retribución y a la supresión de los incentivos económicos para nuevas instalaciones de producción de energía eléctrica a partir de cogeneración, fuentes de energía renovables y residuos, paraliza todos los proyectos no preasignados**.

   El artículo 1 de este RD-Ley establece como su objeto:

---

dida, por la administración local competente, cuando resulte exigible. **d)** Haber depositado el aval necesario para solicitar el acceso a la red de transporte y distribución cuando dicha exigencia le hubiera sido de aplicación. **e)** Disponer de recursos económicos propios o financiación suficiente para acometer al menos el 50 por ciento de la inversión de la instalación, incluida su línea de evacuación y conexión hasta la red de transporte o distribución. **f)** Haber alcanzado un acuerdo de compra firmado entre el promotor de la instalación y el fabricante o suministrador de equipos correspondiente para la adquisición de equipos por un importe equivalente al menos del 50 por ciento del valor de la totalidad de los mismos fijado en el proyecto de instalación. **g)** Disponer de un punto de suministro de gas natural asignado por parte de la empresa distribuidora o de transporte de gas, cuando la instalación vaya a utilizar dicho combustible como principal. **h)** Disponer de un informe favorable de aprovechamiento de aguas otorgado por el órgano competente, cuando sea necesario para el funcionamiento de la instalación proyectada. **i)** Haber depositado un aval en la Caja General de Depósitos de la Administración General del Estado, a favor de la Dirección General de Política Energética y Minas, por una cuantía de 20 €/kW. Para la tecnología solar termoeléctrica la cuantía anterior será de 100 €/kW.

a) La supresión de los incentivos económicos para las instalaciones de producción de energía eléctrica en régimen especial y para aquellas de régimen ordinario de tecnologías asimilables a las incluidas en el citado régimen especial que se detallan en el artículo 2.1.

b) La suspensión del procedimiento de preasignación de retribución para el otorgamiento del régimen económico primado.

Estas medidas se toman respecto de las instalaciones previstas en el artículo 2.1[(47)], con la excepción las instalaciones de régimen especial que hubieran presentado solicitud de inscripción en el Registro de Preasignación de retribución, cuando el correspondiente plazo de resolución, en virtud de lo previsto en los apartados 2 y 3 del artículo 42 de la Ley 30/1992, de 26 de noviembre, de Régimen Jurídico de las Administraciones Públicas y del Procedimiento Administrativo Común, hubiera ya vencido a la fecha de su entrada en vigor.

2. **Ley 15/2012, de 27 de diciembre, de medidas fiscales para la sostenibilidad energética**. El contenido de esta ley es de carácter netamente fiscal, por lo que no nos detendremos en ella[(48)].

---

(47) El presente real decreto-ley será de aplicación a las siguientes instalaciones:

a) Aquellas instalaciones de régimen especial que a la fecha de entrada en vigor del presente real decreto-ley no hubieran resultado inscritas en el Registro de preasignación de retribución previsto en el artículo 4.1 del Real Decreto-ley 6/2009, de 30 de abril, por el que se adoptan determinadas medidas en el sector energético y se aprueba el bono social.

b) Aquellas instalaciones de régimen especial de tecnología fotovoltaica que a la fecha de entrada en vigor del presente real decreto-ley no hubieran resultado inscritas en el Registro de preasignación de retribución previsto en el artículo 4.1 del Real Decreto 1578/2008, de 26 de septiembre, de retribución de la actividad de producción de energía eléctrica mediante tecnología solar fotovoltaica para instalaciones posteriores a la fecha límite de mantenimiento de la retribución del Real Decreto 661/2007, de 25 de mayo, para dicha tecnología.

c) Aquellas instalaciones de régimen ordinario que a la fecha de entrada en vigor de este real decreto-ley no dispusieran de autorización administrativa otorgada por la Dirección General de Política Energética y Minas.

(48) Su Exposición de Motivos señala que *"mediante esta Ley se regulan tres nuevos impuestos: el impuesto sobre el valor de la producción de la energía eléctrica, el impuesto sobre la producción de combustible nuclear gastado y residuos radiactivos resultantes de la generación de energía nucleoeléctrica y el impuesto sobre el almacenamiento de combustible nuclear gastado y residuos radiactivos en instalaciones centralizadas; se crea un canon por*

3. **Real Decreto-ley 29/2012, de 28 de diciembre, de mejora de gestión y protección social en el Sistema Especial para Empleados de Hogar y otras medidas de carácter económico y social**(49). En este Real Decreto-Ley se adoptan, fundamentalmente, dos medidas que afectan al sector de las energías renovables:

   — Por un lado, y como señala la Exposición de Motivos, ante el hecho de que *"los ingresos del sistema eléctrico de este año 2012 están haciendo frente, no sólo a los costes del sistema durante este año 2012 condicionados por las circunstancias imprevistas referidas, sino también a un desajuste de 2011 de 1.106 millones de euros correspondiente al desajuste reflejado en la liquidación definitiva"* y que ello ha implicado que "a *pesar de las medidas adoptadas durante este año, como consecuencia de estas desviaciones se prevé que en la liquidación definitiva de 2012 existirá un desajuste entre los ingresos y costes del sistema eléctrico"*, se decide *"establecer que los desajustes temporales de liquidaciones del sistema eléctrico que se produzcan en 2012, por el importe que resulte de la liquidación definitiva de la Comisión Nacional de Energía, tendrán la consideración de déficit de ingresos del sistema de liquidaciones eléctrico para 2012, que generará derechos de cobro que podrán ser cedidos por sus titulares al Fondo de Titulización del Déficit del Sistema Eléctrico, y ello con carácter adicional a los 1.500 millones de euros de déficit ya reconocido en la disposición adicional vigé-*

---

utilización de las aguas continentales para la producción de energía eléctrica; se modifican los tipos impositivos establecidos para el gas natural y el carbón, suprimiéndose además las exenciones previstas para los productos energéticos utilizados en la producción de energía eléctrica y en la cogeneración de electricidad y calor útil".

(49) El lector ha leído bien, el título de la norma hace referencia, en efecto, al Sistema de Seguridad Social para empleados del hogar, y en la misma norma se incluyen importantísimas modificaciones atinentes al sector de las energías renovables y, en concreto, a su aspecto más polémico: su régimen económico y su relación con el déficit de tarifa. No hay que ser un experto en Técnica Legislativa para observar que se ha producido un olvido flagrante de las recomendaciones mínimas de mantenimiento de un contenido homogéneo de la ley en beneficio de la seguridad jurídica y de la claridad normativa. El que haya tomado la decisión de obrar de este modo aberrante desde el punto de vista técnico, será el que tenga que explicar las razones de este proceder.

sima primera de la Ley 54/1997, de 27 de noviembre, del Sector Eléctrico".

— Por otro lado, "*para garantizar el objetivo final para el que fue establecido el mecanismo de preasignación de retribución para las instalaciones de régimen especial, esto es, asegurar un régimen económico bajo el presupuesto y condición de la completa ejecución de la instalación en un concreto plazo, se introduce en esta norma, además, una habilitación para la supresión o corrección del régimen económico primado en caso de constatación del incumplimiento de las obligaciones que constituyen presupuesto esencial de la definitiva adquisición de tal régimen económico*".

4. **Real Decreto-ley 2/2013, de 1 de febrero, de medidas urgentes en el sistema eléctrico y en el sector financiero.** Este Real Decreto-Ley introduce como principal novedad, entre otras y también con el fin, según su Exposición de Motivos, de luchar contra "*nuevas desviaciones*" que pueden hacer "*casi inviable la cobertura de los mismos con cargo a los peajes eléctricos y a las partidas previstas provenientes de los Presupuestos Generales del Estado*", la decisión de "*que el régimen económico primado se sustente únicamente en la opción de tarifa regulada, sin perjuicio de que los titulares de las instalaciones puedan vender su energía libremente en el mercado de producción sin percibir prima*". Se elimina, por tanto, de manera definitiva la prima a las energías renovables en los casos en los que los productores opten por la venta a mercado de la misma.

5. **Real Decreto-ley 9/2013, de 12 de julio, por el que se adoptan medidas urgentes para garantizar la estabilidad financiera del sistema eléctrico**, al que ya nos hemos referido reiteradamente y que, entre otros aspectos, establece un nuevo régimen retributivo para las instalaciones de generación de energía renovable, cogeneración y residuos y una serie de principios retributivos adicionales para el transporte y distribución de energía eléctrica, fijando el concepto de rentabilidad razonable, en línea con la doctrina jurisprudencial sobre el particular alumbrada en los últimos años, en una rentabilidad de proyecto, que girará, antes de impuestos, sobre el rendimiento medio en el mercado secun-

dario de las Obligaciones del Estado a diez años aplicando el diferencial adecuado.

En esta línea se encuentra **el régimen retributivo de las energías renovables previsto en la LSE**, que asume y desarrolla, en principio con carácter de permanencia (aunque en este sector, eso es mucho decir), el modelo adoptado por el RD-Ley 9/2013.

Señala la LSE en su Exposición de Motivos que *"el régimen retributivo de las energías renovables, cogeneración y residuos se basará en la necesaria participación en el mercado de estas instalaciones, complementado los ingresos de mercado con una retribución regulada específica que permita a estas tecnologías competir en nivel de igualdad con el resto de tecnologías en el mercado. Esta retribución específica complementaria será suficiente para alcanzar el nivel mínimo necesario para cubrir los costes que, a diferencia de las tecnologías convencionales, éstas no puedan recuperar en el mercado y les permitirá obtener una rentabilidad adecuada con referencia a la instalación tipo en cada caso aplicable"*.

Este nuevo régimen se recoge en el artículo 14.7 de la LSE y lo primero que debe destacarse sobre el mismo es que se trata de un régimen excepcional que el Gobierno, de acuerdo con lo recogido en este artículo, podrá o no poner en marcha. A pesar de este carácter aparentemente potestativo, el Gobierno está en trámites para aprobar un Real Decreto sobre esta cuestión.

Establece el artículo 14.7 de la LSE que, excepcionalmente, el Gobierno podrá establecer un régimen retributivo específico para fomentar la producción a partir de fuentes de energía renovables, cogeneración de alta eficiencia y residuos en los términos establecidos a continuación:

a) El otorgamiento de este régimen retributivo específico se establecerá mediante procedimientos de concurrencia competitiva.

Este régimen retributivo, adicional a la retribución por la venta de la energía generada valorada al precio del mercado de producción, estará compuesto por un término por unidad de potencia instalada que cubra, cuando proceda, los costes de inversión para cada instalación tipo que no pueden ser recuperados por la venta de la energía en el mercado, y un término a la operación que cubra, en su caso, la diferencia entre los costes de explotación y los ingresos por la participación en el mercado de producción de dicha instalación tipo.

Este régimen retributivo será compatible con la sostenibilidad económica del sistema eléctrico de acuerdo con lo dispuesto en el artículo 13 de la LSE y estará limitado, en todo caso, a los objetivos de potencia que se establezcan en la planificación en materia de energías renovables y de ahorro y eficiencia.

b) Para el cálculo de dicha retribución específica se considerarán, para una instalación tipo, a lo largo de su vida útil regulatoria y en referencia a la actividad realizada por una empresa eficiente y bien gestionada, los valores que resulten de considerar:

i. Los ingresos estándar por la venta de la energía generada valorada al precio del mercado de producción.

ii. Los costes estándar de explotación.

iii. El valor estándar de la inversión inicial.

A estos efectos, en ningún caso se tendrán en consideración los costes o inversiones que vengan determinados por normas o actos administrativos que no sean de aplicación en todo el territorio español. Del mismo modo, sólo se tendrán en cuenta aquellos costes e inversiones que respondan exclusivamente a la actividad de producción de energía eléctrica.

El valor de la inversión inicial se determinará mediante el procedimiento de concurrencia competitiva para otorgar el régimen retributivo adicional a cada instalación.

La retribución adicional a la del mercado, que pudiera corresponder a cada instalación será la que resulte de aplicar lo anteriormente señalado considerando como valor estándar de la inversión inicial el que resulte en el procedimiento de concurrencia competitiva.

Para la correcta gestión de este nuevo régimen retributivo, se crea en el artículo 27 de la LSE el **Registro de régimen retributivo específico**. Señala este artículo que para el otorgamiento y adecuado seguimiento de la retribución específica otorgada a las instalaciones de producción a partir de fuentes de energía renovables, cogeneración y residuos, se llevará, en el Ministerio de Industria, Energía y Turismo, el registro de régimen retributivo específico, que incluirá los parámetros retributivos aplicables a dichas instalaciones. Para tener derecho a la percepción de los correspondientes regímenes retributivos específicos, las instalaciones de producción de energía eléctrica o renovaciones de las existentes deberán estar inscritas en el registro de régimen retributivo específico. Aquellas instalaciones que no estén inscritas en dicho registro percibirán, exclusivamente, el precio del mercado.

Respecto a las instalaciones que a la entrada en vigor de esta ley tengan derecho a la percepción del régimen económico primado, la disposición transitoria sexta de la LSE, que lleva la rúbrica "Inscripción de las instalaciones en el Registro de régimen retributivo específico", establece que dichas instalaciones continuarán percibiendo el régimen primado con carácter de pago a cuenta, en los términos previstos en la disposición transitoria tercera del Real Decreto-ley 9/2013, de 12 de julio, por el que se adoptan medidas urgentes para garantizar la estabilidad financiera del sistema eléctrico.

Además, y en lo que a la inscripción en el Registro de régimen retributivo específico se refiere, se determina que reglamentariamente se establecerá el procedimiento por el cual las instalaciones que a la entrada en vigor de la LSE tengan derecho a la percepción del régimen económico primado quedarán inscritas en el registro de régimen retributivo específico y serán objeto de liquidación del régimen retributivo específico correspondiente. Del mismo modo se establecerá el procedimiento para la revisión y corrección de los datos de inscripción y, en su caso, la cancelación de la inscripción si se acreditase que la instalación no tiene derecho a la percepción de dicho régimen retributivo. Este procedimiento garantizará, en todo caso, la audiencia al interesado, siendo el plazo máximo para dictar y notificar su resolución de un año.

Para terminar, la disposición final tercera de la LSE regula el **nuevo régimen jurídico y económico de la actividad de producción a partir de fuentes de energía renovables, cogeneración y residuos con régimen económico primado**.

Partiendo de lo establecido en la disposición final segunda del RD-Ley 9/2013, establece la LSE que el Gobierno, a propuesta del Ministro de Industria, Energía y Turismo, aprobará un real decreto de regulación del régimen jurídico y económico para las instalaciones de producción de energía eléctrica a partir de fuentes de energía renovables, cogeneración y residuos que tuvieran reconocida retribución primada a la entrada en vigor del citado RD-Ley.

Tal y como se dispone en el RD-Ley 9/2013, este nuevo modelo se ajustará a los criterios previstos en el artículo 30 de la Ley 54/1997, de 27 de noviembre, del Sector Eléctrico, en la redacción que le fue dada por el citado RD-Ley, y será de aplicación desde la entrada en vigor del mismo.

No obstante lo anterior, el régimen retributivo específico que se establezca para las instalaciones de tecnología solar termoeléctrica adjudicatarias del régimen previsto en la disposición adicional tercera del Real Decreto 1565/2010, de 19 de noviembre, por el que se regulan y modifican determinados aspectos relativos a la actividad de producción de energía eléctrica en régimen especial, estará compuesto por un único término a la operación cuyo valor será el resultante de la oferta económica para las que resultaran adjudicatarias.

Continúa señalando la LSE que en los términos previstos en el RD-ley 9/2013, para el establecimiento de ese nuevo régimen retributivo la rentabilidad razonable a lo largo de toda la vida regulatoria de la instalación girará, antes de impuestos, sobre el rendimiento medio en el mercado secundario de los diez años anteriores a la entrada en vigor del RD-Ley 9/2013, de las Obligaciones del Estado a diez años incrementada en 300 puntos básicos, todo ello, sin perjuicio de su ulterior revisión en los términos legalmente previstos.

En ningún caso podrá resultar de dicho nuevo modelo retributivo la reclamación de las retribuciones percibidas por la energía producida con anterioridad al 14 de julio de 2013, incluso si se constatase que en dicha fecha pudiera haberse superado dicha rentabilidad.

Por último, la disposición final tercera de la LSE aclara que la revisión de los parámetros de retribución se realizará, en todo caso, con arreglo a lo dispuesto en el artículo 14.4 de la propia LSE[(50)].

---

(50) El artículo 14.4 de la LSE, en lo que ahora nos interesa, establece lo siguiente:

"En el caso de las instalaciones de producción a partir de fuentes de energía renovables, cogeneración de alta eficiencia y residuos con régimen retributivo específico la modificación de los parámetros de retribución se realizará de acuerdo con los siguientes criterios:

1.° En la revisión que corresponda a cada periodo regulatorio se podrán modificar todos los parámetros retributivos y, entre ellos el valor sobre el que girará la rentabilidad razonable en lo que reste de vida regulatoria de las instalaciones tipo que se fijará legalmente.

En ningún caso, una vez reconocida la vida útil regulatoria o el valor estándar de la inversión inicial de una instalación, se podrán revisar dichos valores.

2.° Cada tres años se revisarán para el resto del periodo regulatorio las estimaciones de ingresos por la venta de la energía generada, valorada al precio del mercado de producción, en función de la evolución de los precios del mercado y las previsiones de horas de funcionamiento.

Asimismo, se ajustarán los parámetros retributivos en función de las desviaciones del precio del mercado respecto de las estimaciones realizadas para el periodo de tres años

Para terminar con esta parte del Capítulo, debemos señalar que cuando se terminan de escribir estas líneas (febrero de 2014) está próximo a aprobarse el Real Decreto por el que se regulará la actividad de producción de energía eléctrica a partir de fuentes de energía renovables, cogeneración y residuos. Ya han emitido informe sobre la propuesta de este Real Decreto tanto la CNMC como el Consejo de Estado, por lo que habrá que estar atentos a lo que pretende ser una regulación detallada, global y con una intención de permanencia del régimen retributivo de la producción de energía eléctrica a partir de fuentes de energía renovables, cuestión que como hemos visto, tantos quebraderos de cabeza ha dado en los últimos años.

Esperamos con fervor que estos objetivos se consigan, porque la hipertrofia legislativa, habitual en nuestro Derecho Público, ha alcanzado en el sector eléctrico cotas verdaderamente desesperantes. Es cierto que la desesperación no es un motivo, por sí mismo, para llamar a la razón a la hora de legislar en un determinado sector, pero sí lo es, sin duda, la seguridad jurídica, principio que, ante tanto vaivén legislativo, se ve seriamente comprometido, con todas las consecuencias negativas que ello conlleva. Así que, por el descanso intelectual de los investigadores, por la tranquilidad espiritual y, sobre todo, monetaria, del Estado, empresas, consumidores e inversores españoles y extranjeros y por la necesaria previsibilidad de las acciones de los poderes públicos, deseemos toda la suerte del mundo a la LSE y a su desarrollo reglamentario.

---

anterior. El método de ajuste se establecerá reglamentariamente y será de aplicación en lo que reste de vida útil de la instalación.

3.º Al menos anualmente se actualizarán los valores de retribución a la operación para aquellas tecnologías cuyos costes de explotación dependan esencialmente del precio del combustible".

SECTOR GASISTA

ALFONSO ARÉVALO GUTIÉRREZ
Letrado de la Asamblea de Madrid.
Profesor Colaborador Asociado de Derecho Administrativo
(ICADE-UPco)

Sumario: I. LOS FUNDAMENTOS CONCEPTUALES DE LA DISCIPLINA JURÍDICA DEL SECTOR GASISTA: 1. Los suministros energéticos: electricidad y gas; 2. La proyección del ordenamiento jurídico sobre el sector del gas: delimitación entre actividades reguladas y actividades en régimen de libre competencia.- II. LA REGULACIÓN DEL SECTOR DEL GAS NATURAL EN ESPAÑA, EN EL MARCO DE LA NORMATIVA COMUNITARIA: 1. Los presupuestos del modelo actual; 2. La Ley 10/1987: el servicio público del gas y el monopolio de Gas Natural SDG; 3. El proceso de liberalización del sector impuesto por la Unión Europea: el Mercado Interior del Gas.- III. ACTIVIDADES REGULADAS Y ACTIVIDADES EN RÉGIMEN DE LIBRE COMPETENCIA.- IV. LOS SUJETOS QUE ACTÚAN EN EL SISTEMA GASISTA.- V. LA RED BÁSICA DE GAS NATURAL.- VI. EL RÉGIMEN ECONÓMICO DEL SISTEMA GASISTA.- VII. LA GARANTÍA DEL SUMINISTRO

I. LOS FUNDAMENTOS CONCEPTUALES DE LA DISCIPLINA JURÍDICA DEL SECTOR GASISTA

1. Los suministros energéticos: electricidad y gas

La correcta comprensión de la disciplina jurídica del sector que nos ocupa exige ponderar, en el marco de las redes de suministro energético, las diferencias existentes, no obstante sus concordancias, entre el funcionamiento del sistema eléctrico –expuesto en el capítulo precedente de esta obra– y el que es propio del sector gasista.

A).- Comenzando por los **elementos comunes**:

Primero: Es cierto que ambos suministros, la electricidad y el gas, presuponen un mismo soporte físico, como lo es unas infraestructuras en forma de red; al margen de cual sea la concreta configuración de dicho soporte, toda vez que lo relevante es que el mismo se convierte en un lugar de paso obligatorio y necesario para todos aquellos sujetos que deseen actuar en el sector -lo que los anglosajones, gráficamente, llaman *"bottleneck"*-. Ese paso obligatorio y necesario determina que la propiedad de la red otorgue una posición de dominio natural a su titular -por cuanto una sola empresa puede producir el *output* deseado a menor coste que cualquier empresa-, posición que puede ser objeto de control directo, mediante la decisión de quién puede transitar por la red, o indirecto, a través de la fijación de precios de tránsito.

Es más, a diferencia de otros sectores organizados en red -por ejemplo, los servicios postales-, en la electricidad y en el gas es necesaria la continuidad física de la red, que no puede ser interrumpida -a semejanza de lo que ocurre con el espectro radioeléctrico de la telefonía móvil, aunque en este caso la red no sea tangible-.

Segundo: Es cierto también que, cada vez en mayor grado, hay una interdependencia entre los sistemas eléctrico y gasista, al utilizarse el gas natural para generar energía eléctrica en las plantas de ciclo combinado. Estas plantas, que combinan una turbina de gas y una turbina de vapor, en el año 2010 sumaron el 29,1% de la capacidad de generación de electricidad instalada en la Unión Europea, cuando en 1995 sólo acumulaban el 4,5%.

B).- No menos cierto es, sin embargo, que concurren **diferencias físicas** esenciales entre estas dos categorías de suministros energéticos. Fruto de dichas diferencias:

i. El gas se almacena y se transforma.

ii. Por el contrario, la energía eléctrica no es susceptible de almacenamiento, como tampoco es viable su transformación.

No siendo susceptible de almacenamiento ni de transformación, el suministro de energía eléctrica requiere que su desarrollo tenga lugar sin solución de continuidad, esto es, que la oferta y la demanda se desenvuelvan de forma paralela en el tiempo y, por ende, coincidan en cada momento. Esta equivalencia impone la necesidad de un sistema acabado y perfecto, en tiempo real, que conecte la producción de la electricidad en origen y su consumo por los usuarios en destino, ya se trate de una industria o de domicilios particulares. En caso contrario, si se produjera un *décalage* respecto de la demanda, esto es, si entre la producción y el consumo tuviera lugar un desajuste, tanto por un exceso como por un defecto de producción, se registraría un deterioro de la calidad del suministro y, en última instancia, un corte del mismo.

El gas, por su parte, es un hidrocarburo que a partir del momento de su producción en el yacimiento es susceptible de almacenamiento -incluso subterráneo, en antiguos yacimientos petrolíferos o en formaciones geológicas apropiadas para su depósito–. Y no sólo es susceptible de almacenamiento en su estado natural, sino que cabe su transformación, a efectos de proceder a su transporte, que es más económico -especialmente en largas distancias– cuando se presenta en forma líquida. De ahí que, una vez producido y, en su caso, almacenado, a efectos de su transporte al punto de consumo cabe su licuefacción, tras la cual se exige su conversión inversa, de líquido a gaseoso, esto es, un proceso de regasificación en planta, a partir del cual el gas se integra en la red de transporte, de la que pasa a la red de distribución, desde la que se pone a disposición del consumidor. Convertido en líquido, el gas ni arde ni explota, lo que permite que su transporte se materialice mediante los conocidos como barcos gaseros, metaneros o criogénicos -que constituyen una flota de buques mercantes dotados de la más avanzada tecnología, superando los 200 barcos el número de los que actualmente navegan por todo el mundo–; en ellos el gas se transforma en forma de líquido a presión atmosférica a una temperatura de menos 161° C, con lo que se consigue reducir el volumen de gas transportado, respecto de su estado gaseoso, en 600 veces. Como alternativa al referido proceso de licuefacción y regasificación está la del gasoducto -terrestre o submarino–, conformado por conducciones de tuberías de acero, muy elásticas y unidas entre sí por soldaduras, a través de las cuales circula el gas, a alta presión, desde el origen en un yacimiento o en una planta de regasificación y hasta el centro de distribución.

De lo inmediatamente expuesto se colige que el ciclo del gas es más dilatado que el de la electricidad; y como quiera que este tipo de energía no es susceptible de ser almacenada y transformada, el Derecho se limita a disciplinar su generación y consumo. Respecto del sector gasista el ordenamiento jurídico contempla todo el proceso, que en este caso comprende la producción del gas, su almacenamiento, la eventual transformación, el transporte y la distribución al consumidor.

2. La proyección del ordenamiento jurídico sobre el sector del gas: delimitación entre actividades reguladas y actividades en régimen de libre competencia

Aún a riesgo de anticipar nociones relativas a su vigente régimen jurídico, hemos de realizar una última precisión de orden general, en línea con lo inmediatamente expuesto y con carácter previo al concreto análisis de nuestro Derecho positivo.

En efecto, es oportuno dejar constancia desde este primer momento de que la proyección del ordenamiento jurídico respecto del sector gasista parte de la distinción entre aquellas actividades que están reguladas, sometiéndose su régimen económico y de funcionamiento a lo dispuesto en la ley, y las que, por el contrario, no lo están, es decir, se desarrollan en régimen de libre competencia:

a. Las primeras –**actividades reguladas**– son todas aquéllas que dependen del uso de infraestructuras en red, desarrollándose por sociedades mercantiles que tengan como exclusivo objeto social la realización de las mismas.

   Este es el caso del transporte –mediante instalaciones de presión mayor a 16 bares– y de la distribución –a través de instalaciones de presión menor o igual a 16 bares–; lo que es bien distinto de la comercialización del gas.

   De igual modo, tienen la condición de actividades reguladas la regasificación y el almacenamiento básico.

b. Las segundas –**actividades en régimen de libre competencia**– son, *a contrario*, las que no realizan las empresas titulares de aquellas infraestructuras.

   En consecuencia, no regulada en nuestro país es la primera fase en la cadena del gas, esto es, su producción; primera fase que comprende la exploración, investigación y explotación de los yacimientos, allí donde pueda haber gas natural, y que, ciertamente y por la ausencia de reservas naturales, es muy escasa en España, estando sometida a concesión.

   Dicha realidad ha determinado que tampoco esté regulado, desarrollándose en un régimen de libre competencia, el aprovisionamiento del gas natural, esto es, su adquisición por el transportista en el mercado internacional; cuyo porcentaje supera el 99% del gas consumido.

Asimismo, no se considera actividad regulada la comercialización del gas: el comercializador, accediendo mediante el pago de un peaje a las instalaciones de terceros –ya sean del transportista o de un distribuidor–, adquiere gas natural directamente de los productores o de otro comercializador, y, utilizando las instalaciones del transportista para introducirlo en el sistema, lo suministra a los consumidores finales del gas natural en las condiciones que contractualmente se fijen. Debe tenerse en cuenta que los distribuidores, que asumen la construcción, conservación y gestión de las redes de presión menor o igual a 16 bares, no pueden vender gas natural a los consumidores, pues la actividad consistente en el suministro está reservada a los comercializadores.

La considerada delimitación de actividades, a partir de la cual se articula su respectivo régimen jurídico, responde, en puridad, a una exigencia lógica, toda vez que carece por completo de sentido, desde el punto de vista económico, duplicar las redes de trasporte y distribución y otras infraestructuras que sirven de soporte al suministro del gas. De ahí que las actividades que dependen del uso de infraestructuras tengan reconocida normativamente una retribución de los costes de la construcción y mantenimiento de las redes de transporte y distribución, estableciéndose asimismo un precio a abonar por el uso de dichas infraestructuras; este precio que han de abonar los usuarios de las infraestructuras es fijado por la Administración y adopta la forma de los denominados "peajes" y "cánones".

II. LA REGULACIÓN DEL SECTOR DEL GAS NATURAL EN ESPAÑA, EN EL MARCO DE LA NORMATIVA COMUNITARIA

1. Los presupuestos del modelo actual

El suministro de gas es relativamente reciente; de hecho, su comercialización comenzó en 1790. Y su utilización como fuente de energía, tal y como hoy la contemplamos en nuestros domicilios, o en la industria, es posterior a la de la electricidad.

Aunque su principal destino es el de ser utilizado como combustible, inicialmente su uso se restringió al alumbrado público y se circunscribió al ámbito municipal –el "gas ciudad"– dada la dificultad de su transporte, ante la carencia de las infraestructuras precisas al efecto.

Será a partir de la Segunda Guerra Mundial, de la mano de los avances tecnológicos y de la consecuente creación de unas infraestructuras más complejas –redes de gasoducto y sistemas de almacenamiento–, cuando la utilización del gas adquirirá una mayor difusión. Esta difusión, en el marco de un Estado marcadamente intervencionista, determinó una publificación de la actividad, siendo asumido su suministro en régimen de monopolio por los poderes públicos: el suministro de gas se convirtió en el máximo exponente de los servicios públicos económicos, realidad a la que coadyuvó la crisis del petróleo en la década de los años setenta.

En este contexto, debe advertirse que, paulatinamente, el tradicional gas ciudad ha sido desplazado por el denominado gas natural, lo que es un fenómeno que podemos calificar de reciente: sirva recordar que, implantado inicialmente en Barcelona y su zona de influencia desde 1969, sólo llegaría a Madrid en 1987. Dicho desplazamiento es consecuencia de las indudables ventajas que presenta este segundo tipo de gas, tanto por su coste como por su rendimiento energético, al margen de ser mucho más acertado su uso desde el punto de vista medioambiental. Así es:

1. En primer lugar, debe ponderarse que el gas ciudad, compuesto principalmente de hidrógeno e hidrocarburos, es preciso fabricarlo partiendo de otros productos –generalmente naftas de petróleo, mediante destilación; de ahí que también se le denomine "Gas Licuado del Petróleo" o, por su acrónimo, "GLP"– y mediante un proceso que se denomina *"cracking"*.

   El gas natural, por el contrario, no se fabrica: es un compuesto no tóxico, incoloro e inodoro, sin perjuicio, de un lado, de que cuando se extrae del yacimiento pueda llevar algún producto químico que le confiera cierto olor y, de otro, de que nuestra legislación disponga que el combustible ha de ser odorizado por razones de seguridad, con la finalidad de que, si se produce una fuga, el olor actúe como mecanismo de alerta ante la misma –las sustancias que se agregan para dar olor son los mercaptanos o el tetrahidrotiofeno–. Dicho compuesto está constituido por una mezcla de hidrocarburos cuyo principal componente es el metano (CH_4) –entre el 75 y el 95%, en función del yacimiento; de ahí que también reciba el nombre de "gas metano"–, u otros hidrocarburos ligeros, como el etano (C_2H_6), el propano (C_3H_8), el butano (C_4H_{10}) o el pentano (C_5H_{12}), y no necesita ningún proceso, pues se encuentra a presión en bolsas subterráneas de yacimientos petrolíferos, no siendo necesario licuarlo, sino tan sólo purificarlo para poder distribuirlo.

2. Otra diferencia importante es su respectiva potencia calorífica: mientras que el gas ciudad proporciona no más de 7.000 kilocalorías por metro cúbico, el gas natural alcanza entre 9.000 y 12.000 Kilocalorías por metro cúbico.
3. A mayor abundamiento, al margen de que resulta más barato de obtener y de que ofrece un mayor rendimiento energético, hay que considerar que en la generación de electricidad, de las ocho tecnologías utilizadas, sólo las centrales minihidráulicas y los parques eólicos son menos agresivos con el medio ambiente que el gas natural. Su utilización, en efecto, presenta indudables ventajas ambientales frente a otros combustibles fósiles, por la reducida contaminación que de esta energía se deriva, pues produce menos dióxido de carbono en su combustión. Además, conforme ya se ha afirmado, no es tóxico: su contenido en azufre es prácticamente nulo y no produce humos ni cenizas.

   Se trata, pues, de lo que se conoce como un producto limpio, esto es, una fuente energética que no contamina en ninguna de sus fases: ni en la producción, ni en el transporte, ni en la distribución, ni en el consumo final.

Son éstas las circunstancias que determinaron un paulatino abandono del gas ciudad y la opción por el gas natural que, desde finales de la década de los años ochenta del siglo pasado, registró un notable incremento en su consumo; incremento que no ha hecho sino ir a más en los últimos años, tanto en Europa como en nuestro país:

— de un lado, en tan sólo dos décadas (1970-1990) la utilización del gas natural creció a nivel mundial un 87%, representando actualmente la cuarta parte del consumo energético del orbe. La creciente explotación de los yacimientos de gas natural ha ido desplazando otras fuentes de energía en todos los sectores, de manera que su consumo se incrementa año tras año; y la Agencia Internacional de la Energía prevé que, en el año 2015, la demanda de gas natural será superior al 76% del equivalente en el año 1993.

— De otro, en España el gas natural constituyó en 2010 el 24,5% de la energía primaria; porcentaje que no deja de resultar llamativo si se tiene en cuenta que en 1985 esta cifra era únicamente de un 2%.

El referido incremento en el consumo ha llevado aparejado un proceso de liberalización en el suministro del gas natural, que confía más en el funcionamiento de los mercados que en la regulación. Es éste un proceso que ha capitaneado la Unión Europea, en aras del "Mercado Interior del Gas", concretándose en sucesivos reglamentos y directivas en los que se ha asumido el carácter de servicio público de los sectores en red, pero desvinculados de su gestión en régimen de monopolio, bajo un nuevo concepto, el de "Servicios de Interés Económico General", afirmado por el artículo 14 del Tratado de Funcionamiento de la Unión Europea.

Dispone el referido precepto, antiguo artículo 16 del Tratado constitutivo de la Comunidad Europea:

> *"Artículo 14.*
>
> *Sin perjuicio del artículo 4 del Tratado de la Unión Europea y de los artículos 93, 106 y 107 del presente Tratado, y a la vista del lugar que los servicios de interés económico general ocupan entre los valores comunes de la Unión, así como de su papel en la promoción de la cohesión social y territorial, la Unión y los Estados miembros, con arreglo a sus competencias respectivas y en el ámbito de aplicación de los Tratados, velarán por que dichos servicios actúen con arreglo a principios y condiciones, en particular económicas y financieras, que les permitan cumplir su cometido. El Parlamento Europeo y el Consejo establecerán dichos principios y condiciones mediante reglamentos, con arreglo al procedimiento legislativo ordinario, sin perjuicio de la competencia que incumbe a los Estados miembros, dentro del respeto a los Tratados, para prestar, encargar y financiar dichos servicios."*

Sin perjuicio del análisis que de dicho proceso y de su influencia sobre nuestro Derecho interno se realiza seguidamente, hemos de advertir que la liberalización ha determinado un paulatino y sustancial cambio en el papel del Estado, el cual ha pasado de ser un –o el único– operador, a asumir una actividad regulatoria en el marco de un régimen de "libre competencia", con la consecuencia de un proceso imparable de privatización de muchos servicios públicos. La resultante es que hoy las redes

–caso paradigmático es el de las de distribución de energía eléctrica– son de propiedad privada, si bien sobre las mismas y a partir de la doctrina de las *"essential facilities"* se ha impuesto a sus propietarios la obligación de dar acceso a las mismas a terceros –y no a cualquier tercero, sino precisamente a sus competidores, viniendo el orden de acceso a las redes de transporte y distribución determinado por el funcionamiento del mercado–; lo que, sin que merezca especial explicación, modula de forma muy significativa la naturaleza y carácter de la propiedad de dichas redes.

Afirmado lo anterior, con prudencia pero con energía, debe añadirse que la asunción ciega de la liberalización como un dogma de fe y de la competencia como un valor absoluto ha tenido lugar en ocasiones sin la necesaria reflexión. Y la consecuencia es que, *de facto*, los antiguos monopolios u oligopolios han sido sustituidos, dando entrada a algún nuevo operador, por oligopolios ampliados, sin que los destinatarios finales –los viejos usuarios del servicio y al igual que ha ocurrido en otros sectores, como las telecomunicaciones o la electricidad– hayan percibido los supuestos beneficios del proceso; el caso de la telefonía móvil y el *"roaming"* exonera de ulteriores comentarios a quienes este verano hayan viajado al extranjero.

Así es, pese a los esfuerzos del legislador de los que seguidamente se deja constancia, resultaría pueril afirmar que *hic et nunc* los consumidores de gas natural pactan libremente sus precios con los comercializadores. La realidad es que la estructura del mercado en el sector se encuentra muy concentrada, con un reducido grupo de operadores, siendo las empresas privadas actuantes más proclives a fusionarse que a competir, por lo que la realidad acredita que la oferta a los consumidores en modo alguno se ha ampliado de forma significativa.

2. La Ley 10/1987: el servicio público del gas y el monopolio de Gas Natural SDG

Con dichos presupuestos y prescindiendo aquí de precedentes de relevancia menor –a nuestros efectos–, el punto de arranque de la regulación jurídica del gas natural en nuestro país hemos de situarlo en la Ley 10/1987, de 15 de junio, de disposiciones básicas para el desarrollo coordinado de actuaciones en materia de combustibles gaseosos.

La Ley 10/1987, dictada de acuerdo con las previsiones del Plan Energético Nacional 1983-1992 y al amparo de las competencias atribuidas al Estado en las circunstancias 13.ª –bases y coordinación de la planificación general de la actividad económica–, 18.ª –bases del régimen jurídico de las Administraciones públicas– y 25.ª –bases del régimen minero y energético– del artículo 149.1 de la Constitución, tuvo por objeto: primero, el establecimiento de los principios generales y normas básicas para impulsar el desarrollo planificado del sector de combustibles gaseosos, en orden a la implantación del gas natural como alternativa energética realmente disponible; segundo, la coordinación de la competencia energética en el mercado; tercero, la regulación de las condiciones de seguridad; cuarto, la cobertura de los riesgos de su utilización; y, quinto, el fomento de la investigación tecnológica en el sector.

Se trata, en resumidas cuentas, de lo que podríamos calificar de una "ley del momento", articulada a partir de la afirmación contenida en su artículo 1 de que el suministro de combustibles gaseosos por canalización era un servicio público. *A cohaerentia*, la Ley reservó a las entidades públicas el ejercicio de las actividades relativas a dicho suministro: producción, conducción –lo que hoy se denomina transporte– y distribución; si bien estas actividades también podían ser prestadas en régimen de gestión indirecta, a través de un particular interpuesto, mediante la técnica de la concesión administrativa –tanto en la Red Nacional de Gaseoductos, como en las redes de distribución–. Oportuno es precisar que la reserva legal del servicio en favor del Estado afirmada en la ley tenía una naturaleza supletoria de la eventual de cada concreta Entidad Local respecto del suministro de gas en su territorio.

Por lo demás, interesa destacar, en relación con el beneficio de la expropiación forzosa, y de forma similar a lo establecido para otros sectores en red, que la Ley 10/1987 declaró genéricamente de utilidad pública las instalaciones reguladas por la misma, reconociéndose, en concreto, su utilidad pública y urgente ocupación en el acto de otorgamiento de la concesión administrativa, así como que la aprobación del proyecto de ejecución llevaría implícita la necesidad de ocupación de los bienes o derechos afectados.

No puede cerrarse este breve análisis sin considerar que al amparo de la ley considerada se constituyó un monopolio, en el que el grupo Gas Natural SDG –exceptuando la presencia de pequeñas distribuidoras localizadas en el País Vasco y en Aragón– desempeñaba todas las actividades de la industria del gas natural; esto es, desde la actividad de aprovisionamiento de gas mediante GNL, o gasoducto internacional, pasando por la regasificación y transporte por gasoductos de alta presión, hasta su distribución al consumidor final por gasoductos de baja presión.

3. El proceso de liberalización del sector impuesto por la Unión Europea: el Mercado Interior del Gas

A) La Directiva 98/30/CE y la Ley 34/1998, del Sector de Hidrocarburos: el arrumbamiento de la noción de servicio público y el fin del monopolio

A partir del modelo afirmado por la Ley 10/1987, nuestra normativa, a impulso del Derecho comunitario, ha experimentado una evolución tendente a la redefinición del papel del sector público, que, en el marco del proceso de liberalización registrado en Europa a partir de la década de los años noventa, ha abandonado la condición de operador o agente del mercado, para convertirse en su regulador.

a.- La Directiva 98/30/CE, del Parlamento Europeo y del Consejo, de 22 de junio de 1998, estableció una serie de normas comunes para el mercado interior del gas natural, cuyo ámbito de aplicación comprendía el transporte, la distribución, el suministro y el almacenamiento de este combustible fósil, definiendo las modalidades de organización y de funcionamiento del sector.

Su entrada en vigor –publicada oficialmente con fecha de 27 de julio de 1998, entró en vigor el vigésimo día siguiente a dicha publicación– supuso, para todos los Estados miembros, el primer hito en el referido proceso de liberalización del sector y, por ende, de creación del mercado interior del gas en la Unión Europea.

De su contenido sustantivo no puede dejar de destacarse la afirmación de la separación entre la propiedad de la infraestructura de transporte y el servicio que dicha infraestructura presta, con la paralela obligación impuesta a los Estados miembros en orden a la apertura a la competencia de sus respectivos mercados minoristas, de tal modo que cualquier operador pueda acceder libremente al mercado y a aquellas instalaciones o infraestructuras esenciales. En línea con dicha prescripción, la propia Directiva estableció la progresividad en el proceso de separación y un calendario para que los consumidores pudieran, de forma gradual, elegir a su suministrador.

b.- Con dicho presupuesto y a efectos de la transposición de la citada Directiva, el paso al modelo liberalizado vendría en nuestro Derecho interno de la mano de la, hoy vigente, Ley 34/1998, de 7 de octubre, del Sector de Hidrocarburos (LSH, en lo que sigue), en la que se plasma el cambio del rol del Estado en el sector.

Dicho cambio de rol se concreta en la supresión de la configuración conceptual del suministro como un servicio público, pasando a tener la naturaleza de un servicio de interés económico general, en cuanto se trata de una actividad fundamental para el desarrollo del sistema económico, por lo que el poder público no puede desentenderse del mismo por completo: debe garantizar el suministro a todos los consumidores al mismo tiempo que se garantiza la libre iniciativa empresarial. Consecuencia de lo anterior es la declaración, contenida en su Disposición Adicional Sexta, de la extinción de las concesiones, que fueron sustituidas *ope legis* por un régimen de autorizaciones administrativas; autorizaciones que habilitaron a sus titulares para el ejercicio de las actividades, mediante las correspondientes instalaciones que constituyeran el objeto de las concesiones extinguidas, otorgándose por tiempo indefinido, quedando expresamente extinguida la reversión de instalaciones.

A partir de dicha configuración y de acuerdo con el marco comunitario, el objetivo fundamental de la LSH fue el de establecer las bases del proceso de liberalización; una liberalización ordenada, articulada a partir de los siguientes principios:

1. Separación de actividades reguladas y actividades en libre competencia; en los términos anteriormente avanzados y que ulteriormente se concretan.
2. Libre acceso de terceros a las infraestructuras gasistas.
3. Establecimiento de tarifas de acceso reguladas.
4. Afirmación del principio de libre iniciativa empresarial en el sector, con una liberalización total del comercio mayorista y progresiva del sector minorista.
5. Regulación de existencias mínimas de seguridad y de carácter estratégico.

La LSH es una ley extensa, conformada –en su redacción vigente– por 117 artículos, 32 disposiciones adicionales, 24 disposiciones transitorias, una Disposición Derogatoria y 4 disposiciones finales. Su contenido normativo se estructura del siguiente modo:

- Título I, *"Disposiciones generales"*, artículos 1 a 6.
- Título II, *"Exploración, investigación y explotación de hidrocarburos"*, artículos 7 a 36.
- Título III, *"Ordenación del mercado de productos derivados del petróleo"*, artículos 37 a 53.
- Título IV, *"Ordenación del suministro de gases combustibles por canalización"*, artículos 54 a 102.
- Título V, *"Derechos de ocupación del dominio público, expropiación forzosa, servidumbres y limitaciones a la propiedad"*, artículos 103 a 107.
- Título VI, *"Infracciones y sanciones"*, artículos 108 a 117.

Por lo que respecta a las disposiciones finales de la Ley interesa destacar aquí el contenido de la Derogatoria, expresión de la finalidad perseguida por el legislador de integrar en un solo cuerpo normativo todo el sector, desde la producción de hidrocarburos en un yacimiento subterráneo hasta su consumo, a cuyo efecto derogó, entre otras normas y además de la anteriormente citada Ley 10/1987, las precedentes Ley 21/1974, de 27 de junio, sobre investigación y explotación de los hidrocarburos, y Ley 34/1992, de 22 de diciembre, de ordenación del sector petrolero.

Por otro lado, debe ponderarse en este apartado la delimitación del suministro a servicios esenciales, que no se puede suspender, establecida por el Real Decreto 1955/2000, de 1 de diciembre, por el que se regulan las actividades de transporte, distribución, comercialización, suministro y procedimientos de autorización de instalaciones de energía eléctrica. Su artículo 89, hoy vigente, dispone:

> *"Artículo 89. Servicios declarados esenciales.*
>
> *1. Lo establecido en los artículos anteriores en relación con la suspensión del suministro o del acceso por impago u otras causas no será de aplicación a los servicios esenciales.*
>
> *2. Los criterios para determinar los servicios que deben ser considerados esenciales serán:*
>
> *a) Alumbrado público a cargo de las Administraciones públicas.*
>
> *b) Suministro de aguas para el consumo humano a través de red.*

c) Acuartelamientos e instituciones directamente vinculadas a la defensa nacional, a las fuerzas y cuerpos de seguridad, a los bomberos, a protección civil y a la policía municipal, salvo las construcciones dedicadas a viviendas, economato y zonas de recreo de su personal.

d) Centros penitenciarios, pero no así sus anejos dedicados a la población no reclusa.

e) Transportes de servicio público y sus equipamientos y las instalaciones dedicadas directamente a la seguridad del tráfico terrestre, marítimo o aéreo.

f) Centros sanitarios en que existan quirófanos, salas de curas y aparatos de alimentación eléctrica acoplables a los pacientes, y hospitales.

g) Servicios funerarios.

Las empresas distribuidoras o comercializadoras podrán afectar los pagos que perciban de aquellos de sus clientes que tengan suministros vinculados a servicios declarados como esenciales en situación de morosidad, al abono de las facturas correspondientes a dichos servicios, con independencia de la asignación que el cliente, público o privado, hubiera atribuido a estos pagos."

Ni que decir tiene que las bases de una nueva organización del sistema gasista impuestas por la LSH, de conformidad con la Directiva 98/30/CE, pusieron fin al monopolio del grupo Gas Natural SDG. Oportuno es recordar que, modificando el articulado de la LSH, el Real Decreto-ley 6/2000, de 23 de junio, Medidas Urgentes de Intensificación de la Competencia en Mercados de Bienes y Servicios, en orden a facilitar la entrada de nuevos comercializadores en el mercado, haciendo más transparente la gestión técnica del sistema, dispuso la separación total del Grupo Gas Natural SDG de la Empresa Nacional del Gas, S.A. (ENAGAS); en efecto, el Decreto-ley abrió el accionariado de la principal empresa transportista, a la que se encomiendan las funciones del gestor técnico del sistema, figura que se crea, con lo que se persigue una mayor objetividad y transparencia en la utilización de instalaciones de transporte.

B) *La segunda Directiva del gas y la Ley 12/2007: la culminación del modelo liberalizado*

a.- La conocida como "Segunda Directiva del Gas", esto es, la Directiva 2003/55/CE, del Parlamento Europeo y del Consejo, de 26 de junio de 2003, sobre normas comunes para el mercado interior del gas natural y por la que se deroga la Directiva 98/30/CE, aceleró el proceso de liberalización del mercado del gas, abriendo a la competencia los mercados nacionales, presupuesto para la creación de un verdadero mercado interior del gas en la Unión Europea. Es así como se dispuso que, desde el 1 de julio de 2004, los consumidores industriales y, desde el 1 de julio de 2007, todos los consumidores domésticos podrían elegir libremente a su proveedor o suministrador de gas.

Y es oportuno dejar constancia de que la dinámica española fue una de las pioneras en el ámbito europeo en el impulso de la considerada liberalización del mercado. En efecto, conforme a lo dispuesto por el citado Real Decreto-ley 6/2000, el 1 de enero de 2003 España se situó a la cabeza de la Unión Europea, al alcanzar la plena liberalización del mercado minorista de gas natural –así como de electricidad–, superando abiertamente los requisitos y plazos impuestos por la normativa comunitaria a los Estados miembros.

Adicionalmente, la Directiva 2003/55/CE introdujo normas destinadas a reforzar el libre acceso a las redes y otras infraestructuras, en concreto y por cuanto aquí importa de gas natural licuado, la seguridad del suministro y la protección de los consumidores. En este último orden de medidas, la Directiva declara que el suministro de gas es un servicio de interés general, de donde se colige la previsión de que por parte de los Estados miembros se puedan imponer obligaciones de servicio público a las empresas, a efectos de garantizar la seguridad del abastecimiento, los objetivos de cohesión económica y social, la regularidad, la calidad y el precio del suministro, así como la debida protección del medio ambiente.

De forma singular, por lo que respecta a la seguridad del suministro, la Directiva contiene la previsión de que en cada Estado miembro se nombren gestores de las redes de transporte y de las redes de distribución y gestores de otras infraestructuras, cuya misión sería la explotación, el mantenimiento y el desarrollo de todas las infraestructuras gasistas; corresponde a estos gestores de infraestructuras velar por la seguridad, la fiabilidad, la eficacia y la interconexión de las instalaciones, respetando el medio ambiente y el libre acceso de los terceros a las infraestructuras, basado en tarifas públicas reguladas.

Las prescripciones de la Directiva 2003/55/CE fueron inmediatamente complementadas con la Directiva 2004/67/CE, del Consejo, de 26 de abril de 2004, relativa a unas medidas para garantizar la seguridad del suministro de gas natural, que estableció un marco común con arreglo al cual los Estados miembros deben: en primer lugar, determinar unas políticas generales transparentes y no discriminatorias de seguridad del suministro, compatibles con las exigencias de competitividad del mercado interior del gas; segundo, precisar las funciones y responsabilidades generales de los diferentes agentes que intervienen en el mercado; y, tercero, establecer procedimientos no discriminatorios para garantizar la seguridad del suministro de gas.

De igual modo, debe considerarse lo dispuesto por el Reglamento (CE) 1775/2005, de 28 de septiembre, sobre condiciones de acceso a las redes de transporte del gas, que propugnó cambios estructurales para garantizar el correcto funcionamiento del mercado interior del gas.

b.- Esta Segunda Directiva determinó una modificación, significativa, de la **LSH**, que se articuló mediante la Ley 12/2007, de 2 de julio; una ley que transpuso las principales modificaciones introducidas en la normativa comunitaria, al haber sido derogada la Directiva 98/30/CE.

De acuerdo con su finalidad, y en orden a impulsar la creación de un mercado interior de energía competitivo, a partir de la separación completa entre el negocio de red y el negocio de suministro, la Ley 12/2007:

1. Reordena las competencias de las distintas autoridades reguladoras.
2. Desarrolla la normativa que regula el acceso a las redes.
3. Opera, más allá de la separación jurídica entre las actividades reguladas y liberalizadas, una separación funcional de las mismas, obligando a que las empresas con activos de red funcionen de manera independiente del resto de empresas del grupo empresarial en el que estén integradas; lo que determinó la separación del transportista principal y el Gestor Técnico del Sistema (GTS, en lo que sigue), creando una unidad orgánica específica que desempeña las funciones de GTS.

Es más, para garantizar la independencia del GTS se limitó la participación accionarial del anterior transportista y gestor del sistema, ENAGAS, a un máximo de un 5%, restringiendo los derechos políticos de los accionistas a un máximo de un 3% –un 1% si la empresa realiza actividades gasistas–, y se estableció la suspensión del derecho de voto de las acciones que se poseyeran excediendo de la anterior limitación.

4. Disciplina la actividad de suministro de último recurso, con la finalidad de asegurar el suministro a los consumidores más vulnerables. Esto implica, paralelamente, la desaparición del sistema de tarifas reguladas, que ha sido sustituido por la denominada "tarifa de último recurso" –esto es, un precio máximo establecido por el Gobierno–, creada para que a los consumidores domésticos no les afecte de forma negativa la liberalización del sector, de tal modo que el "suministrador de último recurso" debe atender de conformidad con aquella tarifa las solicitudes de suministro de aquellos consumidores que lo soliciten.
5. Establece un calendario de adaptación del sistema tarifario de suministro de gas natural y de aplicación del suministro de último recurso; y,
6. Crea una Oficina de Cambios de Suministrador.

C) La tercera Directiva del gas: el tercer paquete de medidas en orden a la instauración efectiva del mercado interior del gas y su incorporación a nuestro ordenamiento

a.- Nuestro vigente régimen jurídico es tributario de la "Tercera Directiva del Gas", la Directiva 2009/73/CE, del Parlamento Europeo y del Consejo, de 13 de julio de 2009, sobre normas comunes para el mercado interior del gas natural y por la que se deroga la Directiva 2003/55/CE.

El objetivo de esta tercera Directiva en el sector consiste en dar un impulso definitivo a la creación de un mercado interior de la energía, plenamente abierto, que permita a todos los ciudadanos de la Unión elegir libremente a sus suministradores y a todos los suministradores abastecer libremente a sus clientes. Y dicho impulso se concreta en la afirmación de los siguientes principios:

1. La separación efectiva de las actividades de producción y suministro de la gestión de las redes de transporte, bien sobre la base

de la separación de la propiedad o bien a través de un gestor de la red independiente.

2. El aumento de las competencias y de la independencia de los reguladores nacionales, que deberán cooperar a través de una Agencia de Cooperación de los Reguladores de la Energía (ACER), con capacidad para para tomar decisiones vinculantes e, incluso, imponer sanciones. ACER fue creada por el Reglamento (CE) n° 713/2009, del Parlamento Europeo y del Consejo, de 13 de julio de 2009, por el que se crea la Agencia de Cooperación de los Reguladores de la Energía, con la finalidad de ayudar a las autoridades reguladoras de los mercados de la energía en el ejercicio a nivel comunitario de las tareas reguladoras desempeñadas en los Estados miembros y, de ser necesario, para coordinar su actuación.
3. La creación de un gestor supranacional de las redes de transporte, ENTSOG (*European Network of Transmission System Operators for Gas*), que entró en funcionamiento el 1 de diciembre de 2009, con sede en Bruselas, y del que forma parte ENAGAS.
4. La mejora del funcionamiento del mercado de gas y, en concreto, una mayor transparencia y el acceso libre efectivo a las instalaciones de almacenamiento y a los terminales de GNL.

b.- En la línea marcada por la Directiva, en nuestro Derecho interno debe considerarse, en primer lugar, la Ley 25/2009, de 22 de diciembre, de modificación de diversas leyes para su adaptación a la Ley sobre el libre acceso a las actividades de servicios y su ejercicio. Su artículo 19, en efecto, dio nueva redacción a diversos preceptos de la LSH.

Ulteriormente –y al margen de la incidencia de la Ley 2/2011, de 4 de marzo, de Economía Sostenible en la LSH–, se dictó el Real Decreto-ley 13/2012, de 30 de marzo, de transposición de directivas en materia de mercados interiores de electricidad y gas y en materia de comunicaciones electrónicas y medidas de corrección de las desviaciones por desajustes en los sectores eléctrico y gasista. El Real Decreto-ley considerado introdujo una batería de medidas con el objetivo de contribuir a alcanzar la suficiencia de los ingresos para cubrir los costes del sistema eléctrico. Estas medidas se complementaron con la revisión de peajes de acceso a las redes de transporte y distribución, de aplicación a los suministros a partir del 1 de abril de 2012, que se llevó a cabo mediante la Orden

IET/843/2012, de 25 de abril, por la que se establecieron los peajes de acceso a partir de 1 de abril de 2012 y determinadas tarifas y primas de las instalaciones de régimen especial.

Y ya en 2013 se han dictado otras tres normas relevantes en el sector, por las que se ha dado nueva redacción a distintos preceptos de la LSH:

i. La Ley 3/2013, de 4 de junio, de creación de la Comisión Nacional de los Mercados y la Competencia.

   Su Disposición Transitoria Décima estableció que los órganos de asesoramiento de la Comisión Nacional de Energía, previstos en la Disposición Adicional Undécima de la LSH, seguirían ejerciendo sus funciones hasta que se constituyera el Consejo Consultivo de Energía previsto en su Disposición Adicional Decimoquinta. Debe considerarse, a estos efectos, la puesta en funcionamiento de la Comisión Nacional de los Mercados y la Competencia el 7 de octubre de 2013, conforme a lo establecido en la Orden ECC/1796/2013, de 4 de octubre.

ii. La Ley 11/2013, de 26 de julio, de medidas de apoyo al emprendedor y de estímulo del crecimiento y de la creación de empleo.

iii. La Ley 17/2013, de 29 de octubre, de garantía del suministro e incremento de la competencia en los sistemas eléctricos insulares y extrapeninsulares. Una prescripción que ha modificado puntualmente la LSH; en concreto, dando nueva redacción a su artículo 9.5.

III. ACTIVIDADES REGULADAS Y ACTIVIDADES EN RÉGIMEN DE LIBRE COMPETENCIA

Conforme anteriormente se ha afirmado, al igual que ocurre en el sector eléctrico nuestro vigente Derecho positivo disciplina el sector gasista a partir de la delimitación de una serie de actividades reguladas y, por ende, sujetas a un esquema de ingresos regulados, y otras actividades en régimen de libre competencia, cuya dinámica económica será la que las partes pacten libremente.

Esta distinción en el funcionamiento del sistema gasista es capital, toda vez que un grupo de sociedades puede desarrollar al tiempo actividades reguladas y no reguladas –siempre que sean ejercitadas por sociedades diferentes y se observen unas exigencias mínimas de independencia– y sólo a partir de la misma se puede asegurar el cumplimiento del objetivo de un comportamiento no discriminatorio entre los usuarios de las redes, clarificando el concreto papel que corresponde a cada agente.

Por ello el texto originario de la LSH impuso una separación jurídica y contable dentro del mismo grupo empresarial de las actividades reguladas y las actividades de comercialización y aprovisionamiento, y la Ley 12/2007, adicionalmente, obligó a una separación funcional de las diferentes actividades reguladas desempeñadas dentro de un mismo grupo; lo que obliga a que las empresas con activos de red funcionen de manera independiente del resto de las empresas del grupo empresarial en el que estén integradas, propiciando la separación del transportista principal y el Gestor Técnico del Sistema, a partir de la creación de una unidad orgánica específica que desempeña las funciones de GTS.

El artículo 60 de la LSH, en su redacción vigente, delimita dichas actividades:

> *"Artículo 60. Funcionamiento del sistema.*
>
> *1. La regasificación, el almacenamiento básico, el transporte, y la distribución tienen carácter de actividades reguladas, cuyo régimen económico y de funcionamiento se ajustará a lo previsto en la presente Ley.*
>
> *2. Sin perjuicio de lo establecido para los suministradores de último recurso, la actividad de comercialización se desarrollará en régimen de libre competencia, conforme a lo dispuesto en la presente Ley y disposiciones que la desarrollen, y su régimen económico vendrá determinado por las condiciones que se pacten entre las partes.*
>
> *3. Se garantiza el acceso de terceros a las instalaciones de la red básica y a las instalaciones de transporte y distribución en las condiciones técnicas y económicas establecidas en la presente Ley. El precio por el uso de estas instalaciones vendrá determinado por el peaje aprobado por el Ministro de Industria, Turismo y Comercio, previo Acuerdo de la Comisión Delegada del Gobierno para Asuntos Económicos.*
>
> *4. Salvo pacto expreso en contrario, la transmisión de la propiedad del gas se entenderá producida en el momento en que el mismo tenga entrada en las instalaciones del comprador.*

5. Las actividades para el suministro de gas natural que se desarrollen en los territorios insulares y extra-peninsulares serán objeto de una regulación reglamentaria singular, previo acuerdo con las Comunidades y Ciudades Autónomas afectadas y atenderá a las especificidades derivadas de su situación territorial."

En consecuencia, y por las razones ya explicadas en el epígrafe I.2.:

1. Actividades reguladas son la regasificación, el almacenamiento básico o estratégico, el transporte y la distribución del gas natural.

2. Actividades no reguladas o en régimen de libre competencia son la importación del gas, que está liberalizada por completo, y su comercialización, cuyo régimen económico vendrá determinado por las condiciones que se pacten entre las partes.

IV. LOS SUJETOS QUE ACTÚAN EN EL SISTEMA GASISTA

De la delimitación de actividades inmediatamente realizada se colige la concurrencia de distintos agentes en el sistema gasista. Aunque el rol de cada uno de los sujetos que actúan podría colegirse de cuanto se ha expuesto en los epígrafes I.2. y 4., es oportuno concretar sus características, en los términos establecidos por la LSH.

Su artículo 58 dispone lo que sigue:

"Artículo 58. Sujetos que actúan en el sistema.

Las actividades destinadas al suministro de gas natural por canalización serán desarrolladas por los siguientes sujetos:

a) Los transportistas son aquellas sociedades mercantiles autorizadas para la construcción, operación y mantenimiento de instalaciones de regasificación de gas natural licuado, de transporte o de almacenamiento básico de gas natural.

Los gestores de red de transporte son aquellas sociedades mercantiles autorizadas para la construcción, operación y mantenimiento de instalaciones de la red troncal y certificadas de acuerdo con el procedimiento establecido en el artículo 63 bis. Asimismo, tienen consideración de gestores de red de transporte los gestores de red independientes.

Los gestores de red independientes son aquellas sociedades mercantiles que gestionan instalaciones de la red troncal de las que no son propietarios y están autorizadas para la construcción, operación y mantenimiento de acuerdo con lo dispuesto en el artículo 63 quáter.

b) El Gestor Técnico del Sistema será el responsable de la operación y gestión de la Red Básica y de las redes de transporte secundario definidas en la presente Ley de acuerdo con las funciones establecidas en el artículo 64. Asimismo, será responsable de mantener las condiciones para la operación normal del sistema.

c) Los distribuidores son aquellas sociedades mercantiles autorizadas para la construcción, operación y mantenimiento de instalaciones de distribución destinadas a situar el gas en los puntos de consumo.

Los distribuidores también podrán construir, mantener y operar instalaciones de la red de transporte secundario, debiendo llevar en su contabilidad interna cuentas separadas de ambas actividades de conformidad con lo dispuesto en el artículo 63.

d) Los comercializadores son las sociedades mercantiles que, accediendo a las instalaciones de terceros en los términos establecidos en el presente Título, adquieren el gas natural para su venta a los consumidores, a otros comercializadores o para realizar tránsitos internacionales. Asimismo, son comercializadores las sociedades mercantiles que realicen la venta de Gas Natural Licuado (GNL) a otros comercializadores dentro del sistema gasista o a consumidores finales.

e) Los consumidores finales, que son los que adquieren gas para su propio consumo y tendrán derecho a elegir suministrador. En el caso de que accedan directamente a las instalaciones de terceros se denominarán Consumidores Directos en Mercado.

Asimismo, tendrán la consideración de consumidor final a los efectos previstos en la presente Ley, las empresas que suministren gas natural, biogás o gases manufacturados para su uso como carburante en estaciones de servicio, siempre que se suministren de un comercializador. Las instalaciones que se destinen a este fin, deberán cumplir las condiciones técnicas y de seguridad que reglamentariamente les sean exigibles.

f) La Oficina de Cambios de Suministrador, que será la sociedad mercantil responsable de la supervisión y, en su caso, gestión de los cambios de suministrador de los consumidores finales."

En su consecuencia, puede afirmarse la concurrencia de los siguientes agentes en el sistema:

1.- Los productores, que son empresas que desarrollan la primera fase de la cadena del gas, esto es, quienes asumen la exploración, investigación y explotación de los yacimientos de gas.

2.- Los transportistas, que son sociedades autorizadas para la construcción, operación y mantenimiento de las instalaciones de regasificación de gas natural licuado, así como de las instalaciones de transporte o de almacenamiento básico de gas natural, esto es, de instalaciones de presión mayor a 16 bares, que son las denominadas redes de transporte.

3.- Los distribuidores, empresas titulares de las instalaciones de presión menor o igual a 16 bares, que construyen, operan y mantienen dichas instalaciones, que conforman la red de distribución, destinada a situar el gas en los puntos de consumo, pudiendo construir, mantener y operar, además, instalaciones de la red de transporte secundario, siempre con la obligación de llevar en su contabilidad interna cuentas separadas de ambas actividades. Debe advertirse que, tras la modificación de la Ley 12/2007, el distribuidor ya no está habilitado para suministrar el gas a los clientes; lo que sí podía hacer a tenor del texto originario de la LSH. Dicho con otras palabras, desde el año 2008 su negocio se circunscribe a la explotación de la red, mediante el cobro de los cánones correspondientes por la utilización de sus instalaciones.

4.- Los comercializadores, que son sociedades que, accediendo a cambio de un peaje a las instalaciones de los transportistas o de los distribuidores, adquieren el gas natural para su venta a los consumidores, a otros comercializadores o para realizar tránsitos internacionales. Es el comercializador, en consecuencia, quien suministra el gas al consumidor final, de tal modo que su negocio se concreta en la percepción del precio abonado por éste.

5.- Los consumidores finales, por último, que son quienes adquieren el gas natural para su propio consumo, en industrias o en domicilios particulares, teniendo reconocido el derecho a elegir suministrador.

Si acceden directamente a las instalaciones de terceros se denominarán Consumidores Directos en Mercado.

Junto a los anteriores, como sujetos que actúan en el sistema, el artículo 58 de la LSH contempla otras dos figuras que, en puridad, tienen una naturaleza dispar:

6.- El Gestor Técnico del Sistema, ENAGAS, que gestiona la red básica y las redes de transporte secundario, coordinando la actuación de todos los agentes del sector. Es el GTS, en definitiva, el encargado de mantener las condiciones para el funcionamiento normal del sistema en su conjunto, a cuyo efecto el artículo 64, en su apartado 3, le atribuye las siguientes competencias:

> *"3. Serán funciones del Gestor Técnico del Sistema las siguientes:*
>
> *a) Gestionar todas las instalaciones de la Red Básica del sistema gasista y de transporte secundario.*
>
> *b) Determinar y controlar el nivel de garantía de abastecimiento de gas natural del sistema a corto y medio plazo.*
>
> *c) Prever a corto y medio plazo la utilización de instalaciones del sistema, así como de las reservas de gas natural, de acuerdo con la previsión de la demanda.*
>
> *d) Impartir las instrucciones necesarias para la correcta explotación del sistema de gas natural y su transporte de acuerdo con los criterios de fiabilidad y seguridad que se establezcan. Asimismo, impartirá las instrucciones precisas a los transportistas para ajustar los niveles de emisión de gas natural a la demanda del sistema gasista.*
>
> *e) Coordinar y modificar, en su caso, los planes de mantenimiento de instalaciones de forma que se asegure su funcionamiento y disponibilidad para garantizar la seguridad del sistema.*
>
> *f) Establecer y controlar las medidas de fiabilidad del sistema de gas natural, así como los planes de actuación para la reposición del servicio en caso de fallos generales en el suministro de gas natural, y coordinar y controlar su ejecución.*
>
> *g) Impartir las instrucciones de operación a las instalaciones de transporte, incluidas las interconexiones internacionales.*

h) Desarrollar aquellas otras actividades relacionadas con las anteriores que sean convenientes para el funcionamiento del sistema, así como cualesquiera otras funciones que le sean atribuidas por las disposiciones vigentes.

i) Proponer al Ministerio de Industria, Turismo y Comercio el desarrollo de la Red Básica de gas natural y la ampliación y/o extensión de los almacenamientos.

j) Proponer al Ministerio de Industria, Turismo y Comercio los planes de emergencia que considere necesarios, detallando las existencias disponibles, su ubicación y período de reposición de las mismas, así como sus revisiones anuales. Dichos planes y sus revisiones anuales serán objeto de aprobación o modificación por la Dirección General de Política Energética y Minas.

k) Dar las órdenes oportunas para que las empresas titulares de las redes de instalaciones de la Red Básica y de transporte secundario hagan funcionar sus instalaciones de tal forma que se asegure la entrega de gas en las condiciones adecuadas en los puntos de salida del sistema.

l) Para realizar y controlar su actuación, el Gestor del Sistema llevará a cabo los programas de entregas que reglamentariamente se determinen.

m) Gestionar las entradas y salidas de gas natural en el sistema gasista a través de los gasoductos, las Plantas de Recepción, Almacenamiento y Regasificación, los almacenamientos subterráneos y los yacimientos naturales.

n) (Suprimida.)

o) Efectuar el cálculo y aplicación del balance diario de cada sujeto que utilice la red gasista y las existencias operativas y estratégicas del mismo.

p) Ejecutar, en el ámbito de sus funciones, aquellas decisiones que sean adoptadas por el Gobierno en ejecución de lo previsto en la presente Ley.

q) Colaborar con el Ministerio de Industria, Turismo y Comercio en la evaluación y seguimiento de los planes de inversión anuales y plurianuales presentados por los titulares de las empresas de instalaciones de transporte de gas natural.

r) Supervisar la correcta ejecución por parte de los agentes del sistema de las medidas adoptadas por el Gobierno ante situaciones de emergencia y elaborar un informe sobre los resultados de dicha supervisión que se pondrá a disposición del Ministerio de Industria, Energía y Turismo y de la Comisión Nacional de Energía."

7.- La Oficina de Cambios de Suministrador (OCSUM), establecida en la reforma de la LSH operada por la Ley 12/2007, es una sociedad mercantil que asume la responsabilidad de la supervisión y gestión de los cambios de suministrador de los consumidores finales en los sectores eléctrico y de gas.

Su finalidad es facilitar los cambios de empresa suministradora decididos por los consumidores, lo que explica que esta Oficina deba actuar con estricta observancia a los principios de transparencia, objetividad e independencia. A dicho efecto, se dispone que en su capital han de participar los distribuidores y comercializadores de gas natural y de electricidad, estando compuesta por las distintas empresas distribuidoras –un 15% de electricidad y otro 15% de gas– y comercializadoras –en este caso, un 35% de cada una de ellas–.

Su disciplina ha sido objeto de desarrollo por el Real Decreto 1011/2009, de 19 de junio, cuyo artículo 3 enumera pormenorizadamente sus funciones.

V. LA RED BÁSICA DE GAS NATURAL

Presupuestas las actividades que se realizan en el sector y los agentes que las desarrollan, debe constatarse que, conforme a lo dispuesto por el artículo 59 de la LSH, el sistema gasista comprende las siguientes instalaciones: las incluidas en la red básica, las redes de transporte secundario, las redes de distribución, los almacenamientos no básicos y las demás instalaciones complementarias.

La diferencia entre las redes de transporte, básica y secundaria, y las redes de distribución, conforme se colige de cuanto ya se ha afirmado, se realiza a partir de la presión del gaseoducto. En los términos establecidos por el apartado 2 del artículo 59 de la LSH:

2. A los efectos establecidos en la presente Ley, la red básica de gas natural estará integrada por:

a) Los gasoductos de transporte primario de gas natural a alta presión. Se considerarán como tales aquellos cuya presión máxima de diseño sea igual o superior a 60 bares, diferenciándose entre:

1.º Red troncal: Gasoductos de transporte primario interconectados esenciales para el funcionamiento del sistema y la seguridad de suministro excluyendo la parte de los gasoductos de transporte primario utilizados fundamentalmente para el suministro local de gas natural. En todo caso se considerarán incluidas las conexiones internacionales del sistema gasista español con otros sistemas, las conexiones con yacimientos de gas natural en el interior o con almacenamientos básicos, las conexiones con las plantas de regasificación, las estaciones de compresión y los elementos auxiliares necesarios para su funcionamiento.

2.º Red de influencia local: Gasoductos de transporte utilizados fundamentalmente para el suministro local de gas natural.

b) Las plantas de regasificación de gas natural licuado que puedan abastecer el sistema gasista y las plantas de licuefacción de gas natural.

c) Los almacenamientos básicos de gas natural, que puedan abastecer el sistema gasista.

3. Las redes de transporte secundario están formadas por los gasoductos de presión máxima de diseño comprendida entre 60 y 16 bares.

4. Las redes de distribución comprenderán los gasoductos con presión máxima de diseño igual o inferior a 16 bares y aquellos otros que, con independencia de su presión máxima de diseño, tengan por objeto conducir el gas a un único consumidor partiendo de un gasoducto de la Red Básica o de transporte secundario.

5. Almacenamientos no básicos de gas natural son las estructuras de almacenamiento de gas natural en el subsuelo y las instalaciones de superficie que se requieran, con carácter temporal o permanente, para el desarrollo de la actividad de explotación

> *del almacenamiento subterráneo de gas natural, incluidos los gasoductos de conexión entre el almacenamiento y la red básica de gas natural. Estas instalaciones quedarán excluidas del régimen retributivo del sistema de gas natural."*

En consecuencia, y de forma sintética:

1.- La red básica de gas natural comprende:

— los gasoductos de transporte primario de gas natural a alta presión, que son todos aquellos con una presión máxima de diseño igual o superior a 60 bares.

— las plantas de regasificación de gas natural licuado que puedan abastecer al sistema gasista y las plantas de licuefacción de gas natural.

— los almacenamientos básicos de gas natural que puedan abastecer al sistema.

— las conexiones de la red básica con yacimientos de gas natural en el interior, o con almacenamientos.

— las conexiones internacionales del sistema gasista español con otros sistemas, o con yacimientos en el exterior.

2.- Las redes de transporte secundario están conformadas por los gasoductos con una presión máxima de diseño comprendida entre 16 y 60 bares.

3.- Las redes de distribución comprenden los gasoductos con una presión máxima de diseño igual o inferior a 16 bares, así como aquellos otros que, con independencia de su presión máxima de diseño, tengan por objeto conducir el gas a un único consumidor, partiendo de un gasoducto de la red básica o de transporte secundario.

El acceso a las infraestructuras gasistas se lleva a cabo a través de un proceso que consta de las siguientes fases:

1.ª La formalización de una solicitud de acceso a la correspondiente red a través de una petición de reserva de capacidad, que será evaluada por el Gestor Técnico del Sistema, pudiendo ser denegada en caso de falta de capacidad disponible.

2.ª La firma de un contrato de acceso a la instalación con el titular de la misma y, en el caso del almacenamiento subterráneo, con el Gestor Técnico del Sistema.

3.ª El abono de los peajes y cánones regulados correspondientes.

VI. EL RÉGIMEN ECONÓMICO DEL SISTEMA GASISTA

El Real Decreto 949/2001, además de desarrollar la LSH por lo que se refiere al acceso de terceros a las infraestructuras gasistas, estableció las bases del régimen económico integrado del sector, desarrollando el Título IV, Capítulo VII, de dicha Ley.

Sus prescripciones establecen, en primer lugar, la retribución de las actividades reguladas, que se basa en los siguientes principios:

1.º Recuperación de las inversiones realizadas, permitiendo una rentabilidad razonable.

2.º Introducción de incentivos para que las compañías realicen una gestión eficiente de las infraestructuras y de los servicios regulados.

3.º Evitar distorsiones entre el sistema de suministro a tarifa y el de peajes.

A partir de dichos principios, el procedimiento de cálculo para la retribución de cada actividad se configura del siguiente modo:

1.º La retribución de las actividades de regasificación y de almacenamiento de gas natural licuado se establece a través del cobro de los correspondientes peajes y cánones.

2.º En el caso de las instalaciones de almacenamiento de gas natural y transporte, la retribución se calcula de forma individual para cada instalación.

3.º Para las instalaciones de distribución, la retribución se calcula para el conjunto de la actividad de cada empresa distribuidora.

Por lo que respecta al régimen de tarifas, peajes y cánones, el Real Decreto 949/2001 establece los criterios generales para su determinación y la estructura de los mismos, en desarrollo del artículo 92 de la LSH, debiendo tenerse en cuenta que, en su redacción vigente y conforme a la Ley 12/2007, una vez alcanzada la plena elegibilidad de todos los consumidores finales, la total liberalización del mercado exigía la progresiva desaparición de las tarifas.

En concreto, la Ley 12/2007 preveía la desaparición del suministro por el distribuidor a partir del 1 de julio de 2008 y la puesta en marcha del denominado Suministro de Último Recurso (SUR), para consumidores con niveles de consumo anual y presiones de suministro por debajo de ciertos umbrales. Bajo este esquema de suministro, cuyo objetivo, de acuerdo con la Directiva 2003/55/EC, es garantizar el suministro a determinados consumidores finales, los consumidores elegibles pueden optar por consumir gas natural a precios regulados por el Gobierno, esto es, la Tarifa de Último Recurso (TUR), a aplicar por los Comercializadores de Último Recurso (CUR), que son entidades encargadas del suministro conforme a dicha a Tarifa, esto es el precio máximo establecido por la Administración para el suministro de gas, al que podrán acogerse los consumidores con niveles de menor consumo: la pequeña industria y comercio y el consumidor doméstico, básicamente.

El artículo 93, en su redacción vigente, de la LSH dispone:

> *"Artículo 93. Tarifa de último recurso.*
>
> *1. La tarifa de último recurso será el precio máximo que podrán cobrar los comercializadores que, de acuerdo con lo previsto en el artículo 82 de la presente Ley, hayan sido designados como suministradores de último recurso, a los consumidores que, de acuerdo con la normativa vigente para esta tarifa, tengan derecho a acogerse a la misma.*
>
> *2. La tarifa de último recurso será única en todo el territorio español sin perjuicio de sus especialidades por niveles de presión y volumen de consumo.*
>
> *No obstante lo anterior, los consumidores a los que a la entrada en vigor de la Orden ECO/302/2002, de 15 de febrero, por la que se establecen las tarifas de gas natural y gases manufacturados por canalización y alquiler de contadores se les venía aplicando la tarifa industrial firme y estén conectados a gasoductos a presión inferior o igual a 4 bar con un consumo anual superior a 200.000 kWh/año, podrán solicitar a su distribuidor la conexión a presiones superiores a 4 bar. En caso de que esta solicitud no pudiera ser atendida, por no disponer el distribuidor de redes a dicha presión cercanas a las instalaciones del consumidor, se le aplicará a dicho consumidor la tarifa de último recurso correspondiente a consumidores con su mismo consumo conectados a gasoductos a presión mayor de 4 bar y menor o igual a 60 bar.*
>
> *El consumidor tendrá la obligación de realizar la acometida correspondiente y conectarse a gasoductos a presión superior a 4*

> *bar en el momento en que el distribuidor disponga de redes cercanas a las instalaciones del consumidor para ello.*
>
> *3. El Ministro de Industria, Turismo y Comercio, previo Acuerdo de la Comisión Delegada del Gobierno para Asuntos Económicos, dictará las disposiciones necesarias para el establecimiento de la tarifa de último recurso de gas natural o un sistema de determinación y actualización automática de la misma.*
>
> *4. El sistema de cálculo de la citada tarifa incluirá de forma aditiva el coste de la materia prima, los peajes de acceso que correspondan, los costes de comercialización y los costes derivados de la seguridad de suministro.*
>
> *Se habilita al Ministro de Industria, Turismo y Comercio a establecer un mecanismo de subasta que permita fijar el coste de la materia prima para el cálculo de las tarifas de último recurso, previo acuerdo de la Comisión Delegada del Gobierno para Asuntos Económicos.*
>
> *5. Las tarifas de último recurso se fijarán de forma que no ocasionen distorsiones de la competencia en el mercado."*

La TUR se calcula de forma aditiva según la metodología publicada en la Orden ITC/1660/2009, incluyendo todos los costes derivados del acceso a las redes, de la adquisición de energía y un margen por la gestión comercial que realizan los CUR.

La normativa española estableció un calendario para la reducción progresiva del número de consumidores con derecho a acogerse a la TUR, de tal modo que desde el 1 de julio de 2009 sólo pueden acogerse a la TUR aquellos consumidores conectados a gasoductos con presión inferior o igual a 4 bares y con consumos anuales inferiores a 50.000 KWh.

Existen dos tarifas de último recurso, dependiendo del consumo anual del cliente:

- TUR 1: para un consumo inferior igual a 5.000 kWh/año; lo que es un rango de consumo habitual en una vivienda con cocina y/o calentador de agua de gas natural.
- TUR 2: para un consumo superior a 5.000 kWh/año e inferior o igual a 50.000 kWh/año; que es un rango de consumo habitual en una vivienda con calefacción de gas natural.

Las empresas comercializadoras que asumen la obligación de suministro de último recurso son las siguientes:

— Gas Natural S.U.R. SDG, S.A.
— Endesa Energía XXI, S.L.U.
— HC Naturgas Comercializadora de Último Recurso, S.A.U.
— lberdrola Comercialización de Último Recurso, S.A.U.
— Madrileña Suministro de Gas S.U.R. 2010, S.L.

La resolución de 28 de diciembre de 2012, de la Dirección General de Política Energética y Minas, publicada en el Boletín Oficial del Estado de 31 de diciembre de 2012, estableció los precios TUR vigentes a la fecha.

Por su parte, los consumidores con consumo anual superior a 50.000 kWh deben suscribir un contrato de suministro con una empresa comercializadora a mercado libre, con precio pactado, pues desde el día 1 de julio de 2009 no tienen derecho a acogerse a la Tarifa de Último Recurso.

VII. LA GARANTÍA DEL SUMINISTRO

La LSH, bien consciente de la escasez de yacimientos y, por ende, de la dependencia del sector gasista español de los aprovisionamientos procedentes del exterior, a partir de la configuración del suministro de gas natural como un servicio de interés general prestó una atención espacial a garantizar su suministro.

Con dicha finalidad, el texto legal estableció de forma expresa distintas obligaciones que los distintos agentes del sector deben asumir, en orden a preservar unas existencias mínimas de seguridad. Así:

Primero: tanto los comercializadores como los consumidores directos en mercado que no se suministren de ningún comercializador están obligados a mantener unas existencias mínimas de seguridad de 20 días equivalentes de sus ventas firmes en España; en el caso de los consumidores directos, expresadas en días equivalentes de sus consumos firmes en la parte no suministrada por un comercializador.

Segundo: de igual modo, la LSH afirma la diversificación de los aprovisionamientos, de tal modo que tanto los comercializadores como los consumidores directos con una cuota de mercado superior al 7% deberán diversificar sus aprovisionamientos cuando en la suma de todos ellos la proporción de los provenientes de un mismo país sea superior al 50%.

Tercero: en la misma línea, dada la crucial importancia del suministro de gas y la necesidad de adecuar las infraestructuras del sistema a las crecientes necesidades de la demanda, se atribuye a la Administración la competencia para establecer un régimen de planificación; régimen al que están sometidas las distintas infraestructuras del sistema gasista y que tiene como objetivo proporcionar un marco legal que asegure el correcto desarrollo de las infraestructuras.

Sobre el particular debe dejarse constancia de que, hasta la fecha, se han elaborado dos documentos de planificación conjuntos para los sectores de la electricidad y el gas: el primero abarcaba el periodo 2002-2011 y el segundo, el periodo 2008-2016.

EL SECTOR DE HIDROCARBUROS

Rocío Tarlea
Letrada del Consejo de Estado

Sumario: I. ANTECEDENTES NORMATIVOS DE LA ORDENACIÓN ACTUAL DEL SECTOR DE HIDROCARBUROS.- II. LA LEY 34/1998, de 7 DE OCTUBRE, DEL SECTOR DE HIDROCARBUROS: 1. Ámbito de aplicación de la LSH; 2. Filosofía liberalizadora de la LSH.- III. COMPETENCIAS ADMINISTRATIVAS EN MATERIA DE HIDROCARBUROS: 1. Competencias de la Unión Europea; 2. Distribución constitucional de competencias; 3. Distribución de competencias en la LSH.- IV. INVESTIGACIÓN, EXPLORACIÓN Y EXPLOTACIÓN DE HIDROCARBUROS: 1. Autorizaciones de exploración; 2. Permisos de investigación; 3. Concesiones de explotación.- V. ORDENACIÓN DEL MERCADO DE PRODUCTOS DERIVADOS DEL PETRÓLEO: 1. La progresiva liberalización del sector petrolero; 2. La regulación del mercado de productos derivados del petróleo en la LSH; 3. Régimen de los hidrocarburos líquidos; 4. Régimen de los gases licuados del petróleo (GLP); 5. Seguridad del suministro.-

I. ANTECEDENTES NORMATIVOS DE LA ORDENACIÓN ACTUAL DEL SECTOR DE HIDROCARBUROS

En sus orígenes, la ordenación de los hidrocarburos en España tuvo lugar en el seno de la legislación general minera. De este modo, la **Ley de Minas de 19 de julio de 1944** incardinaba los hidrocarburos líquidos y gaseosos dentro de los recursos mineros que la misma regulaba. Posteriormente, la **Ley sobre el Régimen Jurídico de la Investigación y Explotación de Hidrocarburos de 26 de diciembre de 1958**, y su reglamento aprobado un año más tarde, vinieron a desarrollar el escueto régimen que se establecía en la Ley de Minas de 1944 en esta materia, dotándola de un marco legal propio. La necesidad de una normativa específica que disciplinase las actividades de investigación y explotación de hidrocarburos se había hecho sentir *"por resultar muy conveniente es-*

timular" dichas actividades, *"enmarcándolas al mismo tiempo en un régimen fiscal especial, como se hace en otros países de gran tradición petrolera, y en el que además se recogieran los aspectos peculiares tanto de las técnicas empleadas en dichas actividades como del mercado de los hidrocarburos obtenidos"*[51].

La **Ley de Minas de 21 de julio de 1973** dio un paso más en el reconocimiento de la especificidad del régimen jurídico de los hidrocarburos, excluyéndolos de su ámbito de aplicación. Un año más tarde, la **Ley 21/1974, de 27 de junio, sobre Investigación y Explotación de Hidrocarburos** continuó las líneas generales trazadas por la Ley de 1958. La Ley de 1974 tuvo por objeto específico la regulación de la exploración, investigación y explotación de los yacimientos de hidrocarburos, así como de las actividades de transporte, almacenamiento, depuración y refino de los hidrocarburos obtenidos, pero sólo cuando fueran realizadas por los propios investigadores o explotadores mediante instalaciones anexas a las de producción. Además, se establecía la necesidad de que los hidrocarburos fuesen destinados al consumo nacional, con posibilidad de exportar sólo el excedente, y se regulaban las reservas a favor del Estado.

En la década de 1980 se aprobaron diversas leyes que regularon específicamente los aspectos relativos al sector de los combustibles gaseosos y al sector petrolero:

— En lo que respecta a los **combustibles gaseosos**, con la finalidad de impulsar el desarrollo de tales combustibles y, en particular, del gas natural, se aprobó la **Ley 10/1987, de 15 de junio, de Disposiciones Básicas para un Desarrollo Coordinado de Actuaciones en Materia de Combustibles Gaseosos.** Dicha ley calificaba el suministro de combustibles gaseosos como un verdadero servicio público.

— En lo que hace al **sector del petróleo**, la inminencia del ingreso de España en las entonces Comunidades Europeas impulsó una liberalización de dicho sector que, con los precedentes de la Ley 45/1984, de 17 de diciembre, de Reordenación del Sector Petrolero y del Real Decreto-ley 5/1985, de 12 de diciembre, de

(51) Exposición de Motivos de la Ley 21/1974, de 27 de junio, sobre Investigación y Explotación de Hidrocarburos.

adaptación del Monopolio de Petróleos, culminaría con la aprobación de la **Ley 34/1992, de 22 de diciembre, de Ordenación del Sector Petrolero.**

Como puede observarse, la ordenación del sector de los hidrocarburos en nuestro país había tenido tradicionalmente un carácter disperso. Esta dispersión normativa tocó a su fin con la aprobación de la vigente **Ley 34/1998, de 7 de octubre, del Sector de Hidrocarburos** (en adelante, LSH), que derogó las Leyes 2/1974, 10/1987 y 34/1992, adoptando un **enfoque omnicomprensivo** de la regulación del sector de los hidrocarburos.

II. LA LEY 34/1998, DE 7 DE OCTUBRE, DEL SECTOR DE HIDROCARBUROS

1. Ámbito de aplicación de la LSH

Afirma la Exposición de Motivos de la LSH que la misma *"persigue proporcionar un tratamiento integrado a una industria verticalmente articulada. Desde la producción de hidrocarburos en un yacimiento subterráneo hasta su consumo en el motor de un vehículo, en la calefacción de una vivienda o en un proceso industrial, se producen o pueden producirse una serie de transacciones económicas y de procesos físicos de transformación, tratamiento o simplemente de transporte que merecen una consideración global, puesto que forman parte de una actividad económica que, aunque segmentable, responde a una concepción integrada"*. De conformidad con esta declaración de intenciones, la LSH abre su articulado afirmando su pretensión de regular de forma unificada y completa *"el régimen jurídico de las actividades relativas a los hidrocarburos líquidos y gaseosos"* (art. 1.1).

De acuerdo con este precepto, la LSH se refiere a una realidad material concreta: los hidrocarburos líquidos y gaseosos. Los hidrocarburos son compuestos orgánicos formados fundamentalmente por carbono e hidrógeno. Sin embargo, lo cierto es que el ámbito de aplicación de la LSH abarca también otros productos que escapan de este concepto, alcanzando en realidad a los productos líquidos y gaseosos susceptibles de ser usados como carburante o combustible y con una composición fundamental de átomos de carbono, hidrógeno y oxígeno.

Pueden distinguirse los **hidrocarburos líquidos** y los **hidrocarburos gaseosos**, además de los denominados **gases licuados del petróleo** (GLP):

— Son **hidrocarburos líquidos** el crudo de petróleo, cuyo refino da lugar a las gasolinas, gasóleos, fuelóleos y querosenos; y los biocarburantes, entre los que destacan el biodiesel y el bioetanol.

— En cuanto a los **hidrocarburos gaseosos**, el más importante por razón de su consumo y entre muchos otros tipos de gases, es el gas natural. No obstante, la LSH deja abierta su aplicación a cualquier gas no conocido en la actualidad que, como consecuencia de los avances químicos o de producción, pueda ser utilizado en el futuro.

— Finalmente, los **GLP** (como el butano y el propano) se presentan en estado líquido o gaseoso dependiendo de la presión a la que se encuentren y se obtienen del petróleo crudo o del gas natural. Tienen la propiedad de pasar a estado líquido a presiones relativamente bajas, lo cual se aprovecha para su almacenamiento y transporte en recipientes a presión.

La LSH regula, como afirma su artículo 1.1, el régimen aplicable a las actividades relativas a todos estos hidrocarburos tanto líquidos como gaseosos. En concreto, la LSH extiende su ámbito de aplicación a las siguientes actividades (art. 1.2):

— La **exploración, investigación y explotación de yacimientos y de almacenamientos subterráneos de hidrocarburos**. La LSH dedica a esta materia su Título II (arts. 7 a 36).

— El comercio exterior, refino, transporte, almacenamiento y distribución de crudo de petróleo y productos petrolíferos, incluidos los gases licuados del petróleo. La LSH regula estas actividades en su Título III, que lleva por rúbrica "**Ordenación del mercado de productos derivados del petróleo**" (arts. 37 a 53).

— La adquisición, producción, licuefacción, regasificación, transporte, almacenamiento; distribución y comercialización de combustibles gaseosos por canalización. El régimen de estas actividades se encuentra contenido en el Título IV, rubricado **"Ordenación del suministro de gases combustibles por canalización"** (arts. 54 a 102).

De entre estos tres ámbitos regulados en la LSH se abordará en este capítulo únicamente el examen de los dos primeros, mientras que las cuestiones relativas al suministro de gases combustibles por canalización se examinan en un capítulo distinto de esta misma obra.

2. Filosofía liberalizadora de la LSH

Junto con la novedosa agrupación en un solo texto legal de una regulación antes dispersa, la LSH se caracterizó por su **filosofía liberalizadora** de las actividades relacionadas con los hidrocarburos. Dicha filosofía se pone de manifiesto desde su misma Exposición de Motivos, que señala que *"la presente ley tiene por objeto renovar, integrar y homogeneizar la distinta normativa legal vigente en materia de hidrocarburos. Se pretende, por tanto, conseguir una regulación más abierta, en la que los poderes públicos salvaguarden los intereses generales a través de la propia normativa, limitando su intervención directa en los mercados cuando existan situaciones de emergencia. Esta regulación debe permitir, además, que la libre iniciativa empresarial amplíe su campo de actuación y la introducción en nuestro ordenamiento jurídico de realidades técnicas y mercantiles socialmente asumidas, pero carentes, en este momento, del encaje legal adecuado".*

De acuerdo con las palabras citadas, la LSH pretende impulsar la libre iniciativa empresarial y limitar la intervención directa de los poderes públicos en los mercados, pasando éstos a desempeñar tan solo un papel regulador de tales mercados. Este espíritu liberalizador se plasma de modo distinto en las distintas actividades sucesivas que conforman el ciclo de los hidrocarburos.

De este modo, en lo que respecta a la vertiente *upstream* de dicho ciclo, la LSH (art. 2.1) señala que, a los efectos del artículo 132.2 CE (referido, como es sabido, a los bienes demaniales), tendrán la consideración **de bienes de dominio público estatal** los **yacimientos de hidrocarburos y almacenamientos subterráneos** existentes en el territorio del Estado y en el subsuelo del mar territorial y de los fondos marinos que estén bajo la soberanía del Reino de España conforme a la legislación vigente y a los convenios y tratados internacionales de los que sea parte. Este carácter demanial determina que las actividades de exploración, investigación y explotación de hidrocarburos continúen sometidas a una intensa actividad administrativa, concretada en la necesidad de obtener un previo título habilitante para su desarrollo. Sin embargo, la LSH **eli-**

mina la reserva demanial en favor del Estado que hasta entonces había existido en esta materia. Asimismo, se eliminan ciertos requisitos de nacionalidad establecidos en las leyes de 1958 y 1974, de modo que la inversión de capital por personas jurídicas domiciliadas en el extranjero en estas actividades será libre, debiendo únicamente ajustarse a lo dispuesto en la normativa vigente sobre inversiones extranjeras (art. 10 LSH).

Es en relación con las actividades *downstream* del ciclo de los hidrocarburos donde la LSH muestra un mayor grado de apertura. De este modo, reconoce la **libre iniciativa empresarial** para el ejercicio de las actividades reguladas tanto en el Título III como en el Título IV LSH (art. 2.2). En consonancia con lo anterior, desaparece de este ámbito la noción de servicio público, siendo calificadas estas actividades por la Ley como **actividades de interés económico general,** en relación con las cuales el Estado desarrollará una acción regulatoria que se manifiesta de modo diverso según el sector y la actividad de que se trate.

Así, en lo que respecta al sector petrolero, la LSH introduce un mayor grado de liberalización en las actividades de refino de crudo y de transporte, almacenamiento, distribución y comercialización de productos petrolíferos. En este sentido, suprime la mayor parte de las preexistentes autorizaciones para el ejercicio de la actividad y mantiene tan sólo la autorización de instalaciones afectas a esas actividades.

En lo que respecta al sector gasístico, se elimina la calificación de servicio público que el suministro de gas había tenido bajo la Ley de 1987 y se establece una regulación de las actividades de transporte, distribución, almacenamiento regasificación y suministro marcada por la senda liberalizadora del Derecho comunitario. En efecto, la LSH se aprobó a la vista del contenido de la Directiva 98/30/CE del Parlamento Europeo y del Consejo de 22 de junio de 1998 sobre normas comunes para el mercado interior del gas natural. Sobre las bases que había establecido la citada directiva se conformó en la Unión Europea dicho mercado, concretamente a partir de la Directiva 2003/55/CE del Parlamento Europeo y del Consejo, de 26 de junio de 2003, sobre normas comunes para el mercado interior del gas natural. La incorporación de tal directiva al ordenamiento jurídico español motivó una modificación de la LSH, operada por **Ley 12/2007, de 2 de julio.** Sin embargo, y al igual que sucedió en el caso del sector eléctrico, la regulación del mercado interior del gas establecida en la Directiva de 2003 reveló ciertas deficiencias en relación con la efectiva consecución de dicho mercado (motivadas, sobre todo, por las dificultades de acceso a las redes aún persistentes y por el insuficiente papel desempeñado los organismos reguladores del sector; ello condujo a la aprobación del denominado **"tercer paquete energético"**, del que forman parte distintos instrumentos jurídicos. Entre dichos instrumentos – y en lo que a sector del gas se refiere - se encuentran el Reglamento (CE) nº 715/2009 del Parlamento Europeo y del Consejo, de 13 de julio de 2009, sobre las condiciones de acceso a las redes de transporte de gas natural; y la Directiva 2009/73/CE del Parlamento Europeo y del Consejo de 13 de julio de 2009 sobre normas comunes para el mercado interior de gas natural. La incorporación de esta última norma al Derecho español dio lugar a una nueva modificación de la LSH, a través del **Real Decreto-ley 13/2012, de 30 de marzo.**

III. COMPETENCIAS ADMINISTRATIVAS EN MATERIA DE HIDROCARBUROS

1. Competencias de la Unión Europea

A pesar de la importancia que las cuestiones energéticas representaron para la integración europea desde sus mismos orígenes, el reconocimiento expreso de una competencia a favor de la Unión en materia de energía no tuvo lugar hasta la aprobación del Tratado de Lisboa en el año 2007. A partir de entonces, el actualmente denominado **Tratado de Funcionamiento de la Unión Europea** (en adelante, TFUE) reconoce expresamente la energía como un ámbito de **competencia compartida** entre la Unión y los Estados miembros (artículo 4) y establece en su **artículo 194** un fundamento jurídico específico para el desarrollo de la política energética de la Unión.

La ausencia de ese fundamento jurídico con anterioridad a Lisboa no impidió, sin embargo, que sobre la base de los preceptos atributivos de otras competencias comunitarias se desplegase una importante intervención desde Europa en los sectores energéticos en general y, por lo tanto, en el sector de los hidrocarburos. Así, la mayor parte de ellas fueron aprobadas con fundamento en el artículo 95 del Tratado de la Comunidad Europea (actual art. 114 TFUE), que establece la cláusula de armonización que permite adoptar medidas de aproximación de la legislación de los Estados miembros que tengan por objeto el establecimiento y el **funcionamiento del mercado interior.** Es el caso, por ejemplo, de la Directiva 94/22/CE, de 30 de mayo, 1994, sobre las condiciones para la concesión y el ejercicio de las autorizaciones de prospección, exploración y producción de hidrocarburos; de la Directiva 98/70/CE del Parlamento Europeo y del Consejo, de 13 de octubre de 1998, relativa a la calidad de la gasolina y el gasóleo (y los instrumentos que posteriormente la han modificado); o de la Directiva 2009/73/CE y las restantes normas contenidas en el "tercer paquete energético". En esa misma base jurídica, así como en el art. 175 del TCE (art.192 TFUE), que establece la competencia comunitaria en materia de **medioambiente,** se apoyó la Directiva de 2009/28/CE del Parlamento Europeo y del Consejo, de 23 de abril de 2009, relativa al fomento del uso de energía procedente de fuentes renovables (que establece los objetivos de biocarburantes para 2020).

2. Distribución constitucional de competencias

La distribución constitucional de competencias en materia de hidrocarburos parte de dos títulos competenciales reconocidos a favor del Estado en los apartados 25° y 13° de la Constitución (CE). El artículo **149.1.25 CE**, atribuye al Estado la competencia específica sobre ***"las bases del régimen minero y energético"***, mientras que al artículo **149.1.13 CE** le otorga una competencia general sobre las ***"bases y coordinación de la planificación general de la actividad económica"***. Se trata, precisamente, de los títulos sobre la base de los cuales fue aprobada la LSH, que tiene carácter básico.

Son diversos los pronunciamientos de nuestro TC que han venido a referirse al alcance de los citados títulos competenciales en relación con el sector de los hidrocarburos. Entre ellos destaca sin duda la **STC 197/1996, de 28 de noviembre**, dictada en un recurso de inconstitucionalidad contra varios preceptos de la Ley 34/1992, de 22 de diciembre, de Ordenación del Sector Petrolero, cuya doctrina ha sido reiterada en otras sentencias posteriores. Así, cabe citar la STC 223/2000, de 21 de septiembre, también en relación con el sector petrolero; la STC 135/2012, de 19 de junio, en relación con el sector del gas; o la STC 8/2013, de 17 de enero, en relación con las competencias para el otorgamiento de los permisos de exploración de hidrocarburos). De la jurisprudencia anteriormente citada se infiere lo siguiente:

— El TC ha venido a precisar el alcance que debe tener "lo básico" cuando el artículo 149.1.25 atribuye al Estado la competencia para dictar las bases del régimen energético. Una mirada sobre nuestro ordenamiento revela que la legislación básica en materia de hidrocarburos es una legislación de amplio alcance, en el sentido de que comprende no sólo normas con rango de ley, sino también numerosas normas reglamentarias e incluso actos ejecutivos. Como es sabido, la jurisprudencia constitucional general mantiene que las bases habrán de estar establecidas en normas con rango de ley, sin perjuicio de lo cual tal exigencia no es absoluta. Dicha jurisprudencia ha sido sostenida por el TC en concreto en relación con el régimen petrolero, al afirmar en la STC 197/1996, de 28 de noviembre, que "*excepcionalmente pueden considerarse básicas algunas normas no contenidas en normas de rango legal e incluso ciertos actos de ejecución cuando, por la naturaleza de la materia, resultan complemento necesario para garantizar la consecución de la finalidad objetiva a que responde la competencia estatal sobre las bases (STC 48/1988, FD 3º)*". Sin perjuicio de esta concepción material de las bases, en la misma sentencia el Alto Tribunal mantiene que la atribución de un carácter básico a numerosos preceptos reglamentarios de modo "*genérico e indeterminado*" por parte de la legislación estatal resulta contraria al reparto constitucional de competencias, puesto que "*significaría tanto como configurar la competencia autonómica de desarrollo legislativo como una competencia puramente residual respecto de la competencia de normación estatal, sólo ejercitable hasta donde el Gobierno de la Nación tuviese a bien permitir en cada momento mediante su actividad reglamentaria*" (FJ 24).

— En lo que respecta al alcance del título competencial previsto en el artículo 149.1.13º en relación con el sector de los hidrocarburos, el TC ha señalado en la misma STC 197/1996 lo siguiente: "*No podría afirmarse con carácter general, y menos aún absoluto, que en un sector tan importante para el desarrollo de la actividad económica en general como el del petróleo -de ahí sin duda la concurrencia de una pluralidad de títulos competenciales-, las competencias específicas, por ejemplo, en materia energética, hayan de prevalecer necesariamente y en todo caso sobre las relativas a la*

> *planificación económica; y mucho menos que las primeras hayan de desplazar totalmente a las segundas".* Y añade que *"dentro de la competencia de dirección de la actividad económica general tienen cobertura las normas estatales que fijan las líneas directrices y los criterios globales de ordenación de sectores económicos concretos, así como las previsiones de acciones o medidas singulares que sean necesarias para alcanzar los fines propuestos dentro de la ordenación de cada sector" (...) [FJ 4].*

Por otro lado, junto con las competencias estatales y autonómicas derivadas de los apartados 13° y 25° del artículo 149.1 CE debe tenerse en cuenta la **competencia sobre las instalaciones** de transporte y distribución de hidrocarburos. La cuestión fue abordada por la STC 108/1996, de 13 de junio, en la que enjuiciaban las competencias autonómicas en relación con un oleoducto(52). De la lectura de este pronunciamiento judicial se desprende que, de acuerdo con lo establecido en la CE y en los distintos Estatutos de Autonomía, son dos los criterios determinantes para delimitar las competencias del Estado y de las Comunidades Autónomas en este sentido: 1) el carácter intra o extracomunitario del aprovechamiento; y 2) el carácter intra o extracomunitario del transporte. De este modo, si el aprovechamiento energético afecta a más de una Comunidad Autónoma o el transporte sale del ámbito territorial de una Comunidad Autónoma la competencia sobre la instalación será estatal. En caso contrario la competencia será, consecuentemente, autonómica. Para las Comunidades Autónomas, la competencia encontrará su fundamento en sus correspondientes Estatutos de Autonomía, los cuales reconocen en cada caso la competencia autonómica en relación con las instalaciones de transporte de cualquier tipo de energía cuando este transporte no salga de su territorio y su aprovechamiento no afecte a otra Comunidad Autónoma. Cuando no se de alguna de estas dos condiciones, la competencia del Estado - señala el TC - no se fundará ni en el artículo 149.1.22ª (que establece la competencia estatal en relación únicamente con las instalaciones eléctricas, pero no de otro tipo de instalaciones energéticas) ni tampoco en el artículo 149.1.25ª CE; se fundará, en cambio, en la cláusula residual del artículo 149.3 (conforme al cual *"la competencia sobre las*

(52) En concreto, en dicha sentencia se declara la competencia de la Comunidad Autónoma de Cataluña para autorizar y declarar de utilidad pública a efectos expropiatorios el oleoducto Tarragona-Barcelona-Girona incluido en el RD 664/1987, de 15 de abril.

materias que no se hayan asumido por los Estatutos de Autonomía corresponderá al Estado").

3. Distribución de competencias en la LSH

La LSH establece en su artículo 3 las competencias que en el sector eléctrico corresponden a las que la propia ley denomina – con terminología tomada de las directivas europeas - "autoridades reguladoras". Esas autoridades son, de acuerdo con el citado precepto, el **Gobierno,** la **Administración General del Estado**, la **Administración de las CCAA** y la **Comisión Nacional de Energía (CNE)**:

a) En lo que respecta al **Gobierno,** de acuerdo con el artículo 3.1 LSH le corresponden las siguientes competencias:

— Ejercer las facultades de planificación en materia de hidrocarburos.

— Establecer la regulación básica correspondiente a las actividades a que se refiere la propia LSH.

— Determinar los peajes por el uso de instalaciones afectas al derecho de acceso por parte de terceros así como las tarifas de último recurso, en aquellos casos en los que la Ley así lo establezca, y fijar los tipos y precios de servicios asociados al suministro que se determinen reglamentariamente.

— Establecer los requisitos mínimos de calidad y seguridad que han de regir el suministro de hidrocarburos.

b) En lo que hace a la **Administración General del Estado**, el artículo 3.2 LSH le atribuye las siguientes competencias[53]:

— En lo que respecta a los títulos habilitantes necesarios para realizar las actividades de investigación, exploración y explotación de hidrocarburos, le corresponde a la Administración General del Estado: 1) otorgar las autorizaciones de exploración y permisos de investigación, cuando afecten al ámbito territorial de más de una Comunidad Autónoma, cuando se refieran a zonas de subsuelo ma-

(53) Las competencias que corresponden a la Administración General del Estado son ejercidas actualmente por el Ministerio de Industria, Energía y Turismo, de acuerdo con lo establecido en el Real Decreto 1823/2011, de 21 de diciembre, por el que se reestructuran los departamentos ministeriales.

rino y cuando su ámbito comprenda a la vez zonas terrestres y del subsuelo marino[54]; y 2) otorgar las concesiones de explotación.

— Autorizar las instalaciones que integran la red básica de gas natural, así como aquellas otras instalaciones de transporte secundario y de distribución, a que se refiere la presente Ley, cuando salgan del ámbito territorial de una Comunidad Autónoma. Asimismo, informará, con carácter vinculante, las autorizaciones de aquellas instalaciones de la red de transporte secundario que sean competencia de las Comunidades Autónomas.
— Autorizar a los comercializadores de gas natural cuando su ámbito de actuación vaya a superar el territorio de una Comunidad Autónoma.
— Impartir, en el ámbito de su competencia, instrucciones relativas a la ampliación, mejora y adaptación de las infraestructuras de transporte y distribución de hidrocarburos en garantía de una adecuada calidad y seguridad en el suministro de energía.
— Inspeccionar, en el ámbito de su competencia, el cumplimiento de las condiciones técnicas y, en su caso, económicas, que resulten exigibles.
— Inspeccionar el cumplimiento del mantenimiento de existencias mínimas de seguridad de los operadores al por mayor que resulten obligados.
— Sancionar, de acuerdo con la Ley, la comisión de las infracciones establecidas en la LSH en el ámbito de su competencia.

---

[54] En relación con la competencia para otorgar autorizaciones de exploración y permisos de investigación cabe citar la STC 8/2013, de 17 de enero. La Comunidad Autónoma de Canarias discutía la constitucionalidad de la competencia estatal, prevista en el apartado b) del art. 3.2 LSH, para autorizar las actividades de exploración y explotación en el subsuelo marino y también cuando su ámbito comprenda a la vez zonas terrestres y del subsuelo marino. Se mantenía que, como el mar forma parte del territorio de la Comunidad Autónoma de Canarias –al ser ésta un archipiélago– a ella debía corresponder la competencia ejecutiva para otorgar las autorizaciones de explotación y permisos de investigación cuando afecten a su ámbito territorial, esto es, en el subsuelo marino que también forma parte de su territorio, o las que afecten conjuntamente a su zona terrestre y subsuelo marino. El TC desestima el recurso de inconstitucionalidad, entendiendo, de acuerdo con su propia línea jurisprudencial anterior, que el mar y el subsuelo marino no forman parte del territorio autonómico, sin que pueda llegarse a otra conclusión en virtud del carácter archipielágico establecido en el Estatuto de Autonomía de Canarias.

A lo anterior añade el artículo 3.5 LSH que la Administración General del Estado podrá celebrar convenios de colaboración con las Comunidades Autónomas para conseguir una gestión más eficaz de las actuaciones administrativas relacionadas con las instalaciones a que se refiere la Ley.

c) En cuanto a las competencias que corresponden a las **Comunidades Autónomas**, estaban establecidas, en la redacción original de la LSH, en su artículo 3.3. Sin embargo, el apartado tercero del artículo 3 fue suprimido por el Real Decreto – ley 13/2012, de 30 de marzo[55].

d) Finalmente, en su redacción original, el artículo 3.4 LSH establecerá que *"sin perjuicio de las competencias atribuidas a los diferentes órganos de defensa de la competencia, corresponderán a la* ***Comisión Nacional de Energía****, además de las funciones que tenga atribuidas en la legislación vigente, las funciones del apartado tercero de la disposición adicional undécima de la presente Ley.*

Actualmente las funciones que correspondían a la CNE han sido asumidas por la Comisión Nacional de los Mercados y de la Competencia[56]

[55] La supresión de este apartado se realizó tras la anulación por la STC 18/2011, de 3 de marzo, del artículo 3.3 de la Ley 54/1997, de 27 de noviembre, del Sector Eléctrico, que establecía la relación de competencias autonómicas en relación con dicho sector. El mencionado pronunciamiento judicial consideró inconstitucional el precepto por haber trascendido el legislador estatal su ámbito competencial propio, *"penetrando en el ámbito reservado por el bloque de la constitucionalidad a las Comunidades Autónomas"* (FD 7°). A pesar de que la sentencia se refiere al sector eléctrico, los razonamientos jurídicos en ella contenidos resultan aplicables al sector de los hidrocarburos, en relación con el cual existen también pronunciamientos constitucionales en análogo sentido. Así, la varias veces citada STC 197/1996, de 28 de noviembre, referida al sector petrolero, conforme a las cual (FJ 21°) *"el legislador estatal no puede incidir, con carácter general, en el sistema de delimitación de competencias entre el Estado y las Comunidades Autónomas establecido por la Constitución y los Estatutos de Autonomía, sin una expresa previsión constitucional o estatutaria (SSTC 76/1983, fundamento jurídico 4, y 29/1986, fundamento jurídico 2. B), no formulada en materia energética";* y concluye en tal sentido que *"el entendimiento del reparto competencial derivado de la Constitución y del correspondiente Estatuto de Autonomía respecto a una determinada materia ha de concretarse en la norma, legal o reglamentaria, que, referida a su propio ámbito competencial, dicte el legislador, estatal o autonómico".*

[56] La **Comisión Nacional de los Mercados y la Competencia** agrupa hoy las extinguidas Comisión Nacional de la Competencia, Comisión del Mercado de las Telecomunicaciones, Comisión Nacional de Energía, Comité Regulador Ferroviario,

(CNMC), de acuerdo con lo previsto en la Ley 3/2013, de 4 de junio, de creación de la citada comisión.

En consecuencia, las referencias contenidas en la LSH a la CNE deben entenderse hechas a la CNMC.

IV. INVESTIGACIÓN, EXPLORACIÓN Y EXPLOTACIÓN DE HIDROCARBUROS

La LSH dedica su Título II (arts. 7 a 36) al régimen de las actividades *upstream* del ciclo de los hidrocarburos: la exploración, investigación y explotación de yacimientos y de almacenamientos subterráneos de hidrocarburos (constituyendo la regulación de estos últimos una novedad de la LSH con respecto a la normativa anterior).

Como se ha adelantado, el carácter demanial de los yacimientos de hidrocarburos se reconocía en la legislación anterior a la LSH, bajo la cual las actividades de investigación, exploración y explotación de estos bienes demaniales se encontraban reservadas al Estado. La LSH, manteniendo esa naturaleza demanial, **eliminó la reserva estatal** que había establecido la Ley 21/1974, bajo la filosofía de que para garantizar que el ejercicio de las citadas actividades se desarrolla de forma racional basta un control administrativo basado en el previo otorgamiento de un título habilitante *"de acuerdo con los principios de objetividad, transparencia y no discriminación"* (art. 8). Junto con la obtención del título habilitante que proceda, con carácter previo a la iniciación de los trabajos de exploración, investigación, explotación o almacenamiento de hidrocarburos se deberá constituir un seguro de responsabilidad civil a fin de responder de posibles daños a personas o bienes, como consecuencia de las actividades a desarrollar.

Los concretos títulos habilitantes que son precisos para el desarrollo de la exploración, investigación y explotación de hidrocarburos son objeto de regulación en la LSH (artículos 14 a 35), así como en el **Reglamento sobre investigación y explotación de hidrocarburos,** aprobado por Real Decreto 2362/1976, de 30 de julio (que permanece en vigor en aquello que no se oponga a la LSH). En lo sustancial, tales normas establecen un régimen muy similar al que se contenía en las Leyes anteriores de

Comisión Nacional del Sector Postal, Comisión de Regulación Económica Aeroportuaria y Consejo Estatal de Medios Audiovisuales.

1958 y 1974. Dichas normas distinguen entre tipos de títulos: las **autorizaciones de exploración**, los **permisos de investigación** y las **concesiones de explotación**.

1. Autorizaciones de exploración

La actividad de exploración de hidrocarburos está sujeta, con carácter general, a **autorización previa**[57], de acuerdo con lo establecido en el artículo 14 LSH. Dicha autorización faculta a su titular para llevar a cabo trabajos de exploración en áreas libres, es decir, aquéllas sobre las cuales no exista un permiso de exploración o una concesión de explotación de hidrocarburos en vigor. La Ley advierte que en ningún caso se autorizarán estas exploraciones con carácter de monopolio ni crearán derechos exclusivos (a diferencia de lo que sucede, como después se verá, en el caso de los permisos de investigación y las concesiones de explotación).

La competencia para otorgar la autorización de exploración corresponderá bien al Ministerio de Industria o bien al órgano competente de la Comunidad Autónoma de la que se trate (en el caso de que la exploración afecte a su ámbito territorial).

Los solicitantes de autorizaciones de exploración deberán acreditar una serie de extremos referidos a su capacidad legal, técnica y financiera; al programa de exploración, con indicación de las técnicas a emplear y medidas de protección medioambiental; y a la situación de los lugares donde se vaya a acometer el plan de exploración.

2. Permisos de investigación

Las labores de investigación son las que tienen por objeto la prospección de los hidrocarburos para proceder a su localización y están sujetas a la obtención de una previa autorización administrativa que recibe el nombre de **permiso de investigación**.

---

[57] Como excepción, podrá efectuarse libremente en todo el territorio nacional, sin necesidad de previo título habilitante, la exploración superficial terrestre de mero carácter geológico (art. 13 LSH). Entrarían dentro de esta categoría los reconocimientos del terreno, tomas de muestras, trabajos fotogeológicos y, en general, todo lo que suponga un estudio de la superficie del suelo, su constitución estructural, mineralogía y paleontología.

Los permisos de investigación (regulados en los arts. 15 a 23 LSH) confieren a su titular el derecho exclusivo de investigar las áreas a las que vayan referidos durante un período de **seis años**. Con carácter excepcional, este período podrá ser prorrogado, a petición del interesado, por un plazo de 3 años. El otorgamiento de prórroga supondrá la reducción de la superficie original del permiso en un 50 % y estará condicionada al cumplimiento por el titular del permiso de las obligaciones establecidas para el primer período de vigencia. Además, el otorgamiento de un permiso de investigación confiere al titular el **derecho**, en exclusiva, **a obtener concesiones de explotación**, en cualquier momento del plazo de vigencia del permiso, sobre la misma área.

Los permisos de investigación se otorgarán por el Gobierno o por el órgano de Gobierno de la Comunidad Autónoma cuando la actividad afecte a su ámbito territorial. Con carácter general las superficies de los permisos de investigación tendrán un mínimo de 10.000 hectáreas y un máximo de 100.000 hectáreas (aunque reglamentariamente pueden establecerse supuestos en los que la superficie del permiso quede fuera de este rango).

La LSH regula el procedimiento para la obtención del permiso (arts. 16 a 20). Se trata –como sucedía ya bajo la vigencia de ley anterior– de un **procedimiento concurrencial** iniciado a partir de la presentación de la correspondiente solicitud. Las solicitudes deberán contener al menos la documentación que indica el art. 16 LHS: acreditación de la capacidad legal, técnica y económico financiera del solicitante; superficie del permiso de investigación que se delimitará por sus coordenadas geográficas; el Plan de investigación, que comprenderá el programa de trabajos, el plan de inversiones, las medidas de protección medioambientales y el plan de restauración; y la acreditación de una garantía que responderá al cumplimiento de las obligaciones de inversión, fiscales, de la Seguridad Social y de restauración y otras obligaciones derivadas de los permisos de investigación. Por otro lado, el propio Estado puede promover de oficio concursos para otorgar permisos de investigación sobre áreas determinadas no concedidas (art. 20 LSH).

3. Concesiones de explotación

La actividad de explotación es aquella que tiene por objeto la recuperación de los hidrocarburos mediante su extracción del yacimiento. Estas labores suponen la aprehensión de bienes de dominio público, por lo que requieren de la correspondiente **concesión administrativa.**

En lo que respecta a los derechos de explotación que este título concesional otorga, la Ley distingue el régimen de las concesiones de explotación de yacimientos de hidrocarburos de las concesiones de explotación de almacenamientos subterráneos:

— La concesión de explotación de yacimientos de hidrocarburos confiere a sus titulares el derecho a realizar en exclusiva la explotación del yacimiento de hidrocarburos en las áreas otorgadas por un período de **treinta años**, prorrogable por dos períodos sucesivos de diez. Los titulares de una concesión de explotación de yacimientos de hidrocarburos tendrán derecho a continuar las actividades de investigación en dichas áreas y a la obtención de autorizaciones de exploración y permisos de investigación (art 24 LSH).

— Los titulares de una concesión de almacenamiento subterráneo de hidrocarburos tendrán derecho a almacenar hidrocarburos de producción propia o propiedad de terceros en el subsuelo del área otorgada y se otorgará por un período de **treinta años,** prorrogable por dos períodos sucesivos de diez años. Asimismo, podrán realizar actividades de investigación de dichos almacenamientos. Finalmente, si por razones técnicas se requiere la extracción de hidrocarburos existentes en la estructura subterránea objeto de la concesión de almacenamiento subterráneo, los titulares de la misma podrán proceder a la extracción de los hidrocarburos de acuerdo con las condiciones establecidas en el otorgamiento de la concesión.

La LSH regula el procedimiento de otorgamiento de la concesión (art. 25). Dicho procedimiento se inicia por solicitud del interesado, acompañando la documentación que dicho precepto menciona: memoria técnica de la situación, extensión y datos técnicos de la concesión; el plan general de explotación y programa de inversiones con estudio de impacto ambiental(58); plan de desmantelamiento y abandono de las instalaciones y

(58) Como puede observarse, la LSH concede importancia a los aspectos medioambientales relacionados con las actividades de investigación y explotación de hidrocarburos. Sin embargo, no hay en nuestro ordenamiento jurídico –como tampoco en otros de nuestro entorno– ninguna regulación referida al desarrollo de estas actividades a través

acreditación de la constitución de la garantía correspondiente (que tiene la misma finalidad que en el caso de los permisos de explotación).

La concesión se otorga por **Real Decreto del Gobierno**, previa audiencia de la correspondiente Comunidad Autónoma, en el que se fijarán las bases de la explotación, la exigencia de un seguro de responsabilidad civil para responder de los daños que se ocasionaren y las previsiones económicas de desmantelamiento. Anualmente deberá presentarse un plan anual de labores. Cuando proceda la anulación o extinción de una concesión de explotación se procederá al desmantelamiento de las instalaciones y revertirán al Estado el permiso y las instalaciones permanentes existentes.

V. ORDENACIÓN DEL MERCADO DE PRODUCTOS DERIVADOS DEL PETRÓLEO

1. La progresiva liberalización del sector petrolero

La intervención administrativa en el sector petrolero arranca en nuestro país del **Real Decreto-ley de 28 de junio de 1927**, impulsado por Calvo Sotelo, que estableció un **monopolio estatal** gestionado en régimen de arrendamiento. Dicha gestión fue adjudicada a la Compañía Arrendataria del Monopolio de Petróleos, S.A (CAMPSA)[(59)], que era entonces una sociedad anónima cuyo capital pertenecía a los principales bancos españoles, reservándose el Estado una participación del 30%.

La creación del Monopolio de Petróleos, que comenzó a funcionar el 1 de enero de 1928, comportó el establecimiento de un sistema de concesiones del Estado para las actividades de exploración, producción, refino y venta al por menor a través de estaciones de servicio, mientras que las actividades de importación y transporte de productos petrolíferos eran las realizadas por el Estado exclusivamente a través de CAMPSA.

---

de técnicas de extracción que pueden conllevar un importante impacto ambiental como es el caso de la explotación de recursos no convencionales a través de la técnica de fracturación hidráulica o *fracking*. Cabe señalar que, como novedad. La Ley 21/2013, de 9 de diciembre, de Evaluación Ambiental, somete a dicha evaluación los proyectos que requieran la utilización de esta técnica.

(59) CAMPSA fue reconocida como ganadora del concurso convocado al efecto mediante Real Decreto de 17 de octubre de 1927.

Asimismo se establece un sistema de precios fijos, fijados por el Estado a través de CAMPSA para todos los productos petrolíferos.

Por tanto, durante los veinte primeros años de su existencia, el Monopolio de Petróleos abarcó todas las actividades relacionadas con el sector petrolero. Sin embargo, el ámbito del monopolio experimentaría una importante reducción a partir de la reorganización del mismo que tuvo lugar a través de la **Ley de 17 de julio de 1947**. Esta ley permitió que mediante decreto se excepcionasen determinadas actividades del régimen monopolístico en el que hasta entonces se habían visto incluidas. Los decretos que sobre esta base legal fueron aprobándose autorizaron la creación de refinerías y, además, la importación de las materias primas, la realización de todas las operaciones o manipulaciones industriales necesarias para la obtención de los productos y el almacenaje de las primeras materias, productos intermedios y terminados[60]. Esta posibilidad de realizar la actividad de refino y otras conexas al margen del Monopolio de Petróleos quedaría definitivamente establecida por el Decreto 468/68, de 9 de marzo, regulador del régimen de autorización de las refinerías de petróleos.

De este modo puede decirse, con SALA ARQUER[61], que cuando entró en vigor la Constitución de1978, el Monopolio Público de Petróleos aparecía configurado, primordialmente, como un servicio público para la distribución y venta de productos derivados del petróleo, cosa que consagró formalmente la **Ley 45/1981, de 28 de diciembre, de creación del Instituto Nacional de Hidrocarburos.**

Como en otros sectores energéticos, a partir de los años 80 del pasado siglo y por exigencias del Derecho comunitario comenzó a desarrollarse una **paulatina liberalización del sector petrolero.** Cabe recordar que el Tribunal de Justicia de las entonces Comunidades Europeas declaró ya desde principios de aquélla década que los productos petrolíferos quedan afectados por las normas sobre libre circulación de mercancías, sin que

---

(60) Así, entre otros, el Decreto de la Presidencia del Gobierno de 28 de abril de 1949 autorizó la creación de una empresa mixta para explotar la Refinería de Crudos Petrolíferos de Cartagena, y por Decreto de 8 de mayo de 1961 se autorizó a la "Compañía Ibérica de Petróleos, S.A." y a "The Ohio Oil Company" a constituir una sociedad anónima española para instalar una refinería de petróleos en el noroeste de España.

(61) SALA ARQUER, J.M., *"La liberalización del Monopolio de Petróleos en España"*, Marcial Pons, Madrid, 1995, p. 55.

a ello obste su carácter estratégico o su importancia esencial para la vida de un país. Así lo manifestó en la sentencia dictada en el asunto 72/83, *Campus oil,* de 10 de julio de 1984.

Precisamente en el mismo año en que el Tribunal de Justicia dictaba la sentencia *Campus oil* se aprobó en nuestro país la **Ley 45/1984, de 17 de diciembre, de Reordenación del Sector Petrolero.** Dado el avanzado estado de evolución en que se encontraban en aquel momento las negociaciones para la Adhesión del España a la CEE, se trataba de una ley de transición desde una industria petrolera controlada plenamente por el Estado hacia un nuevo modelo compatible con las exigencias comunitarias. La tensión existente entre la necesidad de liberalizar el mercado para hacer frente a esas exigencias y el temor a que la liberalización tuviera como consecuencia la absorción de las empresas nacionales por empresas extranjeras llevó a que la Ley 45/1984 iniciase un proceso destino a lograr la integración vertical de las empresas del sector. De este modo, la Ley previo la posibilidad de que el Estado transfiriese a CAMPSA la totalidad de los bienes y derechos afectados por el Monopolio de Petróleos de los que era titular, por lo que a finales de 1984 se transfirió a la mencionada empresa la red nacional de transporte de productos petrolíferos. Asimismo la ley de 1984 estableció la reversión de todas las concesiones de estaciones de servicio existentes a su vencimiento, con lo que CAMPSA comenzó a desarrollar, junto a una actividad logística, una actividad de comercialización a través de dichas estaciones. Finalmente, se permitió a las sociedades que en ese momento realizaban actividades de refino en España adquirir un porcentaje de participación en CAMPSA, manteniendo el sector público una participación mínima del 50% en la sociedad.

Tras la firma, en junio de 1985, del Acta de Adhesión de España a la CEE, tuvo lugar la aprobación del **Real Decreto-ley 5/1985, de 12 de diciembre, de adaptación del Monopolio de Petróleos.** En cumplimiento de lo establecido en el artículo 48 del Acta de Adhesión, el Real Decreto-ley establecía un **régimen transitorio** hacia la libre competencia. De este modo, se previó la eliminación gradual de las trabas para la importación y exportación de productos petrolíferos en la CEE hasta alcanzar la liberalización total en 1992. Se contemplaba la creación de una red de estaciones de servicio paralela y distinta a la red concesional de CAMPSA, a través de la cual podrían venderse productos importados de la CEE (con lo que cualquier empresa nacional de un Estado miembro de la CEE podría iniciar libremente sus actividades de distribución al por menor de productos petrolíferos en España). Sin embargo, durante esa etapa de transición se mantuvo el monopolio de petróleos en algunos aspectos. Así, la gasolina y el gasóleo producidos en refinerías españolas debían venderse exclusivamente a través de la red concesional. Además, se mantenía al Estado (a través de CAMPSA) como intermediario obligatorio en la compraventa de cierto porcentaje del crudo y de productos petrolíferos.

En síntesis, tras la aprobación del Real Decreto-ley 5/1985 el mercado del petróleo se encontraba estructurado del modo siguiente: la importación de crudo y de productos petrolíferos era libre, mientras que la importación de productos petrolíferos procedentes de Estados terceros permanecía monopolizada (con algunas excepciones); la actividad de refino mantuvo el régimen jurídico anterior; y en cuanto a la distribución y venta, el Real Decreto-ley distinguía entre productos que quedaban dentro del ámbito del monopolio y otros que no.

En noviembre de 1991 se dio un paso más hacia la liberalización del sector con la aprobación del **Real Decreto-ley 4/1991 de 29 de noviembre, sobre Medidas Urgentes para la Progresiva Adaptación del Sector Petrolero al Marco Comunitario** (que más tarde sería sustituido, con el mismo texto, por la Ley 15/1992 de 5 de junio). Con el mencionado Real Decreto-ley se completaba la integración vertical del sector a través de las empresas refineras. Para lograr dicha integración era necesario lograr que tales empresas se hicieran con los activos de CAMPSA afectos a otras actividades del sector petrolero distintas del refino. Por ello el Real Decreto-ley distinguió entre los activos de CAMPSA afectos a actividades comerciales y no comerciales. Respecto a los primeros, se previó la segregación de los mismos y su distribución entre los accionistas de CAMPSA (Repsol, PETRONOR, CEPSA y BP). Esta escisión se produjo, efectivamente, en el año 1992.

En lo referente a los activos de la actividad logística de CAMPSA (transporte y almacenamiento), a los que la escisión no afectaba, fueron aportados a una nueva sociedad: la **Compañía Logística de Hidrocarburos (CLH),** cuyo capital se distribuyó entre REPSOL, CEPSA y BP. CLH se convirtió desde entonces en **titular de la única red de oleoductos** existente en España.

De este modo quedaba completada la integración vertical del sector, puesto que las empresas refineras pasaban a estar presentes en todas las fases del negocio, bien directamente o bien a través de CLH.

La progresiva reducción del Monopolio de Petróleos que se ha venido describiendo culminó con la **Ley 34/1992, de 22 de diciembre,**

de Ordenación del Sector Petrolero (LOSP). La LOSP declaró formalmente extinguido dicho monopolio y liberalizó el sector, reconociendo la libertad empresarial para las actividades de importación y exportación de crudo y productos petrolíferos, refino, distribución y venta, y transporte y almacenamiento.

La liberalización introducida por la LOSP no significaba, en modo alguno, una ausencia de intervención administrativa. Las actividades del sector petrolero se declaraban de interés económico general, reservándose la Administración capacidad de intervención por razón de la seguridad de las instalaciones, la defensa del medio ambiente, defensa de los derechos de consumidores y usuarios, así como la garantía de suministro. La intervención administrativa se plasmó especialmente en dos aspectos:

— El régimen de autorizaciones previas que se estableció con carácter general para el ejercicio de las actividades del sector, así como para las correspondientes instalaciones.

— La exigencia a los operadores del mantenimiento de un nivel mínimo de reservas de productos petrolíferos, contemplándose la posibilidad de crear una entidad estatal cuyo objetivo sería la constitución, mantenimiento, gestión de las reservas estratégicas y control de las existencias mínimas de seguridad. En virtud de esta última previsión legal se crearía en 1994 la Corporación de Reservas Estratégicas de Productos Petrolíferos (CORES).

A pesar de su espíritu liberalizador, la LOSP presentaba aún algunos obstáculos para la realización de la libre competencia que trataron de ser removidos mediante ciertas previsiones contenidas en el **Real Decreto-Ley 7/1996, de 7 de junio, sobre Medidas urgentes de carácter fiscal y de fomento y liberalización de la actividad económica.** En lo que aquí interesa, el mencionado Real Decreto-ley estableció por vez primera la técnica del derecho de acceso de terceros a la red, si bien su regulación no era la más favorable a la competencia.[62]Además, el Real Decreto-ley 7/1996 eliminó la intervención administrativa sobre los precios de gasolinas y gasóleos de automoción (dado que hasta entonces únicamente se hallaba liberalizado el precio del fuelóleo).

---

(62) GÓMEZ - FERRER RINCÓN, R, *"La transición a la competencia: sus costes y sus posibles compensaciones"*, Madrid, Marcial Pons, 2003, p. 168.

2. La regulación del mercado de productos derivados del petróleo en la Ley 34/1998

La LOSP fue derogada por la **vigente LSH de 1998**, que se ocupa en su Título III, rubricado "Ordenación del mercado de productos derivados del petróleo", de la vertiente *downstream* del ciclo petrolero. La LSH se refiere tanto al régimen de los **hidrocarburos líquidos** (capítulo I) y al régimen de los llamados **gases licuados del petróleo** (capítulo II).

Parte la LSH de considerar que las actividades de refino de crudo de petróleo, el transporte, almacenamiento, distribución y venta de productos derivados del petróleo, así como las de importación, exportación e intercambio comunitario de crudo y productos petrolíferos **podrán ser realizadas libremente** (art. 37).

A partir de ahí, la LSH profundiza en diversos aspectos de la liberalización que se había iniciado con la LOSP. En este sentido cabe destacar lo siguiente:

- La LSH **elimina el régimen general de autorización** previa para el desarrollo de las actividades petrolíferas que había existido bajo la LOSP, conservando en cambio la autorización de las instalaciones afectas al desarrollo de dichas actividades. Como excepción, mantiene la exigencia de autorización para los operadores al por mayor de productos petrolíferos, los operadores al por mayor de GLP y los operadores al por menor de GLP a granel[63].
- La LSH establece una **nueva regulación del derecho de acceso de terceros a las instalaciones** de almacenamiento y transporte de productos petrolíferos, más favorable a la competencia que el establecido en su momento por el Real Decreto-ley 7/1996.
- Mientras que bajo el régimen de monopolio el precio oficial del petróleo y sus derivados era fijado por el Estado, la existencia de

[63] La Ley 25/2009, de 22 de diciembre, de modificación de diversas leyes para su adaptación a la Ley sobre el libre acceso a las actividades de servicios y su ejercicio, vino a eliminar el régimen de autorización que la redacción original de la LSH estableció en relación con los operadores de productos petrolíferos mencionados. Dicho régimen autorizatorio ha sido sustituido por un sistema de declaración responsable y comunicación previa.

un mercado del petróleo lleva aparejada el principio de libertad de precios. En este sentido afirma la LSH –como lo había hecho ya el Real Decreto-ley 7/1996– que **los precios de los productos derivados del petróleo serán libres** (art. 38). La LSH mantiene una excepción a este principio general de libertad en relación con los **GLP,** puesto que el Gobierno está legalmente habilitado para establecer **precios máximos de venta.** Por otro lado, cabe tener en cuenta que, pese al principio general de libertad de precios imperante bajo la LSH, en el caso de la venta al por menor de carburantes de automoción las diferencias de precios son escasamente significativas. Ello es consecuencia del amplio control de los operadores petrolíferos sobre los puntos de venta, cuestión sobre la que más adelante se volverá.

— El espíritu liberalizador de la LSH se pone de manifiesto en el carácter indicativo que se atribuye a la planificación de modo general, salvo en algunos casos concretos en que se concibe dicha planificación como obligatoria. En el sector petrolífero la planificación obligatoria alcanza a las instalaciones de almacenamiento estratégico de hidrocarburos líquidos, a la red de transporte y a los criterios generales de establecimiento de instalaciones de distribución al por menor (art. 4.1 LSH)[(64)].

3. Régimen de los hidrocarburos líquidos

En lo que respecta a los hidrocarburos líquidos, la LSH regula los siguientes extremos:

A) El **régimen de las instalaciones** de refino de crudo de petróleo y de las instalaciones de almacenamiento y transporte de productos petrolíferos.

---

(64) En lo que respecta, precisamente, a estos últimos criterios, el artículo 11 del Real Decreto -ley 15/1999, de 1 de octubre, atribuyó al Gobierno la competencia para fijar el número mínimo de instalaciones de venta o distribución, teniendo en cuenta -entre otros parámetros- la densidad, distribución y características de la población y la densidad de circulación del tráfico. Esos criterios, que se elaborarán con la participación de las CCAA, deberán ser presentados al Congreso de los Diputados. Una vez aprobados, deberán ser tenidos en cuenta en los instrumentos urbanísticos y de ordenación del territorio, así como en la planificación de infraestructuras y carreteras. Concretamente los Ayuntamientos deberán, en su caso, adoptar las medidas urbanísticas pertinentes, como la calificación y reserva de suelo necesarias.

B) La actividad de los **operadores al por mayor**.

C) La actividad de **distribución al por menor**.

A) Régimen de instalaciones y derecho de acceso de terceros

Como se ha adelantado, la LSH mantiene el régimen de **autorización administrativa** previa para distintas actuaciones relacionadas con las **instalaciones de refino** y las **instalaciones de transporte y almacenamiento de productos petrolíferos**. Concretamente se sujetan a autorización la construcción, puesta en explotación o cierre de las instalaciones. En cambio, para la transmisión o la modificación sustancial de dichas instalaciones únicamente es precisa una **comunicación** a la autoridad concedente de la autorización original.

Según la LSH, la construcción, puesta en explotación o cierre de las instalaciones estarán sujetas a autorización previa *"en los términos establecidos en esta Ley y en sus disposiciones de desarrollo"*. Ello remite a las previsiones contenidas tanto en los artículos 39 y 40 LSH como en el Reglamento de instalaciones petrolíferas, aprobado por Real Decreto 2085/1994, de 20 de octubre, que contiene distintas Instrucciones Técnicas Complementarias aplicables a cada tipo de instalación.

En lo que respecta a la competencia para el otorgamiento de las autorizaciones, corresponderá al Ministro de Industria en el caso de las instalaciones de refino. En cambio, en el caso de las instalaciones de transporte y almacenamiento la LSH la Administración competente será la autonómica o estatal, según los casos, de acuerdo con lo que se expuso en su momento al hacer referencia a la distribución constitucional de competencias en la materia.

Las autorizaciones tendrán **carácter reglado**, debiendo tenerse en cuenta por la autoridad competente para su otorgamiento los siguientes criterios (arts. 39 y 40 LSH):

— Las autorizaciones se concederán de acuerdo con los **principios de objetividad, transparencia y no discriminación**, tomándose en consideración los criterios de **planificación de hidrocarburos** establecida por el Gobierno en el caso de las instalaciones de transporte y almacenamiento.

— Si se trata de una autorización administrativa de cierre de una instalación, la misma podrá imponer a su titular la obligación de proceder a su desmantelamiento.

— Para la obtención de la correspondiente autorización el solicitante de la misma deberá acreditar el cumplimiento de ciertos requisitos, referidos a los siguientes extremos: las **condiciones técnicas y de seguridad** de las instalaciones propuestas; las condiciones de **protección del medio ambiente**; y la adecuación del emplazamiento de la instalación al régimen de **ordenación del territorio.**

Junto con la regulación del régimen autorizatorio de las instalaciones, la LSH regula uno de los pilares fundamentales para la construcción de la libre competencia en el sector petrolero: el reconocimiento del derecho de acceso de terceros a las instalaciones fijas de almacenamiento y transporte de productos petrolíferos.

Como ya se apuntó con anterioridad, en España la práctica totalidad de las instalaciones de almacenamiento y transporte pertenecen a CLH, apareciendo en consecuencia una situación próxima a un verdadero monopolio natural. Con la finalidad de superar dicho monopolio se introduce en el sector petrolero el derecho de acceso de terceros a dichas instalaciones como técnica propia de los servicios de interés económico general basados en infraestructuras de red.

El derecho de acceso de terceros se regula en el artículo 41 LSH, caracterizándose por las siguientes notas:

— Se trata de un **acceso negociado** (a diferencia del carácter regulado de las condiciones y precio de acceso en otros sectores, como el eléctrico o el del gas). El acceso deberá permitirse en condiciones técnicas y económicas no discriminatorias, transparentes y objetivas, aplicando precios que deberán hacer públicos. Como excepción al carácter negociado del acceso, el Gobierno podrá establecer peajes y condiciones de acceso para territorios insulares y para aquellas zonas del territorio nacional donde no existan infraestructuras alternativas de transporte y almacenamiento o éstas se consideren insuficientes.

— El derecho de acceso corresponde a los operadores al por mayor, así como los consumidores y comercializadores de productos petrolíferos que reglamentariamente se determinen atendiendo a su nivel de consumo anual.

— Los titulares de las instalaciones obligados a permitir el acceso sólo podrán denegarlo por los motivos expresados en la LSH, es decir, en el caso de falta de capacidad disponible, de pagos pendientes del solicitante de acceso o de falta de reciprocidad internacional en el país de origen de la compañía solicitante (art. 41.5). El artículo 41.3 LSH prohíbe a los operadores, comercializadores y consumidores cerrar acuerdos de acceso por encima de su nivel de consumo anual, para evitar que puedan bloquear la capacidad excedente del transporte y almacenamiento a los terceros competidores.

— En lo que respecta a los conflictos que puedan surgir en relación con el acceso de terceros a las instalaciones, el artículo 41 LHS encomienda su resolución a la CNE.

La finalidad del derecho de acceso de terceros que reconoce la LHS, que no es otra que la efectividad de la libre competencia empresarial, precisaba que la empresa encargada del transporte y almacenamiento, es decir, CLH, fuese neutral con respecto s los intereses de las empresas refineras presentes en su accionariado (Repsol, Cepsa y BP). Por este motivo, el **Real Decreto-ley 6/2000, de 23 de junio, de medidas urgentes de intensificación de la competencia en los mercados de bienes y servicios,** estableció que la participación individual de cada uno de los accionistas de CLH, de forma directa o indirecta, no podría sobrepasar el 25%, y que la participación conjunta de los accionistas con capacidad de refino instalada en España no sobrepasaría el 45%. El Real Decreto-ley declaró en suspenso los derechos de voto correspondientes a las participaciones que excedían los límites marcados, tipificó como infracción muy grave el no ajustarse a esos límites y concedió un plazo de dos meses a CLH para aprobar un plan de ajuste. Cabe destacar que estos límites no son tan exigentes como los establecidos para los gestores de redes eléctricas y gasistas (Red Eléctrica de España y ENAGAS), lo que ha dado lugar a que la neutralidad pretendida no siempre se haya alcanzado.

B) Operación al por mayor

El artículo 42 LSH regula la actividad de los operadores al por mayor que son, según dicho precepto, aquellas sociedades mercantiles que comercializan productos petrolíferos para su posterior distribución al por menor. Podrán actuar como operadores al por mayor –continúa señalando la LSH– exclusivamente aquellas sociedades mercantiles que cumplan las condiciones para la realización de la actividad que se establezcan reglamentariamente, entre las que se incluirá la suficiente capacidad técnica del solicitante. Esta remisión debe entenderse hecha al Real Decreto 2487/1994, de 23 de diciembre, por el que se aprueba el Estatuto regulador de las actividades de distribución al por mayor y de distribución al por menor mediante suministros directos a instalaciones fijas, de carburantes y combustibles petrolíferos.

La actividad de los operadores al por mayor no requiere autorización administrativa, pero está sujeta a un régimen de **comunicación.** En efecto, el operador debe comunicar el inicio y cese de su actividad al Ministerio de Industria, el cual a su vez lo comunicará a la Corporación de Reservas Estratégicas de Productos Petrolíferos (CORES) y a la CNE. Éste último organismo publica en su página web un listado de los operadores al por mayor de productos petrolíferos que hayan comunicado al Ministerio el ejercicio de su actividad. La comunicación de inicio de la actividad se ha de acompañar de una **declaración responsable** sobre el cumplimiento de las condiciones que se exigen reglamentariamente para la realización de la actividad.

C) Distribución al por menor

La actividad de distribución al por menor de productos petrolíferos se encuentra regulada en los artículos 43 y 44 LSH. De acuerdo con el primero de estos preceptos, dicha actividad comprenderá:

a. El suministro de combustibles y carburantes a vehículos en instalaciones habilitadas al efecto (fundamentalmente, estaciones de servicio y unidades de suministro).
b. El suministro a instalaciones fijas para consumo en la propia instalación.
c. El suministro de queroseno con destino a la aviación.
d. El suministro de combustibles a embarcaciones.
e. Cualquier otro suministro que tenga por finalidad el consumo de estos productos.

En lo que respecta al régimen de la actividad, la distribución al por menor de carburante y combustibles petrolíferos **podrá ser ejercida libremente por cualquier persona física o jurídica.** Por tanto, **no es preciso ningún título habilitante** para el ejercicio de la actividad. Lo anterior no obsta para que, en cambio, la LSH exija que las instalaciones utilizadas para el ejercicio de esta actividad de distribución deban contar con las **autorizaciones administrativas** preceptivas para cada tipo de instalación, *"de acuerdo con las instrucciones técnicas complementarias que establezcan las condiciones técnicas y de seguridad de dichas instalaciones"*, así como cumplir con el resto de la normativa vigente que en cada caso sea de aplicación, como es la referente a metrología y metrotecnia o a la protección de los consumidores y usuarios (las cuales menciona expresamente la LSH).

Por otro lado, el art. 44 LSH señala que las instalaciones deberán estar inscritas en un registro de instalaciones de distribución al por menor que habrá de existir en todas las Comunidades Autónomas, previa acreditación del cumplimiento por dichas instalaciones de los requisitos legales y reglamentarios que resulten exigibles. La información sobre las instalaciones inscritas será incorporada por las Comunidades Autónomas al registro de instalaciones de distribución al por menor existente en el Ministerio de Industria.

Sin duda, de entre todas las actividades de distribución al por menor la que presenta un mayor impacto para los consumidores es el **suministro de combustibles de automoción,** que se encuentra regulada –además de por lo previsto en la LSH– por el Real Decreto 1905/1995, de 24 de noviembre, por el que por el que se aprueba el Reglamento para la distribución al por menor de carburantes y combustibles petrolíferos en instalaciones de venta al público. En el ámbito de esta actividad donde –dada su incidencia inmediata sobre el consumidor– cobra especial importancia el desarrollo de la libre competencia, se aprecia paradójicamente un importante déficit a este respecto.

La **ausencia de competencia efectiva** en el suministro de combustibles de automoción ha sido puesta de manifiesto en diversas ocasiones por la Comisión de Defensa de la Competencia (CNC)[65]. Dicha situación se debe –según el órgano de defensa de la competencia– a dos factores fundamentales:

1) De un lado, la estructura vertical del sector, que permite la presencia de las empresas refineras españolas (Repsol, Cepsa y BP) en todas las fases del ciclo petrolero. En particular, las refinerías se encuen-

[65] Así lo concluyó la CNC en su *Informe sobre la competencia en el sector de carburantes de automoción* de 3 de septiembre de 2009, reiterándolo en los informes de seguimiento del anterior de 9 de marzo de 2011 y 4 de julio de 2012.

tran presentes en el accionariado de CLH, compañía que prácticamente monopoliza la actividad de transporte y que fija el precio de acceso a la red de oleoductos (acceso que, recuérdese, es negociado y no regulado como sucede en otros sectores energéticos).

2) De otro lado, el control de los grandes operadores petrolíferos sobre la mayor parte de los puntos de venta de carburantes al por menor. Dicho control se produce bien de forma directa, por ostentar los operadores la titularidad sobre las estaciones; o bien de forma indirecta, por tratarse de estaciones abanderadas cuyos propietarios firman **acuerdos de suministro en exclusiva** de larga duración con los operadores al por mayor, bien sea en régimen de venta en firme o en régimen de comisión. Ello explica que, en la práctica, los operadores al por mayor terminen imponiendo a los suministradores al por menor los precios que deben aplicar. Como explica CABALLERO SÁNCHEZ(66), ello es especialmente claro en el caso de la venta a comisión (dado que el comisionista está sujeto, sin más, al precio determinado por su proveedor); en cambio, en el supuesto de las ventas en firme el empresario gasolinero es un revendedor del producto que ha adquirido y tiene libertad para aplicar el precio final que estime oportuno, sin perjuicio de lo cual suelen seguir la recomendaciones de precios realizadas por el operador que les suministra. Dichas recomendaciones resultan conformes a Derecho en tanto no supongan una verdadera coerción (STS de 10 de noviembre de 2010, dictada en relación con la fijación de precios máximos por parte de Repsol).

Con amparo en el Derecho comunitario(67), la LSH permite y contempla la celebración de tales acuerdos de suministro en exclusiva entre los

(66) CABALLERO SÁNCHEZ, R., *"Técnicas de regulación para la competencia en el sector petrolero"*, en *"Las técnicas de regulación para la competencia: una visión horizontal de los sectores regulados"*, Iustel, Madrid, 2011, p.165.

(67) Concretamente, de acuerdo con lo establecido en distintos reglamentos aprobados con base en el antiguo artículo 81.3 TCE (actual artículo 101.3 TFUE), que permite ciertos acuerdos entre empresas, decisiones de asociaciones de empresas y prácticas concertadas que, aunque afecten al desenvolvimiento del mercado interior, puedan contribuir *"a mejorar la producción o la distribución de los productos o a fomentar el progreso técnico o económico y reserven al mismo tiempo a los usuarios una participación equitativa en el beneficio resultante"*.

operadores al por mayor y los propietarios de instalaciones para el suministro de vehículos. A ellos se refiere en su artículo 43, cuyo apartado tercero establece algunas obligaciones y facultades que corresponden a los operadores mayoristas y a los distribuidores al por menor que firman este tipo de acuerdos. Así, por ejemplo, se establece que cuando exista un acuerdo de suministro con un operador que tenga implantada su imagen de marca en la instalación, éste estará facultado para llevar a cabo inspecciones destinadas el control del origen, volumen y calidad de los combustibles entregados a los consumidores, comprobando que se corresponden con los suministrados a la instalación. Los operadores deberán dar cuenta a las autoridades competentes si comprobaran desviaciones que pudieran constituir indicio de fraude al consumidor y de la negativa que, en su caso, se produzca a las actuaciones de comprobación.

Con la finalidad de incentivar la libre competencia se han venido adoptando diversas medidas desde la extinción del Monopolio de Petróleos en 1992 en relación con el suministro al por menor de combustibles de automoción. Dentro de esas medidas pueden distinguirse dos grandes grupos[(68)]:

— Por un lado, las medidas dirigidas a fomentar el aumento de instalaciones de venta de productos al por menor. Entre las primeras se encuentra, por ejemplo, la eliminación por parte del Real Decreto 155/1995, de 3 de febrero, de las distancias entre puntos de venta que tradicionalmente habían venido establecidas en las normas reguladoras del sector (y que habían ido reduciéndose progresivamente). Asimismo, entre este tipo de medidas se encuadra la habilitación de instalaciones de distribución de carburantes en grandes superficies introducida en su momento por el Real Decreto-Ley 6/2000, de 23 de junio.

— Por otro lado cabe tener en cuenta las medidas que tienen por objeto favorecer la transparencia y la información sobre los precios aplicados en las estaciones de servicio y unidades de suministro. Entre ellas se encuentran las obligaciones de exhibición de carteles informativos sobre precios por parte de los suministradores al por menor, no sólo en las propias estaciones de servicio, sino también en las autopistas de peaje y carreteras estatales (establecida por el Real Decreto-Ley 15/1999, de 1 de octubre); o

(68) CABALLERO SÁNCHEZ, R., op. cit.

la obligación de los operadores al por mayor y de los titulares de las estaciones de servicio, introducida por el Real Decreto-Ley 6/2000, de 23 de junio, de informar periódicamente al Ministerio de Industria de los precios que aplican.

4. Régimen de los gases licuados del petróleo (GLP)

Tras la regulación de los hidrocarburos líquidos, la LSH aborda la regulación de los GLP en sus artículos 44 bis y siguientes. De acuerdo con el primero de los preceptos citados, se entiende por gases licuados del petróleo, a los efectos de la LSH, las fracciones de hidrocarburos ligeros que se obtienen del petróleo crudo o del gas natural, principalmente propano y butano. Pueden comercializarse tanto a granel como envasados.

En relación con los GLP la LSH regula tres tipos de actividades:

A) La actividad de los **operadores al por mayor**.

B) La actividad de los **comercializadores de GLP a granel.**

C) La actividad de los **comercializadores de GLP envasados.**

A) Operadores al por mayor

De acuerdo con el artículo 45 LSH, serán operadores al por mayor de GLP aquellas sociedades mercantiles que realicen las actividades de almacenamiento, mezcla y envasado, transporte y comercialización al por mayor de GLP. Podrán actuar como operadores al por mayor de GLP exclusivamente aquellas sociedades que cumplan las condiciones para la realización de la actividad que se establezcan reglamentariamente, entre las que se incluirá la suficiente capacidad técnica del solicitante. Esta última remisión debe entenderse hecha al Real Decreto 1085/1992, de 11 de septiembre, por el que se aprueba el Reglamento de la actividad de distribución de gases licuados del petróleo.

El inicio y el cese de la actividad de operación al por mayor – como sucede en el caso de los hidrocarburos líquidos – se sujetan a **comunicación previa**[(69)] al Ministerio de Industria, que lo comunicará a su vez a la Comisión Nacional de Energía y a CORES. La comunicación habrá de

(69) Se excepciona, sin embargo, del régimen de comunicación previa, el suministro al por mayor de envases de GLP con capacidad no superior a 8 kilogramos. Esta actividad no está sujeta a título habilitante alguno, sino que es totalmente libre.

acompañarse una **declaración responsable** sobre el cumplimiento de las condiciones reglamentariamente exigidas. La CNE publicará en su página web un listado de los operadores al por mayor de GLP.

B) Comercializadores al por menor de GLP a granel

Señala el artículo 46 LSH que serán comercializadores al por menor de GLP a granel las sociedades mercantiles que realicen las actividades de almacenamiento, mezcla, transporte y comercialización al por menor de GLP a granel. Podrán actuar como comercializadores al por menor de GLP a granel, las sociedades que cumplan las condiciones para la realización de la actividad que se establezcan reglamentariamente.

La comercialización al por menor de GLP a granel está sujeta a **comunicación previa**, acompañada por la correspondiente **declaración responsable**, en los mismos términos examinados en relación con la actividad de los operadores al por mayor, señalándose también en este caso que la CNE publicará en su página web el correspondiente listado de comercializadores. Sin embargo, la actividad de suministro a vehículos desde instalaciones fijas de distribución al por menor de productos petrolíferos podrá ser realizada libremente, no siendo necesaria la comunicación previa.

La LSH regula también el régimen de las instalaciones de comercialización al por menor de GLP a granel. Se sujetan a **autorización administrativa** previa, con carácter general, la construcción, modificación, explotación y cierre de las instalaciones de almacenamiento y distribución de GLP a granel y las canalizaciones necesarias para el suministro desde los almacenamientos anteriores hasta los consumidores finales. La autorización administrativa de cierre de una instalación podrá imponer a su titular la obligación de proceder a su desmantelamiento. La LSH regula asimismo los requisitos precisos para la obtención de las autorizaciones y el procedimiento para su otorgamiento. Establece asimismo una relación de instalaciones para las que no será precisa la autorización (art.46 bis).

C) Comercializadores al por menor de GLP envasados

De conformidad con el artículo 47 LSH, serán comercializadores al por menor de GLP envasado aquellas personas físicas o jurídicas que realicen la venta al por menor de envases de GLP a consumidores o usuarios finales.

La comercialización al por menor de gases licuados del petróleo envasados será realizada **libremente**, sin perjuicio de lo cual las instalaciones que se destinen al almacenamiento y comercialización de los envases de gases licuados del petróleo envasados deberán cumplir las condiciones técnicas y de seguridad que reglamentariamente les sean exigibles.

Por otro lado, la LSH contiene determinadas disposiciones en relación con la comercialización al por menor de GLP que conectan con la protección a los consumidores:

— Así, al igual que en el caso de suministro al por menor de hidrocarburos líquidos, se admiten los pactos de suministro en exclusiva de GLP envasados entre los operadores al por mayor y los comercializadores al por menor, pero únicamente cuando se garantice a los usuarios que lo soliciten el suministro domiciliario de gases licuados del petróleo envasados (art. 47.3 LSH).

— Por otro lado, se establece que los comercializadores al por menor de GLP envasados podrán tener a disposición de sus clientes un servicio de asistencia técnica permanente de instalaciones de consumo de los usuarios (art. 47.4 LSH).

— Asimismo, como tuvo ocasión de señalarse con anterioridad, la LSH establece una excepción en relación con el principio general de libertad de precios de los productos petrolíferos: pues su disposición transitoria 4ª permite al Gobierno fijar precios máximos de venta de GLP envasados mientras considere que las condiciones del mercado no son suficientes para dejar libertad de fijación de precios por los comercializadores. Se trata de una medida de naturaleza social, ya tradicional en el sector, que pretende proteger a los consumidores de estos productos por considerar que los mismos tienen un carácter vulnerable. Contra esta medida se han alzado voces críticas, que mantienen que en aras de la protección de los consumidores de bombonas de butano se ha producido la fijación de precios por debajo de costes, generando importantes pérdidas. Por ello se ha propuesto la introducción de un sistema de bono social, similar al existente para el gas y la electricidad.

5. Seguridad de suministro

Como cierre del Título III LHS, el capítulo IV del mismo procede a hacer referencia a la denominada "seguridad de suministro" (arts. 49 a

53). Como señala la Exposición de Motivos de la propia LSH, los suministros del sector de hidrocarburos tienen una especial importancia para el desenvolvimiento de la vida económica que supone que el Estado debe velar por su seguridad y continuidad y justifica las obligaciones de mantenimiento de existencias mínimas de seguridad que afectan a los productos petrolíferos y al gas.

Por ello la LSH señala (art. 49.1) que todos los consumidores tendrán derecho al suministro de productos derivados del petróleo en el territorio nacional, en las condiciones previstas en la presente Ley y en sus normas de desarrollo. En garantía de este derecho, se establecen dos tipos de medidas:

1) Por un lado, el art. 49.2 LSH permite que, en situaciones de escasez de suministro, el Consejo de Ministros, mediante acuerdo, pueda adoptar en el ámbito, con la duración y las excepciones que se determinen, entre otras, alguna o algunas de las medidas que se enumeran en el mismo precepto legal. Entre ellas se sitúan, por ejemplo, las limitaciones de la velocidad máxima del tránsito rodado en vías públicas, la limitación de la circulación de cualesquiera tipos de vehículos o de la navegación de buques y aeronaves o la limitación de horarios y días de apertura de instalaciones para el suministro de productos derivados del petróleo.
2) Por otro lado, el artículo 50 LSH hace referencia a unas **existencias mínimas de seguridad**, parte de las cuales pasarán a conformar las denominadas **reservas estratégicas** (art. 51 LSH). Los sujetos obligados a constituir existencias de seguridad son los operadores autorizado a distribuir al por mayor productos petrolíferos en territorio nacional, los distribuidores al por menor y consumidores de carburantes y combustibles petrolíferos no adquiridos a los operadores regulados en la LH. La cantidad, forma y localización geográfica de las existencias mínimas de seguridad se determinará reglamentariamente por el Gobierno, remisión ésta que hoy debe entenderse hecha al Real Decreto 1716/2004, de 23 de julio, por el que se regula la obligación de mantenimiento de existencias mínimas de seguridad, la diversificación de abastecimiento de gas natural y la corporación de reservas estratégicas de productos petrolíferos.

La constitución, mantenimiento y gestión de las reservas estratégicas y el control de las existencias mínimas de seguridad se encomiendan a la **Corporación de Reservas Estratégicas de Productos Petrolíferos (CORES)**, corporación pública de Derecho privado cuya naturaleza, régimen jurídico y funciones se regulan en el citado Real Decreto 1716/2004, de 23 de julio. En lo que hace a sus funciones, es necesario precisar que las mismas no quedan constreñidas al sector petrolero, sino que se extienden al control de las existencias mínimas de seguridad y la diversificación de los abastecimientos en el sector del gas.

PARTE II.

SECTOR DE LAS TELECOMUNICACIONES

LA REGULACIÓN ADMINISTRATIVA DE LOS MEDIOS DE COMUNICACIÓN SOCIAL*

JOSÉ JOAQUÍN JEREZ CALDERÓN
Letrado del Consejo de Estado

JOSÉ MARÍA CODES CALATRAVA
Letrado de las Cortes Generales

---

* Epígrafes I y III, por José Joaquín Jerez Calderón
Epígrafe II, por José María Codes Calatrava

I. CONSIDERACIONES GENERALES

1. Marco constitucional de la libertad de información

La actividad de los medios de comunicación social (prensa, radio y televisión) encuentra su fundamento último en la libertad de información. La Constitución de 1978 reconoce y protege el derecho a *"comunicar o recibir libremente información veraz por cualquier medio de difusión"* (artículo 20.1.d).

A) Requisitos de la libertad de información

El ejercicio de la libertad de información está condicionada a la *"veracidad"* y *"relevancia pública"* de los contenidos transmitidos al público, como ha señalado el Tribunal Constitucional en reiteradas ocasiones (sentencia núm. 29/2009, de 26 de enero, entre otras muchas).

El requisito de la *"veracidad"* permite diferenciar la libertad de la información de la libertad de expresión, cuyo objeto son los pensamientos, ideas u opiniones que, por su propia naturaleza, no se prestan a una demostración de exactitud.

El requisito de la *"relevancia pública"* obliga a que la difusión de información verse sobre hechos noticiosos o noticiables por su interés público.

B) Garantías de la libertad de información

En garantía de la libertad de información, el texto constitucional reconoce el derecho a la cláusula de conciencia y al secreto profesional de los periodistas, como titulares principales de aquélla, y prohíbe la censura previa y el secuestro administrativo de publicaciones.

a) *Derechos de los profesionales de la información.* El artículo 20.1.a) reconoce el derecho a la cláusula de conciencia y al secreto profesional de los periodistas.

La cláusula de conciencia tiene como finalidad preservar la independencia de tales profesionales en el desempeño de su tarea informativa y se encuentra regulada en la Ley Orgánica 2/1997, de 20 de junio. En virtud de esta cláusula, los profesionales de la información ostentan: por una parte, la facultad de negarse, motivadamente, a participar en la elaboración de informaciones contrarias a los principios éticos de la comunicación, sin que ello pueda suponer sanción o perjuicio; y, por otra, el derecho a rescindir su relación jurídica con la empresa de comunicación, recibiendo la indemnización pactada o, en su defecto, la establecida legalmente para el despido improcedente cuando en el medio de comunicación con el que están vinculados laboralmente se produzca un cambio sustancial de orientación informativa o línea ideológica o cuando la empresa les traslade a otro medio del mismo grupo que por su género o línea suponga una ruptura patente con la orientación profesional del informador.

El secreto profesional, que no se encuentra regulado legalmente, tiene como objeto proteger la confidencialidad de las fuentes utilizadas por los periodistas. Por tal razón, la obligación de prestar la colaboración requerida por los jueces y tribunales en el curso de un proceso judicial (artículo 118 de la Constitución) no alcanza, en el caso de los profesionales de la información, a la identidad de las fuentes.

b) *Prohibición de censura y secuestro administrativo*. Esta doble prohibición garantiza la autonomía de los medios de comunicación frente a cualquier injerencia por parte de de los poderes públicos.

La prohibición de la censura previa, prevista artículo 20.2 de la Constitución, implica la interdicción de "cualquier medida limitativa de la elaboración o difusión de una obra del espíritu que consista en el sometimiento a un previo examen por un poder público del contenido de la misma, cuya finalidad sea la de enjuiciar la obra en cuestión con arreglo a unos valores abstractos y restrictivos de la libertad, de manera que se otorgue el plácet a la publicación de la obra que se acomode a ellos a juicio del censor y se le niegue en caso contrario" (sentencia del Tribunal Constitucional núm. 187/1999, de 25 de octubre).

La prohibición del secuestro administrativo de publicaciones, grabaciones y otros medios de información resulta, *a sensu contrario*, del artículo 20.5 de la Constitución, que admite dicho secuestro en virtud de resolución judicial. Como única excepción, las autoridades gubernativas podrán acordar el secuestro en los estados de excepción y sitio, de acuerdo con lo previsto en artículo 55.1 y en la Ley Orgánica 4/1981, de 1 de julio, de los estados de alarma, excepción y sitio. Por lo demás, el secuestro judicial podrá ser acordando indistintamente, también con carácter cautelar, en los órdenes jurisdiccionales civil y penal.

C) Límites

El contenido de la libertad de información encuentra límites intrínsecos, impuestos por el necesario cumplimiento de los requisitos constitucionales para su lícito ejercicio, y límites extrínsecos, derivados de la existencia de otros bienes o derechos dignos de protección.

a) *Límites intrínsecos*. La exigencia constitucional de que la información sea "veraz" hace aconsejable que las personas concernidas puedan aclarar, precisar o incluso corregir aquellos datos que consideren inexactos. A tal fin, la Ley Orgánica 2/1984, de 26 de marzo, regula el derecho de rectificación, que debe ejercitarse mediante la remisión del escrito de rectificación al director del medio de comunicación y, en caso de no publicarse en los plazos establecidos, mediante la presentación de la oportuna demanda ante la jurisdicción civil.

b) *Límites extrínsecos*. La libertad de información puede entrar en conflicto con otros bienes o derechos de relevancia constitucional y, en particular, los siguientes:

(i) La seguridad y defensa del Estado (artículo 105.b) de la Constitución). La Ley 9/1968, de 5 de abril, de Secretos Oficiales, permite clasificar como secretas o reservadas aquellas materias cuyo conocimiento por personas no autorizadas pueda poner en riesgo la seguridad y defensa del Estado.

(ii) El derecho al honor, a la intimidad y a la propia imagen (artículo 20.4 de la Constitución). La protección de estos derechos puede exigirse tanto ante la jurisdicción ordinaria, sea en el orden jurisdiccional civil -Ley Orgánica 1/1982, de 5 de mayo, de protección civil del derecho al honor, a la intimidad personal y familiar y a la propia imagen- o, si se trata del derecho al honor, en el orden jurisdicción penal -delitos de injurias y calumnias tipificados por el Código Penal-, como ante la jurisdicción constitucional a través del recurso de amparo.

(iii) La protección de la juventud y de la infancia (artículo 20.4 de la Constitución). La Ley Orgánica 1/1996, de 15 de enero, de Protección Jurídica del Menor, obliga al Ministerio Fiscal a intervenir, solicitando medidas de protección del menor, cuando se difunda una información o se utilicen imágenes que impliquen una intromisión ilegítima en su intimidad, honra o reputación, y prevé que la información o publicidad dirigida a los menores a través de cualquier medio de comunicación debe promover los valores de igualdad, solidaridad y respeto a los demás y evitar imágenes de violencia o explotación en las relaciones interpersonales o que reflejen un trato degradante o sexista.

2. Grados de intervención administrativa en la regulación de los medios de comunicación social

Dentro de este marco constitucional, la regulación de los medios de comunicación social difiere en función de su naturaleza, lo cual obliga a distinguir entre el sector audiovisual, por una parte, y la prensa, por otra.

Los medios de comunicación audiovisual (radio y televisión) estuvieron, hasta la aprobación de la Constitución de 1978, en manos del Estado. En la actualidad, estos medios son indistintamente de titularidad pública y privada, aunque el acceso de los operadores privados a este mercado está condicionada a la obtención de licencia administrativa en el correspondiente concurso público, dada la naturaleza de "servicios de interés general" que les atribuye la Ley 7/2010, de 31 de marzo, General de la Comunicación Audiovisual.

La prensa, que se encuentra formalmente regulada por una norma preconstitucional -la Ley 14/1966, de 18 de marzo, de Prensa e Imprenta-, ha perdido relevancia frente al sector audiovisual, pero sigue jugando un importante papel en la labor informativa. Tras la desaparición en el año 1982 del organismo autónomo "Medios de Comunicación Social del Estado", las empresas periodísticas existentes en España son de capital privado. Dado que la difusión de información a través de publicaciones periódicas no tiene la consideración legal de "servicios de interés general", la creación de empresas periodísticas no está sujeta a la obtención de la correspondiente licencia. En realidad, el sector de la prensa escrita se caracteriza por su falta de regulación, habida cuenta de la incompatibilidad de la mayor parte de las previsiones de la Ley de Prensa de 1966 con los principios constitucionales y de la oposición de los profesionales de la información a la aprobación de una nueva norma y su preferencia por la autorregulación a través de las asociaciones profesionales que a tal efecto se han constituido.

II. EL SECTOR AUDIOVISUAL

1. Grupo normativo

El sector audiovisual es uno de los que ha sido objeto de mayor regulación de nuestro ordenamiento jurídico. Como señala GAY

FUENTES[70] *"la radio y, especialmente, la televisión, son actividades muy reguladas y en las que la presencia de la Administración Pública es muy intensa"*. Este autor esgrime como principales razones para sustentar esta actividad regulatoria sobre el sector audiovisual la gran influencia de los medios de comunicación en la opinión pública, por un lado, y la utilización por parte de los operadores del sector de un recurso limitado, como el dominio público radioeléctrico, por otro. Esto último justificaría que el poder público tuviese que asumir la responsabilidad de asignar el derecho a emitir, sobre la base del pluralismo y de la protección de los intereses generales.

Sin perjuicio de que la segunda razón, como señalaba el propio autor, que escribía antes de las últimas modificaciones legislativas, y como ha demostrado la propia evolución tecnológica, haya perdido fuerza, esta intensa intervención del sector público en la radio y en la televisión hizo que hasta el año 2010 éste fuese uno de los ámbitos del Derecho Administrativo sobre el que se habían aprobado más leyes o normas con rango de ley. Esta proliferación legislativa no sólo hacía enormemente complicada la aplicación de la normativa sino que también dificultaba el estudio doctrinal, tarea que hemos decidido asumir, quizá con cierto grado de inconsciencia. Desde el punto de vista del egoísmo de un autor de un capítulo como este, debemos reconocer que es una suerte contar con la reciente Ley de 2010, que facilita una exposición sistemática de la materia objeto su título; y es que si hubiésemos tenido que acometer esta empresa hace cuatro años, tendríamos que habernos detenido, al menos, en las siguientes disposiciones:

- Ley 4/1980, de 4 de enero, por el que se aprueba el Estatuto de la Radio y de la Televisión.
- Ley 46/1983, de 26 de diciembre, de regulación del tercer canal de televisión.
- Ley 31/1987, de ordenación de las telecomunicaciones.
- Ley 10/1988, de 3 de mayo, de regulación de la televisión privada.
- Ley 11/1991, de 8 de abril, de organización y control de las emisoras municipales de radiodifusión sonora.

---

[70] Gay Fuentes, Derecho de la Comunicación Audiovisual, Biblioteca de Ciencias de la Comunicación.

— Ley 25/1994, de 12 de julio, sobre incorporación al ordenamiento jurídico español de la Directiva 89/552/CE sobre coordinación de disposiciones legales, reglamentarias y administrativas de los Estados miembros relativas al ejercicio de las actividades de radiodifusión televisiva.

— Ley 37/1995, de 12 de diciembre, reguladora de las telecomunicaciones por satélite.

— Ley 42/1995, de 22 de diciembre, reguladora de las telecomunicaciones por cable.

— Ley 41/1995, de 22 de diciembre, de régimen jurídico del servicio de televisión local por ondas terrestres.

— Ley 21/1997, de 3 de julio, Reguladora de las Emisiones y Retransmisiones de Competiciones y Acontecimientos Deportivos.

— Ley 66/1997, de 30 de diciembre, de Medidas Fiscales, administrativas y del orden social. Disposición adicional cuadragésimo cuarta.

— Ley 11/1998, de 24 de abril, General de Telecomunicaciones.

— Ley 10/2005, de 14 de junio, de medidas urgentes para el impulso de la televisión digital terrestre, de liberalización de la televisión por cable y fomento del pluralismo.

— Ley 17/2006, de 5 de junio, de la radio y la televisión de titularidad estatal.

Este complejo normativo(71) nos da una idea de la evolución histórica de la regulación del sector audiovisual, desde un monopolio de titularidad estatal hasta la situación actual de actividad regulada pero presidida por

---

(71) La práctica totalidad de estas normas han sido derogadas, la mayoría por la propia LGCA, en la búsqueda de su objetivo de lograr una regulación global de la materia. La disposición derogatoria de la LGCA enumera las normas que quedan derogadas por la misma:

1. La Ley 4/1980, de 10 de enero, del Estatuto de la Radio y la Televisión.

2. La Ley 46/1983, de 26 de diciembre, del Tercer Canal de Televisión.

3. La Ley 31/1987, de 18 de diciembre, de Ordenación de las Telecomunicaciones.

4. La Ley 10/1988, de 3 de mayo, de Televisión Privada.

5. La Ley 11/1991, de 8 de abril, de Organización y Control de las Emisoras Municipales de Radio.

6. La Ley 25/1994, de 12 de julio, por la que se incorpora al ordenamiento jurídico español la Directiva 89/552/CEE, sobre la coordinación de disposiciones legales, regla-

la libre iniciativa pública y privada y por la libre competencia. Por razones de espacio, nos es imposible hacer un recorrido mínimamente profundo por esa evolución legislativa y por la profusa jurisprudencia constitucional (que también ha experimentado importantes cambios) que la ha acompañado, ya que para hacer ese recorrido con un cierto rigor necesitaríamos, quizá, más de la mitad del espacio con el que contamos. De ahí que este capítulo se centre en el estudio del régimen jurídico vigente(72).

---

mentarias y administrativas de los Estados miembros, relativas al ejercicio de actividades de radiodifusión televisiva.

7. La Ley 37/1995, de 12 de diciembre, de Telecomunicaciones por Satélite, en lo referido a los servicios de comunicación audiovisual por satélite.

8. La Ley 41/1995, de 22 de diciembre, de Televisión Local por Ondas Terrestres.

9. La Ley 21/1997, de 3 de julio, Reguladora de las Emisiones y Retransmisiones de Competiciones y Acontecimientos Deportivos.

10. La disposición adicional cuadragésimo cuarta de la Ley 66/1997, de 30 de diciembre, de Medidas Fiscales, Administrativas y del Orden Social.

11. La disposición adicional cuadragésimo cuarta de la Ley 50/1998, de 30 de diciembre, de Medidas Fiscales, Administrativas y del Orden Social.

12. La disposición adicional segunda de la Ley 15/2001, de 9 de julio, de Fomento y Promoción de la Cinematografía y el Sector Audiovisual.

13. Las disposiciones adicionales décima y transitorias sexta, octava y décima de la Ley 32/2003, de 3 de noviembre, General de Telecomunicaciones.

14. La disposición adicional trigésima de la Ley 62/2003, de 30 de diciembre, de Medidas Fiscales, Administrativas y del Orden Social.

15. La Ley 10/2005, de 14 de junio, de Medidas Urgentes para el Impulso de la Televisión Digital Terrestre, de Liberalización de la Televisión por Cable y de Fomento del Pluralismo, salvo el artículo 5 que modifica el Real Decreto-Ley 1/1998, de 27 de febrero, sobre infraestructuras comunes en los edificios para el acceso a los servicios de telecomunicación, y salvo la disposición adicional segunda, relativa a la garantía de accesibilidad para personas con discapacidad y la disposición adicional séptima, relativa a la cobertura por satélite del servicio de televisión digital terrestre de ámbito estatal.

16. Ley 7/2009, de 3 de julio, de medidas urgentes en materia de Telecomunicaciones.

17. Real Decreto-Ley 11/2009, de 13 de agosto, por el que se regula para las concesiones de ámbito estatal, la prestación del servicio de televisión digital terrestre de pago mediante acceso condicional.

18. El punto 6 de la letra a) del anexo (definiciones) de la Ley 34/2002, de 11 de julio, de Servicios de la Sociedad de la Información y de Comercio Electrónico.

(72) Para una exposición detenida de la evolución histórica de la regulación del sector audiovisual en España y para un estudio más profundo de las cuestiones que se estudian en este Capítulo, se recomienda el estudio "La regulación del sector audiovisual en España. Precedentes, régimen general y controversias esenciales" de Santiago Muñoz Machado, en la obra colectiva *Derecho de la Regulación Económica*.

Esta pléyade de leyes construía un edificio complejo y abigarrado que, además, en el marco de la televisión, ofrecía una legislación fragmentaria, confusa y que impedía un planteamiento de conjunto de la materia. La doctrina reclamaba de manea unánime una Ley General Audiovisual, petición que fue finalmente recogida a través de la **Ley 7/2010, de 31 de marzo, General de la Comunicación Audiovisual** (en adelante, LGCA).

2. La Ley General de Comunicación Audiovisual: aspectos generales

Entrando ya en el estudio de la LGCA, su Preámbulo resume las razones por las que era necesario acometer un cambio de modelo. Además de la transposición de la Directiva, 2007/65/CE de Servicios de Comunicación Audiovisual, el legislador entendió, en la línea que antes comentábamos, que la legislación audiovisual era *"dispersa, incompleta, a veces desfasada y obsoleta, con grandes carencias para adaptarse a los tiempos y, por tanto, permanentemente sometida a cambios frecuentes, vía decreto o subsumida en otras Leyes de temática diversa"* Ante esta situación, la LGCA *"pretende compendiar la normativa vigente aún válida, actualizar aquellos aspectos que han sufrido importantes modificaciones y regular las nuevas situaciones carentes de marco legal"*. Todo esto, con los fines de *"dar seguridad jurídica a la industria y posibilitar la creación de grupos empresariales audiovisuales con capacidad de competir en el mercado europeo y la apertura regulada de nuevos modelos de negocio como son la TDT de pago, la Alta Definición y la TV en Movilidad; y hacerlo garantizando también, el pluralismo y la protección de los derechos ciudadanos; al mismo tiempo que se fijan unas reglas de transparencia y competencia claras en un contexto de convivencia del sector público con el privado y de liberalización de la actividad audiovisual"*.

En definitiva, con esta Ley se pretende responder a la necesidad de adaptar la regulación anterior, que como consecuencia de los constantes avances tecnológicos quedaba desfasada frente a la situación actual. En las últimas tres décadas se había pasado de un modelo de explotación de la radio y televisión analógica, basado en la escasez del espacio radioeléctrico, que llevaba a declarar el sector como un "servicio público", a la irrupción de la televisión digital, de la televisión a través de Internet, la TDT de pago y otros sistemas que siguen en constante desarrollo, que obligaban a un replanteamiento completo de la regulación y de la propia caracterización del sector. Es precisamente en este aspecto, como señala SOUVIRÓN[(73)], donde se produce una de las principales innovaciones de la LGCA, que transforma los servicios de comunicación audiovisual de un servicio público a *"servicios de interés general"* que *"se prestan en régimen de libre competencia, aunque con las restricciones derivadas de la limitación del espacio radioeléctrico y la protección de los intereses de los ciudadanos."* Esto no implica, como señala el mismo autor, que la actividad quede totalmente desregulada, sino que la liberalización se acompaña de la regulación basada en ese nuevo concepto de "servicio de interés general" que implica una sujeción a una intervención administrativa distinta de la anterior: de la necesidad de concesión se pasa a la simple comunicación previa del prestador a la Administración, salvo que se utilice espacio radioeléctrico, en cuyo caso será necesaria licencia. SOUVIRÓN señala además otras novedades del modelo de la LGCA:

- Los servicios de radio y televisión prestados por el sector público tienen una *"misión de servicio público"*, que es *"el servicio público de televisión, radio y oferta interactiva"*, para lo que están sometidos a un régimen especial, particularmente en lo que afecta al régimen financiero y de supervisión del cumplimiento del servicio.
- La LGCA tienen carácter de ley básica, cuyos principios deben ser respetados por toda la normativa de desarrollo autonómica y local y son aplicables al sector público y al sector privado.
- En conclusión, la LGCA pone el acento en la regulación y en la supervisión de los contenidos de una actividad liberalizada a la vez que trata de garantizar una oferta audiovisual a través de la citada misión de servicio público.

Sobre la base de estos criterios generales, la LGCA se estructura del siguiente modo:

- Título I (artículos 1 a 3): recoge las disposiciones generales.
- Título II (artículos 4 a 21): contiene la normativa básica para la comunicación audiovisual. Este Título se estructura en dos Capítulos: derechos del público y derechos de los prestadores del servicio de comunicación audiovisual, en el que se dedican tres

(73) Souvirón, "Regulación del audiovisual y reguladores independientes: la nueva Ley General de Comunicación Audiovisual", en *Derecho Administrativo y Regulación Económica*, Liber Amicorum Gaspar Ariño.

secciones a regular la libertad en la dirección editorial, el derecho de acceso y el derecho a la autorregulación; el derecho a realizar comunicaciones comerciales; y la contratación en exclusiva de la emisión de contenidos audiovisuales.

— Título III (artículos 22 a 39): recoge las normas básicas para la regulación y coordinación del mercado de comunicación audiovisual. Este título se estructura en dos Capítulos, el primero, referido al régimen jurídico básico de la prestación de servicios de comunicación audiovisual en un mercado transparente y plural; y el segundo, sobre la libertad de recepción de los servicios de comunicación audiovisual prestados desde fuera de España. Es en el primer capítulo donde, a través de tres secciones, se establece el régimen jurídico sobre los servicios de comunicación audiovisual como servicios de interés general, las nuevas formas de comunicación audiovisual y las reglas para el mantenimiento de un mercado audiovisual competitivo, transparente y plural.

— Título IV (artículos 40 a 43): regula la materia referida a los prestadores públicos del servicio de comunicación audiovisual.

— Título V (artículos 44 a 54): crea y configura el Consejo Estatal de Medios Audiovisuales. Este Título se refiere al organismo independiente encargado de la supervisión del cumplimiento de la LCGA a nivel estatal. Sin embargo, como veremos más adelante, la vida de este Consejo ni siquiera llegó a iniciarse.

— Título VI (artículos 55 a 61): establece el régimen sancionador básico.

— Por último, la LGCA incorpora siete disposiciones adicionales, quince transitorias, una derogatoria y ocho finales.

La LGCA, a fecha de hoy (enero de 2014), ha sido modificada principalmente por la Ley de modificación de la Ley 7/2010, de 31 de marzo, General de la Comunicación Audiovisual, para flexibilizar los modos de gestión de los servicios públicos de comunicación audiovisual autonómicos. Esta Ley de modificación, como señala su Preámbulo, tiene como objetivo, ante *"la situación económica y la necesidad por parte del conjunto de las Administraciones Públicas de acometer actuaciones que faciliten la consolidación presupuestaria y el saneamiento de las cuentas públicas"*, permitir a las Comunidades Autónomas *"decidir sobre la prestación del servicio público de comunicación audiovisual, pudiendo optar por la gestión directa o indirecta del mismo a través de distintas fórmulas que incluyan modalidades de colaboración público-privada. Si deciden no prestar el servicio público de comunicación audiovisual, las Comunidades Autónomas podrán convocar los correspondientes concursos para la adjudicación de licencias. Además, las Comunidades Autónomas que vinieran prestando el servicio público de comunicación audiovisual podrán transferirlo a un tercero de acuerdo con su legislación específica".* Para el logro de estos objetivos se modificaron los artículos 7, 40, 42 y 43 de la LGCA.

Terminados estos dos epígrafes introductorios, que nos han servido, o, al menos, esa ha sido nuestra intención, para situar la materia, seguiremos en el resto del presente tema la estructura de la LGCA para comentar su regulación y contenidos.

3. Objeto y ámbito de aplicación de la ley

El artículo 1 de la LGCA establece como su objeto la regulación de la comunicación audiovisual de cobertura estatal así como el establecimiento de las normas básicas en materia audiovisual, sin perjuicio de las competencias reservadas a las Comunidades Autónomas y a los Entes Locales en sus respectivos ámbitos.

Esta afirmación inicial nos obliga a reflexionar sobre los títulos competenciales sobre la base de los cuales se elaboró la LGCA. La respuesta a esta cuestión se encuentra en su disposición final sexta, según la cual la LGCA se dicta al amparo de la competencia del Estado para dictar legislación básica del régimen de prensa, radio y televisión recogida en el artículo 149.1.27ª de la Constitución, salvo los artículos 5.3, párrafo noveno, 11, 31 y el apartado 5 de la disposición transitoria segunda, que se dictan al amparo de la competencia estatal exclusiva en materia de telecomunicaciones, contemplada por el artículo 149.1.21ª de la Constitución. Además, esta disposición final recuerda que, como ley básica que es la LGCA, las previsiones de la misma son de aplicación a todas las Comunidades Autónomas, respetando, en todo caso, las competencias exclusivas y compartidas en materia de medios de comunicación y de auto-organización que les atribuyen los respectivos Estatutos de Autonomía.

Por lo tanto, serán competencia del Estado los llamados por el artículo 2.3 servicios de comunicación audiovisual de cobertura estatal[(74)] y a las

---

[(74)] Se considera servicio de comunicación audiovisual de cobertura estatal:

a. El servicio público de comunicación audiovisual cuya reserva para la gestión directa haya sido acordada por el Estado.

Comunidades Autónomas les corresponderán los servicios de comunicación audiovisual que no sean de cobertura estatal. En esta idea, como afirma SOUVIRÓN[(75)], abunda el artículo 56 de la LGCA, que si bien se refiere al régimen sancionador, puede extender sus prescripciones a todos los preceptos de la ley cuando señala que las Comunidades Autónomas ejercerán sus funciones respecto de los servicios de comunicación audiovisual cuyo ámbito de cobertura, cualquiera que sea el medio de transmisión empleado, no sobrepase sus respectivos límites territoriales. También serán competentes en relación con los servicios audiovisuales cuya prestación se realice directamente por ellas o por entidades a las que hayan conferido su gestión dentro del correspondiente ámbito autonómico.

El artículo 2 de la LGCA recoge una larguísima enumeración de definiciones, en concreto, hasta treintaitrés. Sobre esta técnica nos atrevemos a comentar que, en efecto, la buena técnica legislativa aconseja que en el texto de las leyes se definan los conceptos clave de las mismas, en especial aquellos que, por su carácter técnico, por su especificidad o por la dificultad de su contenido, puedan implicar dificultades de entendimiento por parte de los destinatarios. Sin embargo, y como cualquier recomendación que se da en la vida, la necesidad de definir los elementos clave de la ley debe entenderse de un modo equilibrado y siempre y cuando no suponga la pérdida de valores más importantes como son, en el caso de la técnica legislativa, la claridad y la seguridad jurídica. Tiene sentido y es necesario, en nuestra opinión, en una ley como la LGCA, definir términos como "servicios de comunicación audiovisual", "prestador de comunicación audiovisual" u otros como "servicios conexos o interactivos", que son conceptos que pueden requerir de explicación para un profano en la materia. Sin negar esto, parece innecesario, y hasta enojoso, detenerse en la definición de conceptos como "canal", "mensaje publicitario", "patrocinio" o "publicidad subliminal", y es que si hubiese que entrar a tal nivel de definiciones en todas las leyes, éstas

b. El servicio de comunicación audiovisual cuya licencia haya sido otorgada por el Estado.

c. El servicio de comunicación audiovisual que se presta para el público de más de una Comunidad Autónoma.

Sin embargo, no será considerado de cobertura estatal en los supuestos de desbordamientos naturales de la señal en la emisión para el territorio en el cual se ha habilitado la prestación del servicio.

(75) Op. Cit.

se convertirán más en glosarios de términos que en normas jurídicas. Tampoco parece necesario definir "película cinematográfica de largometraje", porque ya es algo que hace la Ley del Cine, por lo que repitiéndolo en esta Ley lo máximo que se podría haber conseguido es ser reiterativo y, lo peor, generar inseguridad jurídica.

Terminado el desahogo, sí que debemos reconocer el esfuerzo del legislador por, en una materia compleja y de gran profundidad técnica, tratar de facilitar su entendimiento por todos los destinatarios de la ley que, no debe olvidarse nunca, son todos los ciudadanos y poderes públicos. Esto sabido, recogeremos de los treintaitrés conceptos únicamente dos aquí, por ser su conocimiento totalmente fundamental para entender el resto de la ley. Estos conceptos son:

1. *Prestador del servicio de comunicación audiovisual* (artículo 2.1 LGCA): es la persona física o jurídica que tiene el control efectivo, esto es, la dirección editorial, sobre la selección de los programas y contenidos y su organización en un canal o en un catálogo de programas. El arrendatario de una licencia de comunicación audiovisual tendrá la consideración de prestador de servicio.

2. *Servicios de comunicación audiovisual* (artículo 2.2 LGCA): son servicios de comunicación audiovisual aquellos cuya responsabilidad editorial corresponde a un prestador del servicio y cuya principal finalidad es proporcionar, a través de redes de comunicaciones electrónicas, programas y contenidos con objeto de informar, entretener o educar al público en general, así como emitir comunicaciones comerciales.

En concreto, son modalidades del servicio de comunicación audiovisual:

a. El servicio de comunicación audiovisual televisiva, que se presta para el visionado simultáneo de programas sobre la base de un horario de programación.

b. El servicio de comunicación audiovisual televisiva a petición, que se presta para el visionado de programas y contenidos en el momento elegido por el espectador y a su propia petición sobre la base de un catálogo de programas seleccionado por el prestador del servicio de comunicación.

c. El servicio de comunicación audiovisual televisiva en movilidad o televisión en movilidad, que se presta para el visionado de programas y contenidos en un dispositivo móvil.

d. El servicio de comunicación audiovisual radiofónica, que se presta para la audición simultánea de programas y contenidos sobre la base de un horario de programación.

e. El servicio de comunicación audiovisual radiofónica a petición, que se presta para la audición de programas y contenidos en el momento elegido por el oyente y a su propia petición sobre la base de un catálogo de programas seleccionado por el prestador del servicio de comunicación.

f. El servicio de comunicación audiovisual radiofónica en movilidad o radio en movilidad, que se presta para la audición de programas y contenidos en un dispositivo móvil.

Estos conceptos nos dan una idea de la fundamental influencia de las nuevas tecnologías en el sector audiovisual. Las llamadas TIC han revolucionado el sector y, de hecho, son la razón principal por la que ha tenido que acometerse, como ya hemos señalado, una regulación del sector global y a la altura del siglo XXI. Muy ilustrativos son los ejemplos de los servicios de comunicación televisión o radiofónica en los dispositivos móviles, algo que se veía muy lejano, o incluso difícilmente imaginable, hace sólo quince años.

Para terminar este epígrafe, debemos referirnos al artículo 3 LGCA, que regula el ámbito de aplicación de la misma, extendido a los supuestos en los que el prestador del servicio de comunicación audiovisual se encuentre establecido en España. Esta afirmación se desarrolla de manera detallada en el mencionado precepto legal, que determina de un modo específico cuándo se debe entender que un prestador del servicio de comunicación audiovisual está establecido en nuestro país[76], así como las exclusiones del ámbito de aplicación de la Ley[77].

---

(76) Se considera que un prestador de servicios de comunicación audiovisual está establecido en España en los siguientes supuestos:

a. Cuando el prestador de servicios de comunicación audiovisual tiene su sede central en España y las decisiones editoriales sobre el servicio de comunicación audiovisual se toman en España.

b. Cuando el prestador de servicios de comunicación audiovisual tiene su sede central en España pero las decisiones editoriales sobre el servicio de comunicación audiovisual se toman en otro Estado miembro del Espacio Económico Europeo, se considera que el prestador está establecido en España cuando trabaje una parte significativa del personal que realiza las actividades de los servicios de comunicación audiovisual.

En el caso de que una parte significativa del personal que realiza las actividades de servicios de comunicación audiovisual trabaje en España y en el otro Estado miembro,

4. El régimen básico de la LGCA

4.1. Los derechos del público

La LGCA reconoce expresamente, en sus artículos 4 a 9, seis tipos de derechos al público de los servicios de comunicación audiovisual:

a) *Derecho a recibir una comunicación audiovisual plural.* Este artículo es una muestra de otro defecto de técnica legislativa apreciable en esta ley, que es el escaso contenido normativo de algunos de sus preceptos. En ocasiones se olvida que la ley es una norma jurídica imperativa que debe, por tanto, ser eficaz, por lo que deben evitarse declaraciones de principios que son más propias de los preámbulos de las leyes o de las Constituciones. Las leyes deben incluir mandatos o normas de organización efectivamente aplicables y tendentes a conseguir unos objetivos más

---

se considerará que el prestador del servicio de comunicación audiovisual está establecido en España cuando tenga su sede central en España.

En el caso de que una parte significativa del personal que realiza las actividades de servicios de comunicación audiovisual no trabaje ni en España ni en ningún Estado miembro, se considerará que el prestador del servicio de comunicación audiovisual está establecido en España si inició por primera vez su actividad en España, siempre y cuando mantenga un vínculo estable y efectivo con la economía de España.

c. Cuando el prestador de servicios de comunicación audiovisual tiene su sede central en España, pero las decisiones editoriales sobre el servicio de comunicación audiovisual se toman en un tercer país, o viceversa, se considerará que está establecido en España siempre que una parte significativa del personal que realiza las actividades de comunicación audiovisual trabaje en España.

(77) Están excluidos del ámbito de aplicación de esta Ley sin perjuicio de las obligaciones que les correspondan de acuerdo con esta Ley:

a. Las redes y servicios de comunicaciones electrónicas utilizados para el transporte y difusión de la señal de los servicios de comunicación audiovisual, sus recursos asociados y los equipos técnicos necesarios para la recepción de la comunicación audiovisual. Su régimen es el propio de las telecomunicaciones.

b. Las personas físicas o jurídicas que únicamente difundan o transporten la señal de programas audiovisuales cuya responsabilidad editorial corresponde a terceros.

c. Las comunicaciones audiovisuales sin carácter económico, a excepción de los servicios de comunicación audiovisual comunitarios sin ánimo de lucro del artículo 32 de esta Ley, así como los servicios que no constituyan medios de comunicación en masa, es decir, que no estén destinados a una parte significativa del público y no tengan un claro impacto sobre él, y en general cualesquiera actividades que no compitan por la misma audiencia que las emisiones de radiodifusión televisiva. En particular, están excluidos del alcance de la Ley los sitios web de titularidad privada y los que tengan por objeto contenido audiovisual generado por usuarios privados.

generales que, desde luego, toda ley debe perseguir; el problema, desde el punto de vista técnico, viene cuando los objetivos genéricos se incluyen el articulado y más, como sucede en este artículo, cuando se quiere configurar como derechos subjetivos cuestiones que más bien deberían ser precisamente fines u objetivos generales. A veces se olvida que cuando un derecho subjetivo se vulnera existe el derecho a reclamarlo a los tribunales, algo complicado cuando se configura como derecho que *"la comunicación audiovisual se preste a través de una pluralidad de medios, tanto públicos, comerciales como comunitarios que reflejen el pluralismo ideológico, político y cultural de la sociedad"* o que *"esta prestación plural debe asegurar una comunicación audiovisual cuya programación incluya distintos géneros y atienda a los diversos intereses de la sociedad, especialmente cuando se realice a través de prestadores de titularidad pública"*. Sin entrar siquiera a discutir que la oferta audiovisual de nuestro país responda o no a este pretendido derecho, se hace difícil imaginar que una demanda fundamentada en la vulneración de alguno de estos derechos tuviera éxito en los tribunales. Consideramos que deberían haber sido configurados más bien como principios rectores y haber sido incluidos en el Preámbulo o, como mucho, en el artículo 1 de la Ley.

Sí tienen contenido en este artículo los preceptos que prohíben la utilización de los medios audiovisuales para incitar al odio o a la discriminación, o para vulnerar el honor, la intimidad y la propia imagen. Si esto último se aplicara con rigor, un tanto por ciento alto de los programas de televisión actuales deberían desaparecer de la parrilla.

b) *Derecho a la diversidad cultural y lingüística.* En este punto se establecen unos porcentajes mínimos de audiencia que deberán reservarse a obras europeas y a obras en cualquiera de las lenguas oficiales de España. Además, se establece la obligación de que los prestadores del servicio de comunicación audiovisual televisiva de cobertura estatal o autonómica contribuyan anualmente a la financiación anticipada de la producción europea de películas cinematográficas, películas y series para televisión, así como documentales y películas y series de animación, con el 5 % de los ingresos devengados en el ejercicio anterior conforme a su cuenta de explotación, correspondientes a los canales en los que emiten estos productos audiovisuales con una antigüedad menor a siete años desde su fecha de producción.

c) *Derecho a una comunicación audiovisual transparente.* Para lograr este objetivo se reconoce el derecho a conocer la identidad del prestador del servicio de comunicación audiovisual, así como las empresas que forman parte de su grupo y su accionariado. Del mismo modo, todos tienen el derecho a conocer la programación televisiva con una antelación suficiente, que en ningún caso será inferior a 3 días. Esta programación también deberá estar disponible en Internet en los términos establecidos por el artículo 6 LGCA.

d) *Derechos del menor.* El artículo 7 de la LGCA establece una regulación detallada de los derechos del menor, lo cual, de justicia es reconocerlo, es muy de agradecer a la vista de los contenidos de determinados programas. Además de prohibirse que la imagen y la voz de los menores sean utilizadas en los servicios de comunicación audiovisual sin su consentimiento o el de su representante legal, se establecen con total claridad franjas horarias protegidas (en la línea del Código de Autorregulación de Contenidos Televisivos e Infancia, al que luego nos referiremos) y determinados contenidos cuya emisión está prohibida.

e) *Derechos de personas con discapacidad.* El objetivo del artículo 8 de la LGCA es garantizar, en la medida de lo que permita la tecnología, la accesibilidad a los contenidos audiovisuales a las personas discapacitadas. Para ello, establece que las personas con discapacidad auditiva tienen el derecho a que la comunicación audiovisual televisiva, en abierto y cobertura estatal o autonómica, subtitule el 75% de los programas y cuente al menos con dos horas a la semana de interpretación con lengua de signos. Por su parte, las personas con discapacidad visual tienen el derecho a que la comunicación audiovisual televisiva, en abierto y con cobertura estatal o autonómica, cuente al menos con dos horas audiodescritas a la semana.

f) *Derechos de participación.* El artículo 9 de la LGCA permite a cualquier persona física o jurídica solicitar a la autoridad audiovisual competente el control de la adecuación de los contenidos audiovisuales con el ordenamiento vigente o los códigos de autorregulación. A partir de ahí, la autoridad audiovisual podrá incluso poner fin a la emisión del contenido ilícito sin perjuicio de la puesta en marcha del régimen sancionador.

4.2. Los derechos de los prestadores del servicio de comunicación audiovisual

Los artículos 10 a 12 recogen los derechos a la libertad de prestación del servicio de comunicación audiovisual -en el sentido de que los prestadores del servicio gozarán de plena libertad para fijar la dirección editorial que estimen oportuna-, el derecho de acceso a los servicios de comunicación electrónica y el derecho a la autorregulación.

De este primer conjunto de derechos, destacamos lo referido a los códigos de autorregulación. En relación con los mismos, el artículo 12 de la LGCA establece que las autoridades audiovisuales deben velar por el cumplimiento de los códigos y, entre éstos, del Código de Autorregulación de Contenidos Televisivos e Infancia. Además, estos códigos deben respetar la normativa sobre defensa de la competencia. El Código de Código de Autorregulación sobre Contenidos Televisivos e Infancia fue suscrito el 9 de diciembre de 2004 entre el Gobierno de España y los principales canales de televisión: TVE, Antena 3, Cuatro, Telecinco, la Sexta y la FORTA. El objetivo de este Código, según su Preámbulo, es *"hacer compatibles entre sí valores que informan el actual Estado social y democrático de derecho: la libertad de expresión con respeto a los derechos de la personalidad; interdicción de la violencia; la discriminación y la intolerancia; y la protección de la infancia y la juventud"*. Para ello, *"el Código establece una serie de principios generales para mejorar la eficacia, dentro de la franja horaria comprendida entre las seis y las veintidós horas, de la protección legal de los menores respecto de la programación televisiva que se emita en dicho horario"*. Aparte de esta franja general, se establecen determinadas franjas de protección reforzada.

Debemos reconocer aquí el gran acierto, en nuestra opinión, de la LGCA al proteger en una norma con rango de ley las franjas horarias protegidas que se incluían en el Código de Autorregulación, que carecía de eficacia normativa. Aunque es verdad que muchas veces esas franjas horarias son ignoradas flagrantemente, al menos su reconocimiento en una ley faculta a los ciudadanos para reclamar el respeto a la protección de los menores durante las horas protegidas.

El segundo conjunto de derechos de los prestadores del servicio de comunicación audiovisual es el que se agrupa bajo la rúbrica de derecho a realizar comunicaciones comerciales. Estos derechos, en cuyo estudio profundo no podemos detenernos, son:

— El derecho a crear canales de comunicación comercial y programas o anuncios de autopromoción, así como a crear canales dedicados exclusivamente a emitir mensajes publicitarios y mensajes de venta por televisión.

— El derecho a emitir mensajes publicitarios. Destaca en este punto la limitación temporal que se impone a los prestadores de canales de televisión para emitir mensajes publicitarios, ya que los prestadores del servicio de comunicación audiovisual televisiva podrán ejercer este derecho mediante la emisión de 12 minutos de mensajes publicitarios por hora de reloj.
— El derecho a emitir mensajes de venta. Los prestadores del servicio de comunicación audiovisual tienen el derecho a emitir mensajes de venta por televisión.
— El derecho al patrocinio. Los prestadores del servicio de comunicación audiovisual tienen el derecho a que sus programas sean patrocinados, excepto los programas de contenido informativo de actualidad.
— El derecho al emplazamiento de productos. Los prestadores del servicio de comunicación audiovisual tienen el derecho a emitir con emplazamiento de productos largometrajes, cortometrajes, documentales, películas y series de televisión, programas deportivos y programas de entretenimiento.
— Por último, se recogen una serie de comunicaciones comerciales prohibidas en cualquiera de sus formas, entre las que se encuentran, por ejemplo, las referidas a cigarrillos y demás productos de tabaco, así como de las empresas que los producen.

4.3. *La contratación en exclusiva de la emisión de contenidos audiovisuales*

La regulación de esta cuestión de manera completa y en una norma con rango de ley también venía siendo una larga reivindicación, en especial en relación con los espectáculos deportivos, y más siendo España un país con una enorme afición al fútbol y a los deportes en general. Sin embargo, esta regulación a buen seguro no habrá contentado a la mayoría de los aficionados al deporte en general y al fútbol en particular (entre los cuales, no hay por qué esconderse, se encuentra quien firma este Capítulo). La razón es que eventos que parecen desde un punto social de un claro interés general podrán ser emitidos (y de hecho lo están siendo) en exclusiva y codificados por un determinado prestador, y es que el concepto interés general que ha sido acogido por la LGCA no parece coincidir con el de los aficionados, que pueden verse imposibilitados para ver en abierto un partido de Liga entre Real Madrid y Barcelona, partido que para cualquier aficionado, aun sin ser seguidor de ninguno de estos dos equipos, como es nuestro caso, parece llevar aparejado un gran interés general.

Fuera de reivindicaciones poco jurídicas, el artículo 19 de la LGCA establece que los prestadores del servicio de comunicación audiovisual tienen el derecho a contratar contenidos audiovisuales para su emisión en abierto o codificado, reservándose la decisión sobre el horario de emisión, sin perjuicio de lo establecido en la normativa reguladora de las competiciones deportivas de carácter profesional. Para proteger el interés general, y de acuerdo con el artículo 20 LGCA, el Consejo Estatal de Medios Audiovisuales (ante su inexistencia, veremos más adelante qué organismo que va asumir esta competencia) debe fijar mediante decisión motivada un catálogo con vigencia bienal donde se recojan los acontecimientos de interés general para la sociedad que han de emitirse por televisión en abierto y con cobertura estatal; de entre esos acontecimientos que pueden ser incluidos en ese catálogo están, por ejemplo, la final de la Champions League de fútbol y de la Copa del Rey de fútbol, o los partidos oficiales de la selección española absoluta de fútbol y de baloncesto. Insistimos en que el concepto de interés general parece responder más al que tienen los grandes operadores de televisión que ofrecen los acontecimientos deportivos codificados que al de los aficionados.

Por último, y respecto de la compraventa de derechos exclusivos de las competiciones futbolísticas españolas regulares, lo cual va relacionado con lo que acabamos de comentar, el artículo 21 señala que el establecimiento del sistema de adquisición y explotación de los derechos audiovisuales de las competiciones futbolísticas españolas regulares se regirá por el principio de libertad de empresa dentro del marco del sistema de evaluación establecido por la normativa europea y española de la competencia.

5. Normativa básica para la regulación del sector audiovisual: la prestación de los servicios de comunicación audiovisual como servicios de interés general

El artículo 22 de la LGCA es la principal manifestación de la intención liberalizadora que comentábamos anteriormente y que preside toda la regulación de esta Ley. Se define a los servicios de comunicación audiovisual radiofónicos, televisivos y conexos e interactivos como *"servicios de interés general"*, frente a la anterior y clásica caracterización de *"servicios públicos"*.

Esta transición implica lógicamente la modificación del título habilitante necesario para la prestación de este servicio. De la necesidad de la concesión, se ha pasado a que la prestación del servicio requiera únicamente comunicación fehaciente ante la autoridad audiovisual competente y previa al inicio de la actividad, salvo los casos en los que dichos servicios se presten mediante ondas hertzianas terrestres, supuestos en los que se necesitarán licencia previa otorgada mediante concurso por la autoridad audiovisual competente.

Respecto al régimen jurídico de la comunicación previa, el artículo 23 LGCA establece que el procedimiento regulador de comunicación previa será el que fijen el Gobierno y las Comunidades Autónomas en el marco de su respectivo ámbito competencial.

Respecto al régimen jurídico de la licencia, la competencia para el otorgamiento de las licencias, en el ámbito de cobertura estatal, incluidas las de radiodifusión digital terrenal y onda media, corresponde al Gobierno, sin perjuicio de la participación de las Comunidades Autónomas. A tal efecto, el Gobierno establecerá, de acuerdo con las Comunidades Autónomas, los mecanismos de colaboración y cooperación que aseguren la participación de las Comunidades Autónomas en la planificación de licencias audiovisuales en el ámbito estatal.

Las licencias deberán concretar el ámbito de cobertura territorial de la emisión, el número de canales, el múltiplex asignado y si éste será en abierto o en acceso condicional mediante pago. La adjudicación de licencia lleva aparejada la concesión de uso privativo del dominio público radioeléctrico de conformidad con la planificación establecida por el Estado. Por otro lado, se establece una limitación para la explotación de canales con contenidos total o parcialmente de pago, ya que se permite esta explotación siempre que la ocupación de espectro radioeléctrico sea inferior o igual al 50% del conjunto del espectro asignado.

Respecto a quiénes pueden ser titulares de una licencia de prestación de servicios de comunicación audiovisual, los artículos 25 y 26 recogen, respectivamente, los requisitos para lograr dicha titularidad y las limitaciones de acceso a una licencia por razones de orden público audiovisual. Las limitaciones responden al modelo teórico de las prohibiciones para contratar con la Administración (de hecho, estas prohibiciones se incluyen entre las limitaciones) y se configuran como precauciones para evitar que personas físicas o jurídicas que hayan tenido una conducta administrativa irregular puedan resultar titulares de una licencia.

Las licencias, de acuerdo con el artículo 28 LGCA, serán otorgadas por un plazo de quince años. Las sucesivas renovaciones de las licencias serán automáticas y por el mismo plazo estipulado inicialmente para su disfrute, siempre que:

a. Se satisfagan las mismas condiciones exigidas que para ser titular de ella y se hayan cumplido las establecidas para la prestación del servicio.
b. No existan obstáculos técnicos sobrevenidos e insalvables en relación con el espectro de las licencias afectadas.
c. El titular del servicio se encuentre al corriente en el pago de las tasas por la reserva del dominio público radioeléctrico y de las previstas en la propia LGCA.

Excepcionalmente, la renovación automática de la licencia prevista en el apartado anterior no tendrá lugar y deberá procederse a su adjudicación en régimen de libre concurrencia en el caso de que concurran los siguientes requisitos:

a. Que el espectro radioeléctrico esté agotado.
b. Que exista un tercero o terceros que pretendan la concesión de la licencia.
c. Que lo hayan solicitado con un plazo de antelación de al menos 24 meses respecto de la fecha de vencimiento.
d. Que el solicitante o los solicitantes cumplan los mismos requisitos que fueron tenidos en cuenta para la obtención de la licencia por parte del adjudicatario o adjudicatarios.

Para terminar con el régimen jurídico de las licencias, cabe destacar otros aspectos recogidos en la LCGA:

— Concursos para la concesión de licencias de prestación de servicios audiovisuales: el artículo 27 regula el procedimiento para el otorgamiento de las licencias de servicios de comunicación audiovisual, que revestirá la forma de concurso.

— Negocios jurídicos sobre licencias de comunicación audiovisual: se permite realizar negocios jurídicos como la transmisión y el arrendamiento, sometidos a algunas condiciones, como por ejemplo que hayan transcurrido al menos dos años desde la adjudicación inicial de la licencia.
— Extinción: además de su extinción por las causas generales de extinción de las relaciones jurídicas, destaca la presencia de una suerte de revocación automática incluida en el artículo 30.2 LGCA, según el cual la licencia podrá ser revocada por no haber sido utilizada en un plazo de 12 meses desde que hubiera obligación legal de comenzar las emisiones. Nos llama la atención este supuesto de revocación porque parece quebrar el principio de interdicción de la libre revocabilidad de los actos de la Administración declarativos de derechos en los que no se aprecia ningún vicio de legalidad.
— Registros de prestadores del servicio de comunicación audiovisual: el artículo 30 de la LGCA establece que los prestadores del servicio de comunicación audiovisual habrán de inscribirse en un Registro estatal o autonómico de carácter público, en atención al correspondiente ámbito de cobertura de la emisión.

La caracterización de los servicios de comunicación audiovisual como servicios de interés general termina con la regulación de las nuevas formas de comunicación audiovisual y de las medidas para el mantenimiento de un mercado audiovisual competitivo, transparente y plural. Respecto a las nuevas formas de comunicación audiovisual, se regulan la Televisión en Movilidad y la Televisión en Alta Definición, con la referencia en ambos casos a que la emisión y la recepción deberán atenerse, en todo caso, a los estándares establecidos para el territorio de la Unión Europea.

En cuanto a las reglas para el mantenimiento de un mercado transparente, competitivo y plural, los artículos 36 y 37 LGCA establecen una serie de medidas para tratar de asegurar el pluralismo tanto en el mercado televisivo como en el radiofónico. Para ello, se prohíbe, en el caso del sector televisivo, que una misma persona física o jurídica adquiera una participación significativa en más de un prestador del servicio de comunicación audiovisual televisiva de ámbito estatal, cuando la audiencia media del conjunto de los canales de los prestadores de ámbito estatal considerados supere el 27% de la audiencia total durante los doce meses consecutivos anteriores a la adquisición; mientras, en el sector radiofónico, se establece que una misma persona física o jurídica no podrá, en ningún caso, controlar directa o indirectamente más del 50 % de las licencias administrativas del servicio de radiodifusión sonora terrestre que coincidan sustancialmente en su ámbito de cobertura. En todo caso, una misma persona física o jurídica, no podrá controlar más de cinco licencias en un mismo ámbito de cobertura. Por último, y como última cláusula de precaución, el artículo 37.3 establece que ninguna persona física o jurídica podrá controlar directa o indirectamente más de un tercio del conjunto de las licencias del servicio de radiodifusión sonora terrestre con cobertura total o parcial en el conjunto del territorio del Estado.

El Título III se cierra con la regulación de la prestación de servicios prestados dentro del Espacio Económico Europeo, sobre la base de la libertad de recepción en todo el territorio español de los servicios audiovisuales cuyos titulares se encuentren establecidos en un Estado miembro del Espacio Económico Europeo, siempre que no interfieran técnicamente en las emisiones de los prestadores establecidos bajo jurisdicción española.

6. Los prestadores públicos del servicio de comunicación audiovisual

6.1. Cuestiones generales

Como sucede en la gran mayoría de los sectores que han sido progresivamente liberalizados en nuestro país, y debido a la herencia de una larga época en la que estos sectores eran gestionados monopolísticamente por el Estado, en el sector audiovisual conviven empresas privadas que actúan como prestadoras del servicios de comunicación audiovisual con prestadores públicos que en su día, como hemos señalado, eran los únicos que estaban posibilitados para prestar dichos servicios.

Como hemos comentado también en la introducción, las limitaciones de espacio propias de las obras de estas características, impiden la posibilidad de recoger aquí una evolución histórica más o menos completa de cómo el sector audiovisual pasó de estar en manos exclusivas del entonces Ente Público Radio Televisión Española a la convivencia de un conjunto de canales y emisoras públicas y privadas a nivel estatal, autonómico y local.

La LGCA, consciente de esta realidad, y del notable protagonismo que por razones puramente históricas y sociales tienen la televisión y la radio públicas en nuestro país, dedica sus artículos 40 y siguientes a la normativa atinente a los prestadores públicos de los servicios de comunicación audiovisual. Y lo hace, una vez más, con una técnica legislativa que al menos se puede calificar de curiosa, ya que en un mismo artículo se contienen apartados más propios de un convenio internacional, de una Constitución o de una simple declaración de intenciones que de una ley, junto con mandatos tan estrictos y concretos que cabrían más bien en un reglamento o en una orden ministerial[78].

En concreto, el artículo 40.2 establece que el Estado, las Comunidades Autónomas y las Entidades Locales podrán acordar la prestación del servicio público de comunicación audiovisual con objeto de emitir en abierto canales generalistas o temáticos, en función de las circunstancias y pe-

---

[78] Ejemplo de lo primero es el artículo 40.1, lleno de grandes declaraciones y buenas intenciones: *"el servicio público de comunicación audiovisual es un servicio esencial de interés económico general que tiene como misión difundir contenidos que fomenten los principios y valores constitucionales, contribuir a la formación de una opinión pública plural, dar a conocer la diversidad cultural y lingüística de España, y difundir el conocimiento y las artes, con especial incidencia en el fomento de una cultura audiovisual. Asimismo los prestadores del servicio público de comunicación audiovisual atenderán a aquellos ciudadanos y grupos sociales que no son destinatarios de la programación mayoritaria.*

En cumplimiento de las misiones establecidas en el párrafo anterior, el servicio público de comunicación audiovisual tiene por objeto la producción, edición y difusión de un conjunto de canales de radio, televisión y servicios de información en línea con programaciones diversas y equilibradas para todo tipo de público, cubriendo todos los géneros, destinadas a satisfacer las necesidades de información, cultura, educación y entretenimiento de la sociedad y a preservar el pluralismo en los medios de comunicación". Después de esta loable declaración de intenciones el artículo 41.1 ordena, en una norma con rango de ley, que el contrato programa disponga un plan concreto para la creación del centro de producción de referencia en Sant Cugat. No nos cansaremos de insistir en la necesidad de que el contenido de la ley se adecúe no sólo a la materia que se regula, sino al propio rango normativo de la misma, como se explica en Derecho Constitucional I, si no se quiere congelar el rango de preceptos o mandatos que, sin querer faltar al respeto a la importancia del centro de producción de Sant Cugat, no tienen la entidad como para estar en una ley.

culiaridades concurrentes en los ámbitos geográficos correspondientes y de los criterios establecidos en el primer apartado de dicho precepto. La gestión de estos servicios deberá acomodarse a lo establecido en el artículo 41 LGCA, que introduce el concepto "contrato programa" como principal instrumento de gestión al que deberán atender los prestadores públicos del servicio de comunicación audiovisual.

El contrato programa será el instrumento en el que se concretarán los objetivos generales de los prestadores públicos del servicio de comunicación audiovisual. Los objetivos generales de la función de servicio público se establecerán normativamente para un periodo de nueve años. Su desarrollo y concreción para todos y cada uno de sus canales se llevará a cabo para plazos inferiores mediante la suscripción por el Estado y las Comunidades Autónomas, en sus respectivos ámbitos de competencia, de los correspondientes contratos programa, identificándose de manera expresa los contenidos de servicio público, en particular habrán de concretarse los porcentajes de géneros de programación que deban emitirse en los canales gestionados por un mismo prestador. A esos efectos, la LGCA obliga a que en el plazo máximo e improrrogable de 180 días desde su entrada en vigor, el Gobierno suscriba con la Corporación RTVE el contrato programa correspondiente en el que se detallará la oferta de televisión. Además de la oferta de televisión, en el contrato programa se incluirá también la de radio y de los servicios conexos e interactivos y de información en línea, la programación de la Orquesta y Coro y del Instituto de Radio y Televisión Española. Huelga decir que, ante tan terminante plazo, y como suele suceder en España, donde no hay nada más laxo que los plazos terminantes establecidos por una ley, a día de hoy el contrato programa al que se refiere la LGCA no se ha firmado aún.

El control de estos mecanismos de gestión corresponde a las Cortes Generales, los Parlamentos autonómicos, las autoridades audiovisuales competentes y, en su caso, a los órganos de gobierno local.

El Título IV de la LGCA termina con la regulación de los límites para los prestadores de servicio público audiovisual de titularidad pública y de la financiación de los prestadores del servicio público de comunicación audiovisual, cuestiones de importante calado, en especial en lo que afecta a la financiación de estos entes, y más en una época como la actual de grave crisis económica. En líneas generales, y en cuanto a los límites, el artículo 42 LGCA establece que los prestadores de titularidad pública del servicio público de comunicación audiovisual, las Administraciones Públicas así como cualquier entidad dependiente de ellas o sociedades sobre las que cualquiera de las anteriores ejerza el control, en los términos del artículo 42 del Código de Comercio, no podrán participar en el capital social de prestadores privados del servicio de comunicación audiovisual. No obstante, cuando de acuerdo con lo dispuesto en el artículo 40.2 se acuerde la prestación del servicio público de comunicación audiovisual mediante gestión indirecta u otros instrumentos de colaboración público privada, las Comunidades Autónomas podrán participar en el capital social del prestador de su servicio público.

En relación con la financiación, se limita la posibilidad de que los prestadores públicos de servicios de comunicación audiovisual se financien a través de publicidad, al establecer el artículo 43.2 de la LGCA que los servicios de interés económico general de comunicación audiovisual radiofónica, televisiva, conexos e interactivos de titularidad estatal no admitirán ninguna forma de comunicación comercial audiovisual, ni la emisión de contenidos audiovisual en sistemas de acceso condicional, sin perjuicio de las excepciones que su normativa específica de financiación establezca. En particular, la Corporación RTVE, de la que hablaremos brevemente a continuación, ha visto vedada por Ley la posibilidad de obtener ingresos a través de la publicidad(79).

---

(79) El artículo 2 de la Ley 8/2009, de 28 de agosto, de financiación de la Corporación de Radio y Televisión Española establece la relación de ingresos de la Corporación RTVE:

a. Las compensaciones por el cumplimiento de las obligaciones de servicio público consignadas en los Presupuestos Generales del Estado a que se refieren la Ley 17/2006, de 5 de junio, de la Radio y Televisión de Titularidad Estatal y la presente Ley.

b. Un porcentaje sobre el rendimiento de la tasa sobre reserva de dominio público radioeléctrico regulada en la Ley 32/2003, de 3 de noviembre, General de Telecomunicaciones.

c. La aportación que deben realizar los operadores de telecomunicaciones de ámbito geográfico estatal o superior al de una Comunidad Autónoma, de acuerdo con lo previsto en esta Ley.

d. La aportación que deben realizar las sociedades concesionarias y prestadoras del servicio de televisión de ámbito geográfico estatal o superior al de una Comunidad Autónoma, de acuerdo con lo previsto en esta Ley.

e. Los ingresos obtenidos por los servicios que presten y, en general, por el ejercicio de sus actividades, en los términos establecidos en esta Ley.

f. Los productos y rentas de su patrimonio.

6.2. Breve referencia a la Corporación RTVE

Por su tradición y peso en la oferta audiovisual española, es obligado hacer una referencia somera a RTVE como el más importante prestador público de servicios de comunicación audiovisual en nuestro país. Haremos un repaso muy rápido de su regulación.

La Corporación RTVE se encuentra regulada en la Ley 17/2006, de 5 de junio, de la radio y la televisión de titularidad estatal (en adelante, LRTTE). La primera novedad de esta ley fue modificar la naturaleza jurídica de RTVE, que pasó de ser un ente público a, según la disposición adicional décima de la Ley 6/1997, de 14 de abril, de Organización y Funcionamiento de la Administración General del Estado (en adelante, LOFAGE), modificada precisamente por la LRTTE, convertirse en una sociedad anónima estatal dotada de especial autonomía respecto de la Administración General del Estado, que se regirá en primer lugar por su Ley reguladora y sus estatutos sociales, en segundo lugar por su legislación sectorial y por las normas reguladoras de las sociedades mercantiles estatales en lo que les sean de aplicación, y, en defecto de la anterior normativa, por el ordenamiento privado. El artículo 5 LRTTE además añade que su capital social será de titularidad íntegramente estatal.

El régimen jurídico se desarrolla, en el mismo sentido que lo que establece la LOFAGE, en el artículo 6, según el cual la Corporación RTVE se regirá en primer lugar por dicha Ley y sus estatutos sociales, en segundo lugar por la legislación audiovisual y por las normas reguladoras de las sociedades mercantiles estatales en lo que le sea de aplicación, y, en defecto de la anterior normativa, por la legislación mercantil.

El objetivo de RTVE será garantizar el servicio público de radio y televisión del Estado, que comprende la producción de contenidos y la edición y difusión de canales generalistas y temáticos, en abierto o codificados, en el ámbito nacional e internacional, así como la oferta de servicios conexos o interactivos, orientados a los fines mencionados en el apartado anterior.

---

g. Las aportaciones voluntarias, subvenciones, herencias, legados y donaciones.

h. Los ingresos procedentes de las operaciones de crédito que concierten, dentro de los límites establecidos en el artículo 31 de la Ley 17/2006, de 5 de junio.

i. Cualesquiera otros de derecho público o de derecho privado que les puedan ser atribuidos por cualquiera de los modos establecidos en el ordenamiento jurídico.

Para el logro de estos objetivos, la Corporación RTVE cuenta con los siguientes órganos:

a) *Consejo de Administración* (artículo 10 y siguientes LRTTE): estará compuesto por nueve miembros, todos ellos personas físicas con suficiente cualificación y experiencia profesional, procurando la paridad entre hombres y mujeres en su composición. Los miembros del Consejo de Administración serán elegidos por las Cortes Generales, a razón de cinco por el Congreso de los Diputados y cuatro por el Senado, de entre personas de reconocida cualificación y experiencia profesional. Los candidatos propuestos deberán comparecer previamente en audiencia pública en el Congreso y el Senado, en la forma que reglamentariamente se determine, con el fin de que ambas Cámaras puedan informarse de su idoneidad para el cargo. Su elección requerirá una mayoría de dos tercios de la Cámara correspondiente. Si transcurridas veinticuatro horas desde la primera votación en cada Cámara, no se alcanzare la mayoría de dos tercios, ambas Cámaras elegirán por mayoría absoluta a los miembros del Consejo de Administración de la Corporación RTVE en los términos del apartado 1 del artículo 11.

En cuanto a sus funciones, el Consejo de Administración es el órgano de representación y administración de la Corporación RTVE y tiene a su cargo la dirección estratégica de su Grupo empresarial. A partir de ahí, la LRTTE le encomienda en su artículo 16, en larguísima enumeración, otras diecisiete funciones derivadas de esta función de representación y gestión.

b) *Presidente*: según el artículo 11.4 de la LRTTE, el Congreso de los Diputados designará, de entre los nueve consejeros electos, al que desempeñará el cargo de Presidente de la Corporación RTVE y del Consejo. Tal designación requerirá una mayoría de dos tercios de la Cámara. Si transcurridas veinticuatro horas desde la primera votación no se alcanzare la mayoría de dos tercios, el Congreso de los Diputados designará por mayoría absoluta al Presidente de la Corporación RTVE y del Consejo.

El Presidente, según el artículo 20.1 de la LRTTE, desempeñará la dirección ejecutiva ordinaria de la Corporación RTVE, que ejercerá con arreglo a los criterios, objetivos generales o instrucciones que establezca el Consejo de Administración. Asimismo, ostentará la representación legal de la Corporación RTVE para la realización de cuantos actos sean necesarios en el desempeño de esa dirección ejecutiva ordinaria, pudiendo celebrar con terceros en el marco de sus atribuciones cuantos actos, contratos y negocios jurídicos sean necesarios para la realización del objeto social y la conclusión de los objetivos generales de la Corporación. A continuación, el artículo 21.2 de la LRTTE enumera, en *numerus apertus*, otras competencias del Presidente.

c) Completan la estructura orgánica de RTVE el *Consejo Asesor*, con representación de distintas Administraciones, Consejos, Academias y otras entidades; y los *Consejos de Informativos*, que son los órganos internos de participación de los profesionales de la información de la Corporación RTVE para velar por su independencia y la objetividad y veracidad de los contenidos informativos difundidos.

La LGCA tuvo una incidencia importante en la LRTTE. En primer lugar, la disposición adicional quinta de la LGCA atribuye en su apartado 1 a la sociedad mercantil estatal Corporación de Radio y Televisión Española, S.A., la gestión directa del servicio público de la radio, televisión, servicios conexos e interactivos y de información en línea de titularidad estatal, en los términos establecidos en la propia LRTTE. A continuación, se establece un mandato dirigido al Consejo de Ministros para que al día siguiente de la entrada en vigor de la LGCA, se comenzasen a realizar las gestiones tendentes a adoptar los acuerdos que fueran necesarios para la extinción de la Sociedad Mercantil Estatal Radio Nacional de España, S.A. (SME RNE, S.A.) y la Sociedad Mercantil Estatal Televisión Española, S.A. (SME TVE, S.A.) garantizando la subrogación de Corporación de Radio y Televisión Española, S.A. (Corporación RTVE) en la posición jurídica de ambas sociedades. De este modo, la Corporación de Radio y Televisión Española, S.A. es a día de hoy quien presta directamente el servicio público de la radio, televisión, servicios conexos e interactivos y de información en línea de titularidad estatal, función que cumple desde el día siguiente del otorgamiento de las correspondientes escrituras públicas de cesión global de activos y pasivos por parte de SME TVE, S.A. y SME RNE, S.A.

Estas previsiones suponían necesariamente la modificación de algunos artículos de la LRTTE, entre otros de su artículo 7 y correlativos, en los que se recogía la existencia de las dos sociedades a extinguir y que quedaron finalmente integradas en la Corporación RTVE. Por ello, la disposición final segunda de la LGCA modifica la LRTTE para, entre otras modificaciones que afectan a otros quince artículos de la LRTTE, dejar sin contenido el apartado 1 y el párrafo segundo del apartado 3 del artículo 7, en los que se hacía referencia a las sociedades extintas.

Habiendo tratado anteriormente la cuestión referida a la financiación de la Corporación RTVE, cerramos ya este epígrafe remitiéndonos en el resto de cuestiones a la propia LRTTE.

7. El Consejo Estatal de Medios Audiovisuales

Antes de entrar en el estudio del Consejo Estatal de Medios Audiovisuales, debemos aclarar que conocemos que es un organismo que ni siquiera ha llegado a nacer. Sin embargo, creemos interesante referirnos aquí al mismo, ya que de otra forma el repaso a la LGCA no quedaría completo y se perdería el sentido con el que el legislador quiso abordar, desde un punto de vista global, la regulación del sector audiovisual. Además, muchas de las competencias y potestades de este Consejo han sido asumidas por la Comisión Nacional de los Mercados y de la Competencia, por lo que, además de su interés doctrinal, tiene sentido práctico estudiar cómo la LGCA quiso configurar el que estaba llamado a ser el ente regulador del sector audiovisual. En todo caso, insistimos en que debe señalarse que los artículos 44 y 55 de la LGCA han sido derogadas por la Ley 3/2013, de 4 de junio, de creación de la Comisión Nacional de los Mercados y la Competencia.

7.1. Naturaleza y fines

El artículo 44 de la LGCA caracterizaba al Consejo Estatal de Medios Audiovisuales (en adelante, CEMA) como un organismo público de los previstos en la disposición adicional décima de la LOFAGE, con personalidad jurídica propia y plena capacidad de obrar. Es decir, el CEMA quedaría agrupado dentro del conjunto de los llamados entes reguladores o Administraciones independientes.

En este sentido se pronunciaba el artículo 45 de la LGCA cuando señalaba que el CEMA actuará como autoridad independiente supervisora y reguladora de la actividad de los medios de titularidad del Estado o que estén bajo su competencia, con la finalidad de velar y garantizar el cumplimiento de los siguientes objetivos:

a. El libre ejercicio de la comunicación audiovisual en materia de radio, televisión y servicios conexos e interactivos.
b. La plena eficacia de los derechos y obligaciones establecidos en la LGCA, en especial todo lo referente al menor.

c. La transparencia y el pluralismo del sector de los medios de comunicación audiovisual.
d. La independencia e imparcialidad del sector público estatal de radio, televisión y servicios conexos e interactivos, y el cumplimiento de la misión de servicio público que le sea encomendada.

7.2. *Funciones*

Los artículos 47 y 48 de la LGCA recogían las funciones, potestades y facultades del CEMA utilizando de nuevo una técnica basada en una extensísima enumeración. Trataremos de clasificar estas funciones del siguiente modo:

a) *Funciones de ordenación*: el CEMA habría sido el órgano encargado de aprobar el catálogo de acontecimientos de interés general para la sociedad, de recibir las comunicaciones de inicio de actividad de los prestadores del servicio de comunicación audiovisual o de la llevanza del Registro estatal de prestadores de servicios de comunicación audiovisual.

b) *Funciones de control*: se encomendaba al CEMA velar por el mantenimiento de un mercado audiovisual competitivo, transparente y fiable en los sistemas de medición de audiencias y plural, o vigilar el cumplimiento de la misión de servicio de los prestadores del servicio público de comunicación audiovisual.

c) *Funciones de evaluación o seguimiento*: por ejemplo, evaluar el efecto de nuevos entrantes tecnológicos en el mercado audiovisual.

d) *Funciones de arbitraje*: el CEMA podría haber arbitrado, cuando así se hubiera acordado previamente por las partes, en los conflictos que puedan surgir entre los prestadores de servicios de comunicación audiovisual.

e) *Función de impulso, propuesta e información*: podrían incluirse en este tipo de funciones algunas como emitir un informe previo sobre los proyectos y disposiciones que puedan afectar al sector audiovisual, proponer al Gobierno la elaboración de disposiciones de carácter general relativas a la actividad audiovisual o remitir anualmente al Gobierno y a las Cortes Generales un informe preceptivo sobre el sector audiovisual.

f) *Potestad sancionadora e inspectora*: se atribuía al CEMA el ejercicio de la potestad sancionadora en los términos previstos en la LGCA así como la realización de inspecciones, a cuyo efecto, el personal dependiente del CEMA tiene la condición de autoridad pública.

g) *Potestad reglamentaria*: como la gran mayoría de los organismos reguladores, el CEMA habría estado facultado para dictar las disposiciones y actos precisos para el adecuado ejercicio de sus competencias y para el desarrollo de aquellas normas que le habiliten expresamente al efecto. Las disposiciones habrían adoptado la denominación de Instrucción si hubieran tenido carácter vinculante y de Recomendación en caso contrario.

7.3. Órganos

Los órganos directivos del CEMA eran *el Presidente y seis Consejerías*, cuyos titulares debían ser nombrados por el Gobierno mediante Real Decreto, a propuesta del Congreso de los Diputados por mayoría de tres quintos entre personas de reconocida competencia en materias relacionadas con el sector audiovisual en todas sus vertientes. No obstante lo anterior, en la primera designación de los consejeros, si transcurridos dos meses desde la primera votación en el Congreso de los Diputados no se alcanzase la mayoría requerida de tres quintos, esta Cámara habría procedido a su designación por mayoría absoluta.

Además de los órganos directivos, el CEMA contaba con el *Comité Consultivo*, que era el órgano de participación ciudadana y de asesoramiento y que estaría presidido por el Presidente, que no dispondría de voto en relación con sus informes. El número de miembros del Comité y la forma de su designación debía determinarse reglamentariamente. Los miembros serían designados en representación de los prestadores del servicio de comunicación audiovisual de ámbito estatal, de las organizaciones representativas del sector de la producción audiovisual y de los anunciantes, de los sindicatos más representativos del sector a nivel estatal, de las asociaciones de defensa de los usuarios de los servicios de comunicación audiovisual, con representación acreditada en ámbito estatal, así como del Consejo de Consumidores y Usuarios.

Por último, cabe destacar que según el artículo 53 de la LGCA, el CEMA debía elevar anualmente a las Cortes Generales un informe sobre el desarrollo de sus actividades y sobre la situación del mercado audiovisual. En esta línea, el Presidente debía comparecer ante la Comisión parlamentaria competente para dar cuenta de tal informe, así como cuantas veces fuera requerido para ello. Se configuraba por tanto un control parlamentario del CEMA en la línea del que existe para el resto de organismos reguladores.

7.4. *Una Administración independiente no nacida*

Como señalamos con anterioridad, hemos tratado aquí el CEMA porque creemos que tiene interés desde los puntos de vista doctrinal y práctico, aunque entendemos que alguien nos pueda afear la conducta y pensar que nos podíamos haber ahorrado tres páginas. Ya nos hemos justificado anteriormente y no lo volveremos a hacer más.

La realidad es que el CEMA es un curioso caso de Administración independiente que ni siquiera ha llegado a existir en el mundo real. El Gobierno anunció, a principios del año 2012, que renunciaba a crear el CEMA previsto en la LGCA con el fin de ahorrar siete millones de euros y para evitar duplicidades competenciales, ya que las competencias del CEMA podían ser asumidas por otros organismos reguladores ya existentes. Recientemente ha sido aprobada la Ley 3/2013, de 4 de junio, de creación de la Comisión Nacional de los Mercados y la Competencia, que agrupa las funciones relativas al correcto funcionamiento de los mercados y sectores supervisados por la Comisión Nacional de Energía, la Comisión del Mercado de las Telecomunicaciones, la Comisión Nacional de la Competencia, el Comité de Regulación Ferroviaria, la Comisión Nacional del Sector Postal, la Comisión de Regulación Económica Aeroportuaria y el Consejo Estatal de Medios Audiovisuales.

El artículo 9 de esta Ley atribuye a la Comisión Nacional de los Mercados y de la Competencia las funciones de "supervisión y control en materia de mercado de comunicación audiovisual[80]". Además de lo

(80) En particular, ejercerá las siguientes funciones:

1. Controlar el cumplimiento por los prestadores del servicio de comunicación televisiva de cobertura estatal, y por los demás prestadores a los que les sea de aplicación, de las obligaciones relativas a la emisión anual de obras europeas y a la financiación anticipada de la producción de este tipo de obras en los términos de lo dispuesto en el artículo 5 la Ley 7/2010, de 31 de marzo, General de la Comunicación Audiovisual.

2. Controlar el cumplimiento de las obligaciones impuestas para garantizar la transparencia en las comunicaciones audiovisuales conforme a lo dispuesto en el artículo 6 de la Ley 7/2010, de 31 de marzo.

3. Controlar el cumplimiento de las obligaciones impuestas para hacer efectivos los derechos del menor y de las personas con discapacidad conforme a lo establecido en los artículos 7 y 8 de la Ley 7/2010, de 31 de marzo. En el ejercicio de esta función, la

que recogemos a pie de página, destacamos, porque nos hemos referido anteriormente a ello, que en la disposición adicional duodécima de la Ley se atribuye al Ministerio de la Presidencia la competencia de aprobar el catálogo de acontecimientos de interés general para la sociedad a que se refiere el artículo 20.1 de la LGCA, previa consulta a los prestadores del

---

Comisión se coordinará con el departamento ministerial competente en materia de juego respecto a sus competencias en materia de publicidad, patrocinio y promoción de las actividades de juego, a efectos de hacer efectivos los derechos del menor y de las personas con discapacidad.

4. Supervisar la adecuación de los contenidos audiovisuales con el ordenamiento vigente y los códigos de autorregulación en los términos establecidos en el artículo 9 de la Ley 7/2010, de 31 de marzo.

5. Velar por el cumplimiento de los códigos de autorregulación sobre contenidos audiovisuales verificando su conformidad con la normativa vigente, en los términos establecidos en el artículo 12 de la Ley 7/2010, de 31 de marzo.

6. Controlar el cumplimiento de las obligaciones, las prohibiciones y los límites al ejercicio del derecho a realizar comunicaciones comerciales audiovisuales impuestos por los artículos 13 a 18 de la Ley 7/2010, de 31 de marzo.

7. Controlar el cumplimiento de las obligaciones y los límites impuestos para la contratación en exclusiva de contenidos audiovisuales, la emisión de contenidos incluidos en el catálogo de acontecimientos de interés general y la compraventa de los derechos exclusivos en las competiciones futbolísticas españolas regulares, en los términos previstos en los artículos 19 a 21 de la Ley 7/2010, de 31 de marzo, sin perjuicio de lo establecido en la Disposición adicional duodécima de esta Ley.

8. Vigilar el cumplimiento de la misión de servicio público encomendada a los prestadores del servicio público de comunicación audiovisual de ámbito estatal, así como la adecuación de los recursos públicos asignados para ello, de acuerdo con lo dispuesto en el Título IV de la Ley 7/2010, de 31 de marzo.

9. Garantizar la libertad de recepción en territorio español de servicios audiovisuales cuyos titulares se encuentren establecidos en un Estado miembro de la Unión Europea, adoptando las medidas previstas en el artículo 38 de la Ley 7/2010, de 31 de marzo, cuando dichos servicios infrinjan de manera grave y reiterada la legislación en materia de protección de los menores frente a la programación audiovisual o contengan incitaciones al odio por razón de raza, sexo, religión o nacionalidad.

10. Adoptar las medidas de salvaguarda de la legislación española cuando el prestador de un servicio de comunicación audiovisual televisiva establecido en otro Estado miembro de la Unión Europea dirija su servicio total o principalmente al territorio español y se hubiera establecido en ese Estado miembro para eludir las normas españolas más estrictas, de acuerdo con el procedimiento previsto en el artículo 39 de la Ley 7/2010, de 31 de marzo.

11. Resolver sobre el carácter no publicitario de los anuncios de servicio público o de carácter benéfico, previa solicitud de los interesados, de conformidad con lo establecido en la Disposición adicional séptima de la Ley 7/2010, de 31 de marzo.

12. Realizar cualesquiera otras funciones que le sean atribuidas por Ley o por Real Decreto.

servicio de comunicación audiovisual y a los organizadores de las competiciones deportivas.

Lo que ha sucedido con el CEMA debe servir como elemento de reflexión para el futuro. Consideramos que si bien no todo lo recogido en la ley nos merece un juicio favorable, sí debe alabarse al menos la intención de fondo del legislador; y no nos referimos principalmente a la austeridad, siete millones de euros son, en el marco del déficit del Estado, una auténtica minucia, sino más bien al intento de racionalizar la hipertrofia existente en una parte del sector público de la que se habla mucho menos que de las Administraciones territoriales cuando se trata de discutir sobre la reforma de la Administración Pública española; nos referimos a la Administración Instrumental y, dentro de ésta, el conjunto de Administraciones independientes. Santamaría Pastor expresaba ya hace años[81] su preocupación ante el hecho de que la creación de estos organismos reguladores no respondía a las exigencias de la *"racionalidad política y administrativa"*, sino que se había acometido de *"manera saltuaria"* y *"al aire de la moda"*, por lo que este autor solicitaba que los futuros cambios fueran producto de *"la reflexión y de la experimentación cuidadosa, no de los vientos del glamour"*.

Pues bien, reconociendo en la de Ley de creación de la Comisión Nacional de los Mercados y de la Competencia la intención de racionalizar el conjunto de las Administraciones independientes españolas, albergamos dudas de que no se haya vuelto a actuar, de nuevo, sin la suficiente reflexión, como consecuencia precisamente de la actual moda, venida de Berlín y que nadie con estilo parece poder saltarse, de la austeridad. Esperemos que el nuevo "super-regulador", como se denomina coloquialmente, sea dotado de los suficientes medios humanos y materiales para poder hacer frente a la tarea de ejercer sus funciones de supervisión en áreas tan distintas como el sector postal, el sector audiovisual, la energía, la regulación aeroportuaria. Si la nueva Comisión Nacional comienza a trabajar sin la posibilidad de ser operativa desde el punto de vista fáctico, puede que haya sido peor el remedio que la enfermedad, ya que se habrán ahorrado unos millones de euros, algo muy necesario en estos tiempos, pero a la vez se habrá abierto la puerta a que ciertos sectores no sólo se vean sometidos a un control menos riguroso, sino que además dicho control no se pueda realizar con la misma y excepcional compe-

---

(81) Santamaría Pastor, *Principios de Derecho Administrativo*, Centro de Estudios Ramón Areces.

tencia y profesionalidad de los técnicos independientes que trabajan en algunos de los organismos que se han refundido. Sólo nos queda esperar y desear que el funcionamiento de la Comisión Nacional de los Mercados y la Competencia sea exitoso, por el interés general de todos.

8. Régimen sancionador

La LGCA cierra su articulado con sus artículos 55 a 61, en los que se recoge el régimen sancionador básico en el sector audiovisual. La LGCA se remite en todo lo que afecta al procedimiento sancionador a los principios generales en la Ley 30/92 y atribuye a las Comunidades Autónomas las competencias de supervisión, control y protección activa y, en su caso, la potestad sancionadora, en relación con los servicios de comunicación audiovisual cuyo ámbito de cobertura, cualquiera que sea el medio de transmisión empleado, no sobrepase sus respectivos límites territoriales.

Los artículos 57, 58 y 59 clasifican las infracciones en muy graves, graves y leves, y el artículo 60 recoge los siguientes tipos de sanciones:

— Para las infracciones muy graves: multa de 500.001 hasta 1.000.000 de euros para los servicios de comunicación audiovisual televisiva y de 100.001 a 200.000 para los radiofónicos, para los prestadores del servicio de comunicación electrónica y para los prestadores de servicio de catálogo de programas; revocación de la licencia; y extinción de los efectos de la comunicación previa.

— Para las infracciones graves: multa de 100.001 hasta 500.000 euros para servicios de comunicación audiovisual televisiva y de 50.001 a 100.000 para los radiofónicos, para los prestadores del servicio de comunicación electrónica y para los prestadores del servicio de catálogo de programas.

— Para las infracciones leves: multa de hasta 100.000 euros para los servicios de comunicación televisiva y hasta 50.000 para los radiofónicos, para los prestadores del servicio de comunicación electrónica y para los prestadores de servicio de catálogo de programas.

III. PRENSA

La libertad de prensa fue reconocida en los principales textos del constitucionalismo histórico español, desde la Constitución de Cádiz de 1812 hasta la Constitución de 1931.

Después de la guerra civil se aprobó la Ley de Prensa de 22 abril de 1938, que sometió a fuertes restricciones el ejercicio de la profesión periodística. Tres décadas después, Manuel Fraga Iribarne, en su condición de Ministro de Información y Turismo, impulsó la aprobación de la Ley 14/1966, de 18 de marzo, de Prensa e Imprenta, que fue considerada como un signo de apertura del régimen imperante por cuanto suprimía la "censura previa" entonces existente.

No obstante, la Ley de Prensa de 1966 seguía estableciendo, por motivos ideológicos, importantes controles sobre la creación de empresas periodísticas, el acceso a la profesión de periodista y el contenido de la información:

(i) La creación de empresas periodísticas y agencias informativas se encontraba supeditada a la inscripción en el Registro Oficial dependiente del Ministerio de Información y Turismo.

(ii) El acceso a la condición de periodista exigía la obtención de un carnet profesional, que se condicionaba, por una parte, a la superación de los estudios impartidos primero en la Escuela Oficial de Periodismo y, posteriormente, en la Facultad de Ciencias de la Información creada en Madrid, y, por otra, a la inscripción en el Registro Oficial de Periodistas.

(iii) El contenido de la información era fiscalizado por las autoridades gubernativas tanto de manera directa, a través de los periódicos dependientes del Movimiento Nacional (diario *Arriba*) o de la Organización sindical (diario *Pueblo*) o de las agencias informativas estatales (Agencia *EFE*), como de forma indirecta, a través de la obligación de depósito previo de las publicaciones periódicas o de la remisión de notas oficiales que los periódicos estaban obligados a insertar.

Estos controles se acompañaban de un severo régimen de sanciones que iban desde la multa pecuniaria hasta la suspensión de las actividades profesionales o publicaciones periódicas, con el corolario del posible secuestro administrativo de aquellas publicaciones que pudieran resultar delictivas.

Durante la transición al régimen democrático, el Real Decreto-ley 24/1977, de 1 de abril, sobre Libertad de Expresión, derogó aquellos preceptos de la Ley de Prensa de 1966 que eran abiertamente incompatibles con el cambio político que se preparaba. A su vez, el Real Decreto 596/1977, de 1 de abril, procedió al desmontaje de la prensa oficial del régimen anterior, que pasó a integrarse en el organismo autónomo Medios de Comunicación Social del Estado.

La Constitución de 1978 reconoció la libertad de información (artículo 20.1.d), al tiempo que admitía la existencia de medios de comunicación social dependientes del Estado (artículo 20.3).

Pese a ello, el organismo autónomo Medios de Comunicación Social del Estado fue suprimido en el año 1982, desapareciendo así la prensa escrita en manos del Estado, algo que no sucedió con la radio y la televisión.

Dado que, a partir de este momento, las empresas periodísticas quedaban en manos del capital privado, se hizo necesaria la aprobación de la Ley 29/1984, de 2 de agosto, con un doble objeto: por una parte, remover los obstáculos que la Ley de Prensa de 1966 establecía para la creación de tales empresas; y, por otra, fijar las bases para la concesión de ayudas que garantizasen la existencia de medios de diferentes tendencias ideológicas y el consiguiente pluralismo informativo. Años después esta norma fue derogada, por su incompatibilidad con los principios inspiradores del derecho comunitario de la libre competencia. No obstante, persisten algunas fórmulas de financiación indirecta, como pudieran ser, por ejemplo, las campañas de publicidad institucional. Además, existen normas autonómicas que contemplan subvenciones para la difusión de las lenguas cooficiales propias y distintas del castellano.

En la actualidad, la Ley de Prensa de 1966 sigue vigente, aunque muchos de sus preceptos son difícilmente conciliables con los postulados constitucionales. De este modo, no existe condicionamiento administrativo alguno ni en el acceso a la profesión periodística ni en su ejercicio. Los profesionales del sector han optado por la autorregulación, proliferando numerosas asociaciones y corporaciones profesionales de periodistas, de afiliación o colegiación meramente voluntarias, que se encuentran agrupadas en la Federación de Asociaciones de Periodistas de España.

No obstante, la vigencia de algunas previsiones de la Ley de Prensa de 1966 ha sido expresamente confirmada por la jurisprudencia constitucional, especialmente en materia de responsabilidad de los profesionales del sector.

En este punto, cobra especial importancia la figura del Director, a quien se le atribuye una facultad de control sobre el contenido publicado (artículo 37), que, en última instancia, le convierte en responsable de cuantas infracciones, administrativas e incluso penales, o daños se cometan a su cargo (artículo 39), cuando los autores de la información no se encuentren identificados.

La responsabilidad penal del Director por publicaciones anónimas ha sido confirmada por el Tribunal Constitucional (Sentencia 22/1995, de 30 de enero), con base en el propio tenor literal del Código Penal (actual artículo 30.2), que establece una responsabilidad en cascada, primero de los autores y después de los directores de la empresa periodística, editora o impresora. En caso de que la responsabilidad penal sea declarada, la empresa será responsable civil subsidiaria, conforme establece la Ley de Prensa (artículo 65.1).

Junto a la responsabilidad penal, existe una responsabilidad meramente administrativa, por comisión de las infracciones y sanciones tipificadas por la propia Ley de Prensa de 1966. Existe, en efecto, un régimen de infracciones y sanciones administrativas, graduadas -como es habitual- en función del carácter leve, grave o muy grave del ilícito (artículos 66 a 71). Sin embargo, además de que buena parte de las infracciones y sanciones tipificadas son contrarias al ordenamiento constitucional, los poderes públicos se han mostrado extraordinariamente reacios -tras la entrada en vigor de la Constitución de 1978- al ejercicio de la potestad sancionadora en este ámbito, habida cuenta de la importancia de la libertad de prensa para la consolidación del sistema democrático.

Finalmente, en cuanto a la responsabilidad civil, la jurisprudencia ordinaria y constitucional ha considerado vigente -por no resultar contrario a la libertad de expresión e información consagrada en el artículo 20 de la Constitución- el régimen de responsabilidad solidaria de los autores, editores, impresores o distribuidores de publicaciones periódicas contemplado en la Ley de Prensa (artículo 65.2).

EL SECTOR DE LA TELEFONÍA EN ESPAÑA

CRISTINA CLEMENTINA ARENAS ALEGRÍA
Profesora de Derecho Administrativo
Universidad de Deusto (Bilbao)

I. INTRODUCCIÓN

El sector de las telecomunicaciones, y concretamente el de la telefonía, ha sufrido en los últimos años una transformación que puede calificarse de espectacular. No nos referimos exclusivamente al aspecto tecnológico sino a su régimen jurídico y, sobre todo, a la intensidad de su regulación. De ser un servicio público de titularidad estatal, incluso monopolizado, ha pasado, por imperativo comunitario, a ser un servicio en competencia.

Este proceso no es exclusivo ni de nuestro país ni de este sector pero es cierto que en España adquiere matices que le dotan de una caracterización propia.

El mercado de las telecomunicaciones, no es un claro ejemplo de lo que ha venido a llamarse "mercados de interés general", tales como los servicios postales o energéticos, mercados que pese a desembarazarse de pasados monopolios, de los cuales en muchos casos se dice que son naturales[(82)], no dejan de ser un punto de mira permanente de los poderes públicos, que impotentes ante el desarrollo de los acontecimientos, despliegan soluciones adaptables a los mismos. En nuestro caso la figura ideada es el nuevo servicio universal, que no es sino la solución adoptada para congeniar la liberalización total de un sector, y por ello su *despublicatio*, con el hecho de que ni económicamente[(83)] ni tecnológicamente el mercado se encuentra preparado para que las telecomunicaciones en su totalidad dejen de ser lo que tradicionalmente se ha entendido como un servicio público.

II. INICIOS DE LA LIBERALIZACIÓN EN EUROPA

El proceso comienza a mediados de 1980, aunque hunde sus orígenes en la década de los sesenta a raíz de las críticas realizadas por un grupo de economistas de la Universidad de Chicago[(84)] al excesivo intervensionismo público. Varias son las razones de este fenómeno que se traduce en la necesidad de abrir el mercado de las telecomunicaciones a la competencia, pero quizá las de mayor peso, y que desencadena las restantes, sean el importante avance tecnológico y económico.

---

(82) Fundamentalmente se alude a dos razones para justificar que haya imperado en el las Telecomunicaciones un natural monopolio Estatal. Por un lado el temor de los Estado a dejar en manos privadas un elemento estratégico para la propia seguridad del Estado. Por otro lado, en un inicio cada red soportaba únicamente un servicio lo que hacía que solo el Estado pudiese afrontar los enormes costes de la inversión.

(83) Recientemente el Gobierno aprobó el RDL 1/2009 de 23 de febrero de medidas urgentes en materia de telecomunicaciones justificando su objeto en la graves crisis financiera que se produce en un momento critico para las empresas de televisión como es el proceso de transición de la emisión analógica a la digital.

(84) MONTERO PASCUAL, J.J.: *Derecho de las Telecomunicaciones,* Tirant lo Blanch, Valencia 2007, pp. 41. Apunta el autor que estos movimientos propugnaron la retirada de la Administración de la actividad económica como solución para incrementar la eficiencia del sistema económico.

En primer lugar se produce una reducción del coste de las redes y sistemas de telecomunicación, lo que permite la aparición de nuevos agentes en el mercado. Ahora deja de ser necesario que cada operador tenga su propia red permitiéndose con los nuevos avances que varios operadores compartan una red, lo que indudablemente reduce la inversión. Surgen además nuevas necesidades por parte de los usuarios como consecuencia del desarrollo tecnológico que hacen necesaria una flexibilización en los sistemas tradicionales[(85)].

Gran Bretaña y Estados Unidos fueron los primeros países en iniciar una reforma impulsando la ruptura de sus monopolios. En Estados Unidos se desmanteló el monopolio de AT&T y en Gran Bretaña se adoptó la Telecomunications Act a través de la cual se privatizó la PTT (Post, Telegraph & Telephone) abriendo la competencia a un segundo operador; la empresa MERCURY.

En Europa, el proceso de liberalización de las telecomunicaciones comienza cuando aún no se había aprobado el Acta Única Europea por lo que en sus comienzos, la actuación de la Comisión, sin claras competencias en la materia, se encontró con diversos obstáculos. Hubo de enfrentarse al freno constante de los Estados Miembros que se mostraban reticentes a la actuación de la Comisión.

Por sus repercusiones tanto económicas como sociales las telecomunicaciones son un sector de enorme trascendencia para la Unión Europea[(86)] de ahí que desde hace años venga realizando un esfuerzo im-

---

(85) Tal y como apunta MONTERO PASCUAL, J.J.: *Derecho de las telecomunicaciones,* ob, cit, pp. 53.

(86) Una de las primeras actuaciones de la Comisión Europea se produjo en 1982 en el caso British Telecom. Con la publicación de la British Telecommunication Act se creó la empresa British Telecommunication a partir de la antigua PTT procediéndose a su privatización. A raíz de su publicación comenzaron los problemas sobre la interpretación de la introducción de la libre competencia en este mercado que había sido propuesta por la Comisión. Un operador inglés denunció ante la Comisión y más tarde ante el Tribunal de Justicia de las Comunidades Europeas que se consideraba lesionado porque la BT le impedía desarrollar una actividad relacionada con la reexpedición desde Londres de telegramas internacionales procedentes de otros países comunitarios. La Comisión dictó una decisión en la que consideraba que BT abusaba de su posición de operador dominante en el mercado de las telecomunicaciones al imponer restricciones a los re-expedidores de télex. BT por su parte mantenía que le correspondía en exclusiva la prestación de este servicio en GB. Aunque GB se conformó con la decisión de la comisión, Italia la impugnó ante el TJCE, éste confirmó la postura de la Comisión. . La decisión de la Comisión se

portante de cara a la apertura a nivel comunitario de los mercados nacionales. El comienzo efectivo de la política comunitaria liberalizadora en el ámbito de la telefonía tuvo su origen en 1984 tras la adopción por el Consejo de Ministros CEE del Primer Programa de Acción en esta materia. Los objetivos fundamentales de este programa consistían en:

1. La creación de un mercado comunitario de equipos y terminales.
2. La armonización de nuevos servicios avanzados de telecomunicaciones.
3. La mejora de acceso a los servicios en las regiones menos favorecidas.

En este entorno la Comisión presentó en el mes de junio de 1987 el Libro Verde de las Telecomunicaciones. Con él se daban los primeros pasos en la estructura reguladora del sector. Según éste las Administraciones nacionales mantendrían sus derechos especiales y exclusivos sobre redes de infraestructuras, así como la prestación de los servicios básicos de telecomunicaciones, incluida la telefonía vocal. Los restantes servicios y los terminales de telecomunicaciones deberían ser abiertos a la libre competencia.

De acuerdo con estos principios la Comisión dictó varias directivas, la más importante la 90/388/CEE, de 28 de junio relativa a los mercados de servicios de telecomunicación. Esta Directiva obliga a los Estados miembros a suprimir los derechos exclusivos o especiales para el suministro de servicios de telecomunicaciones, sometiéndolos a la competencia. Se establecen, no obstante cuatro excepciones: comunicaciones por satélite, telefonía móvil y radiomensajería, radiodifusión y televisión, y servicios de telefonía vocal.

---

basaba implícitamente en el art 90.2 del Tratado de Roma según el cual se prohíbe que los Estados Miembros adopten o mantengan medidas de carácter monopolístico que se opongan a la libre competencia. Las empresas nacionales que "gestionan servicios de interés económico general" quedan igualmente sometidas a las reglas de competencia del Tratado, siempre que la aplicación de las normas de competencia no impidan de hecho o de derecho el cumplimiento de la misión a ellas confiada.

La Comisión aceptó que BT prestaba servicios de interés general pero afirmó que para no aplicar las reglas de la libre competencia no era suficiente el hecho de que se dificultase la prestación de la misión específica a ella encomendada. Así en este caso estableció que BT no estaba impedida para el cumplimiento de sus funciones por permitir la entrada de otros operadores en el mercado.

Sobre esta base la Comisión adoptó en abril de 1993 una Comunicación en la que se contenían las propuestas de liberalización que dio lugar a un informe del Consejo, de julio de 1993, estableciendo un calendario liberalizador según el cual la liberalización de todos los servicios, incluidos los de telefonía vocal, había de finalizarse en enero de 1998. Para los Estados miembros con redes menos desarrolladas (España, Portugal, Irlanda, Grecia) se otorgaba un periodo adicional de 5 años.

Aunque esta resolución no tenía carácter vinculante, para los Estados miembros supuso un importante compromiso político.

III. LA EVOLUCIÓN DE LA TELEFONÍA EN ESPAÑA

En nuestro país la evolución del sector de la telefonía va a ir dirigida, evidentemente, por la evolución comunitaria en la materia pero con unas notas peculiares. La más significativa consistió en que el sector se hallaba hasta el momento monopolizado por la Compañía Nacional Telefónica de España que, pese a tener una férrea dependencia del Estado, tras la nacionalización de sus acciones mantuvo siempre forma de sociedad mercantil[87].

Este proceso se desarrolló en varias etapas.

1. Primera etapa. El inicio de la liberalización y los servicios en régimen de concesión

La primera fase del proceso de apertura a la competencia vino, sin duda, propiciada por el mencionado Libro Verde Europeo. Poco después de éste se aprobó en nuestro país la Ley de Ordenación de las Telecomunicaciones (LOT)[88].

En esta primera ley aparecen aún regulados conjuntamente tanto los servicios de telecomunicaciones como los audiovisuales. Sin embargo la LOT partió de una definición de las telecomunicaciones en la que se encuentra implícita la diferenciación respecto al objeto de la actividad prestada y que será el germen de la futura diversificación.

---

(87) Lo cierto es que a día de hoy Telefónica S.A no se ha desembarazado de su peso específico (operador dominante u operador con poder significativo en el mercado) en el sector lo que, como se analizará más adelante, no permite considerar el mercado de las telecomunicaciones como un mercado en perfecta competencia.

(88) Ley 31/1987 de 18 de diciembre.

En efecto, la LOT dividía los servicios en: finales (proporcionan capacidad para la comunicación entre usuarios; telefonía básica, telex y telegrama), portadores (proporcionan infraestructuras necesarias para que funcionen otros servicios (cable, fibra óptica..), de difusión (en los que la comunicación se realiza en un solo sentido a varios puntos de recepción; radio y televisión) y de valor añadido (los que no siendo de difusión y utilizando servicios portadores satisfacen necesidades específicas de telecomunicación ; la telefonía móvil y el teletexto).

De acuerdo con esta clasificación la LOT estableció una distinta regulación para cada unos de los servicios. Así, mientras los servicios finales, portadores y de difusión se calificaban como servicios esenciales de titularidad estatal reservados al sector público[(89)], los servicios de valor añadido se calificaron desde su inicio como servicios en competencia, por lo que, de una manera un tanto caprichosa, se incluyó entre los mismos a una incipiente telefonía móvil[(90)] .

2. Segunda etapa. Los servicios de interés general en régimen de competencia. Licencias y Autorizaciones

La segunda fase viene presidida por la Directiva 96/2/CEE que declara incompatibles con el Tratado los derechos exclusivos y especiales relativos a la prestación de servicios de comunicaciones móviles y personales. Al amparo de ésta se aprobó en nuestro país el Real Decreto-Ley de 6 de Junio de 1996, Ley de liberalización de las telecomunicaciones.

Varios son los aspectos a destacar de esta norma. Por un lado, crea un órgano regulador nacional, la Comisión del Mercado de las Telecomunicaciones, regula además por primera vez un sistema de interconexión e inicia la ruptura del monopolio de los servicios finales y portadores a través de la entrada de un segundo operador, Retevisión.

---

(89) No olvidemos que el libro Vede permitía a los países miembros el mantenimiento de los derechos exclusivos sobre redes de infraestructuras, así como la prestación de servicios básicos de telecomunicaciones, incluida la telefonía vocal.

(90) Apunta MONTERO PASCUAL, J.J.: *Derecho de las Telecomunicaciones*. ob. cit, pp. 62, que el subsector de las comunicaciones móviles fue excluido inicialmente de la Directiva 90/388/CEE por la necesidad de adoptar un marco normativo armonizado dado que este sector requería una red diferente a la tradicional fija.

El proceso en esta fase se completa con la aprobación de la Ley General de Telecomunicaciones (LGT)[91].

La nueva normativa considera a las telecomunicaciones, y por tanto la telefonía, como servicios de interés general que se prestan en régimen de competencia. Se caracteriza la nueva regulación por un intento de liberalización general del sector, de tal manera que sólo se consideran servicios públicos reservados al Estado las redes, servicios, instalaciones y equipos de telecomunicaciones que desarrollen actividades esenciales para la defensa nacional e integren medios destinados a la misma.

Salvo los servicios audiovisuales el resto de los servicios, y por tanto la telefonía, pasan poder prestarse en competencia. El título habilitante para realizar la actividad será simplemente una autorización administrativa; autorización general o licencia individual.

El tránsito del sistema de concesiones de la Ley anterior al sistema de autorizaciones y licencias no significa una simple alteración del régimen de intervención en las telecomunicaciones. La Ley General de Telecomunicaciones contempla una nueva realidad. Frente a un sistema de concesión a los particulares de un ámbito demanial, tolerando su entrada en ámbitos públicos, la Administración ahora sólo puede intervenir velando para que se cuide el interés general ante la acción de los particulares[92]. La diferencia conceptual es trascendental, de la tutela de lo que es reservadamente público se pasa ahora a la protección de lo que esta abierto a todos.

No obstante, el hecho de que los servicios de telecomunicaciones hayan dejado de ser servicios reservados no significa que la Administración se desentienda de su prestación.

Frente a la conciencia generalizada de que la liberalización debe ir acompañada de desregulación, inicialmente este proceso va acompañado de un aumento de normativas por parte, no sólo de nuestro país, sino de la Unión Europea.

La liberalización de la actividad y el consiguiente desvanecimiento del servicio público no significa pérdida de responsabilidad del poder pú-

---

(91) Ley 11/1998 de 24 de abril.

(92) No olvidemos que una autorización administrativa no supone sino suprimir la prohibición general que se ha impuesto sobre un derecho preexistente, previa comprobación de que no peligra en el caso concreto el interés público.

blico en la ordenación y control del sector. Este ha de establecer un marco normativo adecuado que tutele los bienes y valores implicados. Los trazos fundamentales de esta nueva regulación son los siguientes:

1. Separación entre la regulación y prestación del servicio

En un marco de competencia es necesaria una nítida separación entre las funciones normativas, de ordenación de la actividad, y la prestación directa del servicio.

En España la concesión del servicio telefónico básico a la Compañía Nacional Telefónica de España (CNTE) otorgada a través de un contrato en 1924 supuso una diferenciación organizativa entre las funciones de regulación, competencia de la Administración, y la prestación del servicios, encomendada a una empresa con forma jurídica mercantil. Sin embargo el otorgamiento de derechos exclusivos a esta compañía y su nacionalización supuso que esta separación fuese puramente formal en tanto que la dependencia administrativa de la CNTE era total.

Como se apuntó, el inicio del cumplimiento de este principio se ha producido en 1996 con la creación de la Comisión del Mercado de las Telecomunicaciones como organismo regulador independiente.

2. Normativa de defensa de la competencia

El servicio público debe dejar paso a la iniciativa privada y a la competencia. La competencia privada sin embargo no surge espontáneamente. El operador monopolista puede con facilidad proyectar hacia el futuro su posición de dominio en el mercado haciendo inviable una competencia efectiva.

Son necesarias por tanto normas contra la concentración o el abuso de posición dominante, garantías de acceso igualitario a las redes, la adecuación de las tarifas a los costes de cada servicio, la transparencia y la separación contable entre los distintos servicios que puede prestar una empresa para evitar subvenciones cruzadas.

3. Obligaciones de servicio público

La normativa debe también corregir el funcionamiento del mercado en la medida necesaria para garantizar las finalidades de interés general irrenunciables en una actividad esencial como es la telefonía. Es por tanto necesario garantizar lo que vino a llamarse el servicio universal.

Todo esto puede traducirse en la imposición a los operadores de obligaciones positivas, así como la realización de prestaciones con un contenido o intensidad que no se producirían si simplemente se tuviera en cuenta el beneficio económico. El operador que asuma la obligación de servicio público deberá ser compensado económicamente por los operadores que actúen en competencia en las partes más rentables del mercado.

4. *Armonización Comunitaria*

Es necesaria la tutela comunitaria de algunos derechos que pueden verse afectados por el creciente desarrollo supranacional de esta actividad. Es oportuna por tanto una regulación de aspectos como la protección de la propiedad intelectual, de la intimidad... Pero esta regulación sólo debe extenderse a aquellos aspectos que sean imprescindibles para asegurar el mercado interior de la telefonía, dejando libertad a los Estados en todo lo demás.

Bien, llegados a este punto y entendiendo por tanto necesaria la regulación, el legislador español debía articular un sistema que, garantizando el proceso de liberalización, consiga los objetivos propuestos.

La fórmula consistió en imponer a los operadores distintas obligaciones de servicio público en función de la necesidad de las prestaciones.

Así, existen según el tipo de obligaciones impuestas tres clases de servicios:

1.-Servicio público universal[93]. Son el conjunto de servicios que se establezcan en cada caso, que han de tener una calidad determinada, ser accesibles a todos los usuarios con independencia de la localización geográfica y un precio asequible.

La determinación de qué operador va a ser gravado con las obligaciones de servicio público universal resulta en primer lugar de la propia Ley en cuyo artículo 35 establecía que:

---

(93) Bajo esta nomenclatura e trata de dar respuesta al problema creado, en parte, al otorgar al mercado el papel principal en la provisión de redes y servicios en el sector de las telecomunicaciones. La respuesta que tradicionalmente ofrecía la técnica del servicio público al imponer al operador, gracias a la titularidad que tenía la administración, una serie de condiciones a su actividad empresarial, en contrapartida con su posición monopolística garantizaba mediante subvenciones cruzadas entre sectores y servicios rentables y aquellas otras no rentables el derecho de los ciudadanos en general a acceder a las prestaciones ofrecidas.

"Sólo los titulares de redes públicas o titulares de servicios disponibles para el público que requieran licencia individual estará sujetos a las obligaciones de servicio público Entre ellos, cualquiera que tenga la condición de operador dominante en una zona determinada podrá ser designado para prestar, en esa zona, las prestaciones incluidas en el servicio universal".

La Disposición Transitoria 3ª designaba como operador dominante a la empresa Telefónica S.A hasta, al menos, el año 2005.

Como obligaciones básicas de los servicios públicos universales se consideran; garantizar que todos los ciudadanos puedan conectarse a la red telefónica pública fija y acceder a la prestación del servicio telefónico fijo disponible al público, el suministro en todo el territorio nacional de guía telefónica, y que las personas discapacitadas tengan acceso al servicio telefónico fijo.

2.-Servicios Obligatorios. Son servicios que deben ser garantizados por los titulares de licencias individuales. Se consideran servicios obligatorios dentro de la telefonía los servicios de seguridad y urgencia. El Gobierno determina reglamentariamente a qué Administración se le encomienda la obligación de prestarlos (según competencias sectoriales), estas podrán llevar a cabo dicha prestación directamente o a través de gestores indirectos.

3.-Servicios Públicos. El gobierno puede por motivos de defensa nacional o seguridad pública imponer a los titulares de bienes individuales obligaciones adicionales de servicio público.

Por lo tanto, según lo dicho a partir de la LGT la generalidad de los servicios de telefonía dejan de ser de titularidad estatal. Pero esto no quiere decir que puedan prestarse libremente. Para prestarlos es necesario ser portador de un titulo habilitante que, según el tipo de servicio a prestar consistirá en una autorización general o una licencia individual.

3. Tercera etapa. Los servicios en competencia

La Ley General de Telecomunicaciones de 2003[94], tal y como establece su Exposición de Motivos, profundiza en la liberalización reduciendo la intervención administrativa en relación con los controles previos a la entrada en el mercado. Así la habilitación para dicha prestación se otorga desde la ley, a cualquier operador de telecomunicaciones

(94) Ley 32/2003 de 3 de noviembre, general de telecomunicaciones.

sin más requisito que la notificación a la Comisión del Mercado de las Telecomunicaciones para iniciar la prestación[95].

Según el artículo 2 de la Ley sólo tienen la consideración de servicio público los servicios de telecomunicaciones para la defensa nacional y la protección civil. No obstante, y aquí empieza la primera excepción al espejismo liberalizador, el gobierno puede, previo informe de la CMT imponer a otros operadores determinadas obligaciones de servicio público en razón de necesidades de cohesión territorial, aplicación de servicios a la sanidad, educación o acción social o la necesidad de facilitar la comunicación entre determinados colectivos que se encuentren en circunstancias especiales y que estén insuficientemente atendidos.

Pues bien, ¿no son estas las circunstancias que desde sus orígenes han caracterizado la catalogación de una actividad como servicio público?

Podríamos plantearnos que es lo que se entiende por liberalización total de un sector, puesto que si bien de acuerdo con la doctrina tradicional, basta con que cualquier agente económico pueda ser titular y prestar estas actividad, lo cierto es que el grado de regulación existente sobre este sector nos induce a pensar que estamos aún lejos de encontramos en un mercado libre, y ello se debe fundamentalmente a que a que realmente no podemos catalogar a este mercado como un mercado en competencia. Cuando esto es así la intervención publica sobre el sector se duplica. No basta con regular cuestiones básicas de convivencia, sino que es el regulador quien ha de ir abriendo camino en el mercado a través de una normativa constante dirigida no sólo a garantizar determinadas prestaciones, sino a imponerlas a quien aun posee una situación de predominio en el mercado.

IV. LA REGULACIÓN TRAS LA LIBERALIZACIÓN. LOS SERVICIOS DE INTERÉS GENERAL

El hecho de que un mercado, como el que analizamos, haya pasado en poco tiempo de ser un mercado monopolizado a definirse como un mercado en competencia que a través de numerosas leyes al día de hoy no dejan de regularlo, nos hace plantearnos una cuestión trascendental.

---

[95] Quedan excluidos del ámbito de esta Ley el régimen aplicable a los contenidos de carácter audiovisual transmitidos a través de las redes, así como el régimen básico de los medios de comunicación social de naturaleza audiovisual a que se refiere el artículo 149.1.27 de la Constitución.

¿Qué es lo que caracteriza a este mercado que lo haga merecedor de especial protección e intervención cuando no parece justificarse ya su consideración como servicio público esencial?

La respuesta radica, como se apuntó, en que nos encontramos ante mercados que, al igual que el de los servicios postales o energéticos tienen la consideración de servicios de interés general. Podemos pretender que la razón de la regulación actual estriba en que la liberalización no es aún un proceso acabado y que cuando ésta culmine se retirará la intervención estatal, pero lo cierto es que se trata de un mercado en el que confluyen, no solo intereses estratégicos estatales sino innumerables interese públicos. De estos intereses se abastecen y dependen los demás mercados[96].

1. La regulación del sector de la telefonía en un entorno presuntamente liberalizado

Una vez analizado el proceso de liberalización, proceso ni mucho menos completado aún procede plantearnos el porqué de la regulación actual y hacia donde se dirige esta en el futuro.

Varias son las razones[97] que se esgrimen para justificar la regulación de estos mercados en competencia:

1. Existencia de fallos en el mercado[98]

La tesis de paridad en el mercado necesita mucho tiempo para ser una realidad en Europa[99]. Por ello es necesario aun hoy regular situaciones como accesos a red, interconexión y precios. Actualmente se considera que el mercado no está aun maduro en toda su extensión y por ello se hace precisa una potente regulación.

La posición omnipresente de la CMT en todo el sector había sido criticada[100] como no representativa de un mercado que se define liberali-

---

(96) GONZALEZ VARAS IBAÑEZ, Santiago.: *Los Mercados de interés general: telecomunicaciones y postales, energéticos y de transportes,* Comares 2001, pp. 137.

(97) GONZALEZ VARAS, ob.cit. pp. 146.

(98) VV.AA.: *Telecomunicaciones, infraestructuras y libre competencia,* ob colectiva, Tirant lo Blanch, 2003, pp. 115 apunta que se entiende que hay fallos en el mercado cuando la estructura de precios no informa correctamente de la escasez relativa de un bien o servicio, o bien cuando el entorno no sea competitivo.

(99) DE LA CUÉTARA, José María.: "Asimetría regulatoria, equidad y transición a la competencia en las telecomunicaciones españolas, *REDETI*, nº 4, 1999, pp. 11.

(100) La propia CMT en Expediente ME 2000/2429 de 27 de Julio afirma que la intervención de la CMT en los conflictos de interconexión se rige por el principio de intervención mínima.

zado. Es cierto que la CMT, en la última regulación, Ley General 2003, había perdido parte de sus potestades en materia de competencia, para remitirlas a su ámbito natural, el Tribunal y al Servicio de Defensa de la Competencia, pero lo cierto es que durante mucho tiempo aún ha sido necesaria su intervención en defesa de la paridad de mercado[(101)].

Uno de los ámbitos sobre los que se ha seguido centrando la regulación es la interconexión[(102)]. La interconexión es el proceso de conexión física y funcional de las redes de telecomunicaciones utilizadas por el mismo o diferentes operadores de manera que se permita a los usuarios comunicarse ante si. La interconexión no deja de ser un proceso asimilable a una terminal de transportes en la que se conectan distintos destinos. ¿Por qué, y sobre todo hasta cuando es necesaria su regulación? No olvidemos que se trata, en definitiva, de intervenir en acuerdos entre partes privadas.

Pues bien, la regulación de la interconexión entre operadores pretende vigilar los acuerdos para evitar que resulten abusivamente impuestos por los operadores dominantes. En caso contrario se derivarían dos consecuencias negativas para el mercado, bien que determinados operadores no se interconecten, con la consiguiente desventaja para los usuarios, o bien que repercutan en los usuarios los elevados costes de la interconexión.

Pero ¿hasta cuando ha de mantenerse el control sobre la inter-conexión?

A nuestro juicio, más allá de lo que pueda ser las funcionas propias del Tribunal de Defensa de la Competencia, el control sobre la interco-

---

(101) Recientemente el tribunal Supremo en Sentencia de 17 de Diciembre de 2008 (rec 2530/2006) que En este sentido, si bien la CMT no tiene capacidad para declarar formalmente que una determinada conducta constituye una conducta prohibida por los arts. 1 y 6 LDC 1989 —tal y como se declaró en TS S 1 Feb. 2006—; sí puede, en cambio, apreciar que esa conducta tiene presumiblemente efectos contrarios a la libre competencia o abusivos de una posición de dominio; valoración que se configura como presupuesto imprescindible para poder fundamentar la adopción de medidas preventivas correctoras. Es decir, se trata de un caso de valoración indiciaria de una conducta como adversa a la prohibición de abuso de posición de dominio y la consiguiente adopción de una medida correctora de las contempladas en el art. 48.3 e) L 32/2003.

(102) FERNANDEZ FARRERES, G, en *Telecomunicaciones, infraestructuras*....ob, cit, pp. 131 apunta que la efectiva interconexión constituye en gran medida la clave del éxito de la liberalización y del esfuerzo por crear un mercado competitivo ya que desde la opción elegida, la de ruptura del monopolio en el establecimiento y la explotación de redes es la única forma de que los nuevos titulares puedan ofrecer el acceso a cualquier abonado de otro sistema o de otra operador.

nexión ha de desaparecer cuando desaparezcan los operadores con poder significativo en el mercado.

2. *Consecución de objetivos políticos: servicio universal*

Realmente el propio concepto de servicio público supone la adopción por parte de un gobierno de un modelo de política social y económica determinada.

Bien pues una vez que ha de desaparecer el antiguo concepto que supone la titularidad exclusiva de la actividad por parte del sector público ha de encontrarse una manera de redirigir ese modelo u opción política. A nuestro juicio el paso supone adoptar el concepto de servicio de interés general(103).

El propio objetivo de constituir un mercado único resultó incompatible con la intervención pública de los Estados en el sector de la telefonía, lo que llevó a las autoridades a prohibir paulatinamente los derechos exclusivos que tanto habían imperado. Pero este sector ha sido, y es, un sector de enorme trascendencia para los Estados que no pueden permitirse desinteresarse del mismo.

La solución para congeniar un mercado en competencia con la necesaria satisfacción de determinadas necesidades a los ciudadanos pasa por su caracterización como servicios de interés general.

Estos servicios constituyen un concepto dinámico y sus notas principales (igualdad de acceso, regularidad, adaptabilidad), son las mismas que en su día definían el servicio público que no es sino el mismo concepto con una reserva de titularidad pública.

Ciertamente hasta que el mercado no se encuentre en una situación de igualdad no es posible limitar la regulación a la definición de los servicios de interés general.

Actualmente el tránsito pasa por la imposición, nuevamente debido a la posición significativa en el mercado de determinados operadores, de determinadas obligaciones de servicio universal(104).

(103) Según la dicción de la Unión Europea, la noción de servicio de interés general abarca servicios de mercado y no mercado que el regulador considera de interés general ya los que se les impone determinadas obligaciones de servicio público. CARRASCO PEREA, Ángel y MENDOZA LOSANA, Ana Isabel.: *Estudios sobre telecomunicaciones y derecho del consumo,* Carrasco Perera, A (Coord.), Aranzadi, pp. 99.

(104) A través de la Orden ITC/3233/2011, de 17 de noviembre se resuelve la licitación convocada por Orden ITC/2466/2011 y se designa a Telefónica de España, SAU como empre-

3. *La regulación del dominio público*

En todo caso no podemos dejar de apuntar que incluso llegado el momento de la liberalización total del mercado en el que no existan ya posiciones significativas de poder, no podemos esperar una ausente regulación.

Hay una serie de aspectos en el sector que siempre requerirán de una intervención pública.

Por un lado se trata de un sector en estrecha conexión con la utilización de dominio público, no sólo terrestre sino radioeléctrico. Además se gestiona en éste un recurso digno de especial protección por su carácter de recurso escaso, la numeración. Finalmente la intervención pública ha de ir dirigida a la protección de intereses menos favorecidos, tales como atención a la infancia o a personas con cierta discapacidad.

2. La redefinición del concepto de servicio

La presencia directa de la Administración monopolizando incluso la gestión de la actividad tiene que encontrar un nuevo modelo de intervención pública que resulte por un lado compatible con las exigencias de la Unión Europea, y por otro que permita dirigir el interés general en el sector. Es el modelo de servicios de interés con la imposición de ciertas obligaciones de servicio universal(105).

El problema se plantea en el momento en que se percibe que resulta imposible abrir el mercado a la competencia imponiendo ciertas obligaciones que los incipientes operadores no van a ser capaces de cumplir o, no al menos, sin que ello repercuta en los precios del mercado.

La solución pasa entonces por un nuevo concepto que, a nuestro juicio ha de ser temporal, la imposición de obligaciones de servicio universal a algunos operadores, y en concreto a los que tiene poder significativo en el mercado.

---

sa encargada de la prestación del elemento del servicio universal relativo a la elaboración y entrega a los abonados al servicio telefónico disponible al público de la guía telefónica.

(105) El concepto de servicio universal, aunque ya era utilizado en EEUU, surge en la Europa como una necesidad de compatibilizar la intervención con la liberalización. Se hace necesario garantizar la universalidad de los servicios básicos de telecomunicaciones. PASCUAL, J.J.: *Derecho de las telecomunicaciones*, Tirant lo Blanch, Valencia 2007, pp. 220.

Son dos los conceptos básicos que identifican este servicio: accesibilidad y asequibilidad. El primero trata de asegurar que todos los ciudadanos, independientemente de su localización geográfica, puedan acceder a unas condiciones básicas de calidad del servicio. El segundo, la asequibilidad económica del servicio.

Tal y como nos preguntábamos anteriormente, ¿no son estas las notas que tradicionalmente ha caracterizado un servicio público?

La única diferencia quizá con tal concepto en sus inicios radica en que el concepto de servicio público viene ligado a la titularidad pública de la actividad puesto que la envergadura del proyecto inicial no permite garantizar la asequibilidad económica si no es a través del aporte de fondos públicos.

Por eso mismo entendemos que el concepto de servicio universal no es mas que el mismo concepto de servicio público abierto a la competencia y que una vez pueda asegurarse la libre competencia en el sector nada justificará la imposición de ciertas obligaciones o, cuando menos a un solo operador.

3. El futuro del Servicio universal

Como hemos apuntado la definición y contenido de lo que sea el servicio universal es algo avocado a desaparecer. Mientras tanto cabe plantearse dos problemas que el propio concepto plantea. En primer lugar como se define lo que es o no prestación susceptible de servicio universal, en segundo, el siempre complicado tema de su financiación.

Los contenidos del servicio universal se seleccionan atendiendo a dos criterios a) proporcionar las prestaciones básicas indispensables para comunicarnos hoy día con los demás b) haber alcanzado una difusión tan amplia que la falta de acceso suponga una causa de exclusión social[106].

Evidentemente el sector en el que nos movemos propiciará un rápido avance en el contenido del servicio, de la misma manera que se incluirán unos irán paulatinamente desapareciendo otros.

En la disyuntiva ente disponibilidad y asequibilidad, el regulador no debe caer en la tentación de ir más allá de lo que es el impulso de un mer-

---

(106) SORIA BARTOLOMÉ, Bruno.: *Telecomunicaciones y audiovisual. Cuestiones disputadas.* ARIÑO ORTIZ, Gaspar (Director). Comares, pp. 106.

cado para sustituirlo, esto es, tal y como apunta SORIA[107], aumentar el coste final del servicio regulando los medios en lugar de los fines.

En lo que al segundo problema se refiere hemos de decir que a día de hoy sigue sin solución práctica. En la financiación del servicio universal se apostó por un modelo transitorio que derivase en un sistema según el cual todos los operadores[108] contribuyan al mismo a través de aportaciones al Fondo de Financiación del Servicio Universal.

Sin embargo, dada la imposibilidad de congeniar la entrada de nuevos operadores en el mercado con el desembolso de financiación, temporalmente dichos costes habrían de ser satisfechos por el propio operador prestador de dicho servicio universal, que no es sino aquél que tenga poder significativo en el mercado.

Ahora bien, en el momento que el coste neto de dicho servicio se considere como pérdida para dicho operador entraría a funcionar el mecanismo final, esto es, la financiación vía Fondo de Financiación del Servicio Universal.

Este sistema sigue sin aplicarse fundamentalmente por las diferencias de criterio entre operadores, Administración y la CMT[109]. Y es que este sistema tiene el inconveniente de su escasa trasparencia y la disolución de responsabilidades.

---

(107) SORIA BARTOLOMÉ, Bruno.: ob cit, pp. 114 pone el ejemplo de la obligación de suministrar guías telefónicas en las que se han incluido una serie de especificaciones técnicas que hacen económicamente muy gravoso a quien las presta.

(108) Lo cierto es que esta imposición a los operadores para hacer accesible el servicio ya se imponía en épocas pasadas. Ocurría entonces, sin embargo, que el prestador monopolista sufragaba los costes mediantes subvenciones cruzadas entre clientes de alto y bajo valor. Pero en un mercado en competencia es evidente que este sistema no puede funcionar puesto que lógicamente los operadores se dirigirán a prestar únicamente servicios a los clientes de alto valor.

(109) Actualmente siguen dictándose sentencias con el objeto de resolver si los criterios utilizados por la CMT para definir el coste neto del servicio son o no correctos. Así por ejemplo la, Sentencia del Tribunal Supremo de 24 de Febrero de 2009 (CENDOJ: 28079130032009100056) en la que confirma el criterio seguido por la CMT al incluir dentro de los beneficios obtenidos por TELEFONICA DE ESPAÑA S.A, los beneficios no monetarios obtenidos por el operador, vinculados a la prestación del servicio universal, tales como el mayor reconocimiento de la marca del operador, las ventajas derivadas de la ubicuidad o la valoración de los clientes. Sin embargo considera inadecuado el criterio de la CMT en la medida en que sólo entiende como mercado de referencia el de la telefonía fija, cuando debería agregarse el de la telefonía móvil, dada la sustituividad de la oferta.

El sistema elegido que, de momento, se muestra imperfecto hace plantearse a algunos(110) si no sería otra opción más satisfactoria.

Varias son las opciones a las que se apunta.

1. Subvención del coste con cargo a los presupuestos. Supondría equiparar el régimen de prestaciones de telefonía con otras prestaciones sociales como la sanidad o la educación. La subvención podría provenir del propio Estado o de los Fondos Estructurales de la Unión Europea. Evidentemente el principal obstáculo para la adopción de este sistema, sobre todo en la actual situación de crisis económica, se encuentra en el aumento del gasto público.
2. Imponer una tasa o impuesto especial a los usuarios. Supone que el usuario paga lo mismo pero al desglosársele en su factura la parte correspondiente al servicio universal es más consciente de la responsabilidad y actividad administrativa. En definitiva el operador se convierte en un mero "cobrador" de la obligación de financiación. Qué duda cabe de la indudable impopularidad de esta fórmula es el principal inconveniente para su adopción.

V. RÉGIMEN JURÍDICO ACTUAL DE LA TELEFONÍA

Tras la Ley General de Telecomunicaciones la normativa no ha dejado de sufrir modificaciones para adaptarse a las necesidades del mercado. Una de las últimas ha sido el Real Decreto-ley 13/2012, de 30 de marzo, por el que se transponen directivas en materia de mercados interiores de electricidad y gas y en materia de comunicaciones electrónicas, y por el que se adoptan medidas para la corrección de las desviaciones por desajustes entre los costes e ingresos de los sectores eléctrico y gasista.

Mediante este Real Decreto-Ley se efectúa la incorporación al ordenamiento jurídico español del nuevo marco regulador europeo en materia de comunicaciones electrónicas, marco que está compuesto por la Directiva 2009/136/CE, del Parlamento Europeo y del Consejo, de 25 de noviembre de 2009 (Derechos de los Ciudadanos), y la Directiva 2009/140/CE, del Parlamento Europeo y del Consejo, de 25 de noviembre de 2009 (Mejor Regulación).

(110) SORIA BARTOLOMÉ, Bruno.: *Telecomunicaciones* ... ob. cit, pp. 119.

La transposición de estas Directivas se efectúa mediante la modificación de la Ley 32/2003, de 3 de noviembre, General de Telecomunicaciones, así como una modificación puntual de la Ley 34/2002, de 11 de julio, de servicios de la sociedad de la información y del comercio electrónico.

Las modificaciones introducidas en la Ley 32/2003, de 3 de noviembre, General de Telecomunicaciones, persiguen crear un marco adecuado para la realización de inversiones en el despliegue de redes de nueva generación, que permita ofrecer servicios innovadores y tecnológicamente más adecuados a las necesidades de los ciudadanos. Para ello, entre los objetivos y principios de la Ley, se introduce el fomento de la conectividad y la interoperabilidad extremo a extremo de redes y servicios de comunicaciones electrónicas y la promoción de la capacidad de los usuarios para acceder y distribuir información a través de cualquier aplicación o servicio. Todo ello, sin olvidar, las especiales necesidades de grupos sociales específicos, como los mayores y las personas con discapacidad o en situación de dependencia.

Básicamente la nueva regulación se ocupa de profundizar en los siguientes aspectos:

1. Obligaciones a los operadores con poder significativo en el mercado

EL Real Decreto- Ley insiste en la necesidad de garantizar la interconexión entre redes y servicios que permita a los usuarios interoperar. El principal obstáculo para un sistema abierto de interconexión se encuentra en los posibles abusos de los operadores con poder significativo en el mercado.

Así en el artículo 10 de la Ley de 2003, se añade una nueva pauta para la definición de los mercados de referencia:

Cuando un operador u operadores tengan, individual o conjuntamente poder significativo en un mercado de referencia (mercado primario), la Comisión del Mercado de las Telecomunicaciones podrá declarar que lo tienen también en otro mercado de referencia estrechamente relacionado con el anterior (mercado secundario) cuando los vínculos entre ambos sean tales que resulte posible ejercer en el mercado secundario el peso que se tiene en el mercado primario, reforzando de esta manera el poder en el mercado del operador.

Además se introduce la necesaria asistencia del Organismo Regulador Europeo de las Comunicaciones Electrónicas (ORECE) en la definición y revisión de los mercados de referencia.

En lo que se refiere a la interconexión, resulta chocante el cambio operado en el artículo 11. El legislador es consciente de que no es posible dejar total libertad entre los operadores en los acuerdos de interconexión.

En la Ley de 2003 se establecía un principio general según el cual no debían existir restricciones que impidiesen que los operadores negocien entre sí acuerdos de acceso o interconexión. La persona física o jurídica habilitada para explotar redes o prestar servicios no necesitaba llevar a cabo la notificación a la que se refería el artículo 6 de la Ley, cuando no explotase redes ni prestase servicios de comunicaciones electrónicas en el territorio nacional. Sin embargo, la nueva normativa ha pasado a la introducción de imposiciones en el caso de operadores con poder significativo en el mercado:

> *Sin perjuicio de las medidas que puedan adoptarse en relación con las empresas que tengan un peso significativo en el mercado por la Comisión del Mercado de las Telecomunicaciones de acuerdo con lo previsto en el artículo 13 de esta Ley, el Ministerio de Industria, Energía y Turismo podrá imponer, en casos justificados y en la medida en que sea necesario, obligaciones a las empresas que controlen el acceso a los usuarios para que sus servicios sean interoperables.*

Además en el mismo artículo trata de cerrar el control para garantizar el libre acceso a la interconexión. Así la intervención de las CMT no se limitará a partir de entonces a las relaciones entre operadores sino también a las relaciones entre éstos y otras entidades que puedan beneficiarse de las obligaciones de acceso a la interconexión.

Establece además que la decisión de la CMT en este sentido es vinculante y que ha de adoptarse en el plazo máximo de 4 meses.

Como elementos que ha de tener en cuenta la CMT para estudiar la conveniencia de imponer obligaciones de interconexión se añaden:

a) la viabilidad técnica y económica de utilizar o instalar recursos que compitan entre sí, a la vista del ritmo de desarrollo del mercado, teniendo en cuenta la naturaleza y el tipo de interconexión o acceso de que se trate, incluida la viabilidad de otros productos de acceso previo, como el acceso a conductos,

b) la posibilidad de proporcionar el acceso propuesto, en relación con la capacidad disponible,

c) la inversión inicial del propietario de los recursos, sin olvidar las inversiones públicas realizadas ni los riesgos inherentes a las inversiones,

d) la necesidad de salvaguardar la competencia a largo plazo, prestando especial atención a la competencia económicamente eficiente basada en las infraestructuras,

e) cuando proceda, los derechos pertinentes en materia de propiedad intelectual, y

f) el suministro de servicios paneuropeos.

Se avanza en la nueva norma, en la necesidad de salvaguardar la interconexión, y así consciente de que la imposición de obligación puede no resultar efectiva introduce un nuevo artículo, el 13 bis, según el cual,

> *Cuando la Comisión del Mercado de las Telecomunicaciones llegue a la conclusión de que las obligaciones impuestas no han bastado para conseguir una competencia efectiva y que sigue habiendo problemas de competencia o fallos del mercado importantes, ha de informar al Ministerio de Industria, Energía y Turismo y al Ministerio de Economía y Competitividad, los cuales podrán proponer al Gobierno, como medida excepcional, la imposición, a los operadores con poder significativo en el mercado integrados verticalmente, de la obligación de traspasar las actividades relacionadas con el suministro al por mayor de productos de acceso a una unidad empresarial que actúe independientemente. Esta unidad empresarial suministrará productos y servicios de acceso a todas las empresas, incluidas otras unidades empresariales de la sociedad matriz, en los mismos plazos, términos y condiciones, en particular en lo que se refiere a niveles de precios y de servicio, y mediante los mismos sistemas y procesos.*

2. Derechos de los operadores

En lo que a la posibilidad de limitar la ocupación del dominio público por parte de operadores se añade que las condiciones o límites, que deberán ser transparentes y no discriminatorios, no podrán implicar restricciones absolutas al derecho de ocupación del dominio público y privado de los operadores. En este sentido, cuando una condición pudiera implicar la imposibilidad de llevar a cabo la ocupación del dominio público o la propiedad privada, el establecimiento de dicha condición deberá ir acompañado de las alternativas necesarias, entre ellas el uso compartido de infraestructuras, para garantizar el derecho de ocupación de los operadores y su ejercicio en igualdad de condiciones.

3. Protección de datos

Se amplían considerablemente en el artículo 34 las garantías para la protección de datos. Así se incluyen una serie de medidas que deben adoptar como mínimo los operadores para garantizar la seguridad de su red. Son las siguientes:

a) La garantía de que sólo el personal autorizado tenga acceso a los datos personales para fines autorizados por la ley.

b) La protección de los datos personales almacenados o transmitidos de la destrucción accidental o ilícita, la pérdida o alteración accidentales o el almacenamiento, tratamiento, acceso o revelación no autorizados o ilícitos.

c) La garantía de la aplicación efectiva de una política de seguridad con respecto al tratamiento de datos personales.

4. Derechos de los usuarios

En el artículo 38, se potencian algunos derechos de los usuarios. Se insiste básicamente en la transparencia de los contratos y en los derechos de los usuarios discapacitados.

Resaltamos entre otros,

a) Se refuerza, el derecho de los usuarios a cambiar de operador conservando su numeración en un plazo mínimo de un día laborable. El retraso en la conservación de los números y los abusos de la conservación por parte de los operadores o en su nombre, dará derecho a los abonados a una compensación en los términos que se establezcan mediante real decreto. Las condiciones y procedimientos para la resolución de los contratos no deberán constituir un factor disuasorio para cambiar de operador.

b) Se establece que por real decreto se regulará el derecho de los usuarios para celebrar contratos con operadores que exploten redes públicas. Además se establece que como mínimo estos contratos habrán de incluir: los servicios prestados, la decisión del abonado sobre la posibilidad de incluir sus datos en una guía determinada, la duración del contrato, las condiciones de renovación y resolución, el modo de iniciar procedimientos de resolución de litigios y los tipos de medidas que puede tomar la empresa en caso de incidentes de seguridad.

c) Se amplían las facultades de los usuarios para rescindir los contratos cuando el proveedor de redes y servicios notifique propuestas de modificaciones contractuales. En este sentido se insiste en el derecho a obtener cumplida información por parte de los operadores de las posibles modificaciones de las condiciones contractuales, así como a la resolución del contrato por parte del usuario sin penalización alguna.

d) Se establece el derecho a acceder a los servicios de emergencias de forma gratuita sin tener que utilizar ningún medio de pago.

e) Se regula el consentimiento informado que ha de prestar el usuario para que el operador utilice sus datos de tráfico con fines comerciales o para consentir el recibir llamadas automáticas sin intervención humana, consentimiento que ha de ser en todo caso previo.

5. Gestión del dominio público radioeléctrico

El legislador pretende ante todo una utilización racional, y por tanto compartida, del espectro radioeléctrico considerando su utilización privativa como una medida excepcional.

En este sentido, la utilización privativa del dominio público se permite tan solo cuando sea preciso para garantizar un uso eficiente del espectro radioeléctrico, evitar interferencias perjudiciales, garantizar la calidad técnica del servicio o alcanzar otros objetivos de interés general, establecidos de conformidad con la normativa comunitaria, el Ministerio de Industria, Energía y Turismo podrá otorgar derechos de uso privativo del dominio público radioeléctrico.

Además únicamente se impondrá la atribución específica de una banda de frecuencias para la prestación de un determinado servicio de comunicaciones electrónicas cuando esté justificado por la necesidad de proteger servicios relacionados con la seguridad de la vida o, excepcionalmente, cuando sea necesario para alcanzar objetivos de interés general definidos con arreglo al Derecho de la Unión Europea. Además Las restricciones a la utilización de bandas de frecuencias que, en su caso, se establezcan de conformidad con los apartados 6 y 7 anteriores sólo podrán adoptarse tras haber dado a las partes interesadas la oportunidad de formular observaciones sobre la medida propuesta en un plazo razonable.

VI. LA ÚLTIMA REFORMA DEL SECTOR DE LA TELEFONÍA EN LA LEY 3/2013 DE 4 DE JUNIO

El pasado mes de junio se ha aprobado la última ley que modifica la Ley General de Telecomunicaciones de 2003, a través de la Ley 3/2013, de 4 de junio, de creación de la Comisión Nacional de los Mercados y la Competencia.

El objeto de esta Ley es la creación de la Comisión Nacional de los Mercados y la Competencia, que agrupará las funciones relativas al correcto funcionamiento de los mercados y sectores supervisados por una serie de Comisiones entre las que se encuentra la Comisión del Mercado de las Telecomunicaciones. En consecuencia, todas las funciones que en este ámbito tenía hasta ahora la CMT pasan a ser ejercidas por la Comisión Nacional de Mercados y la Competencia. La CMT continúa existiendo pero se reducen sus funciones a las referidas en el apartado 4 del artículo 48 de la LGT de 2003[111].

---

[111] a) Arbitrar en los conflictos que puedan surgir entre los operadores del sector de las comunicaciones electrónicas, así como en aquellos otros casos que puedan establecerse por vía reglamentaria, cuando los interesados lo acuerden. El ejercicio de esta función arbitral no tendrá carácter público. El procedimiento arbitral se establecerá mediante real decreto y se ajustará a los principios esenciales de audiencia, libertad de prueba, contradicción e igualdad, y será indisponible para las partes.

b) Asignar la numeración a los operadores, para lo que dictará las resoluciones oportunas, en condiciones objetivas, transparentes y no discriminatorias, de acuerdo con lo que reglamentariamente se determine. La Comisión velará por la correcta utilización de los recursos públicos de numeración asignados. Asimismo, autorizará la transmisión de dichos recursos, estableciendo, mediante resolución, las condiciones de aquélla.

c) Ejercer las funciones que en relación con el servicio universal y su financiación le encomiende el título III de esta Ley.

---

d) La resolución vinculante de los conflictos que se susciten entre los operadores en materia de acceso e interconexión de redes, en los términos que se establecen en el título II de esta Ley, así como en materias relacionadas con las guías telefónicas, la financiación del servicio universal y el uso compartido de infraestructuras. Asimismo, ejercerá las restantes competencias que en materia de interconexión se le atribuyen en esta Ley.

e) Adoptar las medidas necesarias para salvaguardar la pluralidad de oferta del servicio, el acceso a las redes de comunicaciones electrónicas por los operadores, la interconexión de las redes y la explotación de red en condiciones de red abierta, y la política de precios y comercialización por los prestadores de los servicios. A estos efectos, sin perjuicio de las funciones encomendadas en el capítulo III del título II de esta Ley y en su normativa de desarrollo, la Comisión ejercerá las siguientes funciones:

1.ª Podrá dictar, sobre las materias indicadas, instrucciones dirigidas a los operadores que actúen en el sector de comunicaciones electrónicas. Estas instrucciones serán vinculantes una vez notificadas o, en su caso, publicadas en el "Boletín Oficial del Estado".

2.ª Pondrá en conocimiento de la Comisión Nacional de la Competencia los actos, acuerdos, prácticas o conductas de los que pudiera tener noticia en el ejercicio de sus atribuciones y que presenten indicios de ser contrarios a la Ley 15/2007, de 3 de julio, de Defensa de la Competencia. A tal fin, la Comisión del Mercado de las Telecomunicaciones comunicará a la Comisión Nacional de la Competencia todos los elementos de hecho a su alcance y, en su caso, remitirá dictamen determinante. Cuando la Comisión Nacional de la Competencia, en su caso, resuelva, sólo podrá disentir del contenido del dictamen determinante de forma expresamente motivada.

3.ª Ejercer la competencia de la Administración General de Estado para interpretar la información que en aplicación del artículo 9 de esta Ley le suministren los operadores en el ejercicio de la protección de la libre competencia en el mercado de las comunicaciones electrónicas.

f) Emitir informe determinante en el marco de los expedientes de control de concentraciones de empresas que realicen actividades en el sector de su competencia, según lo previsto en el artículo 17.2 c) de la Ley 15/2007, de 3 de julio, de Defensa de la Competencia.

g) Definir los mercados pertinentes para establecer obligaciones específicas conforme a lo previsto en el capítulo II del título II y en el artículo 13 de esta Ley.

h) Asesorar al Gobierno y al Ministro de Industria, Turismo y Comercio, a solicitud de éstos o por propia iniciativa, en los asuntos concernientes al mercado y a la regulación de las comunicaciones, particularmente en aquellas materias que puedan afectar al desarrollo libre y competitivo del mercado. Igualmente podrá asesorar a las comunidades autónomas y a las corporaciones locales, a petición de los órganos competentes de cada una de ellas, en relación con el ejercicio de competencias propias de dichas Administraciones públicas que entren en relación con la competencia estatal en materia de telecomunicaciones.

En particular, informará preceptivamente en los procedimientos tramitados por la Administración General del Estado para la elaboración de disposiciones normativas, en materia de comunicaciones electrónicas, especificaciones técnicas de equipos, aparatos, dispositivos y sistemas de telecomunicación; planificación y atribución de frecuencias del espectro radioeléctrico, así como pliegos de cláusulas administrativas generales que,

La Comisión del Mercado de las Telecomunicaciones (CMT), organismo regulador sectorial independiente español para el mercado de las telecomunicaciones y de los servicios audiovisuales, telemáticos e interactivos, fue creada por el Real Decreto-Ley 6/1996, de 7 de junio, de Liberalización de las Telecomunicaciones.

La Ley 12/1997 estableció como objeto de la CMT "salvaguardar, en beneficio de los ciudadanos, las condiciones de competencia efectiva en el mercado de las telecomunicaciones y de los servicios audiovisuales, telemáticos e interactivos, velar por la correcta formación de los precios y ejercer de órgano arbitral en los conflictos que surjan en el sector".

La protección de la competencia era la primera y más esencial de las funciones de la CMT, en la que se resumen todas las demás competencias que se le atribuyeron:

---

en su caso, hayan de regir los procedimientos de licitación para el otorgamiento de concesiones de dominio público radioeléctrico.

i) Ejercer las funciones inspectoras en aquellos asuntos sobre los que tenga atribuida la potestad sancionadora de acuerdo con el artículo 50.1 y solicitar la intervención de la Agencia Estatal de Radiocomunicaciones para la inspección técnica de las redes y servicios de comunicaciones electrónicas en aquellos supuestos en que la Comisión lo estime necesario para el desempeño de sus funciones.

j) El ejercicio de la potestad sancionadora en los términos previstos por esta Ley. En los procedimientos que se inicien como resultado de denuncia por parte del Ministerio de Industria, Turismo y Comercio, el órgano instructor, antes de formular la oportuna propuesta de resolución, someterá el expediente a informe de dicho ministerio. La propuesta de resolución deberá ser motivada si se separa de dicho informe.

k) Denunciar, ante los servicios de inspección de telecomunicaciones de la Agencia Estatal de Radiocomunicaciones, las conductas contrarias a la legislación general de las telecomunicaciones cuando no le corresponda el ejercicio de la potestad sancionadora. En los procedimientos que se inicien como resultado de las denuncias a que se refiere el párrafo anterior, el órgano instructor, antes de formular la oportuna propuesta de resolución, someterá el expediente a informe de la Comisión del Mercado de las Telecomunicaciones. La propuesta de resolución deberá ser motivada si se separa de dicho informe.

l) La llevanza de un registro de operadores, en el que se inscribirán todas aquellas cuya actividad requiera la notificación a la que se refiere el artículo 6 de esta Ley. El registro contendrá los datos necesarios para que la Comisión pueda ejercer las funciones que tenga atribuidas.

m) Cualesquiera otras que legal o reglamentariamente se le atribuyan o que le encomienden el Gobierno o el Ministerio Industria, Turismo y Comercio.

1) Asesoramiento

La CMT contaba con una competencia global de informar en relación con la política de telecomunicaciones del Gobierno. En efecto, la CMT podía, por propia iniciativa, informar al Gobierno en relación con cualquier cuestión relativa a las telecomunicaciones. Esta facultad se revela como expresión de su independencia al permitirle hacer oír su propia voz.

La CMT ostentaba la condición de órgano consultivo especializado, asesorando al Gobierno en cuantas ocasiones sea requerida para ello. Esta consulta resultaba obligada en los procedimientos dirigidos a la elaboración de disposiciones normativas en la materia. La CMT asesoraba también, directamente, a las Comunidades Autónomas y Corporaciones Locales, a solicitud de las mismas.

Por último, la CMT resolvía las consultas que le formulasen tanto los operadores de redes y servicios como las asociaciones de consumidores y usuarios.

2) Regulación y ordenación del sector

La CMT podía dictar Instrucciones vinculantes para las entidades que operen en el sector dirigidas a salvaguardar la libre competencia en el mercado.

La CMT concedía los títulos que en cada momento habilitaban para prestar servicios de telecomunicación. La CMT gestionaba los Registros de operadores de redes y servicios que requieran de título habilitante para su explotación o prestación.

3) Control y vigilancia

La CMT desarrollaba las funciones de control y vigilancia permanentes que se consideraban necesarias en un entorno de plena competencia para permitir la comunicación global entre los usuarios de forma que las condiciones de prestación de los servicios sean equilibradas, ajustadas a costes y sin discriminaciones. En este sentido la CMT se encargaba de garantizar la adecuada financiación de las obligaciones de servicio público impuestas a los operadores, incluidas las de prestación de servicio universal.

La CMT además era la responsable de gestionar los recursos escasos, garantizando la disponibilidad de numeración y la portabilidad del número y la adecuada utilización del espectro radioeléctrico. Otras de las funciones de la CMT era garantizar el acceso a las redes y servicios, la interconexión entre las redes y la interoperabilidad de los servicios, velar por la correcta formación de los precios en el mercado y garantizar la competencia efectiva ejerciendo el control sobre las concentraciones de empresas y las operaciones de toma de control de las empresas mediante participación en el capital de las mismas y los acuerdos entre los agentes del sector. Para lograr todo ello la CMT podía adoptar medidas correctoras para eliminar las situaciones discriminatorias que haya evidenciado así como adoptar, en el curso de los procedimientos, medidas cautelares para asegurar la eficacia de las Resoluciones que finalmente adopte.

Tal y como recoge la Exposición de Motivos de la Ley de 2013, transcurrido cierto tiempo desde la implantación del sistema[(112)], que ha reportado indudables ventajas para el proceso de liberación y transición de la competencia de los sectores regulados, se hacía necesario revisarlo.

No se nos escapa que la principal razón para esta reforma se encuentra en el necesario redimensionamiento de la Administración Pública y la necesaria reducción de organismos públicos como consecuencia de la crisis económica. Sin dejar de mencionar esta circunstancia, la Exposición de Motivos reconoce como principal razón para la creación de una única entidad integradora, la seguridad jurídica y la confianza institucional. En efecto, cuanto mayor sea el número de organismos con facultades de supervisión sobre la misma actividad, mayor será el riesgo de encontrar duplicidades innecesarias en el control de cada operador y decisiones contradictorias en la misma materia.

Por ello como se apuntó, todas las competencias que hasta ahora ostentaba la Comisión Nacional de Telecomunicaciones relacionadas con el mantenimiento de la competencia en el sector de les comunicaciones pasan ahora a la Comisión Nacional de los Mercados y la Competencia. En concreto, le corresponde a partir de ahora:

(112) El sistema adoptado en nuestro país para el control de los nuevos mercados que se abrían a la competencia suponía una separación de funciones de tal suerte que las autoridades sectoriales se encargaban de asegurar la separación vertical de las empresas ente os sectores regulados y los sectores en competencia y resolver los conflictos que pudieran surgir entre los distintos operadores, mientras que la Autoridad de Defensa de la Competencia ejercía un control *ex post* de la libre competencia, investigando y sancionando las conductas contrarias a la normativa de defensa de la competencia y *ex ante,* examinando las operaciones de concentración empresarial.

1. Definir y analizar los mercados de referencia relativos a redes y servicios de comunicaciones electrónicas, entre los que se incluirán los correspondientes mercados de referencia al por mayor y al por menor, y el ámbito geográfico de los mismos, cuyas características pueden justificar la imposición de obligaciones específicas, en los términos establecidos en la Ley 32/2003, de 3 de noviembre, General de Telecomunicaciones y su normativa de desarrollo.
2. Identificar el operador u operadores que poseen un poder significativo en el mercado cuando del análisis de los mercados de referencia se constate que no se desarrollan en un entorno de competencia efectiva.
3. Establecer, cuando proceda, las obligaciones específicas que correspondan a los operadores con poder significativo en mercados de referencia, en los términos establecidos en la Ley 32/2003, de 3 de noviembre, y su normativa de desarrollo.
4. Resolver los conflictos en los mercados de comunicaciones electrónicas a los que se refiere el artículo 12.1.a) de la presente Ley.
5. Realizar las funciones atribuidas por la Ley 32/2003, de 3 de noviembre, y su normativa de desarrollo.
6. Realizar cualesquiera otras funciones que le sean atribuidas por Ley o por Real Decreto.

Además se faculta a la Comisión Nacional de los Mercados y la Competencia para resolver determinados conflictos, en concreto:

1. Los conflictos en materia de acceso, interconexión e interoperabilidad derivados de obligaciones que en su caso resulten de las actuaciones a que se refieren los apartados 3 y 4 del artículo 11 de la Ley 32/2003, de 3 de noviembre, así como de las obligaciones específicas a que se refiere el artículo 13 de dicha Ley.
2. Los conflictos entre operadores en relación con la forma de sufragar los costes que produzca la conservación de los números telefónicos a que se refiere el artículo 18 de la Ley 32/2003, de 3 de noviembre.
3. Los conflictos entre operadores en relación con las condiciones de uso compartido a que se refiere el artículo 30 de la Ley 32/2003, de 3 de noviembre.

4. Los conflictos que se produzcan entre prestadores de servicios de consulta telefónica y operadores de redes públicas telefónicas fijas, de acuerdo con la Orden CTE/711/2002, de 26 de marzo, por la que se establecen las condiciones de prestación del servicio de consulta telefónica sobre números de abonado.
5. Los conflictos que surjan sobre las condiciones en las que se ofertará el servicio mayorista de acceso a bandas de frecuencias de conformidad con el artículo 4.6 del Real Decreto 458/2011, de 1 de abril, sobre actuaciones en materia de espectro radioeléctrico para el desarrollo de la sociedad digital.
6. Los conflictos en materia de itinerancia.
7. Los conflictos transfronterizos entre prestadores de redes o servicios de comunicaciones electrónicas en el que una de las partes esté radicada en otro Estado miembro de la Unión Europea, a que se refiere el artículo 14.2 de la Ley 32/2003, de 3 de noviembre.
8. Los conflictos que sobre la gestión del múltiple digital surjan entre los prestadores de los servicios de comunicación audiovisual.

VII. ANTEPROYECTO DE LEY DE MODIFICACIÓN DE LA LEY 32/2003 DE NOVIEMBRE

No puede concluirse este análisis sin hacer una somera referencia al Anteproyecto de Ley de modificación de la LGT de 2003.

La reforma tiene por objeto incorporar al ordenamiento jurídico español algunas de las modificaciones que las Directivas 2009/140/CE y 2009/136/CE de 25 de noviembre introducen en el marco regulador europeo de las redes y servicios de comunicaciones electrónicas

Ambas directivas pretenden avanzar en la consecución de un mercado interior de las comunicaciones electrónicas.

El objeto la Ley no se limita a la regulación de las "comunicaciones electrónicas", término que de acuerdo con las Directivas comunitarias engloba aspectos tales como la habilitación para actuar como operador, los derechos y obligaciones de operadores y usuarios, o el servicio universal, sino que aborda el entero régimen de las "telecomunicaciones" al que se refiere el artículo 149.1.21ª de la Constitución Española, regulando otras cuestiones como la instalación de equipos y sistemas, la interceptación legal de las telecomunicaciones, la conservación de datos o la evaluación de conformidad de equipos y aparatos, temas que a nivel comunitario son objeto de normativa específica.

Siguiendo la misma línea de la legislación precedente, la Ley excluye expresamente de su regulación los contenidos difundidos a través de medios audiovisuales, que constituyen parte del régimen de los medios de comunicación social, y que se caracterizan por ser transmitidos en un solo sentido de forma simultánea a una multiplicidad de usuarios.

Las principales novedades que presenta el anteproyecto de Ley General de Telecomunicaciones son:

1. Recupera la unidad de mercado en materia de telecomunicaciones, estableciendo procedimientos de coordinación y resolución de conflictos entre la legislación sectorial estatal y la legislación del resto de administraciones territoriales. La resolución se fomenta ampliando el ámbito subjetivo de actuación de las Autoridades Nacionales de Reglamentación.
2. Impulsa la simplificación administrativa, eliminando licencias, autorizaciones y cargas administrativas innecesarias.
3. Introduce medidas que permiten el acceso a las redes de operadores de otros mercados, como el del gas, la electricidad.
4. Elimina distorsiones de la competencia para garantizar igualdad de trato por parte de las administraciones a todos los operadores al fijar condiciones estrictas a los operadores públicos.
5. En materia tributaria se hacen ajustes en la tasa general de operadores de telecomunicaciones.

VIII. ANTEPROYECTO DE LEY GENERAL DE TELECOMUNICACIONES DE 21 DE ENERO DE 2013

Como no podía ser de otro modo lo primer que hace el anteproyecto es consolidar el carácter de los servicios de telecomunicaciones[113] , y en

---

(113) Quedan excluidos del ámbito de la Ley el régimen aplicable a los contenidos de carácter audiovisual transmitidos a través de las redes, así como el régimen básico de los medios de comunicación social de naturaleza audiovisual a que se refiere el artículo 149.1.27ª de la Constitución. Asimismo, se excluye del ámbito de esta Ley la regulación de los servicios que suministren contenidos transmitidos mediante redes y servicios de comunicaciones electrónicas, de las actividades que consistan en el ejercicio del control editorial sobre dichos contenidos y los servicios de la Sociedad de la Información, regu-

lo que este análisis se refiere a los de telefonía, como servicios de interés general que se prestan en libre competencia.

Sólo tienen la consideración de servicio público los servicios para la defensa nacional y la protección civil. En este sentido las redes, servicios, instalaciones y equipos de telecomunicaciones que desarrollen actividades esenciales para la defensa nacional integran los medios destinados a ésta, se reservan al Estado y se rigen por su normativa específica.

Los aspectos básicos de la reforma son,

1. La Explotación de redes y prestación de servicios de comunicaciones electrónicas en régimen de libre competencia

En el capítulo I se impone el principio general de que la explotación de las redes y la prestación de los servicios de comunicaciones electrónicas se realizará en régimen de libre competencia.

De acuerdo con el principio de intervención mínima, la habilitación para la prestación y explotación de redes viene concedida con carácter general e inmediato por la Ley con el único requisito de notificación a la Secretaría de Estado de Telecomunicaciones y para la Sociedad de la Información que, siguiendo el nuevo reparto competencial que inspira el anteproyecto de Ley de creación de la Comisión Nacional de los Mercados y de la Competencia, pasa a ocuparse del registro de operadores hasta ahora gestionado por la Comisión del Mercado de las telecomunicaciones

Cualquier medida que se adopte en relación al acceso o al uso por parte de los usuarios finales de los servicios y las aplicaciones a través de redes de comunicaciones electrónicas han de respetar los derechos y libertades fundamentales de las personas físicas. Se impone además la necesidad de que dichas medidas sólo podrán imponerse si resultan adecuadas, proporcionadas y necesaria en una sociedad democrática y su aplicación estará sujeta a las salvaguardias de procedimiento apropiadas de conformidad con el Convenio Europeo para la Protección de los Derechos Humanos y de las Libertades Fundamentales, con la Carta de Derechos Fundamentales de la Unión Europea, con los principios generales del Derecho comunitario y con la Constitución Española.

---

lados en la Ley 34/2002, de 11 de julio, de Servicios de la Sociedad de la Información y de Comercio Electrónico, que no consistan, en su totalidad o principalmente, en el transporte de señales a través de redes de comunicaciones electrónicas.

De acuerdo con el principio general de prestación, cualquier ciudadano de la Unión Europea puede libremente explotar redes y prestar servicios sin más requisito que comunicarlo previamente al Registro de operadores[114] u otras entidades del mercado que se determinen reglamentariamente.

No obstante este principio general de libertad se establecen dos importantes restricciones:

a) Los operadores que tengan derechos especiales o exclusivos para la prestación de servicios en otro sector deberán llevar cuentas separadas y auditadas para sus actividades de comunicaciones electrónicas, o bien llevar la debida separación estructural para estas actividades.

b) Los operadores que exploten las redes o servicios de comunicaciones electrónicas que hagan uso del dominio público radioeléctrico deberán disponer del correspondiente título habilitante.

Por otro lado, se controla la posible participación de la Administración pública en la instalación y prestación de redes públicas de comunicaciones electrónicas o prestación de servicios de comunicaciones electrónicas en régimen de prestación a terceros. Tanto en calidad de prestación directa como a través de sociedades. De acuerdo con el Informe de la CMT de marzo de 2011, se sustituye la referencia a la participación accionarial de la Administración en una entidad a través de la cual presta servicios por la referencia a "sociedades que controlen directa o indirectamente".

Además dicha prestación o explotación solo podrá hacerse a través de entidades o sociedades que tengan como único objeto social o finalidad la instalación y explotación de redes o la prestación de servicios de comunicaciones electrónicas.

Al objeto de facilitar la prestación y explotación de servicios, el anteproyecto enfatiza los derechos y obligaciones para facilitar la interco-

(114) Se crea, dependiente de la Secretaría de Estado de Telecomunicaciones y para la Sociedad de la Información, el Registro de operadores y de otras entidades del mercado de comunicaciones electrónicas. Dicho registro será de carácter público y su regulación se hará por Real Decreto. En él deberán inscribirse los datos relativos a las personas físicas o jurídicas que hayan notificado su intención de explotar redes o prestar servicios de comunicaciones electrónicas, las condiciones para desarrollar la actividad y sus modificaciones.

nexión entre operadores imponiendo la obligación de negociación de acuerdos que garanticen la prestación y su interoperabilidad.

2. *Obligaciones y derechos de operadores y usuarios*

Se incluyen las necesarias previsiones en relación con el servicio universal, las obligaciones de integridad y seguridad de las redes y la ampliación de los derechos de los usuarios finales, y recoge importantes novedades en relación con los derechos de los operadores a la ocupación del dominio público y privado, al despliegue de redes y al acceso a infraestructuras de otros sectores.

Ya en el Real Decreto-Ley 19/2012, de 25 de mayo, de medidas urgentes de liberalización del comercio y de determinados servicios, se produjo una sustitución de determinadas licencias para el despliegue de determinadas redes de telecomunicaciones en dominio privado por una simple declaración responsable.

En un avance hacia la simplificación, el anteproyecto contempla que para el resto de actuaciones de despliegue de redes en dominio privado se pueda sustituir igualmente las licencias por una declaración responsable en aquellos casos en los que previamente el operador haya presentado ante las administraciones competentes un plan de despliegue y este haya sido aprobado. Las actuaciones que impliquen una mera actualización tecnológica sin afectar a elementos de obra civil o mástil no requerirán de autorización.

3. *Los mercados de referencia y operadores con poder significativo en el mercado*

Esta materia supone el cauce de trasposición a la normativa española del procedimiento de revisión de los mercados susceptibles de regulación *ex ante*, que constituye uno de los pilares de la reforma del marco regulador europeo de redes y servicios de comunicaciones electrónicas acometida en 2009.

La Comisión Nacional de los Mercados y Competencia, ha de definir, previo informe del Ministerio de Industria, Energía y Turismo y del Ministerio de Economía y Competitividad y mediante resolución publicada en el "Boletín Oficial del Estado", los mercados de referencia relativos a redes y servicios de comunicaciones electrónicas, entre los que se incluirán los correspondientes mercados de referencia al por mayor y al por menor, y el ámbito geográfico de los mismos, cuyas características pueden justificar la imposición de obligaciones específicas.

Este análisis tiene como finalidad determinar si los distintos mercados se desarrollan en un entorno de competencia efectiva. Se entiende que esta no lo es si existen operadores que, individual o conjuntamente, ostentan un poder significativo en un mercado de referencia, bien sea primario o secundario porque los vínculos entre ambos sean tales que resulte posible ejercer sobre le secundario el peso que se ostenta en el primario.

Si así se constata, se les impondrá las obligaciones específicas(115) apropiadas que sean exigibles a los operadores identificados como operadores con poder significativo en dichos mercados, pudiendo a estos efectos imponer, mantener o modificar determinadas obligaciones específicas que tuvieran impuestas hasta ese momento.

En todo caso la Comisión Nacional de los Mercados y la Competencia resolverá los conflictos que se susciten en relación con las obligaciones impuestas entre operadores o entre operadores y otras entidades que se beneficien de las obligaciones de acceso e interconexión.

En el caso de un conflicto transfronterizo, cualquier autoridad nacional de reglamentación que sea competente en tal litigio podrá solicitar que el ORECE(116) adopte un dictamen sobre las medidas que deben tomarse para resolver el litigio.

En el caso de que las obligaciones impuestas no hayan sido suficientes para lograr la competencia perfecta el Ministerio de Industria, Energía y

---

(115) a) Transparencia, en relación con la interconexión y el acceso.

b) No discriminación, que garantizarán, en particular, que el operador aplique condiciones equivalentes en circunstancias semejantes a otros operadores que presten servicios equivalentes.

c) Separación de cuentas, en el formato y con la metodología que, en su caso, se especifiquen

d) Acceso a elementos o a recursos específicos de las redes, así como a recursos y a servicios asociados tales como servicios de identidad, localización y presencia.

e) Control de precios, tales como la orientación de los precios en función de los costes, para evitar precios excesivos o la compresión de los precios en detrimento de los usuarios finales.

(116) Organismo de Reguladores Europeos de las Comunicaciones Electrónicas.

Turismo y el Ministerio de Economía y Competitividad, podrán proponer al Gobierno, como medida excepcional, la imposición, a los operadores con poder significativo en el mercado integrados verticalmente, la obligación de traspasar las actividades relacionadas con el suministro al por mayor de productos de acceso a una unidad empresarial que actúe independientemente. Esa unidad empresarial suministrará productos y servicios de acceso a todas las empresas, incluidas otras unidades empresariales de la sociedad matriz, en los mismos plazos, términos y condiciones, en particular en lo que se refiere a niveles de precios y de servicio, y mediante los mismos sistemas y procesos.

4. *Numeración, direccionamiento y denominación*

La numeración así como ciertos instrumentos de direccionamiento y denominación son recursos escasos por lo que se requiere de su gestión eficiente. Asimismo la interoperabilidad de redes y servicios precisa la coordinación en el uso de estos recursos. El sistema utilizado para el logro de estos objetivos consiste en la elaboración un Plan Nacional de numeración telefónica.

En su redacción inicial Anteproyecto no solventaba la problemática derivada de la existencia de dos organismos encargados de las cuestiones relativas a la numeración, direccionamiento y denominación, manteniendo esta dualidad y atribuyendo al MITyC la aprobación y el desarrollo de los planes nacionales, atribuyendo el control y la gestión de los citados recursos a la CMT.

Pese a las recomendaciones de la Comisión del Mercado de las Telecomunicaciones en la línea de reservarse un mayor número de competencias, la redacción definitiva no ha atendido de manera clara a la propuesta sentido[117]atribuyendo la mayor parte de las competencias en la materia al Ministerio.

Así, corresponde al el Ministerio de Industria, Energía y Turismo la elaboración de las propuestas de planes nacionales para su elevación al Gobierno, así como el desarrollo normativo de estos planes que podrán

---

(117) Suponía otorgar a la CMT la competencia sobre condiciones de uso de los recursos para los servicios comerciales o de interés general y al MITyC la competencia en relación con los recursos públicos paras los servicios de carácter social o que afecten a la seguridad nacional.

establecer condiciones asociadas a la utilización de los recursos públicos de numeración, direccionamiento y denominación, en particular la designación del servicio para el que se utilizarán estos recursos, incluyendo cualquier requisito relacionado con el suministro de dicho servicio.

Asimismo es competencia del Ministerio de Industria, Energía y Turismo el otorgamiento de los derechos de uso de los recursos públicos regulados en los planes nacionales de numeración, direccionamiento y denominación.

En lo que se refiere a los derechos de los usuarios en relación a la numeración, los operadores han de garantizar que los abonados con números del plan nacional de numeración telefónica puedan conservar, previa solicitud, los números que les hayan sido asignados, con independencia del operador que preste el servicio. Mediante Real Decreto se fijarán los supuestos a los que sea de aplicación la conservación de números, así como los aspectos técnicos y administrativos necesarios para que ésta se lleve a cabo.

5. *Obligaciones de servicio público y derechos y obligaciones de carácter público en la explotación de redes y en la prestación de servicios de comunicaciones electrónicas*

El Anteproyecto modifica los componentes del servicio universal para introducir las novedades de la Directiva 2009/136/CE12. Básicamente, separación de los elementos de la conexión y el servicio telefónico disponible al público, introducción de otros puntos de acceso públicos a la telefonía vocal y mayor protección de usuarios con discapacidad o usuarios especiales. Por lo demás este capítulo no presenta novedades importantes.

Si presenta modificaciones en lo relativo el capítulo II, derechos y obligaciones de carácter público en la explotación de redes y en la prestación de servicios de comunicaciones electrónicas.

En concreto, se refuerzan los derechos de los operadores de comunicaciones electrónicas para la ocupación del dominio público y privado, y para la instalación de redes públicas de comunicaciones electrónicas. Se establecen derechos de los operadores de comunicaciones electrónicas para el acceso a infraestructuras susceptibles de alojar redes públicas de comunicaciones electrónicas pertenecientes a Administraciones Públicas o a empresas y operadores de otros sectores.

Además, se limitan la capacidad normativa de las Administraciones Públicas que pueda afectar al despliegue de estas redes y establecen mecanismos de colaboración con el Ministerio de Industria, Energía y Turismo para la resolución de conflictos.

Se reconoce también el derecho, para los operadores de comunicaciones electrónicas, de acceso y uso de redes de comunicaciones electrónicas de órganos o entes gestores de infraestructuras de transporte de competencia estatal.

Por otro lado en lo que se refiere a la regulación de infraestructuras comunes y redes de comunicaciones electrónicas en los edificios, se introduce, como novedad más destacable, una habilitación al Ministerio para imponer a los operadores y propietarios obligaciones de utilización compartida de los tramos finales de las redes de acceso, en los casos en los que la duplicación de la infraestructura sea inviable o ineficiente.

En el capítulo V se regulan los derechos de los usuarios finales y, como novedad más significativa establece, como garantía de unidad de mercado, la prevalencia de las disposiciones de la normativa sectorial, cuando deriven de la normativa comunitaria sobre comunicaciones electrónicas, sobre la derivada de la legislación de protección a los consumidores y usuarios. Además, se establece un mecanismo de coordinación en el proceso de aprobación normativa autonómica en materia de protección general de los consumidores o usuarios que pueda afectar a los derechos de los usuarios de servicios de comunicaciones electrónicas, así como un mecanismo de solución de posibles discrepancias

6. *El Domino Público Radioeléctrico*

En el Título V, sobre el dominio público radioeléctrico, el Anteproyecto introduce principios para su administración, define las actuaciones (planificación, gestión, control, protección y aplicación del régimen sancionador) que abarca dicha administración e introduce simplificaciones administrativas con relación a los títulos habilitantes para su uso. Las principales novedades son la introducción de disposiciones para evitar comportamientos especulativos o acaparamiento de derechos de uso del dominio público radioeléctrico, incluyendo la posibilidad de que el Ministerio pueda ordenar su venta o cesión y la consolidación del principio de neutralidad tecnológica y de servicios en el uso del dominio público radioeléctrico.

7. *La Administración de las Telecomunicaciones*

En lo que a la regulación de la Administración de las telecomunicaciones, el Anteproyecto incorpora, en líneas generales, los contenidos de la Ley de Creación de la Comisión Nacional de los Mercados y la Competencia.

8. *El Título VIII regula la inspección y régimen sancionador*

En lo que se refiere a las potestades inspectoras, destaca el refuerzo de las que se atribuyen al Ministerio. En lo que se refiere al régimen sancionador, el Anteproyecto plantea una revisión de la tipificación de las infracciones a la vista de la experiencia adquirida en su aplicación.

El Anteproyecto ha sido objeto de diversos informes tanto por el Consejo Económico y Social como por la Comisión Nacional de Telecomunicaciones. Ambos organismos han presentado sendas propuestas de modificación del Anteproyecto por lo que es previsible que éste documento analizado no sea aún el definitivo.

BIBLIOGRAFÍA

CARRASCO PEREA, Ángel y MENDOZA LOSANA, Ana Isabel.: *Estudios sobre telecomunicaciones y derecho del consumo,* Carrasco Perera, A (Coord.), Aranzadi.

DE LA CUÉTARA, José María.: "Asimetría regulatoria, equidad y transición a la competencia en las telecomunicaciones españolas, *REDETI*, nº 4, 1999.

GONZALEZ VARAS IBAÑEZ, Santiago.: *Los Mercados de interés general: telecomunicaciones y postales, energéticos y de transportes,* Comares 2001.

MONTERO PASCUAL, J.J.: *Derecho de las Telecomunicaciones,* Tirant lo Blanch, Valencia 2007.

SORIA BARTOLOMÉ, Bruno.: *Telecomunicaciones y audiovisual. Cuestiones disputadas.* ARIÑO ORTIZ, Gaspar (Director). Comares.

VV.AA.: *Telecomunicaciones, infraestructuras y libre competencia,* ob colectiva, Tirant lo Blanch, 2003.

SERVICIOS POSTALES

BEATRIZ RODRÍGUEZ VILLAR
Letrada del Consejo de Estado
Profesora de Derecho Administrativo

I. INTRODUCCIÓN

Desde un punto de vista conceptual y académico, los servicios postales se encuentran incardinados dentro de los llamados "servicios económicos", configurándose, en particular, como una de las categorías de actividades incluidas en el sector de las comunicaciones en el que, junto a las actividades de Correos y Telégrafos, quedan también comprendidos los servicios de radiocomunicación, telefonía, radiodifusión y televisión, que son objeto de estudio en otros capítulos de esta obra.

Los servicios postales pueden hoy definirse como "cualesquiera servicios consistentes en la recogida, la admisión, la clasificación, el transporte, la distribución y la entrega de envíos postales" (artículo 3.1 de la Ley

43/2010, de 30 de diciembre, del servicio postal universal, de los derechos de los usuarios y del mercado postal). Se trata, atendiendo a su naturaleza, de "servicios de interés económico general que se prestan en régimen de libre competencia" (artículo 2 de la Ley citada), esto es, servicios que quedan incluidos en una categoría acuñada por el Derecho Europeo que difiere significativamente de la tradicional noción de servicio público y que hace referencia a diversos tipos de actividades prestacionales de naturaleza económica que, por la especial importancia que revisten –por tratarse, precisamente, de actividades "de interés general"–, deben quedar garantizadas en todo caso, idea ésta sobre la que se volverá más adelante. Basta ahora con advertir que esta configuración de las actividades del sector postal como servicios económicos de interés general es relativamente reciente y es fruto, fundamentalmente, de la evolución que la regulación de esta materia ha experimentado en el marco del Derecho Comunitario; una evolución orientada a alcanzar la plena liberalización de los servicios postales en el ámbito de la Unión Europea mediante un proceso escalonado que se ha desenvuelto a través de diversas fases.

A lo largo de esta exposición se analizarán brevemente las distintas etapas de ese proceso de liberalización de los sectores postales y su consiguiente reflejo en la legislación española, si bien antes de proceder a dicho análisis resulta conveniente abordar el estudio de esta materia desde una perspectiva histórica, lo que obliga a mencionar, siquiera brevemente, los antecedentes de la regulación de los servicios postales en nuestro ordenamiento.

II. ANTECEDENTES HISTÓRICOS

Como explica VILLAR EZCURRA[118], la aparición de los servicios postales en España se encuentra unida a la figura del Correo Mayor, vinculada a la Corona, que en el siglo XVI se arrienda con carácter de monopolio a favor de la familia Tassis. La concesión inicial de este monopolio se llevó a cabo en 1505 por Felipe el Hermoso y fue posteriormente ratificada por Carlos I en 1518. En la práctica, el concesionario de este monopolio actuaba como si fuese su titular, pues tenía la facultad de vender o arrendar las denominadas "maestrías de postas" a terceros, recibiendo a cambio un canon sobre los portes de la correspondencia particular. El

(118) VILLAR EZCURRA, J. L., *Derecho Administrativo especial. Administración Pública y actividad de los particulares*, Civitas, Madrid, 1999 (pp. 297 y ss.).

servicio se realizaba mediante postas de caballos -de ahí su denominación-a través de itinerarios fijados de antemano, aunque variables, que fueron estabilizándose a lo largo de los siglos XVI y XVII.

En 1706 y como consecuencia de la incorporación de Oficios a la Corona ordenada por Felipe V, se rescató el servicio de Correos, poniendo fin al monopolio de la familia Tassis; pero poco después, en 1707, se arrendó al Marqués de Monte Sacro, al que sucedieron diversos arrendatarios. No obstante, la política centralizadora de los Borbones tuvo también consecuencias en este ámbito y así lo demuestra la aprobación, en el año 1720, de las primeras ordenanzas en las que se regularon tanto las tarifas, como el régimen de los empleados del servicio de Correos. En 1739, Felipe V ordenó implantar "sillas de postas" desde Madrid a los sitios reales, con lo cual las diligencias y carruajes se convirtieron en un medio de transporte público, poniendo de manifiesto la estrecha relación entre el correo y los servicios de transporte.

Durante el siglo XVIII continuó el proceso de centralización y ordenación del servicio de correos, creándose en 1776 como tribunal especializado en esta materia la Real Junta de Correos y Postas de España e implantándose en 1779 una nueva tarifa para las cartas en función de su peso y de la distancia. Finalmente, en el año 1794 se aprobó la "Ordenanza General de Correos, Postas, Caminos y demás Ramos agregados a la Superintendencia General", lo cual marcó el punto de partida para la configuración del Correo como auténtico servicio organizado.

A partir del s. XIX los principales cambios en la prestación de este servicio se produjeron no tanto como consecuencia del constitucionalismo, como debido a los avances técnicos propios de esta etapa, entre los que destacan los avances en el ámbito de los transportes. Un claro ejemplo de tales avances y de las mejoras que pudieron introducirse en el servicio de Correos fue la implantación del sello de franqueo, inventado por Rowland Hill en 1840, que revolucionó la prestación del servicio, eliminando el sistema de portes, firmas y acarreos utilizado hasta entonces.

Otro hito especialmente importante en esta etapa fue la instauración del transporte del correo por ferrocarril, que se inició en 1855 con la línea Madrid-Valencia, extendiéndose después al resto de las líneas; de este modo, no sólo mejoró la rapidez del servicio, sino que también se produjo una considerable reducción de las tarifas.

Como consecuencia de tales cambios –muy singularmente, de los que acaban de mencionarse el sello de franqueo y el empleo del ferrocarril– se produjo la masificación y universalización del correo, lo que a su vez trajo consigo diversos cambios en materia de organización y sistema tarifario. En efecto, la rapidez del servicio unida a la reducción de costes llevaron en España a una utilización generalizada del servicio de Correos, que pronto se extendió más allá de las fronteras de nuestro país mediante la celebración de convenios internacionales como los de París de 1863, Berna de 1874, la Unión General de Correos (París, 1878) o la Unión Postal Universal (1885).

Desde el punto de vista de su organización, el servicio de Correos quedó adscrito inicialmente a los departamentos de Interior o Gobernación, pasando después a Fomento y, más tarde, a Hacienda, a partir de 1840. En 1873 se creó el Cuerpo de Correos, cuyo Reglamento fue aprobado en 1893, aprobándose en 1898 el Reglamento del Servicio de Correos, que estuvo vigente hasta 1964 y que sustituyó a la Ordenanza de 1794.

El siglo XX supuso la consolidación del Correo como servicio público del Estado en un proceso de reformas ocasionales de la legislación anterior que desembocaron en la Ley de 22 de diciembre de 1953. Entre tales reformas cabe destacar la Ley de bases de 14 de junio de 1909 sobre reorganización de los Servicios de Correos y Telégrafos, por la que se crean nuevos servicios (entre ellos, la Caja Postal de Ahorros), así como el Real Decreto de 30 de mayo de 1911, por el que se aprueba el Reglamento Provisional para el Giro Postal y Bonos Postales.

La culminación de dicho proceso renovador fue, como acaba de adelantarse, la Ley de 22 de diciembre de 1953, que llevó a cabo una reorganización de los servicios de Correos regulando directamente los temas relativos al personal adscrito a este servicio y sentando las bases para que el Gobierno procediese a la ordenación general del correo mediante la aprobación de la Ordenanza postal de 19 de mayo de 1960. A su vez, algunos aspectos concretos de esta Orden fueron desarrollados por distintas normas, entre las que cabe mencionar el Reglamento del Servicio de Giro Postal (Decreto 719/1964, de 14 de marzo); el Reglamento del Servicio de Correos (Decreto 1653/1964, de 14 de mayo); el Estatuto de la Caja Postal de Ahorros (Decreto de 21 de julio de 1973); el Reglamento de las Cuentas Corrientes Postales (Orden de 1 de marzo de 1973); y el Reglamento del Servicio de Giro Postal (Real Decreto de 21 de diciembre de 1979).

Por lo que se refiere al régimen jurídico previsto en tales normas, ha de destacarse que la Ordenanza postal de 1960 definía el Correo como "servicio público inherente a la soberanía del Estado" (artículo 1) y establecía el monopolio del término "Correos" (artículo 5), dejando entender con ello que este tipo de actividad se asemejaba más a las funciones públicas que a los servicios públicos. En opinión de VILLAR EZCURRA, tanto la vinculación a la soberanía del Estado como el hecho de ser una actividad prestada de forma directa por la Administración y en régimen de monopolio permiten sostener esta conclusión. Por lo demás, la Ordenanza distinguía entre los servicios postales propiamente dichos y los servicios bancarios prestados a través del Correo. Los servicios postales se basaban en las tres garantías fundamentales que llevan a afirmar que se trataba de una función pública indelegable: la libertad, el secreto y la inviolabilidad de la correspondencia. Por lo demás, el servicio postal se clasificaba atendiendo a diferentes criterios en las siguientes modalidades:

- En función de las garantías otorgadas por la Administración, se distinguía entre la correspondencia ordinaria, la certificada y la asegurada.
- En función del tipo de transporte utilizado, la correspondencia podía ser terrestre o aérea.
- Atendiendo a la modalidad de entrega, cabía hablar de correspondencia ordinaria, carta reembolsos y sujeta a derechos complementarios.

En cuanto a los servicios bancarios, se incluían en esta categoría el giro postal, el cobro de efectos, el cheque postal y las operaciones realizadas a través de la Caja Postal de Ahorros.

Partiendo de este marco jurídico, los servicios postales continuaron prestándose de conformidad con la legislación expuesta durante un largo período de tiempo. Sin embargo, a comienzos de la década de los años 90 del siglo XX, la entonces Comunidad Europea comenzó a pronunciarse en favor de la liberalización de este tipo de servicio, aunque de forma mucho más tímida y cautelosa que en otros ámbitos (como el de las telecomunicaciones, por ejemplo). En efecto, la Comisión comenzó a considerar que las prohibiciones impuestas por los Estados miembros a la gestión por empresas privadas de algunos servicios nuevos distintos de los servicios postales tradicionales eran contrarias a los Tratados, si bien tal concepción no impidió que se mantuviera dentro del concepto de "servicio universal" la reserva de las prestaciones que constituyen el núcleo de las prestaciones tradicionales. Así, en la Decisión de 1 de agosto de 1990 (90/456/LEE), relativa a la prestación en España de servicios de correo rápido internacional, la Comisión declaró que "son incompatibles con el apartado 1 del artículo 90 del Tratado, en relación con el artículo 86 del mencionado Tratado, las disposiciones de los artículos 10 a 13 de la Ordenanza Postal española, aprobada por Decreto 1113/1960, de 19 de mayo, y los artículos 19 a 22 del Reglamento del Servicio de Correos, aprobado por el Decreto 1653/1964, de 14 de mayo, por el que se reserva a Correos el servicio de correos rápido internacional de recogida, transporte y distribución de cartas". Como consecuencia de ello, la Ley 31/1990, de 27 de diciembre, de Presupuestos Generales del Estado para 1991, creó el organismo autónomo "Correos y Telégrafos" (artículo 99) para la gestión de los servicios básicos postales, indicando que se consideraban como tales "la admisión, clasificación, curso, transporte y distribución de cartas y tarjetas postales en todas sus modalidades, así como los servicios de telegramas, télex y giro postal y telégrafo".

Posteriormente, la Comisión publicó el 11 de junio de 1992 el denominado "Libro Verde sobre el mercado único de servicios postales", documento que determina el punto de arranque de un proceso de liberalización de los servicios postales que llega hasta nuestros días y que procede pasar a examinar.

III. EL PROCESO DE LIBERALIZACIÓN DE LOS SERVICIOS POSTALES EN EL DERECHO EUROPEO

3.1. Consideraciones generales sobre la liberalización de los llamados servicios públicos económicos

Es bien sabido que la institución de servicio público ha sido una de las más afectadas por la política comunitaria de mercado único y que ello ha obligado a muchos Estados miembros a modificar la legislación interna reguladora de diversos sectores de actividad tradicionalmente reservados al Estado para acomodarla a la normativa europea y a sus objetivos. Entre tales objetivos destaca, sin duda, la aspiración a adaptar algunos de los servicios públicos clásicos a las nuevas circunstancias económicas y sociales, haciendo compatible la necesidad de una adecuada prestación de los mismos con las exigencias inherentes al principio de libre competencia. Este cambio se encuentra estrechamente vinculado, como a continuación se expondrá, a la nueva concepción de la intervención estatal en la economía, que trata además de armonizar las diversas tradiciones jurídicas de los distintos países de la Unión Europea, que se orientan fundamentalmente en dos direcciones: la clásica concepción de servicio público prestado por el Estado, propia de Francia, y la de los países anglosajones, en que se parte de la apertura a la iniciativa privada, centrándose la misión del Estado fundamentalmente en la fijación de las normas que regulan el mercado y su control.

Así, en los países continentales influidos por la tradición jurídica francesa –entre los que se encuentra España–, los servicios de carácter económico más relevantes (transportes, energía, correos, telecomunicaciones, sector audiovisual...) han sido tradicionalmente considerados como auténticos servicios públicos, como actividades cuya prestación se reservaba el Estado en exclusiva, bien realizándola directamente con sus propios medios instrumentales, bien de forma indirecta a través de empresas de titularidad pública. Tal concepción se ha visto, no obstante, superada en la actualidad para dar paso a una nueva situación en la que estas actividades se encuentran en mayor o menor medida sometidas a la libertad de empresa y a las reglas de la competencia. Este cambio de paradigma se ha producido como consecuencia de los distintos procesos privatizadores y de liberalización de los servicios públicos (en particular, de los llamados servicios públicos económicos) que comenzaron a desarrollarse a partir de las dos últimas décadas del s. XX y que, tal y como afirma CANO CAMPOS, suponen el alumbramiento de un nuevo modelo de Estado, el llamado "Estado regulador", y de una nueva forma de entender las relaciones entre el Estado y la sociedad[(119)].

En efecto, como consecuencia de este fenómeno liberalizador, el Estado, que durante mucho tiempo había desempeñado un papel protagonista en este ámbito como prestador directo de estos servicios, como titular en exclusiva de numerosas actividades y servicios y como propietario de empresas públicas, pasa a asumir un nuevo rol en el mercado,

---

(119) CANO CAMPOS, T., "La intervención pública en la economía y sus técnicas", en CANO CAMPOS, T. (coord.), *Lecciones y materiales para el estudio del Derecho Administrativo. Tomo VIII: Los sectores regulados. Volumen VIII*, Iustel, Madrid, 2009 (p. 20).

en el que no interviene ya directamente –al menos, no de modo principal– como proveedor de bienes y servicios, sino que actúa como sujeto regulador al que le corresponde la ordenación del mercado, esto es, trazar las líneas maestras que han de presidir la actividad de los agentes económicos y supervisar que tal actividad se desenvuelve dentro de los márgenes que el ordenamiento permite. De este modo, cabe hablar de un nuevo modelo de intervención pública en el que el llamado "Estado gestor" da paso al denominado "Estado regulador", configurado no tanto como titular de empresas y prestador directo de actividades, bienes y servicios, sino como garante de ellos; en este nuevo contexto, tales actividades, bienes y servicios dejan, en su gran mayoría, de pertenecer a la Administración para pasar a ser de titularidad privada, quedando así sujetos a las reglas del mercado y, muy en particular, a las normas de la libre competencia, siempre bajo la supervisión del Estado, que se erige en regulador, guardián y estimulador del mercado y de sus reglas[(120)]. Es de advertir, no obstante, que esta nueva forma de intervención pública no supone una mera vuelta al Estado liberal "clásico", no sólo porque todavía subsisten muchas fórmulas de actuación propias del "Estado gestor", sino también y sobre todo, porque la aparición de esta nueva forma de intervención pública se ha producido en un marco constitucional que ha dado lugar, entre otras cosas, al progresivo reconocimiento de un número cada vez mayor de derechos y libertades de los ciudadanos y, correlativamente, a la imposición al Estado de unas obligaciones que amplían notablemente las que asumió en el constitucionalismo que nace a principios del s. XIX.

Sentado lo anterior, no cabe duda alguna de que, en la actualidad, las actividades incardinadas en la categoría de los llamados "servicios económicos" no se acomodan ya a los perfiles tradicionales de la clásica noción de "servicio público", lo que ha obligado a adaptar su regulación a las nuevas circunstancias, a fin de hacerla compatible con las exigencias de la libre competencia. Son muchas las razones que explican que se haya producido este cambio[(121)], pero sin duda alguna el principal motor que

---

(120) CANO CAMPOS, *op. cit.*, p. 20.

(121) Cabe citar, entre otras, la insuficiencia o ineficacia de la intervención estatal, la necesidad de reducir el déficit público y de minorar los gastos de las empresas públicas o el fortalecimiento de la posición del consumidor y de la teoría que defiende que su libertad y defensa se robustecen cuando tiene posibilidad de elegir entre varios prestadores (CANO CAMPOS, T., *op. cit.*, pp. 20-21).

han favorecido la consolidación del nuevo modelo de Estado que acaba de describirse ha sido la normativa aprobada por la Unión Europea para favorecer la liberalización de diversos servicios públicos.

Desde el punto de vista jurídico, el fundamento de la liberalización descansa sobre la idea de la libre competencia y se apoya, en concreto, en los artículos 81 y siguientes de Tratado Constitutivo de la Comunidad Europea. Tal fundamento encuentra reflejo en el ordenamiento interno en la libertad de empresa, consagrada en el artículo 38 de la Constitución.

Pues bien, las distintas medidas liberalizadoras impuestas desde el Derecho Comunitario arrancan de la publicación en 1985 del "Libro Verde sobre la realización del mercado interior" en el que se aboga por someter las regulaciones internas de los Estados miembros a las exigencias de la libre circulación de mercancías y a las reglas de la competencia, especialmente en lo relativo a los servicios explotados en régimen de monopolio de titularidad estatal, los explotados por operadores en monopolio acordado por una decisión del poder público, los servicios privados y sujetos al mercado pero sometidos a obligaciones especiales de servicios públicos o los servicios simplemente beneficiados por una política pública de subvenciones o inyecciones de capital. Ahora bien, aun cuando la idea esencial en torno a la cual giran las distintas medidas liberalizadoras europeas es la de lograr la apertura a los mercados de todas o casi todas las actividades de servicios, el Derecho comunitario no ignora la importancia de los servicios públicos nacionales. En realidad, la premisa de la que partían las primeras iniciativas adoptadas en cumplimiento de las directrices contenidas en el Libro Verde de 1985 era la de someter a las reglas del mercado todas aquellas actividades de naturaleza económica que puedan y deban desarrollarse de conformidad con las reglas del Derecho de la competencia, pero no, en cambio, aquellos servicios públicos que implican el ejercicio de poder o autoridad, que suponen la titularidad pública o que conciernen a prestaciones de naturaleza social; y aun en el caso de los servicios económicos, se entiende que en ciertos supuestos pueden existir actividades o servicios "de interés general" que, bajo determinadas condiciones, deben quedar al margen de las reglas de la competencia y de la total apertura al mercado.

Con arreglo a este planteamiento surge en el ámbito del Derecho comunitario el concepto de "servicios de interés económico general" que, según se ha apuntado, no coincide realmente con la noción de servicio público de la dogmática jurídica clásica. Los servicios de interés económico general son prestaciones de interés público sometidas, por lo común, a las normas de los Tratados, especialmente las normas sobre la competencia. Una definición de esta expresión se recoge en la Comunicación de la Comisión de 20 de noviembre de 2007, que los identifica como aquéllos que tienen un carácter económico, que los poderes públicos clasifican de interés general y que por ello se someten obligaciones específicas de servicio público. Corresponde, pues, a los poderes públicos, en sus respectivos ámbitos competenciales y de actuación, determinar la naturaleza y alcance de tales servicios, cuya prestación puede ser realizada por la Administración o encomendada a otras entidades, públicas o privadas, que actúen con o sin ánimo de lucro. Se trata, en todo caso, de actividades de tipo prestacional cuya existencia debe quedar garantizada incluso cuando el mercado no sea por sí solo capaz de ofrecer tal garantía (normalmente, por la inexistencia de incentivos suficientes para la prestación de tales actividades, lo que no obsta para considerar que el mercado sea el mejor instrumento para facilitar dicha prestación). Es cada Estado quien, atendiendo a las características de cada sector y en aplicación del principio de libertad, debe establecer la técnica más adecuada para garantizar el servicio de interés general, admitiéndose tanto la apertura del mercado a la competencia, como la concesión de derechos exclusivos o especiales a un único operador o a varios, así como la imposición de obligaciones de servicio universal, es decir, el establecimiento de "la obligación de prestar ciertos servicios en el territorio a precios asequibles en condiciones similares de calidad, con independencia de la rentabilidad de las operaciones individuales" (Comunicación de la Comisión del año 2000). La característica básica de esta categoría de servicios o actividades es su carácter económico, en el bien entendido de que, a efectos de las normas sobre competencia, tienen naturaleza económica aquellas actividades que consisten en ofrecer bienes o servicios en el mercado, mientras que desde el punto de vista de la aplicación de las libertades de circulación, el carácter económico radica en que la prestación del servicio se lleve a cabo a cambio de una remuneración, lo que no siempre implica que el pago lo realicen los usuarios del servicio. Atendiendo a todo ello, es claro que no debe confundirse esta categoría de actividades con la de los "servicios de interés general" que comprende aquellos servicios no económicos que "los poderes públicos califican de interés general y someten a obligaciones específicas de servicio público". Y ello porque, en efecto, si la actividad no tiene la condición económica, su prestación o desarrollo quedan fuera del ámbito de aplicación de las normas comunitarias sobre competencia (tal es el caso, por ejemplo, de las actividades de vigilancia y policía, según declaró la Sentencia "Eurocontrol" de 19 de enero de 1994, o de las actividades de solidaridad y previsión social, de conformidad con la Sentencia "Poucet" de 17 de febrero de 1993). A estos servicios no se les aplican las normas de los Tratados sobre libertades y competencia, pues se trata, en su mayoría, de servicios que se prestan en ámbitos directamente conectados con la soberanía de cada Estado (justicia, defensa, policía...), de servicios sociales (educación, asistencia sanitaria...) o, en fin, de regímenes obligatorios de seguridad social. Ello determina que estas actividades o servicios se rijan por otros principios distintos de los que dominan el mercado, como son los de solidaridad, carácter polivalente y personalizado de cada servicio o ausencia de ánimo de lucro[122].

De lo hasta ahora expuesto se deduce fácilmente la necesidad que en los últimos tiempos ha preocupado a las autoridades nacionales de los distintos Estados miembros de adaptar algunos de los servicios públicos clásicos –los que han pasado a quedar incluidos en la categoría de "servicios de interés económico general"– a las nuevas circunstancias del mercado único europeo, a fin de que su prestación se haga en condiciones compatibles con las exigencias de la libre competencia, pero garantizando también ciertos estándares de cobertura y calidad.

Dentro de los servicios que han experimentado un proceso de liberalización cabe mencionar los servicios postales, que presentan algunas especialidades que determinan que requieran una atención y tratamiento distintos a los existentes en otros ámbitos, especialmente por su menor rentabilidad y su declive debidos, en gran medida, a la aparición de correo electrónico. Procede, pues, entrar en consideración de ese particular proceso de liberalización acaecido en este ámbito concreto.

3.2. Breve reflexión acerca de la liberalización de los servicios postales

Al hablar de la liberalización de un determinado sector de la actividad económica suele hacerse referencia a un proceso más o menos prolongado en el tiempo tendente a permitir la transición de un régimen de fuerte

(122) CANO CAMPOS, T., *op. cit.*, p. 32.

intervención del Estado a otro en que se otorgue una mayor libertad (o, incluso, una libertad total) a la iniciativa económica de los ciudadanos[(123)].

En el caso de los servicios postales, una de las notas características de su régimen jurídico en la mayoría de los Estados europeos fue su explotación en régimen de monopolio, generalmente bajo la configuración del concepto de servicio público (en el caso concreto de España, los servicios postales básicos han sido prestados tradicionalmente por la propia Administración, ya directamente por la Dirección General de Administración General del Estado, ya mediante entidades independientes -Organismo Autónomo, Entidad Pública Empresarial, Sociedad Anónima estatal-, con el apoyo de los Presupuestos del Estado).

En efecto, según ha quedado expuesto, durante un extenso período de tiempo existió en muchos lugares un monopolio basado en la idea de que sólo el Estado disponía de los medios y condiciones necesarios para garantizar este servicio en todo el territorio en determinadas condiciones de calidad. Las actividades postales se concebían, sin duda alguna, como un servicio público inherente a la naturaleza misma del Estado, en el que encuentra una causa justificativa de su existencia[(124)]. Frente a esta concepción, hoy en día se acepta pacíficamente que, en las actuales circunstancias económicas y de desarrollo de las nuevas tecnologías, es viable que tal servicio se asegure mediante la prestación a través de empresas que compitan en el mercado, lo que ofrece una nueva perspectiva de este sector, más acorde con la idea europea de mercado único. Y es que no debe olvidarse que las actividades o servicios postales se consideran hoy, sin duda alguna –y así ha sabido advertirlo el ordenamiento europeo–, como un elemento fundamental para la economía que guarda una estrecha conexión con tres de los sectores más importantes para el mercado común europeo: el de las comunicaciones, el de la publicidad y el de transporte y la logística. Los servicios postales son, además, un elemento esencial para la promoción de las actividades económicas en general y para fortalecer la cohesión social, la mejora de la competitividad

---

(123) PULIDO BEGINES, J.L., y PUETZ A., "La liberalización del sector postal en España", "La liberalización del sector postal en España", en PETIT LAVALL, Mª.V (dir.), *Régimen jurídico del sector postal. Comentario a la Ley 43/2010, de 30 de diciembre, del servicio postal universal, de los derechos de los usuarios y del mercado postal* VVAA, Tirant lo Blanch, Valencia (p. 24).

(124) ALONSO SOTO, R., "La liberalización de los servicios postales", Ekonomiaz, nº 46, 2001 (pp. 203 y ss.).

de las empresas y el desarrollo del comercio[125]. De ahí la importancia de contar con un servicio postal eficiente y competitivo, que tenga una amplia cobertura territorial y se preste en condiciones de fiabilidad y con una alta calidad. Desde otra perspectiva, se ha apuntado también que el acceso de los ciudadanos a este tipo de servicios a un precio asequible constituye en la actualidad uno de los principales derechos que integran el contenido del llamado "Estado del Bienestar"[126].

Ahora bien, las consideraciones anteriores, reveladoras de la naturaleza eminentemente económica que revisten estas actividades y de su incuestionable importancia para el adecuado funcionamiento de la economía y para la consecución de un mercado europeo único, no pueden ocultar, empero, que algunas prestaciones del sector postal encierran todavía hoy un importante componente de soberanía del Estado, dada la pervivencia de numerosas actividades en las que la intervención de los servicios postales resulta imprescindible para el cumplimiento de las funciones públicas, como pueden ser las relaciones entre las Administraciones Públicas y los ciudadanos o los procesos electorales.

Esta circunstancia explica que el régimen jurídico del sector postal se haya configurado en el Derecho comunitario atendiendo a una doble perspectiva: por un lado, se persigue fomentar la liberalización del sector, entendida como posibilidad de intervención en el mercado de otros agentes distintos al operador económico monopolístico, exclusivo o privilegiado, a fin de poder satisfacer eficazmente las exigencias que la globalización y la revolución tecnológica de los últimos años han ido creando y que han producido un gran impacto en el ámbito de las comunicaciones, haciendo surgir nuevas formas de transmisión de la palabra, el sonido y la imagen y ampliando las expectativas de los usuarios; por otro lado, debe también salvaguardarse la necesidad de garantizar la prestación duradera en el servicio postal universal, que debe ofrecerse bajo ciertos estándares de calidad y a un precio asequible, con independencia de su rentabilidad.

---

(125) Así lo ha señaló la propia Comisión Europea en el "Libro Verde de la Comisión Europea sobre el desarrollo del mercado único de los servicios postales de 1992".

(126) PULIDO BEGINES, J. L., y PUETZ, A., "La liberalización del sector postal en España", en PETIT LAVALL, Mª.V (dir.), *Régimen jurídico del sector postal. Comentario a la Ley 43/2010, de 30 de diciembre, del servicio postal universal, de los derechos de los usuarios y del mercado postal* VVAA, Tirant lo Blanch, Valencia, 2011 (p. 25).

Pues bien, la política comunitaria ha procurado cohonestar ambas exigencias, en alguna medida contrapuestas, optando para ello por arbitrar un proceso de liberalización escalonada, a través de dos fases esenciales: una primera fase de apertura a la liberalización de los servicios Postales, marcada por el modelo diseñado por la Directiva 97/67/CE del parlamento Europeo y del Consejo, de 15 de diciembre, relativa a las normas comunes para el desarrollo del mercado interior de los servicios postales en la Comunidad y la mejora de la calidad del servicio; y una segunda, que arranca con la Directiva 2002/39/CE, del Parlamento Europeo y del Consejo, de 10 de junio de 2002, que modificó la Directiva de 1997 con el fin de proseguir la apertura de la competencia de los servicios postales de la Comunidad, y que se consolida con la Directiva 2008/6/CE, de 20 de febrero de 2008, por la que también se modifica aquélla, con el objetivo de lograr la plena realización del mercado interior de los servicios postales comunitarios.

A través de estas normas, el ordenamiento comunitario procuró implantar un modelo en el que la liberalización debía alcanzarse de manera gradual y controlada, a través de un proceso cuyo punto de partida arrancó con una primera fase en la que, como inmediatamente se verá, el régimen liberalizador convivía inicialmente con la posibilidad de que los Estados miembros reservaran, en la medida en que ello fuera necesario para garantizar el mantenimiento del servicio universal, algunos servicios postales a determinados proveedores, con la intención de compensarles por las pérdidas que pudieran sufrir por la prestación del servicio en áreas geográficas o sectores del mercado no rentables en términos estrictamente empresariales. Ello determinó que hubiera una primera etapa de coexistencia de unos segmentos de mercado reservados y otros abiertos a la competencia, una situación que presentaba la ventaja de garantizar el servicio universal y demorar su apertura total al mercado hasta el momento en que pudiera ser eficazmente prestado por las fuerzas del mismo, pero que, en opinión de algunos autores, presentaba el inconveniente de generar, jurídica y económicamente, un elevado riesgo de prácticas anticompetitivas, como la aplicación de precios preparatorios o de descuentos antecompetitivos, o la vinculación de ventas[127].

---

[127] MONTERO PASCUAL, J.J., "La liberalización de los servicios postales. El papel del Derecho de la Competencia", en Martínez Sanz, F./Petit Lavall, Mª V. (dirs.), *Estudios sobre derecho y economía del transporte: reforma liberalización*, Tecnos, Madrid, 2009, pp.

Adicionalmente, el mantenimiento de determinadas actividades reservadas contribuía ciertamente a desincentivar la iniciativa privada, con el consiguiente riesgo de frenar el proceso de apertura, al no fomentarse suficientemente la competencia.

Con todo, no hay duda de que, con carácter general, las líneas esenciales que desde el primer momento trazó la Unión Europea al abordar esta cuestión se orientaron al logro de un fin concreto, como era el de alcanzar la apertura del mercado postal a la competencia y, consiguientemente, procurar una progresiva disminución de la esfera de monopolio estatal. Las distintas medidas adoptadas al servicio de este fin se enmarcaron, además, en la aspiración de los Estados miembros de instaurar una política económica basada en los principios de la libre competencia, lo que también ha afectado a otros mercados tradicionalmente intervenidos, como los de la energía eléctrica y las telecomunicaciones.

Llegado este punto, conviene pasar a examinar las principales fases de este proceso de liberalización acometido por el Derecho comunitario.

3.3. La primera fase del proceso de liberalización del sector postal: el modelo establecido por la Directiva 97/67/CE

El origen de las medidas liberalizadoras adoptadas por la Unión Europea en el ámbito de los servicios postales se encuentra en el "Libro Verde sobre el desarrollo de los servicios postales", elaborado por la Comisión el 11 de julio de 1992 con el propósito de favorecer un debate acerca del sector postal comunitario, analizando los problemas de la situación del mercado y proponiendo opciones para el futuro. En este documento, la Comisión puso de manifiesto las principales dificultades a las que debía hacer frente el mercado postal, motivadas en muchos casos por la insuficiente calidad del servicio en algunos Estados miembros y por una imperfecta interoperabilidad del sistema intracomunitario, dificultades que, en parte, derivaban de la falta de adecuación al desarrollo tecnológico. Como solución a estos problemas, la Comisión se mostraba partidaria de garantizar un servicio postal universal que cubriese la to-

---

678-700; y Franquet Sugrañes, Mª T./Girgado Perandones, P., "En torno a la liberalización del servicio postal en el mercado interior comunitario y su repercusión en España", en Martínez Sanz, F./Petit Lavall, Mª V. (dirs.), *Estudios sobre derecho y economía del transporte: reforma liberalización*, Tecnos, Madrid, 2009, pp. 659 y ss.).

talidad del territorio comunitario y que fuese accesible a todos, partiendo para ello de una distinción entre, por un lado, los servicios reservados por los Estados a las Administraciones nacionales correspondientes mediante la atribución de derechos especiales y, por otro, los servicios no reservados, en los cuales se introduciría la competencia. A juicio de la Comisión, dicha distinción debía basarse en criterios objetivos, tales como el peso de los envíos o su franqueo.

A las directrices marcadas por el Libro Verde respondió la Directiva 97/67/CE del Parlamento Europeo y del Consejo, de 15 de diciembre de 1997, relativa a las normas comunes para el desarrollo del mercado interior de los servicios postales en la Comunidad y la mejora de la calidad del servicio, conocida como "Directiva Postal", una norma que, en opinión de algunos autores(128), se mostró más preocupada por la armonización del servicio postal que por su liberalización.

En efecto, la Directiva Postal establece las reglas comunes dirigidas a garantizar una mayor armonización de las condiciones que regulan el sector postal en los Estados miembros de la Unión Europea. No atribuye a los servicios postales la naturaleza de servicio público, pero asume en su considerando segundo que las actividades postales constituyen un instrumento esencial para la comunidad y el comercio, reconociendo en el considerando cuarto que algunos aspectos de los servicios postales revisten un interés comunitario. En líneas generales y partiendo de ese enfoque, la norma europea persigue dos objetivos fundamentales: por un lado, pretende impulsar un proceso de liberalización gradual y controlada del mercado postal mediante la supresión de los monopolios estatales, para lo cual establece los límites máximos de los servicios postales que se pueden reservar en régimen de monopolio; y por otro, busca garantizar un **servicio postal universal** para todos los usuarios de cada uno de los Estados miembros. Esta noción comprendía, en la redacción originaria de la norma, "una oferta de servicios postales de calidad determinada prestados de forma permanente en todos los puntos del territorio a precios asequibles a todos los usuarios" (artículo 3.1). Para ello, la norma fija determinados requisitos mínimos que en todo caso debe cumplir el servicio universal, imponiendo al mismo tiempo una serie de obligaciones destinadas a garantizar su accesibilidad universal y unos niveles mí-

(128) MONTERO PASCUAL, J.J., "La liberalización...", *op. cit.*, p. 683; y PULIDO BEGINES, J.L., y PUETZ, A., "La liberalización del sector postal...", *op. cit.*, p. 45.

nimos de calidad. La norma delimita expresamente los servicios postales que han de ser considerados como servicio universal: los servicios de recogida, clasificación, transporte y distribución de correspondencia de hasta dos kilos de peso y los paquetes postales de hasta 10 kilogramos (ampliable hasta un máximo de 20), así como los servicios de envíos certificados y con valor declarado (artículo 3.4). Con carácter general, el servicio universal consiste en una oferta de servicios postales que garantiza una recogida en puntos estratégicamente situados (buzones) y un reparto domiciliario o, excepcionalmente, una entrega en instalaciones apropiadas todos los días laborables, al menos 5 días a la semana. Además, dentro de estos servicios universales, se definen los llamados "servicios reservados" sobre los que cabe reconocer derechos exclusivos, para de este modo proteger el interés general, quedando en cambio el resto de los servicios postales abiertos a la competencia.

Así pues, los servicios postales se clasifican en diferentes categorías: por una parte, se regulan los servicios incluidos en el ámbito del **servicio postal universal**, categoría dentro de la cual se distingue a su vez entre los **servicios reservados** al operador al que se encomienda la prestación del servicio postal universal y los **servicios no reservados** a éste; por otra parte, existen también los **servicios no incluidos** en el ámbito del servicio postal universal. La Directiva regula el régimen de acceso a cada uno de estos ámbitos de actividad, condicionándolo a autorizaciones generales o licencias individuales, según los casos.

Otro de los aspectos esenciales de la Directiva fue imponer a los Estados miembros la obligación de designar, notificándolo a la Comisión, una o más autoridades nacionales de reglamentación del sector postal, jurídicamente distintas y funcionalmente independientes de los operadores postales, cuya misión consiste en garantizar el cumplimiento de las obligaciones derivadas de la Directiva, así como de la normativa aplicable en materia de competencia en el sector postal. Se exige, además, que los Estados miembros instrumenten procedimientos transparentes, simples y poco costosos para tramitar las reclamaciones de los usuarios, especialmente en los supuestos de pérdida, robo, deterioro o incumplimiento de las normas de calidad del servicio. Y es que, efectivamente, la Directiva establece también determinadas reglas destinadas a garantizar la calidad del servicio en relación con el servicio postal universal. Cierto es que la norma europea no impone un modo específico de prestación de dicho servicio, pero igualmente lo es que prevé diversos mecanismos tendentes a asegurar y facilitar su desarrollo y a garantizar el equilibrio financiero del prestador del servicio. En este sentido, la Directiva prevé la obligación de que los Estados garanticen el servicio postal universal, sin que ello implique que tal servicio deba ser prestado directamente por el propio Estado. Junto a la prestación directa, que por supuesto es posible, se admiten otras opciones, como la concesión de derechos exclusivos a un operador, la imposición de obligaciones de servicio público a los operadores postales que actúan en régimen de libre competencia, el establecimiento de un fondo de compensación con cargo a todos o algunos operadores para financiar el servicio postal universal o la liberalización de la prestación del servicio con determinadas condiciones para no perjudicar a quienes presten el servicio universal. En esta línea y por lo que a la financiación del servicio universal se refiere, la Directiva previene que si las obligaciones del servicio representan una carga financiera excesivamente onerosa para el proveedor en un Estado miembro, éste podrá constituir un fondo de compensación administrado por una entidad independiente del beneficiario.

A la vista de lo anterior y a modo de recapitulación, puede decirse que el régimen de prestación de los servicios postales previsto en la Directiva examinada se caracterizaba, en su redacción originaria, por las siguientes notas:

— La definición de un servicio postal universal, cuya garantía de prestación a los usuarios se imponía a los Estados miembros y que consiste en "una oferta de servicios postales de calidad determinada prestados de forma permanente en todos los puntos del territorio a precios asequibles a todos los usuarios" (artículo 3.1), quedando necesariamente incluidas en esta noción las actividades mencionadas en el artículo 3.4. La definición del servicio universal no sólo comprendía la enumeración de las actividades incluidas en él, sino también la descripción de las condiciones de prestación, como la exigencia de una recogida y una distribución al domicilio de los envíos postales, como regla general, todos los días laborables y, al menos, cinco días por semana.

— La financiación del servicio universal mediante la reserva de actividades al operador histórico y el reconocimiento de derechos especiales a su favor. La Directiva Postal no imponía la existencia de un sector reservado al proveedor del servicio universal, pero la consideraba justificada con el fin de permitir el funcionamiento de éste "en condiciones de equilibrio financiero" (considerando 16). En atención a ello, el artículo 7 permitía a los Estados miembros reservar a dicho proveedor, junto con la publicidad directa y el correo transfronterizo, "los envíos de correspondencia interna, tanto si se trata de distribución urgente como si no, cuyo precio sea inferior a cinco veces la tarifa pública de un envío de correspondencia de la primera escala de pesos de la categoría normalizada más rápida, cuando ésta exista, siempre que su peso sea inferior a 350 gramos", en la medida en que tal reserva fuera necesaria "para el mantenimiento del servicio universal".

— La delimitación de las distintas áreas de prestación de servicios, con su consiguiente reflejo en los mecanismos de acceso a ellas. En particular, el artículo 9 de la Directiva Postal contemplaba la posibilidad de otorgar autorizaciones generales en el ámbito de los servicios no reservados y no incluidos en el servicio postal universal, y de recurrir a procedimientos de autorización, incluidas las licencias individuales, respecto de los servicios no reservados pero sí incluidos en dicha noción. Entre otras condiciones, se preveía la sujeción de las autorizaciones, en su caso, a las obligaciones de servicio público.

Sentado lo anterior, merece destacarse que frente a la postura mantenida durante la elaboración de la Directiva por la Comisión, que aspiraba a alcanzar una liberalización notable en el sector, prevaleció la defendida por el Parlamento Europeo y el Consejo, con una visión más moderada del proceso de apertura a la competencia. De conformidad con tal visión, se entendió finalmente que dicha apertura había de producirse de forma controlada y escalonada, por cuanto la liberalización no constituía un fin en sí mismo, sino un medio para lograr una mayor eficacia y dinamismo en el mercado postal, objetivos que no podían imponerse sobre la garantía de prestación del servicio universal. Como consecuencia de la idea de apertura gradual, se aprobaron dos importantes modificaciones de la Directiva Postal: la primera mediante la Directiva 2002/39/CE del Parlamento Europeo y del Consejo, de 10 de junio de 2002, con el fin de proseguir la apertura a la competencia de los servicios postales de la Comunidad (que reformaba, entre otros preceptos, el artículo 7, reduciendo los límites de peso y precio de los envíos que podían formar parte del sector reservado), y la segunda a través de la Directiva 2008/6/CE, en relación con la plena realización del mercado interior de servicios postales comunitarios, en la que queda definido el modelo vigente de prestación de las actividades postales.

3.4. El modelo actual previsto en la Directiva 2008/6/CE

Tal y como ha quedado expuesto, la Directiva Postal no introdujo ningún mecanismo directamente orientado a abrir por entero el sector postal a la competencia de los mercados nacionales, sino que optó por imponer una apertura gradual a partir de la contención y reducción de los servicios reservados que excluyen la iniciativa privada. Por ello, la propia Directiva preveía un procedimiento destinado a revisar su contenido, para facilitar así la posibilidad de avanzar en ese proceso gradual de apertura a la competencia. Tras una primera modificación operada por la Directiva 2002/39/CE, del Parlamento Europeo y del Consejo, de 10 junio 2002[129], la principal reforma tuvo lugar con la aprobación de

---

(129) El principal objetivo de esta norma consistió en reducir el ámbito de la posible reserva de servicios que podían prestar los Estados miembros, modificándose a tal efecto el artículo 7. En particular, a partir del 1 de enero de 2003, el límite máximo de peso de los envíos reservados pasó a ser de 100 gramos y, a partir de 2006, de 50 gramos. A su vez, los límites de peso para que tales servicios pudiesen ser prestados por otras empresas distintas del operador encargado de la prestación del servicio postal universal se redujeron a tres veces la tarifa pública normal más rápida a partir del 1 de enero de 2003 y a dos veces y media a partir de 2006. Con todo, la posibilidad misma de reservar determinados servicios al operador encargado de la prestación del servicio postal universal no se eliminó por completo. La Directiva introdujo algunas especificaciones relativas a las medidas para evitar el falseamiento del funcionamiento del sector (modificación del artículo 12) y extendió las garantías de calidad del servicio universal a otros servicios, reforzando, en fin, las funciones y competencias de las Autoridades nacionales de reglamentación. Adicionalmente, la Directiva desarrollaba otras cuestiones reguladas en la Directiva 97/67, como las relativas a la protección de los consumidores. La trasposición de esta norma de Derecho español se llevó a cabo mediante la Ley 53/2002, de 30 de diciembre, de medidas fiscales, administrativas y del orden social, cuyo artículo 106 ordenaba la reducción de los límites de peso y de precio de los envíos reservados. Siguiendo fielmente lo dispuesto en la Directiva de 2002, se preveía una reducción gradual de la reserva a favor del operador encargado de la prestación del servicio postal universal que, en relación con las cartas y tarjetas postales, quedó limitada a partir de la entrada en vigor de la Ley a los envíos interurbanos y transfronterizos de peso igual o inferior a 100 gramos y, a partir del 1 de enero de 2006, a 50 gramos. El precio mínimo que debían exigir otras empresas distintas del operador público para prestar servicios incluidos dentro de los referidos márgenes de peso se redujo al triple del precio correspondiente fijado para éste, rebajándose tal límite

la Directiva 2008/6/CE, por la que se modifica la Directiva 97/67/CE en relación con la plena realización en el mercado interior de servicios postales comunitarios. Según se desprende de su propio título, esta norma está dirigida a lograr la plena liberalización del sector postal dentro del mercado interior de la Unión Europea. Su aprobación vino precedida de un estudio de la situación a la que la aplicación de la llamada Directiva Postal había dado lugar; de tal estudio se obtuvieron varias conclusiones, que quedaron reflejadas en la parte expositiva de la nueva Directiva. La principal de ellas fue la constatación de que el objetivo básico de garantizar la prestación sostenible de un servicio universal puede alcanzarse "sin necesidad de que exista un sector reservado" (considerando 11), lo que supone tanto como admitir que "el sector reservado ya no debe ser la solución preferente para la financiación del servicio universal" (considerando 13).

Partiendo de este planteamiento, la Directiva 2008/6/CE trata de ajustar el marco normativo comunitario del sector postal a las exigencias del mercado interior de un modo más acorde a la evolución de dicho sector, movilizando así todo el potencial que ofrece dicho mercado interior y poniendo el énfasis ahora en la calidad del servicio universal y su fórmula más apropiada de financiación (Resolución de 2 de febrero de 2006 del Parlamento Europeo), con el objetivo fundamental de lograr la apertura total del sector postal al mercado, fijando como fecha límite para ello el 31 de diciembre de 2010.

Para ello se opta por la supresión del sector reservado y de los derechos especiales (al operador designado del servicio postal universal) como mecanismo de financiación del servicio postal universal, lográndose tal financiación mediante el diseño de un fondo de compensación o mediante la imposición de obligaciones de servicio universal (obligaciones de servicio público) en determinados casos. No obstante, al permitir ese esquema de financiación, la Directiva 2008/6/CE establece una serie de reglas tendentes a garantizar que su operatividad no distorsione las reglas del mercado.

a partir del 1 de enero de 2006 a dos veces y media el precio de referencia. En definitiva, la Ley 53/2002 se limitó a modificar el ámbito reservado con respecto al peso máximo de cartas y tarjetas postales, incrementando correlativamente las posibilidades de que otras empresas distintas del proveedor del servicio postal universal prestaran servicios de valor añadido (principalmente, correo rápido).

Así pues, en el nuevo modelo de mercado del sector postal, la prestación del servicio universal ya no ha de hacerse de modo preferente mediante la designación de proveedores del mismo, sino que los Estados miembros pueden optar por liberalizarlo enteramente (la prestación del servicio se somete a las fuerzas del mercado), por designar uno o varios proveedores del servicio universal, por adjudicar los servicios mediante procedimientos de contratación pública o por combinar estos mecanismos.

De este modo, la Directiva 2008/6/CE invierte el sistema diseñado en normativa anterior: así, mientras que la Directiva Postal establecía en un primer momento que la prestación del servicio universal debía hacerse preferentemente mediante la designación de proveedores de servicio universal, la Directiva de 2008 considera que el aumento de la competencia "hace oportuno que los Estados miembros dispongan de más flexibilidad a la hora de decidir el mecanismo más eficiente y apropiado para garantizar la prestación del servicio universal" (considerando 23). En particular, con arreglo a este considerando, los Estados miembros pueden optar por uno o varios de los sistemas antes mencionados (esto es, la prestación del servicio universal por las fuerzas del mercado; la designación de una o varias empresas que ofrezcan distintos elementos del servicio universal o abarquen distintas partes del territorio; y la contratación pública de los servicios).

En líneas generales, la incidencia de estos postulados en el articulado de la Directiva Postal a partir de su reforma por la Directiva 2008/6/CE puede resumirse partiendo de las notas características del régimen de prestación de servicios a que antes se ha hecho referencia (epígrafe 3.3 de este apartado III):

— Respecto de la definición del servicio universal (artículo 3 de la Directiva 97/67/CE), no se producen cambios significativos ni en cuanto a su delimitación ni en relación con la descripción de las condiciones de prestación.

— Se introducen, no obstante, ciertas precisiones en lo relativo a la garantía de la realización del servicio universal. En este sentido, el artículo 4.2 de la Directiva Postal –en la versión procedente de la Directiva 2008/6/CE– habilita a los Estados miembros para "designar a una o varias empresas como proveedores de servicio universal de modo que quede cubierto la totalidad del territorio nacional", definiendo los derechos y obligaciones que se les asignen y dándolos a conocer públicamente. La opción por esta solución requiere, por una parte, que se aprueben "las medidas para garantizar que las condiciones de adjudicación del servicio universal se basen en los principios de transparencia, no discriminación y proporcionalidad", y, por otra, que la designación del proveedor de servicio universal esté "sujeta a revisión periódica", asegurándose en todo caso que la duración por la que se efectúe "ofrezca tiempo suficiente para rentabilizar las inversiones".

— En el marco de la financiación del servicio universal se concentran las reformas más relevantes, teniendo en cuenta que se pone "fin a la utilización de un sector reservado y de derechos especiales" como medio para asegurar dicha financiación (considerando 25 de la Directiva 2008/6/CE). Por consiguiente, el artículo 7 de la Directiva Postal resultante de la última modificación ya no permite la reserva de actividades a favor del proveedor del servicio universal, sino que prohíbe "otorgar o mantener en vigor derechos especiales o exclusivos para el establecimiento y la prestación de servicios postales", sin perjuicio, como precisa el artículo 8, de la posibilidad de organizar la instalación de buzones en la vía pública, la emisión de sellos de correos y el servicio de correo certificado utilizado en el marco de procedimientos judiciales o administrativos con arreglo al derecho interno.

Abandonada la reserva de actividades postales, el artículo 7 citado configura diversos sistemas de financiación de la prestación del servicio universal, admitiendo cualquier otro sistema que resulte compatible con el Derecho comunitario originario. En concreto, se mencionan tres posibilidades: en primer lugar, se prevé la licitación de la prestación de los servicios universales; en segundo término, se admite la creación de un mecanismo de compensación con fondos públicos o de un sistema de reparto de dicho coste neto entre los proveedores de servicios, los usuarios o ambos, siempre y cuando las obligaciones de servicio universal comporten un coste neto y representen una carga financiera injusta para el proveedor de servicio universal; finalmente, el acceso a la actividad depende de si los servicios están o no incluidos en el servicio universal, de forma que, en caso negativo, cabe conceder autorizaciones generales, mientras que, en caso afirmativo, se admite el recurso a procedimientos de autorización, incluidas las licencias individuales.

La Directiva de 2008 introduce también determinadas precisiones que afectan a las autorizaciones otorgadas a empresas que no hayan sido designadas proveedores de servicio universal, reguladas en el artículo 9 de la Directiva Postal. Tales autorizaciones no pueden "limitarse en número" ni "imponer obligaciones de servicio universal y, al mismo tiempo, la obligación de efectuar aportaciones financieras a un mecanismo de reparto de costes, para los mismos elementos del servicio universal o partes del territorio nacional".

Por lo demás, la Directiva 2008/6/CE configura el servicio postal como un auténtico servicio de interés económico general en el sentido del artículo 16 del Tratado y articula diversos mecanismos para garantizar la posición de los usuarios frente al mismo, así como para alcanzar una mayor transparencia, en esa dirección, de las funciones asignadas a las Autoridades nacionales de reglamentación, cuya actuación se considera esencial en tanto culmine totalmente la transición del sector a una situación de libre y plena competencia.

De lo hasta aquí expuesto se infiere con facilidad que la aprobación de la Directiva 2008/6/CE supuso un cambio notable en la regulación de los servicios postales, estableciendo las bases necesarias para culminar el proceso de liberalización iniciado décadas atrás. La obligada transposición de dicha Directiva al ordenamiento interno se llevó a cabo a través de una nueva ley reguladora de los servicios postales que incorporó al Derecho español los referidos cambios, modificando sustancialmente el régimen de prestación de las actividades incluidas en el sector postal.

Analizado así el proceso liberalizador en el Derecho comunitario, corresponde ahora estudiar el modo en que tal proceso se ha articulado concretamente en el Derecho español.

IV. RÉGIMEN JURÍDICO DEL SECTOR POSTAL EN ESPAÑA.

4.1. El precedente inmediato del modelo actual: los servicios postales en la Ley 24/1998

Los servicios postales en España fueron tradicionalmente considerados, según ha quedado apuntado, como un servicio público. La enorme relevancia de los servicios de comunicaciones, en general, y de los servicios postales en particular, dada su importancia como elementos clave para la cohesión social, obligaba a establecer un sistema en el que pudiera garantizarse debidamente la prestación de tales servicios, lo que durante un extenso período de tiempo llevó a reservar tal prestación al Estado, por considerarse que sólo él disponía de los medios idóneos para satisfacer las exigencias inherentes a una actividad tan relevante[130]. Esta idea, sin embargo, comenzó a cuestionarse a partir del último tercio del siglo XX, a raíz del incremento de la competitividad de las empresas españolas y del desarrollo del comercio en nuestro país, dando paso a una nueva concepción de los servicios postales en la que su prestación por otros sujetos distintos del Estado parecía tener cabida. Fue precisamente en este contexto en el que la entonces Comunidad Europea comenzó a adoptar diversas medidas tendentes a lograr, tal y como se explicado, la progresiva liberalización del sector postal. Ello obligó a adaptar el ordenamiento interno a las exigencias europeas y, muy en particular, al régimen jurídico diseñado por la llamada Directiva Postal.

Pues bien, la incorporación al Derecho español de la Directiva Postal tuvo lugar por medio de la Ley 24/1998, de 13 de julio, del Servicio Postal Universal y de Liberalización de los Servicios Postales –después modificada por la Ley 53/2002, de 30 de diciembre, de medidas fiscales, administrativas y del orden social, para transponer los cambios resultantes de la Directiva 2002/39/CE– que, siguiendo el esquema de la Directiva Postal, centró su contenido en dos aspectos básicos: la liberalización del sector postal y la prestación del servicio postal universal.

La Ley trajo consigo importantes novedades conceptuales respecto del sistema anterior, en el que, conforme al artículo 1 de la Ordenanza Postal aprobada por Decreto de 18 de mayo de 1960, el correo se concebía como "un servicio público inherente a la soberanía del Estado, que lo rige y administra". Frente a esta concepción, el artículo 1.2 de la Ley de

(130) En efecto, durante mucho tiempo, el servicio postal fue considerado en España como un servicio público cuya prestación se imponía, con carácter general, a Correos y Telégrafos, que en un primer momento se configuró como organismo autónomo para después adoptar la forma de entidad pública empresarial, estando en la actualidad constituida como sociedad anónima de capital cien por cien público, cuyo propietario es el Estado español a través de la Sociedad Estatal de Participaciones Industriales (SEPI). La configuración legal del régimen de prestación de estos servicios respondía, en última instancia, al afán de garantizar, mediante la imposición de obligaciones de servicio público, un servicio postal básico de calidad, prestado de forma permanente en todo el territorio nacional y a precio asequible para todos los usuarios.

1998 partía de que "los servicios postales son servicios de interés general que se prestan en régimen de competencia". Así pues, en el régimen diseñado por esta norma legal sólo tenían la consideración de servicio público o estaban sometidas a obligaciones de servicio público las actividades integrantes del concepto de **servicio postal universal**. Sobre la base de tal declaración, se distinguían en el artículo 4 de la Ley 24/1998 dos categorías: las actividades incluidas en el ámbito del sector postal universal y las actividades no incluidas en él.

1ª) Las actividades incluidas en el ámbito del servicio postal universal comprendían tanto los servicios reservados como los no reservados.

De la mera lectura de esta subdivisión se desprende que el legislador español, amparándose en el margen de actuación que daba el artículo 7 de la Directiva Postal en su redacción primigenia e invocando el artículo 128.2 de la Constitución, decidió reservar, con carácter exclusivo, al operador institucional la prestación de determinados servicios englobados en la noción más amplia de servicio postal universal (artículo 18.1).

La disposición adicional primera llevaba a cabo la designación de este operador, al imponer la obligación de prestar el servicio postal universal a la "Sociedad Estatal Correos y Telégrafos, S. A.". Como contrapartida a la prestación del servicio postal universal, se preveía compensar al operador institucional por las cargas financieras derivadas de tal prestación mediante tres vías reguladas en los artículos 24 siguientes de la Ley 24/1998:

— La realización de los servicios reservados. A pesar de admitirse esta posibilidad, el artículo 24 bis, introducido por la Ley 53/2002, prohibía la financiación cruzada de servicios universales del sector no reservado con ingresos generados por servicios del sector reservado, "excepto en la medida en que resulte absolutamente indispensable para la realización de las obligaciones específicas de servicio universal vinculadas al ámbito competitivo". Las contraprestaciones económicas derivadas de la realización de estos servicios reservados tenían la naturaleza de precios privados de carácter fijo en su cuantía, siendo su régimen jurídico el de precios autorizados (artículo 30).

— El Fondo de Compensación del servicio postal universal, que tenía por finalidad "complementar la financiación de este servicio" (artículo 26) y se nutría de los ingresos derivados de las tasas postales, las donaciones y los rendimientos derivados de la cuenta en que se depositaban los activos en metálico procedentes de las aportaciones anteriores (artículo 27).

— La financiación directa por el Estado, a la que se atribuía carácter supletorio, en la medida en que únicamente tenía cabida para satisfacer la carga financiera no compensada mediante las otras contrapartidas. La intervención pública en este marco se concretaba en la elaboración del Plan de Prestación del servicio postal universal, en el que se determinaba la consignación anual constitutiva de la financiación directa por el Estado, la cual debía figurar igualmente en el contrato-programa celebrado entre el Estado y el operador.

Además del sector reservado, el concepto de servicio universal comprendía también actividades no reservadas, que habían de ser prestadas por el operador institucional, pero que podían serlo también por cualquier persona física o jurídica (nacional de un Estado miembro de la Unión Europea o con otra nacionalidad cuando así estuviere previsto en Tratados internacionales de los que el Reino de España sea parte) que hubiera solicitado y obtenido una autorización administrativa singular (artículo 11). Por lo que se refiere a los precios de los servicios postales universales no reservados (artículo 31), podían ser fijados libremente de acuerdo con las reglas del mercado, sin perjuicio de lo cual se autorizaba al Ministerio de Fomento para fijar precios máximos para dichos servicios cuando se prestasen por el operador institucional; asimismo, se facultaba al Gobierno para señalar los criterios determinantes de los precios de las actividades incluidas en el servicio universal, con el objetivo de garantizar que fueran asequibles.

2ª) Las actividades no incluidas en el ámbito del servicio postal universal.

Al margen de las actividades incluidas en el sector postal universal (algunas de ellas reservadas; otras abiertas a su prestación por el mercado), la Ley configuraba un ámbito de actividades no englobadas en la mencionada categoría. Tales actividades podían ser realizadas no sólo por el operador institucional –que no estaba legalmente obligado a prestarlas–, sino también por quienes obtuvieran una autorización general, según el texto primitivo de los artículos 9 y 10 de la Ley 24/1998. Tras la reforma de estos preceptos por la Ley 25/2009, de 22 de diciembre, de modificación de diversas leyes para su adaptación a la Ley sobre el libre acceso a las actividades de servicios y su ejercicio, la prestación de servicios postales no universales pasó a supeditarse a la presentación, con carácter previo al inicio de la actividad, de una declaración responsable por parte de los interesados.

4.2. El régimen jurídico actual: la Ley 43/2010.

Durante la vigencia de la Ley 24/1998, la Directiva Postal fue objeto, según se ha señalado reiteradamente, de dos importantes modificaciones: una primera operada por la Directiva 2002/39/CE, orientada a reducir el ámbito de la posible reserva de servicios a favor de los Estados miembros –e incorporada a nuestro ordenamiento a través de la Ley 53/2002, antes citada– y otra mucho más ambiciosa, de la mano de la Directiva 2008/6/CE que, tal y como ha quedado expuesto, perfila los aspectos esenciales del régimen jurídico del sector postal, sometiéndolo a profundos cambios con el fin de culminar el proceso de liberalización de los servicios postales, para lo cual fijó como fecha límite el 31 de diciembre de 2010.

La transposición de dicha Directiva se llevó a cabo en el Derecho español a través de una norma *ad hoc*, la Ley 43/2010, de 31 de diciembre, del servicio postal universal, de los derechos de los usuarios y del mercado postal (LSPU), que derogó íntegramente la Ley 24/1998 y que incorporó a nuestro ordenamiento las importantes innovaciones que la referida Directiva había introducido en el marco europeo.

La Ley 43/2010 fue fruto de un proceso de elaboración complejo en el que trataron de atenderse dos objetivos esenciales: el primero y más acuciante, el de diseñar el nuevo régimen jurídico del sector postal a fin de acomodarlo adecuadamente a las exigencias del ordenamiento comunitario tras la sustancial modificación operada por la Directiva 2008/6/CE; y el segundo, de singular relevancia, el de establecer un marco jurídico de la prestación de los servicios postales capaz de responder debidamente a las peculiares y cambiantes características de un sector –el postal– sujeto a fuertes y constantes variaciones como consecuencia de los avances tecnológicos y de la difícil coexistencia de los servicios postales tradicionales con las comunicaciones electrónicas. De este modo, la norma nació con "una vocación de temporalidad y acomodo progresivo a las innovaciones tecnológicas, al igual que a las sucesivas regulaciones comunitarias hasta alcanzar el objetivo de plena realización del marcado interior postal" (dictamen del Consejo de Estado

1.295/2010, de 22 de julio, relativo al anteproyecto de Ley del servicio postal universal, de los derechos de los usuarios y del mercado postal).

El nuevo régimen jurídico contenido en esta norma puede sintetizarse a través del análisis de algunos de los aspectos que mayor importancia revisten en la configuración del actual marco normativo del sector postal.

4.2.1. La configuración de los servicios postales como servicios de interés económico general

La premisa básica de la que parte todo el régimen jurídico diseñado por la Ley 43/2010 es la de la caracterización de los servicios postales como "servicios de interés económico general". Su configuración como tales responde adecuadamente a la definición que de ellos hace el ordenamiento comunitario y supone, sin duda alguna, un considerable cambio respecto del régimen anterior, contenido en la Ley 24/1998, de 13 de julio, que atribuía a los servicios postales la consideración genérica de "servicios de interés general", reservando la calificación de servicio público (más en el sentido de obligaciones de servicio público) al servicio universal (artículo 1.2).

La naturaleza de los servicios postales como servicios de interés económico general propia del Derecho comunitario es puesta de relieve por la Directiva 2008/6/CE al destacar el relevante lugar que tales servicios ocupan entre los valores comunes de la Unión Europea, en los términos del artículo 16 (así lo reconoce expresamente en su considerando 3), que es el artículo 14 de la versión consolidada del Tratado de Funcionamiento. La regla establecida por el Tratado es la de que dichos servicios sean prestados, encargados y financiados por los Estados miembros, exigiéndose que su actuación se realice con arreglo a principios y condiciones (establecidos mediante reglamentos), particularmente económicos y financieros que permitan cumplir su cometido.

Tal y como advirtió el Consejo de Estado en su dictamen al anteproyecto de la que posteriormente se aprobó como Ley 43/2010 (dictamen 1.295/2010, de 22 de julio), el concepto de **servicio de interés económico general** no coincide con lo que el ordenamiento español califica de "servicio público", como tampoco se ajusta a tal noción la definición comunitaria de "obligaciones de servicio público". Los términos comunitarios tienen una finalidad diferente, encaminada al cumplimiento de los objetivos y fines de los Tratados, y respetan el ordenamiento jurídico propio de los Estados miembros, muy diverso en todos ellos. Los servicios de interés económico general "tienen como finalidad el preservar el objetivo fundamental de la realización del mercado interior y, en su seno, de garantizar la posición óptima de los usuarios y consumidores. Se trata, pues, de servicios que requieren de una estructura idónea, mediante la intervención pública, para alcanzar un nivel de libre competencia con garantía de una adecuada calidad y eficiencia para los usuarios; las obligaciones de servicio público se imponen, de igual modo, para atender a esa finalidad corrigiendo las distorsiones que puedan surgir de la libre concurrencia (para preservar la garantía de calidad deseada para el consumidor o usuario)" (dictamen 1.295/2010 del Consejo de Estado).

La Ley opta por acoger la expresión que emplea el Derecho comunitario, sin recurrir en cambio a la conceptuación española de "servicio público", que no es en sí misma necesaria para justificar la intervención administrativa, al venir ésta directamente determinada por la regulación comunitaria. Se trata, ciertamente, de una nueva técnica de intervención pública, amparada directamente por la regulación comunitaria, que es, por lo demás, la que establece los "principios y condiciones" de tales servicios.

De lo anterior se sigue que la calificación de los servicios postales como servicios de interés económico general constituye un título suficiente para habilitar la intervención pública y debe completarse, como hace la LSPU, con un diseño suficiente de la posición jurídica de los usuarios (Título II, relativo a sus derechos) que, más que una tabla de derechos en sentido estricto, supone la fijación de las posiciones jurídicas necesarias para garantizar la transparencia del mercado postal y el logro del nivel de calidad requerido.

En definitiva, la caracterización que de los servicios postales lleva a cabo la LSPU como servicios de interés económico general determina la apertura del sector a la libre competencia, permitiendo, no obstante, mantener cierta intervención pública para garantizar la prestación del **servicio postal universal** mediante el establecimiento de mecanismos u obligaciones para los operadores destinados a asegurar su prestación bajo ciertos parámetros de calidad y en condiciones de continuidad, igualdad y adaptación en todo el territorio nacional y a un precio asequible(131).

---

(131) Se trata de un modelo de intervención pública amparado por la calificación de la actividad como servicio de interés general, que surge en Europa con base en los

A tal fin, la LSPU establece la regulación de la prestación de los servicios postales, tanto de los incluidos en el ámbito del servicio postal universal, como de los no incluidos en éste (artículo 37.2), considerados como servicios de interés económico general prestados en régimen de libre competencia (artículos 1, 2 y 37 de la LSPU). Es decir, la Ley se articula en torno a dos grandes bloques diferenciados de actividad: por un lado, contiene la ordenación general de los servicios postales liberalizados y, por otro, el régimen de prestación del servicio postal universal sometida obligaciones de servicio público. Junto a ambas categorías, se incluye también dentro del ámbito de la Ley (no así de la Directiva de 2008) el régimen del servicio de giro postal o servicio postal financiero, definido como aquél mediante el cual se ordenan pagos a personas físicas o jurídicas por cuenta y encargo de otras a través de la red postal pública y configurado como servicio complementario de los servicios postales, con naturaleza de servicio económico de interés general, cuya prestación se atribuye al operador designado por el Estado para prestar el servicio postal universal (disposición final tercera); y también se incluyen, en fin, cualesquiera otros servicios que tengan o pudieran tener naturaleza postal, de conformidad con la normativa de la Unión Europea y de la Unión Postal Universal (artículo 1.3.b) LSPU).

Sobre la base de la distinción apuntada, la Ley diseña el nuevo régimen jurídico de los servicios postales, dando un paso más hacia la liberalización del sector postal respecto del modelo definido en la Ley 24/1998, abriéndolo a la competencia y permitiendo que los servicios incluidos en la categoría de servicio postal universal puedan prestarse no sólo por el operador designado, sino por otros operadores, sin que ello pueda en ningún caso comportar un deterioro en la calidad de prestación del servicio. Así pues, al eliminarse el ámbito reservado en exclusiva al prestador del servicio postal universal –que, hasta la entrada en vigor de la Ley 43/2010, comprendía el servicio de giro postal, los envíos interurbanos y transfronterizos de cartas y tarjetas postales de hasta 50 gramos y la

---

artículos 16 y 86.2 TCE con la liberalización del mercado de las telecomunicaciones y que sustituye los monopolios públicos por un conjunto o sistema de obligaciones de servicio universal, esto es, por una regulación y control que aseguran la prestación adecuada y continuada del servicio en todo el territorio, a precio asequible y bajo determinados parámetros de calidad (PETIT LAVALL, Mª.V., "El régimen jurídico de la prestación de los servicios postales: el contrato de servicio postal universal", en PETIT LAVALL (dir.), *Régimen jurídico del sector postal..., op. cit.*).

recepción, como servicio postal, de las solicitudes y demás escritos dirigidos a los órganos de las Administraciones Públicas–, cualquier operador que cumpla con las condiciones establecidas en la Ley podrá prestar todo tipo de servicios postales, incluidos aquéllos que con anterioridad se incluían en el ámbito de la reserva establecida a favor de Correos[132]. De este modo y como seguidamente se detallará, la LSPU opta decididamente por la prestación del servicio universal mediante las fuerzas del mercado, en régimen de libre concurrencia, si bien mantiene la existencia de un operador designado por un período de tiempo determinado y, en su caso y una vez transcurrido tal plazo, por la de varios operadores, opción ésta que resulta conforme con las disposiciones de la Directiva de 2008.

Ello expuesto, debe pasar a examinarse brevemente el régimen jurídico de prestación de los servicios postales.

4.2.2. *El régimen jurídico de prestación de los servicios postales*

El régimen de prestación de servicios postales se recoge en los Títulos III y IV de la LSPU (artículos 20 a 36 y 37 a 44, respectivamente).

Tal y como se ha indicado, el punto del que parte la Ley para configurar dicho régimen jurídico es el de la conceptuación de los servicios postales como "servicios de interés económico general que se prestan en régimen de libre competencia" (artículo 2). Quedan, no obstante, sometidos a obligaciones de servicio público los servicios incluidos en el **servicio postal universal** encomendados al operador institucional y las que se impongan a los titulares de autorizaciones administrativas singulares conforme al artículo 44.2 (artículo 2 LSPU). La LSPU abandona la técnica del servicio público (a diferencia de la anterior Ley 24/1998, cuyo artículo 1.2 recogía expresamente dicha expresión para caracterizar al servicio postal universal), que en la norma vigente se aplica únicamente al sector reservado, en el que la Administración asume la titularidad de una actividad –publificada, por tanto–, encomendando por vía legal su gestión directa al operador institucional.

---

(132) Debe advertirse, sin embargo, que existen todavía algunos reductos de la reserva a favor del operador encargado de la prestación del servicio postal universal, como son el servicio de giro y la presentación de solicitudes y demás escritos dirigidos a las Administraciones Públicas españolas, pues sólo su tramitación a través de las oficinas de Correos surte los mismos efectos que la presentación en el registro del órgano al que se dirijan (artículo 14 LSPU).

En expresión de su exposición de motivos, la Ley 43/2010 configura, de acuerdo con la Directiva que transpone, "tres áreas bien definidas de servicios postales":

— De una parte, "como corazón del sistema", el servicio postal universal, cuyo alcance material y exigencias formales se fijan en el Título III y que se encomienda en régimen de obligaciones de servicio público a "Correos y Telégrafos, S. A.".

— De otra parte, los servicios que, estando comprendidos dentro del ámbito material del servicio postal universal "se prestan en condiciones de libre mercado ajenas a las obligaciones de servicio público que se imponen al prestador del servicio postal universal", servicios para cuya realización se precisa de autorización administrativa singular.

— Finalmente, "aquellos servicios postales distintos de los servicios postales tradicionales" que "pueden ser prestados con una mera declaración responsable de respeto a los requisitos esenciales", como condición de funcionamiento del nuevo modelo postal español.

Se aprecia, pues, que las dos primeras categorías de servicios se corresponden con un mismo ámbito material de actividad, el del **servicio postal universal**, que puede ser prestado tanto por el operador designado con obligaciones de servicio público, como por los titulares de autorizaciones singulares. Las actividades incluidas en el ámbito del servicio postal universal se encuentran enunciadas en el artículo 21 de la Ley, que identifica como tales las de recogida, admisión, clasificación, transporte, distribución y entrega de envíos postales nacionales y transfronterizos en régimen ordinario de cartas y tarjetas postales que contengan comunicaciones escritas en cualquier tipo de soporte de hasta 2 kg de peso y de paquetes postales, con o sin valor comercial, de hasta 20 kg de peso. El servicio postal universal incluye, asimismo, la prestación de los servicios de certificado y valor declarado, accesorios de los envíos postales antes mencionados.

Para que los servicios de los envíos postales que presenten las características mencionadas queden incluidos en el ámbito de servicio postal universal es preciso que sean prestados en régimen ordinario permanente en todo el territorio nacional, a un precio asequible para todos los usuarios (artículo 20). De este modo, quedan excluidos del servicio postal universal los servicios postales rápidos y los servicios postales especiales. Por lo demás, la prestación de servicio en régimen ordinario y permanente y a un precio asequible conlleva la necesidad de cumplimiento de los principios y requisitos que la Ley prevé para la prestación del servicio postal universal, enunciados en los artículos 22 y siguientes de la Ley y en el Plan de Prestación (condiciones y plazos de recogida, admisión, distribución y entrega). Se trata de requisitos establecidos en garantía del derecho de todos los ciudadanos a las comunicaciones postales y consustanciales a la consideración del servicio postal universal como servicio sometido un elevado intervencionismo público, aunque prestado en régimen de libre competencia para quienes reúnan las condiciones de acceso y desarrollo de la actividad y cumplan los requisitos de prestación del servicio, quedando además sometidos al régimen de inspección y sanción prevista en la legislación. Junto a lo anterior, debe destacarse, finalmente, que servicio postal universal ha de efectuarse necesariamente a través de la red postal (artículos 45 a 47), esto es, a través del conjunto de organización y medios empleados por el operador designado para la prestación de servicio postal universal que permiten la prestación de los distintos servicios postales incluidos en el servicio postal universal (artículo 3.12).

Pues bien, partiendo de esta configuración del servicio postal universal y tomando como referencia la clasificación tripartita antes mencionada, procede entrar en consideración de las particularidades más relevantes del régimen jurídico aplicable a cada categoría de servicios.

a) La prestación del servicio postal universal por el operador designado

La LSPU ha optado por establecer un plazo de quince años (artículo 22.2 y disposición adicional primera) durante el cual se designa un único operador, habilitando al Gobierno para, a partir de ese momento, designar a varios operadores, sin definir concretamente cuál deba ser el mecanismo de adjudicación para ese momento futuro, pero exigiendo que en todo caso se respeten los "principios de transparencia, no discriminación y proporcionalidad, de modo que se garantice la continuidad de la prestación del servicio universal" (artículo 22.2 LSPU). La Ley obliga a prestar el servicio postal universal "de conformidad con las previsiones legalmente establecidas y las que se contengan en el Plan de prestación del servicio postal universal aprobado por el Gobierno y en el contrato regulador".

La disposición adicional primera de la Ley concreta estas previsiones al establecer la designación de la "Sociedad Estatal Correos y Telégrafos, S. A." para prestar el servicio postal universal por un período de quince años, quedando sujeta tal actividad a las obligaciones de servicio público derivadas de la legislación y el Plan de Prestación del Servicio Postal Universal. Asimismo, prevé la suscripción de un contrato regulador de la prestación de dicho servicio entre los Ministerios de Economía y Hacienda y Fomento y el citado operador por sucesivos períodos quinquenales y en el que se determinarán los derechos y las obligaciones atribuidos a las partes.

Tras determinar en los artículos 23 a 25 las condiciones de prestación del servicio postal universal por el operador institucional (concretamente, las condiciones de recogida y admisión y distribución y entrega de los envíos postales, así como los plazos que deben observarse en la realización de tales actividades), la LSPU se centra en el régimen de financiación de las obligaciones de servicio público impuestas a aquél. Para ello, introduce conceptos procedentes de la Directiva 2008/6/CE, como el coste neto de tales obligaciones (artículo 27) o la carga financiera injusta que tales obligaciones pueden suponer para el operador designado (artículo 28). Con el fin de compensar esta última, se prevé la creación de un fondo de financiación del servicio postal universal, nutrido de las siguientes aportaciones (artículo 29.1): las transferencias a favor del fondo consignadas en los Presupuestos Generales del Estado, de acuerdo con lo dispuesto en el artículo 30; las prestaciones patrimoniales de carácter público establecidas en los artículos 31 y 32, que quedan afectadas a esta finalidad (se trata, en particular, de la contribución postal, cuya satisfacción se exige anualmente a los titulares de una autorización administrativa singular con un volumen de negocios al año superior a 50.000 euros, y de la tasa por la concesión de tales autorizaciones administrativas singulares); las donaciones o legados realizados por cualquier persona natural o jurídica que desee contribuir a la financiación del servicio postal universal; y los rendimientos derivados de los depósitos en los que se mantienen las disponibilidades del fondo.

A la luz de lo anterior, cabe apreciar la introducción de dos cambios o novedades fundamentales respecto de la legislación anterior: en primer lugar, la designación del proveedor de servicio universal no se hace ya *sine die*, sino por un plazo determinado (quince años) transcurrido el cual se admite la posibilidad de designar una o varias empresas como proveedores de servicio universal (debiendo realizarse la adjudicación con sujeción a los principios de transparencia, no discriminación y proporcionalidad); en segundo término, desaparecen el sector reservado y la consiguiente financiación del servicio postal universal por esta vía. Dicha financiación queda articulada en la LSPU exclusivamente a través del fondo creado con tal fin, que comprende, además de aportaciones similares a las previstas en el artículo 27 de la Ley 24/1998, las transferencias presupuestarias que se fijen anualmente.

b) La prestación del servicio postal universal por otros operadores distintos

En la LSPU, ninguna de las actividades incluidas en el servicio postal universal queda ya reservada, con carácter exclusivo, al operador designado por el Estado; antes bien, en línea con el propósito liberalizador de la Directiva comunitaria de 2008, todas esas actividades pueden y deben prestarse en régimen de libre competencia(133). No obstante, el artículo 42 de la LSPU exige una "autorización administrativa singular para la ejecución de cualesquiera prestaciones en relación con los servicios incluidos en el ámbito del servicio postal universal". Así pues, en cumplimiento del proceso liberalizador del sector, la Ley elimina la anterior distinción entre servicios postales reservados al operador que prestaba el servicio postal universal y otros servicios postales nos reservados al mismo, pero también incluidos en el servicio postal universal (artículo 18 de la Ley 24/1998), permitiendo que en la actualidad todas las actividades incluidas en el servicio postal universal pueda ser prestadas tanto por el operador designado como por quienes posean una autorización administrativa singular.

Junto a la exigencia de este concreto título habilitante, la LSPU impone a todo aquél que solicite la autorización el cumplimiento de determinadas obligaciones. Entre ellas destacan las obligaciones "de servicio público que, con arreglo a lo establecido en la presente Ley, le sean impuestas, en

(133) Debe advertirse, no obstante, que tal y como se ha indicado en el apartado 4.2.1, existen aún ciertos reductos de la reserva a favor del operador encargado de la prestación del servicio postal universal, como son el servicio de giro y la presentación de solicitudes y demás escritos dirigidos a las Administraciones Públicas españolas.

su caso, y con obligación de sujetarse a lo previsto en el título III de esta Ley, según se determine en la resolución correspondiente" (artículo 43.2.a) LSPU), debiendo abstenerse además de perturbar, en la prestación de los servicios postales, los derechos establecidos para compensar al operador designado para la prestación de servicio postal universal; deberán asimismo facilitar a la Comisión Nacional del Sector Postal toda la información que se les requiera y publicar un informe anual que contenga información sobre el número de reclamaciones presentadas por los usuarios de los servicios postales incluidos en el ámbito del servicio universal prestado, con indicación de la forma en que fueron tramitadas y resueltas.

c) La prestación de actividades no incluidas en el servicio postal universal

Más allá de las actividades que integran el llamado servicio postal universal, existen otras actividades cuya prestación se sujeta a unas condiciones distintas. Lo cierto es que el régimen jurídico de tales actividades no presenta en la LSPU cambios significativos respecto del contenido en la legislación anterior (que en relación con este ámbito de actuación había sido modificada, como se ha señalado, por la Ley 25/2009). Al igual que en el modelo anterior, la prestación de los servicios postales no comprendidos en el ámbito del servicio universal se condiciona en la LSPU a la previa presentación de una declaración responsable, cuyo modelo fue aprobado por la Orden FOM/794/2011, de 21 de marzo.

Los servicios postales no incluidos en el ámbito del servicio postal universal son, por exclusión, todos los que no se regulan expresamente como actividades comprendidas en dicho ámbito. Se trata de servicios prestados en régimen de libre competencia y no sometidos a las obligaciones de servicio público que se exigen en el ámbito del servicio postal universal. En particular, esta categoría se extiende a los siguientes envíos nacionales y transfronterizos: envíos ordinarios de correspondencia de más de 2 kg o de paquetes postales de más de 20 kg; envíos de publicidad directa, libros, catálogos, diarios y publicaciones periódicas que no cumplan los requisitos previstos en el artículo 21 de la Ley (supuesto en el que tendría la consideración de servicio postal universal); envíos postales rápidos y especiales, cualquiera que sea su peso; cualesquiera otros servicios que tengan o puedan tener naturaleza postal, de conformidad con la normativa de la Unión Europea y de la unión postal universal.

4.2.3. *El fondo de compensación para el reparto de las cargas injustas en la prestación del servicio postal universal*

Uno de los aspectos más importantes y novedosos del régimen contenido en la LSPU, exponente del considerable cambio de modelo de prestación de los servicios postales operado por el Derecho comunitario, es el relativo a la supresión, impuesta por la Directiva 2008/6/CE, del mecanismo de financiación del coste del servicio postal universal que era la utilización de un sector reservado y de derechos especiales (considerando 25). La norma europea autoriza, por el contrario, la pervivencia de otros modos de financiación externa del coste residual neto del servicio universal, pues junto al régimen propio de ayudas estatales, que se mantiene para el sector (considerando 59), se admite la creación de un fondo de compensación al que contribuyan operadores, usuarios o ambos mediante aportaciones, si bien tal posibilidad únicamente cabe cuando las obligaciones de servicio público (universal) supongan costes netos del servicio que representen una carga injusta para el operador designado (considerando 26).

Se trata de un fondo que se funda en la determinación y cálculo del coste neto del servicio universal, que ha de realizarse bajo la supervisión de la autoridad nacional de reglamentación, a la cual corresponde además la recaudación de las contribuciones (nuevo ANEXO I, parte C, de la Directiva Postal de 1997, tras la reforma introducida por la Directiva 2008/6/CE), y que puede modularse mediante la oferta de servicios adicionales o complementarios, de los que se pone como ejemplo el cobro de pensiones y la distribución de giros postales en zonas rurales (considerando 30), sin que en tal caso resulten aplicables los mecanismos de compensación.

Ese mecanismo de compensación se encuentra regulado por el artículo 7 de la Directiva Postal, en la redacción dada por la Directiva de 2008, en el que además se incluye una modulación de la regla de sujetar a obligaciones de servicio universal a los operadores no designados que lo presten: la de que de modo alternativo se escogerá esa imposición de obligaciones o bien la aportación financiera al fondo (artículo 7.4 de la Directiva).

La LSPU optó acertadamente por la constitución del mencionado fondo, cuyo régimen específico se recoge en los artículos 29 y siguientes y que se configura como un instrumento destinado a gestionar la financiación necesaria para compensar la carga financiera injusta que para el operador designado puede suponer la imposición de obligaciones de servicio público. Para determinar tal carga injusta, deberá restarse del coste neto de las obligaciones de servicio público del servicio postal universal el importe en que se cuantifiquen los ajustes derivados del incumplimiento de las condiciones de eficiencia en el llamado plan de prestación del servicio postal universal. Para ello es necesaria la instauración de un sistema de contabilidad analítica, que permita conocer el coste exacto de cada uno de los servicios ofrecidos, así como la separación de cuentas respecto de los distintos servicios incluidos en el servicio postal universal (artículo 26 de la ley). El fondo se nutre, principalmente, de dos fuentes: las transferencias con cargo a los Presupuestos Generales del Estado y la llamada contribución postal, a cuyo pago están obligados todos los operadores postales titulares de una autorización administrativa singular, así como el propio operador designado. En todo caso, tratándose de un servicio de interés económico general, los pagos que se realicen en concepto de compensación de las obligaciones de servicio público habrán de sujetarse al control de las ayudas públicas conforme a los artículos 107 a 109 del Tratado de Funcionamiento de la Unión Europea.

4.2.4. Las Autoridades Nacionales de Reglamentación

Otro de los aspectos esenciales del marco jurídico aplicable al sector postal que fue objeto de modificación por la Directiva 2008/6/CE fue el relativo a las Autoridades Nacionales de Reglamentación, cuya importancia quedó reforzada por la referida norma sobre la base de considerar que tales Autoridades habrían de desempeñar un papel crucial en el período de transición a la situación de libre y plena competencia (considerando 47). La nueva norma europea parte del respeto a la autonomía institucional de los Estados miembros, si bien les exige cumplir determinadas condiciones.

En primer lugar, se exige que se respete el principio de separación entre funciones reguladoras operativas y, más concretamente, que se mantenga una separación estructural efectiva entre la función de dichas autoridades y el control o propiedad, en su caso, de los operadores de servicios postales. En segundo término, se impone que tales autoridades sean independientes no sólo respecto de los operadores, sino también estructuralmente, a fin de garantizar la imparcialidad de sus decisiones; el ámbito de autonomía que es preciso para ello habrá de formularse en el marco del ordenamiento propio de cada Estado miembro, que es respetado por el régimen comunitario. En tercer lugar, la Directiva prevé que tales autoridades ejerzan atribuciones en materia de competencia, debiendo preverse en caso de que no se les reconozcan tales funciones un mecanismo de consulta y cooperación con los órganos que las desempeñen efectivamente. Finalmente, las decisiones de tales autoridades han de ser ejecutivas, debiendo contarse con un mecanismo de recurso en el que puede realizarse un examen cautelar ante un órgano independiente, que puede ser un tribunal.

Pues bien, la Ley 43/2010 da cumplimiento a estas exigencias a través del régimen diseñado su título VI ("Autoridad Nacional de Reglamentación"), encabezado por el artículo 50, a cuyo tenor tendrán la consideración de Autorización Nacional de Reglamentación postal el Gobierno, en el ejercicio de la potestad reglamentaria; los órganos superiores y directivos del Ministerio de Fomento, conforme a las atribuciones que les confiere la normativa vigente; y la Comisión Nacional del Sector Postal, de acuerdo con su ley de creación (Ley 23/2007, de 8 de octubre). Así pues, la LSPU se limitó a reiterar de modo genérico el diseño previsto en la legislación anterior, cuya efectiva operatividad aún no se ha producido[134].

Cabe destacar que la Comisión Nacional del Sector Postal se configura en nuestro ordenamiento como un órgano específico de control y de composición de controversias en el ámbito postal cuya misión consiste en garantizar el correcto funcionamiento del mercado postal y, en particular, de la prestación de servicio postal universal, en beneficio de los usuarios, correspondiéndole igualmente impulsar la consolidación del proceso de liberalización del mercado. En relación con sus funciones, merece destacarse la que le obliga a "velar para que los sujetos que actúen en el mercado postal lleven a cabo su actividad respetando los principios de libre competencia y evitando posibles discriminaciones en el acceso a la red postal y en el ejercicio normal de su actividad". Para ello, su Consejo Rector "pondrá en conocimiento del órgano competente en materia de defensa de la competencia los actos, acuerdos, prácticas o conductas de los que pudiera tener conocimiento en el ejercicio de sus atribuciones que presentan indicios de ser contrarios a la Ley de Defensa de la Competencia" (artículo 7.1 de la Ley 23/2007).

El esquema institucional descrito se completa con un órgano consultivo en materia postal, el Consejo Superior Postal, creado en el artículo 51 como máximo órgano de participación de las Administraciones

---

(134) Las actividades y funciones de la Comisión Nacional del Sector Postal se encuentran integradas en la nueva Comisión Nacional de los Mercados y la Competencia, que entró en funcionamiento el 7 de octubre de 2013 y cuyo régimen jurídico se recoge en Ley 3/2013, de 4 de junio.

Públicas, los usuarios, los prestadores de servicios postales, los sindicatos que tengan la consideración de más representativos a nivel estatal y autonómico y las asociaciones filatélicas en materia postal. Se trata de un nuevo órgano creado como mecanismo para facilitar la consulta y cooperación en asuntos de interés común con los órganos competentes para la protección de los derechos de los consumidores y en materia de competencia, cuyo régimen orgánico se encuentra establecido en el Real Decreto 1138/2011, de 19 de agosto, por el que se establecen las funciones, composición y funcionamiento del Consejo Superior Postal.

4.2.5. *El régimen de los derechos de los usuarios*

El análisis del marco normativo aplicable a los servicios del sector postal no quedaría completo sin una breve referencia al régimen de los derechos de los usuarios contenido en el título II LSPU. En él se recoge una regulación detallada de la posición jurídica de los usuarios, incorporando así a una norma con rango de ley la normativa hasta ahora contenida en el Reglamento de desarrollo de la Ley 24/1998 (aprobado por Real Decreto 1829/1999, de 13 de diciembre). Con el reconocimiento de tales derechos se busca garantizar las condiciones de prestación de servicio postal que permitan situar a los usuarios en una posición jurídica reforzada, facilitando simultáneamente la intervención pública e imponiendo a los operadores obligaciones en cuanto al modo de prestar el servicio. Se trata pues "de configurar unas situaciones jurídicas subjetivas (para los usuarios) para cuya garantía se refuerza el poder de intervención pública y se imponen obligaciones más específicas a los operadores, completados con el régimen de infracciones y sanciones", cuya finalidad consiste en "alcanzar el nivel de calidad requerido para la prestación del servicio postal y articular de modo progresivo más adecuadamente el mercado interior en este punto. Son, pues, "derechos" de tales consumidores, pero modulados por la presencia de un servicio (de interés económico general) en cuyo seno operan, siendo estructura definitoria más funcional" (dictamen del Consejo de Estado 1.295/2010, de 22 de julio, antes citado).

A tal fin, la Ley 43/2010 consagra en los artículos 5 a 19 un amplio elenco de derechos: el derecho al secreto de las comunicaciones postales, el derecho a la inviolabilidad de los servicios postales, el derecho a la protección de datos, el derecho a prestaciones de servicio postal universal de calidad, el derecho de información sobre los servicios postales, el derecho de reclamación, el derecho de denuncia, el derecho a percibir una indemnización de los operadores postales en caso de pérdida, robo, destrucción o deterioro de los envíos postales certificados o con valor declarado, el derecho a la propiedad de los envíos postales, el derecho de presentación de escritos dirigidos a las Administraciones Públicas a través de las oficinas del operador designado para la prestación del servicio postal universal, el derecho a la identificación del operador, el derecho a la prueba de depósito y entrega de los envíos certificados, el derecho de reexpedición y rehúse de los envíos postales, el derecho a la protección de los envíos no entregados y en fin, los derechos a la información de presentación de reclamaciones, denuncias y escritos de las personas con discapacidad.

La mera enunciación de estos derechos pone de manifiesto que se trata, en la mayoría de los casos, de derechos que ya antes de la Ley 43/2010 contaban en nuestro ordenamiento con un acabado régimen jurídico. Puede por ello concluirse que la finalidad de la inclusión de tales derechos en la LSPU consiste, ante todo, en garantizar el nivel de calidad requerido para la prestación del servicio postal y en articular de modo progresivo y más adecuadamente el mercado interior en este punto.

BIBLIOGRAFÍA

- VILLAR EZCURRA, J. L., *Derecho Administrativo especial. Administración Pública y actividad de los particulares*, Civitas, Madrid, 1999.
- CANO CAMPOS, T., (coord.), *Lecciones y materiales para el estudio del Derecho Administrativo. Tomo VIII: Los sectores regulados. Volumen VIII*, Iustel, Madrid, 2009.
- PETIT LAVALL, Mª.V (dir.), *Régimen jurídico del sector postal. Comentario a la Ley 43/2010, de 30 de diciembre, del servicio postal universal, de los derechos de los usuarios y del mercado postal*, VVAA, Tirant lo Blanch, Valencia.
- ALONSO SOTO, R., "La liberalización de los servicios postales", Ekonomiaz, nº 46, 2001.
- MONTERO PASCUAL, J.J., "La liberalización de los servicios postales. El papel del Derecho de la Competencia", en MRTÍNEZ SANZ, F./PETIT LAVALL, Mª.V. (dirs.), *Estudios sobre derecho y economía del transporte: reforma liberalización*, Tecnos, Madrid, 2009.
- Libro Verde de la Comisión Europea sobre el desarrollo del mercado único de los servicios postales de 1992.

PARTE III.

SECTOR DEL TRANSPORTE

RÉGIMEN JURÍDICO DE LAS CARRETERAS

María José Trillo-Figueroa
Letrado del Consejo de Estado
Administradora Civil del Estado

Sumario: INTRODUCCIÓN.- 1.- DISTRIBUCIÓN COMPETENCIAL EN LA MATERIA.- 2.- ORGANIZACIÓN ADMINISTRATIVA.- 3.- RÉGIMEN JURÍDICO DE CARRETERAS Y AUTOPISTAS: 3.1.- Concepto; 3.2.- Tipos (autopistas, autovías, vías rápidas, carreteras convencionales, redes arteriales, tramos urbanos y travesías), gestión y autorización; 3.3.-Régimen de planificación, construcción y financiación de carreteras; 3.4.- Explotación; en particular, en contrato de concesión de autopistas de peaje. Situación actual; 3.5.- Uso y defensa: limitaciones, potestades y régimen sancionador.

INTRODUCCIÓN

Hasta tiempos relativamente recientes, la doctrina científica no había dedicado una especial atención al dominio público viario, a pesar de que su estudio nos remite a instituciones clásicas del Derecho administrativo como son el dominio público, la obra pública y el servicio público, que aparecen estrechamente relacionados.

El interés doctrinal por la cuestión comienza aproximadamente en la década de los setenta con célebres trabajos como el de RAFAEL GÓMEZ-FERRER "Entorno a la Ley de autopistas de peaje".

En tiempos más recientes, el régimen jurídico de las carreteras ha cobrado especial relevancia en nuestro país. En primer lugar, por la aprobación de la Constitución Española de 1978 y la delimitación competencial que ésta realiza, no siempre fácil de interpretar, y que ha dado lugar a algunas importantes sentencias del Tribunal Constitucional y a varias obras de análisis jurisprudencial. En segundo lugar, y no por ello menos importante, la adhesión de España a las Comunidades Europeas en 1986 y su integración en el mercado común, ha determinado la adopción de muchas medidas normativas en la materia, fundamentalmente orientadas a la articulación de una Red Europea de Carreteras y que tienen por finalidad la supresión de todas las barreras artificiales para la consecución de un verdadero mercado único. En tercer lugar, cabe destacar el creciente interés de las modernas Administraciones Públicas por mejorar nuestra red viaria, hacerla más moderna y de calidad, y contribuir así, entre otras cosas, a la reducción de la siniestralidad en nuestras carreteras. En este sentido, la Administración Española ha impulsado medidas de fomento (a través de la aprobación de Planes Directores en la materia, o de la concesión reciente, por ejemplo, de créditos participativos a las concesionarias en mala situación financiera), de servicio público (a través de la planificación, construcción y explotación de nuestras carreteras) y de policía (fundamentalmente a través del ejercicio de potestades administrativas orientadas a la protección del dominio público viario, el establecimiento de limitaciones, la concesión de autorizaciones o la imposición de sanciones). Finalmente, y como consecuencia de esa creciente intervención administrativa sobre las carreteras, se ha generado como contrapartida un importante "activismo jurídico" por parte de los usuarios, que cada vez con mayor frecuencia, acuden a través del instituto de la responsabilidad patrimonial de la Administración pública para que se les indemnice por la mala señalización de las carreteras, por la presencia de obstáculos en las vías (gasoil, piedras, objetos arrojados por otros vehículos..), por la aparición de animales en la calzada, por el mal estado de los elementos accesorios de las vías etc (presencia de socavones, guardarrailes en mal estado de conservación), o por los perjuicios sufridos como consecuencia de la construcción, mejora o reparación de las carreteras, y sobre lo que se ha ido configurando una extensa doctrina(135) y jurisprudencia.

---

(135) A modo de ejemplo, el Consejo de Estado en su labor consultiva, ha resuelto multitud de reclamaciones de responsabilidad patrimonial formuladas por usuarios de carreteras y ha creado una importante y consolidada doctrina. El principio del que se parte es la Administración pública tiene el deber de cuidar y mantener las carreteras abiertas a la circulación en condiciones tales que la seguridad de quienes las utilizan esté debidamente garantizada (dictamen 1.837/1995, de 28 de septiembre o 1422/2012, de 14 de febrero de 2013 más recientemente). No obstante, en cada caso, procede ponderar el comportamiento del que reclama, las circunstancias concretas en las que se ha producido la lesión y si la Administración ha actuado conforme a parámetros razonables del deber de cuidado y vigilancia. Este deber de vigilancia no puede exceder de lo que sea razonablemente exigible, entre lo que no se encuentra una vigilancia tan intensa que, sin mediar lapso de tiempo no

En este capítulo, se analizará el régimen jurídico de las carreteras, partiendo de la distinción entre los distintos tipos de vías, las competencias que sobre éstas asumen las distintas Administraciones públicas, cuál es su régimen de planificación, construcción, financiación y explotación, así como los sistemas de protección, que, traducidos en potestades administrativas, la Ley ha previsto para preservar nuestra red viaria.

1.- DISTRIBUCIÓN COMPETENCIAL EN LA MATERIA

El estudio de esta materia en el Derecho Español debe partir necesariamente de la distribución competencial entre el Estado y las Comunidades Autónomas.

De acuerdo con nuestra **Constitución**, son competencia del **Estado** las obras públicas que sean de interés general o las que no siéndolo, transcurran por el territorio de más de una Comunidad Autónoma (149.1.24 CE) así como los ferrocarriles y transportes terrestres que transcurran por el territorio de más de una Comunidad Autónoma; régimen general de comunicaciones; tráfico y circulación de vehículos a motor (artículo 129.1.21 CE). Como se infiere de la Jurisprudencia constitucional (STC 65/1998, de 18 de marzo. RTC 1998/65), esta competencia queda además reforzada por otros títulos que atribuyen competencia exclusiva al Estado como el del apartado 13° del artículo 149.1. que le atribuye competencia sobre las "bases y coor-

---

instantáneo o inmediato, cuide de que el tráfico en la calzada sea libre y expedito. En este punto, se suele analizar cuál ha sido en cada caso el nivel de cumplimiento de las empresas contratadas para la conservación y el mantenimiento de las carreteras, concesionarias de la Administración. Los supuestos de falta de seguridad más graves, son, como señaló la Memoria del Consejo de 1998 (pags. 129 y ss), los desprendimientos de piedras, la presencia continuada y prolongada de gravilla en la calzada, la deformidad o baches en la calzada o la deficiente señalización (dictámenes 102/1993, de 4 de marzo de 1993 y 1.234/1994, de 14 de julio). Por el contrario se suelen desestimar las reclamaciones formuladas por accidentes vinculados a la irrupción de animales en la calzada o la presencia de objetos retirados en breve espacio de tiempo o debidos a terceros vehículos.

Otro de los argumentos que se esgrimen cuando se quiere imputar a la Administración el daño sufrido -por graves molestias, ruido, pérdida de expectativas, destrozos en instalaciones) a la ejecución de la obra (la vía pública), bien por la propia labor de construcción de la vía pública, bien por las actuaciones necesarias para dicha ejecución, o por tratarse de su reparación o mejora, ha de ponderarse adecuadamente la realidad de una relación de causalidad entre la ejecución de las obras y el daño que se pretende reparar, respecto de cuya apreciación cobra gran relevancia el examen de los hechos por parte de los técnicos, incumbiendo la prueba a quien reclama conforme al artículo 217.2 de la Ley de Enjuiciamiento Civil.

dinación de la planificación general de la actividad económica" o el apartado 3° en relación con la competencia exclusiva en materia de relaciones internacionales. Cabe a este respecto recordar que hoy en día, nuestras carreteras se encuadran dentro de la Red Europea de Carreteras y que, desde las Instituciones Comunitarias se han elaborado multitud de normas que afectan a la interoperabilidad de nuestra red viaria en la Red de Carreteras europea, aspecto esencial para hacer del mercado común una realidad.

Correlativamente, son competencia de las **Comunidades Autónomas** las obras de interés de la Comunidad ubicadas en su propio territorio (art. 148.1.4 CE). También son competencia autonómica los ferrocarriles y las carreteras cuyo itinerario se desarrolle íntegramente en el territorio de la Comunidad Autónoma (Art. 148.1.5 CE).

La delimitación competencial fijada en el texto constitucional se refleja en la vigente Ley 25/1998, de 29 de julio, de Carreteras, cuyo artículo 4 dispone que constituyen la Red de Carreteras del Estado las integradas en un itinerario de **interés general** o cuya función en el sistema de transporte afecte a más de una Comunidad Autónoma (**extraterritorialidad**). Los criterios para considerar un itinerario como de interés general son los siguientes:

I.- En primer lugar, formar parte de los principales itinerarios de tráfico internacional incluidos en los correspondientes convenios.

II. En segundo lugar, servir de acceso a un puerto o aeropuerto de interés general o a los principales pasos de frontera.

III. En tercer lugar, enlazar las Comunidades Autónomas, conectando los principales núcleos de población del territorio del Estado, de manera que formen una red continua que soporte regularmente un tráfico de largo recorrido.

Las **Comunidades Autónomas** tendrán competencia sobre aquellas carreteras que no estén integradas en la Red de Carreteras del Estado. La mayor parte de las Comunidades han aprobado normas relativas a sus carreteras. Así podemos citar las siguientes:

— Andalucía: Ley 8/2001, de 12 de julio, de Carreteras de Andalucía.

— Aragón: Ley 8/2008, de 17 de diciembre, de Carreteras de Aragón, desarrollada por Decreto 206/2003, de 22 de julio, del Gobierno de Aragón.

— Asturias: Ley 8/2006, de 13 de noviembre, de Carreteras del Principado de Asturias.

— Baleares: Ley 5/1990, de 24 de mayo, de Carreteras de la Comunidad Autónoma de las Islas Baleares.
— Canarias: Ley 9/1991, de 8 de mayo, de Carreteras de Canarias, desarrollada por Decreto 131/1992, de 11 de mayo.
— Cantabria: Ley 5/1996, de 17 de diciembre, de Carreteras de Cantabria.
— Castilla- La Mancha: Ley 9/1990, de 28 de diciembre, de Carreteras y Caminos de Castilla-La Mancha.
— Castilla y León: Ley 2/1990, de 16 de marzo, de Carreteras de la Comunidad de Castilla y León.
— Cataluña: Ley 7/1993, de 30 de septiembre, de Carreteras de Cataluña, desarrollada por Decreto 293/2003, de 18 de noviembre.
— Extremadura: Ley 7/1995, de 27 de abril, de Carreteras de Extremadura.
— Galicia: Ley 4/1994, de 14 de septiembre, de Carreteras de Galicia.
— Madrid: Ley 3/1991, de 7 de marzo, de Carreteras de la Comunidad de Madrid, desarrollada por Decreto 29/1993, de 11 de marzo.
— Murcia: Ley 9/1990, de 27 de agosto, de Carreteras de la Región de Murcia.
— Navarra: Ley Foral 5/2007, de 23 de marzo, de Carreteras de Navarra.
— País Vasco: Ley 2/1989, de 30 de mayo, reguladora del Plan General de Carreteras del País Vasco.
— Norma Foral 20/1990, de 25 de junio, de carreteras del Territorio Histórico de Álava.
— Decreto Foral Normativo 1/2006, de 6 de junio, por el que se aprueba el texto refundido de la Norma Foral de Carreteras Gipuzkoa/Guipúzkoa.
— Norma Foral 2/1993, de 18 de febrero, de Carreteras de Bizkaiai/Vizcaya.
— La Rioja: Ley 2/1992, de 7 de marzo, de Carreteras de la Comunidad Autónoma de la Rioja.
— Comunidad Valenciana: Ley 6/1991, de 27 de marzo, de Carreteras de la Comunidad Valenciana.

Finalmente, los **municipios** tienen competencia para la conservación de caminos y vías rurales (art. 25 LBRL) así como importantes competencias en materia urbanística.

2.- ORGANIZACIÓN ADMINISTRATIVA

Las competencias de la Administración General del Estado en esta materia son asumidas por el **Ministerio de Fomento**, a través de la Secretaría de Estado de Infraestructuras y Transporte y Vivienda, de la que depende la Dirección General de Carreteras (Real Decreto 452/2012, de 5 de marzo, por el que se desarrolla la estructura orgánica básica del Ministerio de Fomento).

Las **Comunidades Autónomas** tienen igualmente atribuidas competencias sobre las carreteras que discurren por su territorio. Lo mismo puede decirse de las **entidades locales** respecto de determinados tramos y, sobre todo, por las competencias que éstas ejercen en materia urbanística. Esta competencia municipal tiene tanta importancia, que, autores como ESCARTÍN ESCUDÉ afirman que la clasificación urbanística de los terrenos que atraviesan las carreteras marca el régimen jurídico de la propia carretera.

3.- RÉGIMEN JURÍDICO DE CARRETERAS Y AUTOPISTAS

Actualmente, el régimen jurídico de las carreteras y autopistas se encuentra fundamentalmente regulado en la **Ley 25/1988, de 29 de julio, de Carreteras** (en adelante, LC) y en el Reglamento General de Carreteras aprobado por **Real Decreto 1812/1994, de 2 de septiembre**, por el que se regula el Reglamento General de Carreteras.

3.1. Concepto

Se consideran carreteras las vías de dominio y uso público proyectadas y construidas fundamentalmente para la circulación de vehículos automóviles (art. 2.1 LC).

Quedan fuera de este concepto los caminos de servicio (que son definidos como los construidos como elementos auxiliares o complementarios de las actividades específicas de sus titulares –art. 3.1.b)– y los caminos privados, las vías pecuarias y los caminos rurales.

3.2. Tipos

Las carreteras se clasifican en:

— Autopistas: Son carreteras especialmente proyectadas, construidas y señalizadas como tales para la exclusiva circulación de automóviles y reúnen las siguientes características:

I. En primer lugar, no tener acceso a las propiedades colindantes.

II. En segundo lugar, no cruzar a nivel ninguna otra senda, vía, línea de ferrocarril o tranvía, ni ser cruzada a nivel por senda, vía de comunicación o servidumbre de paso alguna.

III. En tercer lugar, constar de distintas calzadas para cada sentido de circulación separadas entre sí, salvo en puntos singulares o con carácter temporal, por una franja de terreno no destinada a la circulación o, en casos excepcionales, por otros medios.

Desde una perspectiva doctrinal, la autopista se define como un tipo especial de carretera de dominio público afecta al uso público. Se trata de dominio público artificial, ya que, como señalara GÓMEZ-FERRER, surge en función de la realización de una obra –la obra pública–.

— Autovías: Son las carreteras que, no reuniendo todos los requisitos de las autopistas tienen calzadas para cada sentido de circulación y limitación de acceso a las propiedades colindantes.

— Vías rápidas: Son las carreteras de una sola calzada y con limitación total de accesos a las propiedades colindantes.

— Carreteras convencionales. Son las que no reúnen las características propias de las autopistas, autovías y vías rápidas.

Además, junto a estos distintos tipos de carreteras, existen las llamadas áreas de servicio, definidas como las zonas colindantes de las carreteras diseñadas expresamente para albergar instalaciones y servicios destinados a la cobertura de las necesidades de la circulación, pudiendo incluir estaciones de suministro de carburantes, hoteles, restaurantes, talleres de reparación y otros análogos destinados a facilitar la seguridad y comodidad de los usuarios de las carreteras.

La Ley de Carreteras define también las redes arteriales, los tramos urbanos y las travesías, vías que enlazan directamente con la legislación urbanística cuya ejecución corresponde, fundamentalmente, a los municipios y donde aparecen implicados los intereses del Estado y de los municipios (art. 37 a 41 LC).

— La red arterial de una población es el conjunto de tramos de carretera actual o futuras que establezcan de forma integrada la continuidad y conexión de los distintos itinerarios de interés general del Estado o presten el debido acceso a los núcleos de población.

— Los tramos urbanos son aquellos tramos de las carreteras estatales que discurren por suelo calificado como urbano por el correspondiente instrumento de planeamiento urbanístico.

— La travesía es la parte del tramo urbano en la que existe edificaciones consolidadas al menos en las dos terceras partes de su longitud y un entramado de calles al menos en uno de los márgenes.

La **gestión** de estas vías requiere de la colaboración interadministrativa. En primer lugar, cabe subrayar que toda actuación en la red arterial se efectuará previo acuerdo de las distintas Administraciones públicas interesadas. Para lograr esa coordinación debemos acudir a los diferentes procedimientos de colaboración establecidos en la legislación vigente (arts. 55 y ss LBRL): No obstante, a falta de acuerdo será el Consejo de Ministros, a propuesta del ministro de Fomento, el que apruebe la ejecución de las actuaciones necesarias en la red arterial.

En segundo lugar, se regula la concurrencia de competencias entre el Ministerio de Fomento y los Ayuntamientos en la **autorización** de obras y actividades en las distintas zonas configuradas en la Ley de Carreteras.

En las zonas de dominio público de los tramos urbanos corresponde a los Ayuntamientos previo informe del departamento ministerial.

En las zonas de servidumbre y afección de los tramos urbanos excluidas las travesías, el otorgamiento también corresponde al Ayuntamiento, pero será necesario y con carácter previo, el informe del Ministerio de Fomento, cuando, no estuviese aprobado ningún instrumento de planeamiento urbanístico.

3.3. Régimen de planificación, construcción y financiación de las carreteras

— Planificación (artículos 5 a 9 LC): La planificación es inherente a cualquier estudio jurídico de las carreteras. Por ello, se prevé la coordinación de los planes de carreteras del Estado, las Comunidades Autónomas y las Entidades Locales para garantizar la unidad del sistema de comunicaciones y armonizar los intereses públicos afectados. No obstante la ley elude cualquier ulterior desarrollo de la técnica planificadora centrándose en la figura del proyecto de carretera estatal.

El Plan de Carreteras del Estado es el instrumento técnico y jurídico de la política sectorial de carreteras, y debe contener las previsiones y objetivos a cumplir y las prioridades en relación con las carreteras estatales y sus elementos funcionales. Estos planes tendrán carácter vinculante para todos los particulares. La vigencia del plan será definida en el mismo. Todo plan o programa de carreteras estará integrado por una memoria con la documentación y los estudios necesarios (estudio previo, estudio de planeamiento, estudio informativo, anteproyecto, proyecto de construcción, proyecto de trazado), la documentación gráfica descriptiva del alcance del Plan o programas, las normas para su desarrollo y aplicación, estudio económico-financiero y la correspondiente programación de actuaciones para el desarrollo del plan o programas. En este punto se pone de manifiesto la perspectiva medioambiental, concretándose que los proyectos de autopistas y autovías que supongan un nuevo trazado, así como las nuevas carreteras, deberán incluir la correspondiente evaluación del impacto ambiental, de acuerdo con la norma aplicable al efecto (Real Decreto Legislativo 1/2008, de 11 de enero, por el que se aprueba el texto refundido de la Ley de Evaluación de Impacto Ambiental de Proyectos).

La aprobación de un proyecto de carreteras estatales implica la declaración de utilidad pública y necesidad de ocupación a los efectos de expropiación forzosa, ocupación temporal e imposición de servidumbres.

— **Construcción** (arts. 10 a 12 LC): En este punto, se disponen una serie de criterios para coordinar la construcción de carreteras estatales con el planeamiento urbanístico vigente en cada municipio.

En concreto, el Ministerio de Fomento deberá remitir a las Comunidades Autónomas y a las Corporaciones Locales los proyectos de carreteras estatales no incluidas en el planeamiento urbanístico municipal para que examine el trazado proyectado, entendiéndose que prestan su conformidad si no ha resuelto en el plazo de un mes. En caso de disconformidad, resolverá el Consejo de Ministros.

Si el Consejo de Ministros decide ejecutar el proyecto de carretera estatal, ordenará la modificación del planeamiento urbanístico que deberá ser aprobado previo informe vinculante del Ministerio de Fomento. Se entiende que este departamento presta su conformidad si no ha resuelto en el plazo de un mes.

— **Financiación**: (artículos 12 a 14 LC): La financiación de las carreteras estatales se realiza:

I. En primer lugar, y fundamentalmente, mediante las consignaciones incluidas en los Presupuestos Generales del Estado.

II. En segundo lugar, podrán imponerse contribuciones especiales a los beneficiarios de la construcción de la carretera. De acuerdo con el artículo 14.1 de la Ley de Carreteras, podrán imponerse cuando de la ejecución de las obras que se realicen para la construcción de carreteras, accesos y vías de servicio, resulte la obtención por personas físicas o jurídicas de un beneficio especial, aunque éste no pueda fijarse en una cantidad concreta. El aumento de valor de determinadas fincas como consecuencia de la ejecución de las obras tendrá, a estos efectos, la consideración de beneficio especial.

III. En tercer lugar, también se prevé la financiación mediante recursos propios de las sociedades concesionarias de aquellas carreteras cuya explotación se efectúa mediante el régimen de gestión indirecta. (Ley 13/2003, de 23 de mayo, reguladora del contrato de concesión de obras públicas).

IV. Finalmente, el Reglamento de la Ley de Carreteras en su artículo 44, prevé que las Comunidades Autónomas y las Corporaciones Locales puedan ofrecer al Estado aportaciones dinerarias, aportaciones de terrenos libres de servidumbres y otros gravámenes –como la instalación de elementos complementarios de la carretera–, a sus expensas o por sus propios medios contribuyendo así a la construcción conservación o mejora de las carreteras estatales en algunos de sus tramos.

Por lo demás, en la década de los 90 gozaron de notable importancia los llamados fondos estructurales recursos aportados por la Unión Europea para la financiación de infraestructuras.

3.4. Explotación; en particular, en contrato de concesión de autopistas de peaje. Situación actual

La explotación (arts. 15 a 19 LC) de las carreteras se realiza, como regla general, directamente por el Estado, siendo su utilización gratuita por el usuario. Excepcionalmente, las carreteras pueden ser explotadas mediante cualquiera de los sistemas de gestión indirecta previstos en la Ley de Contratos de las Administraciones Públicas.

En este sentido, la Ley 8/1972, de 10 de mayo, regula la construcción, conservación y explotación de autopistas de peaje. Las carreteras son siempre bienes de dominio público y uso público sean o no de peaje. El pago del peaje, se configura *ex lege* como excepcional, y, como explicaba RODRÍGUEZ OLIVER, no elimina la noción de uso público, lo que ocurre es que en esta materia siempre aparecen involucrados los conceptos de obra pública, servicio público y dominio publico, de forma que los tres conceptos se entrecruzan y suponen –para GÓMEZ-FERRER– la concesión mixta de obra y de dominio.

Por lo que hace a la naturaleza jurídica de este tipo de concesiones, la doctrina las considera una concesión mixta de obra pública -construcción- y, sobrevenida, de dominio público –en la que la propia obra tiene la consideración de dominio público de uso general–. Con todo, la Ley la configura como una concesión de servicio público, pues, aunque lo que pondera aquí es la utilización de un bien –y no una actividad– se le da mucha importancia a la actividad de explotación que realizan las concesionarias.

El pago del peaje tiene algunas excepciones ya previstas en la Ley. Así, de acuerdo con el artículo 16.3 de la Ley de Carreteras, los vehículos de las Fuerzas Armadas, los de los Cuerpos y Fuerzas de Seguridad del Estado y Fuerzas de Seguridad, los de las Autoridades Judiciales, las ambulancias, los de los servicios contra incendios y los de la propia explotación, no están obligados al abono del peaje.

La legislación de contratos públicos española ha venido tradicionalmente regulando como contratos administrativos típicos, los contratos de obra y de concesión de obra pública. Así lo recogen expresamente los artículos 6 y 7 del **Real Decreto Legislativo 3/2011**, de 14 de noviembre, por el que se aprueba el texto refundido de la Ley de Contratos del Sector público.

De acuerdo con la definición contenida en el artículo 120 del Real Decreto Legislativo 2/2000, de 16 de junio, el contrato de obras puede extenderse:

- A la **construcción de bienes** que tengan naturaleza **inmueble** –tales como las **carreteras**, ferrocarriles, puertos, canales, presas, edificios, fortificaciones, aeropuertos, bases navales, defensa del litoral y señalización marítima, monumentos, instalaciones varias, así como cualquier otra análoga de ingeniería civil–,
- a la realización **de trabajos que modifiquen** la forma o sustancia del terreno o subsuelo –como dragados, prospecciones, inyecciones, corrección del impacto ambiental, regeneración de playas, actuaciones urbanísticas y otros análogos–,
- y a la **reforma, reparación, conservación o demolición** de los trabajos citados.

Cuando la contraprestación para el adjudicatario consista en el derecho a explotar la obra o, en dicho derecho acompañado del de percibir un precio, el contrato adopta la forma de contrato de concesión de obra pública.

A su vez, una modalidad de éste es el contrato de construcción, conservación y explotación de carreteras. Así se recogió en la Ley General de Obras Públicas de 13 de abril de 1877, y así se establece en la todavía vigente **Ley 8/1972, de 10 de mayo**, de construcción, conservación y explotación de autopistas en régimen de concesión.

Se trata de un contrato singular al que se le aplica un régimen jurídico especial adecuado a la legislación general de contratos y disperso en distintas normas. El **régimen singular** que se le aplica viene determinado por su naturaleza, que conlleva: la construcción de obra –en particular de un tipo especial de carretera: la autopista–, que se adjudica en régimen de concesión –permitiendo al concesionario el ejercicio privado de función pública y el cobro de un peaje– y que se extiende a la explotación del servicio.

De acuerdo con el artículo 17 de la **Ley 25/1988, de 29 de julio**, de Carreteras:

> *"Las carreteras estatales en régimen de concesión administrativa se regirán por lo dispuesto en la legislación específica".*

El **Real Decreto 1812/1994, de 2 de septiembre**, por el que se aprueba el reglamento de desarrollo de la Ley de Carreteras define en su artículo 48 la explotación de las carreteras como todas aquellas operaciones que se orienten a su conservación y mantenimiento, las encaminadas a la defensa de la vía y de su zona de influencia, y todas aquellas que persigan su mejor uso –incluyendo las referentes a señalización, ordenación de accesos y uso de las zonas de dominio público, servidumbre y afección–. Por su parte el artículo 49.2 de este Real Decreto cuando se refiere a los sistemas de gestión indirecta de esta modalidad contractual, se remite *in toto* a lo previsto en la legislación general de contratos.

El régimen jurídico del contrato de concesión de autopistas se completa con el Pliego de Cláusulas Generales para la construcción, conservación y explotación de autopistas en régimen de concesión, aprobado por **Decreto 215/1973, de 25 de enero**.

Desde el punto de vista estrictamente jurídico la gestión indirecta de las carreteras requiere de una serie de actuaciones:

I. En primer lugar, las actuaciones preparatorias corresponden al Ministerio de Fomento, mediante la realización de los estudios, anteproyectos y proyectos, la aprobación de los pliegos de cláusulas de explotación y la tramitación del expediente de contratación.

II. En segundo lugar, se distingue entre los casos en los que la explotación se efectúa por gestión interesada, sociedad de economía mixta o concierto con persona natural o jurídica y aquellos otros en los que se procede al otorgamiento de la concesión. En los tres primeros supuestos, el Consejo de Ministros deberá acordar por Real Decreto, los términos de la gestión y la constitución de la sociedad, determinar el correspondiente régimen jurídico-administrativo y económico financiero, así como las fórmulas de reparto entre los con tratantes o socios de los beneficios y riesgos de la gestión.

Por su parte, las concesiones se otorgan mediante Real Decreto del Consejo de Ministros previo concurso público entre aquellas empresas cuyo capital y objeto social cumplan con las condiciones exigidas por la Ley. Posteriormente se formaliza mediante escritura pública.

III. En tercer lugar, el régimen jurídico de los derechos y obligaciones del concesionario, tanto en a fase de construcción como en la de explotación, se determinan expresamente en la Ley:

En la fase de construcción de la autopista el concesionario podrá realizar directamente la obra o contratarla con terceros, **deberá efectuar las obras a su riesgo y ventura**, tendrá derecho a prórroga cuando así se prevea expresamente en el título y en general, cuando el retraso se debe a fuerza mayor o sea imputable a la propia Administración. Terminadas las obras, la puesta en servicio requerirá la previa conformidad de la Administración.

Es doctrina consolidada en nuestro Ordenamiento jurídico que en los contratos de obra, la ejecución de la misma, salvo fuerza mayor se realiza a "riesgo y ventura" de la contrata, asumiendo por tanto ésta tanto el mayor beneficio como la mayor pérdida derivada de la actividad empresarial en el plazo de ejecución de la misma. Como ha reiterado el Consejo de Estado (dictámenes nº 1.334/2012, de 20 de diciembre y nº 158/1013, de 11 de abril) [136]la Administración se limita a garantizar un *aleas* normal en la variación de materiales en los términos de la aplicación de la cláusula de revisión de precios, cuando ésta procede y así se estipula en el

---

(136) La doctrina citada ha sido elaborada a lo largo de los años al dictaminar contratos administrativos de obra en general, y reclamaciones de tipo contractual y extracontractual. Los dictámenes citados se corresponden con reclamaciones formuladas por concesionarias contra la Administración para que se les compensen económicamente las oscilaciones de precios de los ligantes, betunes o productos bituminosos. Es habitual que desde la adjudicación del contrato hasta la finalización de la obra, el precio del betún que se utiliza para la construcción de carreteras oscile frente a las previsiones iniciales. Por aplicación del principio de riesgo y ventura, este tipo de reclamaciones suelen ser desestimadas, por entender que la concesionaria asume tanto el mayor beneficio como la mayor pérdida derivada de la actividad empresarial en el plazo de ejecución de la obra.

En el mismo sentido se manifiesta la jurisprudencia del Tribunal Supremo (Sentencias de la Sala Tercera de 18 y 25 de abril y 4 de junio de 2.008, recaídas en los recursos de casación 5033, 5038 y 5093 de 2.006). Frente a la tesis de la Audiencia Nacional, el Alto Tribunal rechaza el criterio de "riesgo razonablemente imprevisible sobrevenido" (elaborada sobre la base de la liberalización de precios de productos derivados del petróleo por la OM del Ministerio de Hacienda de 1 de octubre de 1.986).

La Audiencia Nacional por su parte, se pronuncia en el sentido de admitir el desequilibrio por riesgo extraordinario cuando la aplicación de las fórmulas de revisión de precios no cubre una diferencia que se juzga excesiva, fundándose en la obligación de adecuar el precio del contrato al real de mercado y en el posible enriquecimiento injusto que se ocasionaría al quedar en beneficio de la Administración obras realizadas con un sobreprecio excesivo, reputándose como excesiva aquella variación tal que excede lo que habría constituido el beneficio empresarial normal del contrato (Sentencias de 14 de julio y 26 de febrero de 2010 recaídas en los recursos 842 y 843 2008).

contrato. Dicha doctrina se mantiene constante salvo que se actualice un riesgo patológico y desmesurado de tal suerte que se quiebre enteramente el equilibrio contractual.

El principio de riesgo y ventura que rige la actuación económica de la contrata no cede ante una alteración sobrevenida de las circunstancias sino cuando ésta (fuera de los supuestos de fuerza mayor) es de tal índole que comporta una quiebra radical del equilibrio económico financiero contractual, por su excesiva onerosidad (1), por su imposible compensación mediante los mecanismos contractuales regulares (2) (la revisión de precios cuando procede entre otros), y por suponer una frustración completa de los presupuestos contractuales (3) (todo ello conjuntamente). Se aplica en esta materia la doctrina de la *clausula rebus sic stantibus*, que, como límite a la aplicación del principio de riesgo y ventura, no puede trasladarse sin más a otra construcción jurídica, la de la excesiva onerosidad, aplicable a las prestaciones caracterizadas por la conmutatividad contractual; el ordenamiento jurídico español nunca ha incorporado versiones de esta índole como si ha hecho por ejemplo el Ordenamiento italiano. Pero aún en este planteamiento tampoco sería de aplicación ese límite (el de la excesiva onerosidad) cuando no se ha pretendido por el afectado, en el curso del periodo contractual de cumplimiento, ninguna medida para hacer frente al mismo, cual podría haber sido la de suspensión de la obra (para poder realizar un acopio de materiales de modo más adecuado en su precio). En el contrato de obras público la obligación principal es la de ejecutar la misma, no la del suministro de materiales, y el precio no se fija por el de los materiales, sino por el de la realización de ese servicio (la obra); la conmutatividad de las prestaciones se mide en la correspondencia del precio al servicio, no a los materiales de que se provee quien lo presta.

Durante la fase de explotación de autopistas el concesionario goza de un régimen jurídico y financiero privilegiado, que consiste en que el concesionario es beneficiario de la expropiación forzosa estableciéndose diversas especialidades en esta materia en relación con el régimen general previsto en la Ley de 16 de diciembre de 1954.

El régimen financiero privilegiado supone la exigencia de un peaje para todos aquellos que transiten por las autopistas, un régimen muy favorable con beneficios fiscales y acceso al crédito por los concesionarios de autopistas.

Finalmente, existe un Delegado del Gobierno en cada una de las Sociedades concesionarias para vigilar el cumplimiento de las funciones del concesionario.

Uno de los temas más debatido y polémicos en los últimos años ha sido el relativo a la **situación jurídico-financiera** de las sociedades concesionarias de autopistas, algunas de ellas en concurso de acreedores (por ejemplo, las concesionarias de las radiales de Madrid, R3 y R5), otras en situación de pre-concurso (AUCOSTA, Cartagena-Vera), y la gran mayoría, deudoras -o al borde del impago- de la cantidad acordada con el Estado (IRASA -R2-, por ejemplo). Se plantea la posibilidad de que el Estado tenga que proceder a su rescate o admitir la resolución anticipada de estas concesiones, con el impacto que ello podría tener en el déficit público.

Las **causa**s de la situación actual de las concesionarias de autopistas son:

— Las erróneas previsiones económicas sobre las que calcularon las obras de construcción de las vías. La mayor parte de los proyectos se elevaron en casi un 50% al terminar las obras debido a los retrasos y a las barreras arquitectónicas y medioambientales que aparecieron en fase de ejecución. Es también un hecho que en este tipo de autopistas no se han alcanzado las previsiones de tráfico inicialmente establecidas (el tráfico en este tipo de vías se encuentra por debajo del 40%).

— La construcción de vías paralelas gratuitas, lo que evidencia la deficiente planificación por parte de las Administraciones públicas (por ejemplo, la construcción de un corredor gratuito alternativo que une Fuenlabrada con Griñón a la AP-41).

— La difícil refinanciación de la deuda contraída para la construcción de las vías debido a la crisis de las entidades de crédito.

— El sobreprecio que han tenido que pagar las concesionarias –en su calidad de beneficiarias– de las expropiaciones.

— Y la crisis económica.

Señalan SERRANO ALBERCA y SERRANO ACITORES que en los años 2009 y 2010, el Estado se vio obligado a adoptar **medidas que evitaran el concurso** de las sociedades concesionarias de autopistas, entre las que destacan:

— La concesión de préstamos participativos por sobrecostes de expropiaciones siempre y cuando cumplieran con una serie de condiciones. Estos tipos de préstamos se encuentran subordinados a la deuda principal, de modo que, el Estado cobraría con posterioridad a las entidades financieras que financian la construcción de las vías, pero con prioridad a los accionistas de las sociedades concesionarias.

— La modificación de las concesiones acordando conjunta o aisladamente una elevación de tarifas o una ampliación del plazo de concesión, a los efectos de generar ingresos adicionales directa y exclusivamente destinados a amortizar el principal y los intereses de préstamos participativos. Además, la Ley 39/2010, de 22 de diciembre, de Presupuestos Generales del Estado para 2011, preveía la obligación del Estado de compensar a las concesionarias por la reducción de los peajes (disposición adicional cuadragésimo séptima).

— Y finalmente, la asignación de una partida de 289 millones de euros en el capítulo de activos financieros para conceder nuevos préstamos a estas sociedades.

3.5. **Uso y defensa** (art. 20 a 26 LC).

El uso defensa de las carreteras impone las siguientes medidas:

I.- En primer lugar, se establecen una serie de **limitaciones** a la propiedad de las fincas colindantes:

A).- Zona de dominio público: Son los terrenos ocupados por la carreteas estatales y sus elementos funcionales y dos franjas de terreno de 8 metros de anchura en autopistas, autovías y vías rápidas, y de 3 metros en el resto de las carreteras, a cada lado de la vía, medidas en horizontal perpendicularmente al eje de la misma arista exterior de la explanación.

La zona de dominio público solo permite realizar obras e instalaciones exigidas por la prestación de un servicio de interés general previa autorización del Ministerio de Fomento.

B) Zona de servidumbre: Son dos franjas de terreno a ambos lados de las carreteras delimitadas interiormente por la zona de dominio público y exteriormente por dos líneas paralelas a las aristas exteriores de la explanación a una distancia de 25 metros en las autopistas, autovías y vías rápidas, y de 8 metros en el resto de las carreteras, medidas desde las citadas aristas.

La zona de servidumbre sólo permite realizar obras y usos que sean compatibles con la seguridad vial previa autorización del Ministerio de Fomento.

C) Zona de afección: la zona de afección consistirá en dos franjas de terrenos a ambos lados de la carretera delimitadas interiormente por la zona de servidumbre y exteriormente por dos líneas paralelas a las aristas exteriores de la explanación en una distancia de 100 metros en autopistas, autovías y vías rápidas y de 50 metros en el resto de las carreteras.

D) Límite a la edificación. A ambos lados de las carreteras estatales se establece la línea límite de edificación desde la cual está prohibido cualquier tipo de obra construcción, reconstrucción o ampliación, a excepción de las que resultasen imprescindibles para la conservación y mantenimiento de las construcciones existentes. Esta línea se sitúa a 50 metros en autopistas, autovías y vías rápidas y a 25 metros en el resto de las carreteras de la arista exterior del la calzada más próxima.

Para la realización, dentro de la zona de afección, de obras e instalaciones o el cambio de uso o destino la previa autorización del Ministerio de Fomento.

Por lo demás, es interesante recordar que **fuera de los tramos urbanos** de las carreteras estatales queda prohibido realizar **publicidad** en cualquier lugar visible desde la zona de dominio público de la carretera, sin que esta prohibición de en ningún caso lugar derecho a indemnización (artículo 24 de la Ley de Carreteras). Esta prohibición encuentra justificación en motivos ambientales y paisajísticos, pero, sobre todo, en reducir el elevado índice de siniestralidad que viene sufriendo nuestro país. Se trata de evitar todo elemento susceptible de reducir la visibilidad o distraer la atención de los usuarios de nuestras carreteras. La Ley contempla no obstante dos excepciones. La primera, permite que el Ministerio de Fomento autorice la colocación de carteles informativos siempre que estén situados sobre los inmuebles en que los rótulos tengan su sede (o en su inmediata proximidad) y que no incluyan comunicación adicional alguna tendente a promover la contratación de bienes o servicios. Asimismo, se prohíbe que produzcan deslumbramiento, confusión o distracción a los usuarios de la vía.

Tienen la consideración de carteles informativos:

— Las señales de servicio.

— Los carteles que indiquen lugares de interés cultural, turístico, poblaciones, urbanizaciones y centro importantes de atracción con acceso directo e inmediato desde la carretera.

— Los que se refieran a actividades y obras que afecten a la carretera.

— Los rótulos de los establecimientos mercantiles o industriales que sean indicativos de su actividad.

— Los que se refieran a los carburantes disponibles, marca, precios de los mismos en la estación de servicio más próxima.

— Avisos de carácter puntual relativos a pruebas deportivas o acontecimiento similares.

La segunda excepción a la regla general antes formulada se refiere a la posible colocación de publicidad en los tramos urbanos de las carreteras. [137]

II.- En segundo lugar se atribuyen a la Administración General del Estado una serie de **potestades**, de entre las que destacan (artículos 27 a 30):

— Suspender usos y paralizar obras no autorizadas o que no se ajustan a las mismas.

— Limitar el acceso a las carreteras y fijar los lugares donde con carácter obligatorio, deben constituirse esos accesos.

— Limitar temporal o permanentemente la circulación en ciertos tramos o partes de las carreteras.

— Adoptar medidas para conocer y controlar las características de la demanda de tráfico sobre la infraestructura de las carreteras.

---

[137] Una cuestión polémica en sede doctrinal y jurisprudencial, ha sido la relativa a la interpretación del artículo 24 de la Ley de Carreteras en supuestos en los que, la publicidad se ubica en zona de dominio público o de servidumbre de un tramo urbano y resulta visible desde un tramo no urbano de una carretera o, por ejemplo, desde otra carretera. Tras dos sentencias contradictorias del Tribunal Superior de Justicia del País Vasco (STSJ de 29 de marzo de 1994 y de 28 de septiembre de 1995) el Tribunal Supremo se manifestó en Sentencia de 16 de mayo de 2000 (AR. 4902) para la unificación de doctrina en el sentido de que la Ley de Carreteras contempla como excepción a la prohibición de publicidad a todos los tramos urbanos.

III.- En tercer lugar, se articula un **régimen sancionador** (artículos 31 a 35 de la Ley de Carreteras). Las infracciones se dividen en leves, que prescriben al año, graves y muy graves, que prescriben a los cuatro años.

Tienen la consideración de **infracciones leves**:

— Realizar obras o actuaciones no permitidas en las zonas de dominio público, de servidumbre o de afección de la carretera, llevadas a cabo sin las autorizaciones o licencias requeridas, o incumplir algunas de las prescripciones impuestas en las autorizaciones otorgadas cuando puedan ser objeto de legalización ulterior.

— Colocar, verter, arrojar o abandonar dentro de la zona de dominio público, objetos o materiales de cualquier naturaleza.

— Realizar en la explanación o en la zona de dominio público plantaciones o cambios de uso no permitidos o sin la pertinente autorización sin atenerse a las condiciones de la autorización otorgada.

Se consideran **infracciones graves**:

— Realizar obras, instalaciones o actuaciones no permitidas en las zonas de dominio público, de servidumbre o de afección de la carretera, llevadas a cabo sin las autorizaciones o licencias requeridas, o incumplir algunas de las prescripciones impuestas en las autorizaciones otorgadas cuando no puedan ser objeto de legalización ulterior.

— Deteriorar cualquier elemento de la carretera directamente relacionado con la ordenación, orientación y seguridad de la circulación o modificar intencionadamente sus características o situación.

— Destruir, deteriorar, alterar o modificar cualquier obra o instalación de la carretera o de los elementos funcionales de la misma.

— Colocar o verter objetos o materiales de cualquier naturaleza que afecten a la plataforma de la carretera.

— Realizar en la explanación o en la zona de dominio público cruces aéreos o subterráneos no permitidos o sin la pertinente autorización o sin atenerse a las condiciones de la autorización otorgada.

— Colocar carteles informativos en las zonas de dominio público, servidumbre y afección sin la pertinente autorización.
— El incumplimiento por los concesionarios de autopistas y por los titulares de estaciones de servicio de la obligación de instalación, conservación, mantenimiento y actualización de los carteles informativos de las estaciones de servicio más próximas o las ubicadas en áreas de servicio de acuerdo con el artículo 7 del Real Decreto-Ley 15/1999, de 1 de octubre, por el que se aprueban las medidas de liberalización, reforma estructural e incremento de la competencia en el sector de los hidrocarburos.

Finalmente, tendrán la consideración de **infracciones muy graves**:
— Realizar obras, instalaciones o actuaciones no permitidas entre la arista exterior de la explanación y la línea de edificación, llevadas a cabo sin las autorizaciones o licencias requeridas, o incumplir alguna de las prescripciones impuestas en las autorizaciones otorgadas.
— Sustraer, deteriorar o destruir cualquier elemento de la carretera directamente relacionado con al ordenación, orientación y seguridad de la circulación o modificar intencionadamente sus características o situación, cuando impida que el elemento de que se trate siga prestando su función.
— Destruir, deteriorar, alterar o modificar cualquier obra o instalación de la carretera o de los elementos funcionales de la misma cuando las actuaciones afecten a la calzada o a los arcenes.
— Establecer en la zona de afección instalaciones de cualquier naturaleza o realizar alguna actividad que resulte peligrosa, incómoda o insalubre para los usuarios de la carretera sin adoptar las medidas pertinentes para evitarlo.
— Dañar o deteriorar la carretera circulando con pesos o cargas que excedan los límites autorizados.
— Las calificadas como graves cuando se aprecie reincidencia.
— Establecer cualquier clase de publicidad visible desde la zona de dominio público de la carretera.

Para terminar, la Ley de Carreteras prevé que las **sanciones** serán de 25.000 a 250.000 euros, para las infracciones leves, y se impondrán por el

Subdelegado del Gobierno, de 25.000 a 250.000 euros para las infracciones leves, que serán impuestas por el Ministro de Fomento y, de 1.000.001 a 25.000.000 euros para las infracciones muy graves, y se impondrán por el Consejo de Ministros, pudiendo imponer multas coercitivas.

BIBLIOGRAFÍA

BURZACO SAMPER, María.- "Carreteras y autopistas: visión jurisprudencial".- Madrid: Dykinson, 2007.- Signatura: 35575.

TEXTO LEGAL.- "Legislación de Carreteras: leyes y reglamentos estatales y autonómicos con la normativa asociada al impacto ambiental". Madrid: Tecnos, 2007.- Signatura: 35362.

ESCARTIN ESCUDE, Víctor.- "El periurbanismo estatal: la ordenación urbanística del dominio público del Estado".- Madrid: Marcial Pons, 2009 - Signatura: 40528.

BOBES SÁNCHEZ, María José.- "La teoría del dominio público y el derecho de carreteras",- Madrid: Iustel, 2007.- Signatura: 39936.

MEMORIAS DEL CONSEJO DE ESTADO de 1990, 1998, 2001, 2002 y 2008.

GÓMEZ FERRER, Rafael.- "En torno a la Ley de Autopistas de peaje", R.A.P. nº 68, mayo-agosto 1972.

SERRANO ALBERCA, ANTONIO Y SERRANO ACITORES, ANTONIO.- "Análisis de la situación en la que se encuentran las sociedades concesionarias de autopistas de peaje dependientes de la Administración General del Estado en el contexto de la crisis económica española: causas y soluciones".- La Ley 7715/2012

SECTOR FERROVIARIO

ANTONIO J. ALONSO TIMÓN
Profesor Propio Adjunto de Derecho Administrativo
Universidad Pontificia de Comillas

1. INTRODUCCIÓN

El transporte ferroviario ha sido desde la segunda mitad del siglo XIX ejemplo de importantes progresos sociales, económicos y jurídicos.

Desde un punto de vista social, el transporte ferroviario ha coadyuvado de manera notable a cambiar la demografía y la forma de movilidad no sólo geográfica sino también social de los países donde hizo aparición, suponiendo un avance de proporciones considerables que, hoy en día, a pesar de la aparición de un medio de transporte que compite muy directamente con él en las grandes distancias, no ha perdido importancia sino que ha reforzado su posición en el rango de la corta y la media distancia mediante su notable evolución tecnológica para el transporte de personas a través de la Alta Velocidad y de mercancías a través de corredores ferroviarios de indudable trascendencia.

Desde un punto de vista económico, las inversiones que el transporte ferroviario requiere han supuesto la necesidad, desde su aparición en la segunda mitad del siglo XIX con la construcción de las nuevas líneas férreas hasta el momento presente, con la modernización de las mismas y la construcción de nuevas infraestructuras ferroviarias de Alta Velocidad o corredores de mercancías, de la movilización de una cantidad ingente de recursos que hace necesario que los diferentes Estados, antes y ahora, acudan a fórmulas de inversión y financiación de dichas infraestructuras que fortalecen la colaboración público-privada y suponen el ensayo de novedosas formas de actuación conjunta que conlleva la implicación de las distintas instancias territoriales públicas y de las más importantes empresas privadas de los distintos países en una apuesta por la mejora de un modo de transporte que favorece la movilidad social y el desarrollo sostenible.

Desde un punto de vista jurídico, la importancia que el transporte ferroviario ha tenido desde su aparición es indudable por la importancia de la utilización de herramientas jurídicas que, como ya se ha señalado, han dado unos frutos interesantes y generadores de externalidades muy positivas para la sociedad. Desde la técnica concesional empleada como fórmula de construcción de las primeras infraestructuras ferroviarias en la segunda mitad del siglo XIX hasta la colaboración público-privada de nuestros días, que, en buena medida, podemos decir que es una evolución depurada financieramente de dicha técnica concesional, encontramos motivos más que suficientes para considerar al transporte ferroviario como un buen banco de pruebas en el que ensayar nuevas fórmulas jurídicas que mejoren la eficiencia económica y contribuyan a un mayor y mejor desarrollo social, máxime si se tiene en cuenta el momento actual del estado de la cuestión, con importantes regulaciones a nivel mundial, europeo y, consecuentemente, nacional, que tratan de dar una respuesta en el plano jurídico a la necesidad de contar con un sistema ferroviario de transporte de personas y mercancías de calidad que sea sostenible económica y medioambientalmente.

La regulación jurídica del transporte por ferrocarril hace tiempo que ha traspasado las fronteras de los distintos países individualmente considerados para llevarse a cabo en un contexto mucho más global. De hecho, a nivel mundial existen importantes organizaciones preocupadas por la regulación del sector ferroviario, como por ejemplo la Unión Internacional de Ferrocarriles (UIC, en francés (*Union Internationale de Chemins de Fer*)).

Esta organización fue fundada en 1922 con el objetivo de avanzar hacia la estandarización y la mejora de los sistemas de construcción y explotación de ferrocarriles interoperables. En la actualidad acoge en su seno a 171 miembros, entre ferrocarriles nacionales, operadoras, administradores de infraestructura y compañías de transporte público.

En los últimos años la organización ha rediseñado sus objetivos y ha puesto especial énfasis en cuestiones como la liberalización y globalización del sector ferroviario mundial, o los nuevos retos que le plantea al ferrocarril su papel clave en un escenario de desarrollo sostenible y lucha contra el cambio climático como ejemplo de transporte respetuoso con el medio ambiente.

A nivel europeo, la atención prestada por la Unión Europea al ferrocarril ha sido sobresaliente desde los inicios de los años 90 del siglo pasado, cuando se empiezan a aprobar un conjunto de Directivas que han culminado en lo que se ha dado en llamar los *tres paquetes ferroviarios* y culmina recientemente, concretamente el 21 de noviembre de 2012, con la aprobación de la última Directiva ferroviaria (Directiva 2012/34/UE), que trata de establecer un Espacio Ferroviario Europeo Único y de conseguir acelerar la liberalización definitiva del sector.

A nivel nacional, la Ley 39/2003, de 17 de noviembre, del Sector Ferroviario, traspuso al ordenamiento jurídico español las Directivas ferroviarias europeas e implantó el modelo de gestión ferroviaria que en aquellas se acogía, cual era la separación de la gestión de la infraestructura y la del transporte de personas y mercancías a través de entidades diferentes de gestión, con mantenimiento de la titularidad pública de la infraestructura como forma de evitar las experiencias negativas acaecidas en algún Estado miembro que años antes había acometido la privatización de sus infraestructuras ferroviarias, pero con la necesaria apertura al mercado, introduciendo criterios de competencia y, por ende, liberalizando la gestión del transporte de mercancías y de personas.

Para tratar de acelerar el proceso de liberalización del transporte ferroviario de personas, puesto que el de mercancías ya quedó plenamente liberalizado, al menos en teoría, en el año 2007, por efecto de la normativa europea, el Gobierno español dictó en el año 2012 un Real Decreto-ley (Real Decreto-ley 22/2012, de 20 de julio), con el que se pretende acelerar la apertura al mercado de los servicios ferroviarios de transporte de personas, toda vez que, como reconoce la propia norma aprobada, el escenario diseñado por la Ley del Sector Ferroviario de 2003 no se ha cumplido y lejos de alcanzarse la liberalización de este ámbito, se ha producido un enquistamiento de la situación que se pretende desatascar mediante una hoja de ruta que situaba en el 31 de julio de 2013 la fecha límite para lograr la plena liberalización del transporte ferroviario de personas en España, adoptando para ello medidas trascendentes, como la segregación de RENFE-Operadora, actualmente con naturaleza jurídica de Entidad Pública Empresarial, en cuatro Sociedades Mercantiles Públicas (viajeros, mercancías y logística, fabricación y mantenimiento y gestión de activos), como primer paso para su posterior privatización como forma de integrarse en el modelo ferroviario de transporte de personas y de mercancías como un operador más y de dar cumplimiento práctico al modelo ferroviario europeo diseñado en las Directivas.

Las distintas regulaciones que acabamos de poner de manifiesto, a nivel mundial, europeo y nacional, tienen un objetivo básico y común respecto al sector ferroviario y descansan en cuatro pilares estructurales sobre los que se trata de asentar el futuro de este importante sector del transporte. Esos cuatro pilares son los siguientes:

- Liberalización.
- Interoperabilidad.
- Intermodalidad.
- Sostenibilidad.

Estos cuatro objetivos están muy relacionados entre sí. Podría incluso decirse que los tres últimos sirven como medio para conseguir el fin último, que no es otro que la liberalización de los mercados ferroviarios como forma de conseguir un funcionamiento más eficiente de los mismos, lo que supone una importante disminución de costes de transacción.

La interoperabilidad ha sido uno de los grandes caballos de batalla que ha frenado la liberalización del transporte ferroviario de mercancías, primero, y de personas, después, y se configura como un auténtico cuello de botella que impide la creación de corredores ferroviarios de mercancías, una de las grandes apuestas a nivel europeo como forma de competir con los Estados Unidos, donde el transporte ferroviario de mercancías es notablemente superior, o la mejora de las líneas de alta velocidad transfronterizas para el transporte de pasajeros en la media distancia en la que el tren de alta velocidad sigue siendo muy competitivo con respecto al avión. La interoperabilidad ha sido el refugio proteccionista del sector ferroviario y ha servido como excusa para que algunos países hayan retrasado la liberalización del transporte ferroviario de mercancías y de personas.

Las nuevas tecnologías aplicadas al ferrocarril así como la existencia de una Directiva comunitaria específica en materia de interoperabilidad acaban con las pueriles excusas esgrimidas por algunos estados para poner puertas al campo. Las perspectivas futuras en materia de interoperabilidad son halagüeñas y supondrán la mejora indudable del funcionamiento del mercado ferroviario único europeo previsto en la Directiva de 21 de noviembre de 2012.

La intermodalidad es otro de los objetivos básicos que se pretenden con la regulación del transporte ferroviario en nuestros días. La integración y compatibilidad del transporte ferroviario con otros modos de transporte genera unas sinergias no contempladas ni previstas hasta hace poco pero evidentes y fundamentales para la mejora de la movilidad, especialmente de las mercancías, en el complejo mundo en el que vivimos. Las iniciativas que en materia de intermodalidad se han llevado a cabo en los últimos años en diferentes países, incluido España, donde ya existen corredores ferroviarios intermodales que conectan Madrid con distintos puertos españoles, como por ejemplo Valencia, están dando unos resultados muy buenos y la apuesta futura por reforzar la intermodalidad del transporte ferroviario supondrá la mayor y mejor movilidad de mercancías, lo que redundará en un incremento de la actividad económica.
La situación de España en este sentido es privilegiada, pues a medida que se van acabando de construir líneas de alta velocidad se liberan infraestructuras ferroviarias de Red Convencional para ser utilizadas con mayor intensidad por los trenes de mercancías, estableciendo corredores ferroviarios más fáciles de gestionar. Asimismo, la posición geográfica de nuestro país debería coadyuvar en el diseño de una red de transporte ferroviario de mercancías que hiciese de puente entre el Sur de Europa y el Norte de África para el traslado vía ferroviaria de importantes materias primas procedentes del Norte de África y de trascendente equipamiento industrial procedente del Sur de Europa.

Por último, con la consecución de la sostenibilidad del sector ferroviario se pretende dar cumplimiento práctico a las tres manifestaciones concretas del principio de sostenibilidad: sostenibilidad social, sostenibilidad económica y sostenibilidad medioambiental. La liberalización de los mercados ferroviarios deberá conseguir un mercado ferroviario abierto y en competencia que producirá una bajada de precios de los servicios ferroviarios, lo que redundará en una sostenibilidad social en el sentido, por ejemplo, de que el traslado de pasajeros a través de la Alta Velocidad no esté al alcance de unos pocos como artículo de lujo que es todavía hoy sino que, como ha ocurrido en el sector aéreo desde su liberalización, se produzca una auténtica democratización en el uso de un tren tecnológicamente más desarrollado. Asimismo, unos mercados ferroviarios liberalizados harán que las decisiones de inversión sean más eficientes y racionales y que no estén sometidas, como hasta ahora, al arbitrio de veleidades políticas, lo que producirá menores costes de gestión y de transacción, con una traducción directa e inmediata en la cuenta de resultados de los operadores ferroviarios y de los titulares estatales de la infraestructura. Por último, un mercado ferroviario liberalizado debe coadyuvar a una sostenibilidad medioambiental mediante la apuesta por un transporte de bajas emisiones, centrado en la utilización de material rodante electrificado y con un gasto energético muy inferior al del resto de transportes, terrestres y no terrestres. En la actualidad, el material rodante que se utiliza en algunas líneas de Alta Velocidad no sólo no supone un consumo de energía sino que, debido a la alta tecnología de la que dichos trenes están dotados, en algunos trayectos se produce un excedente de energía que el tren devuelve a la catenaria y que el titular de la infraestructura puede poner en el mercado.

2. EVOLUCIÓN DEL SECTOR FERROVIARIO HASTA LA ACTUALIDAD: DEL MONOPOLIO A LA LIBERALIZACIÓN

2.1. Los orígenes del ferrocarril y su normativa reguladora

Ya desde el inicio del siglo XIX y, más concretamente, desde el año 1829 el Gobierno español empezó a recibir peticiones de concesiones para la construcción de líneas de ferrocarril. El vacío normativo existente en nuestro país en aquella época retrasó el otorgamiento de dichas concesiones hasta la llegada de la primera norma que regula el ferrocarril en España, que es la Real Orden de 31 de diciembre 1844, que reguló las condiciones que habían de regir la construcción de las futuras líneas de ferrocarril. La aprobación de esta norma permite, junto con la Real Orden de 16 de marzo de 1847, la construcción y explotación de las primeras líneas férreas y, así, se inaugura el 28 de octubre de 1848 la primera línea de nuestro país, que fue la Barcelona-Mataró.

No es hasta 1855 cuando se aprueba en España la primera norma con rango de Ley que, de manera completa y global, regula el ferrocarril. Nos referimos a la Ley General de Ferrocarriles de ese mismo año, de tal forma que, aunque con retraso respecto a otros países de nuestro entorno, a mediados del siglo XIX el ferrocarril queda definitivamente asentado en España[138].

La opción de regular el ferrocarril a través de normas inferiores a la Ley no era casual, sino que, como pone de manifiesto el Profesor Bermejo Vera[139], se debe, principalmente, a la dificultad de encaje normativo del nuevo fenómeno ferroviario. Concretamente con la Real Orden de 1844 se adoptó deliberadamente este rango secundario, con objeto de facilitar una cierta discrecionalidad del poder público en la adjudicación de las

---

(138) Véase OLMEDO GAYA, A. en "**Estudio histórico del ferrocarril desde la perspectiva de sus normas reguladoras".** *Comunicación presentada al II Congreso de Historia ferroviaria "Siglo y medio de ferrocarriles en Madrid" (Aranjuez, 7 a 9 de 2001) en la Tercera sesión: General.* La autora pone certeramente de manifiesto que, junto a la revolución económica que supone este nuevo medio de transporte, el ferrocarril influyó considerablemente en el ámbito jurídico tanto público como privado.

Afirma la citada autora que "Las diversas ramas del Derecho se deberán modular para hacer frente al fenómeno ferroviario: en el Derecho mercantil se incorpora una nueva regulación del contrato de transporte; en el Derecho penal se introducen nuevos delitos y faltas relacionados con el transporte ferroviario; la regulación jurídico-financiera ha de modularse, igualmente, para el establecimiento de un nuevo sistema de impuestos y tasas, etc. Pero, haciéndonos partícipes de lo ya expresado por el profesor BERMEJO VERA (BERMEJO VERA, J.: Régimen jurídico del ferrocarril en España (1844-1974). Estudio específico de RENFE, Tecnos, Madrid, 1974, pág. 27), es en el Derecho público donde el ferrocarril influye en mayor grado y concretamente, en la más característica de sus ramas: el Derecho administrativo, cuyo perfilamiento y consolidación "son deudores en gran medida del descubrimiento, implantación y evolución de los ferrocarriles".

Muchas de las reglas jurídicas que hoy constituyen técnicas de probada eficacia para la resolución de conflictos jurídicos se establecieron por y para el ferrocarril y contribuyeron a la consolidación del Derecho público: las técnicas de la concesión, obra pública y servicio público son, en buena medida, deudoras del ferrocarril y de los esfuerzos normativos realizados para su ordenación y encauzamiento".

(139) BERMEJO VERA, J., "Evolución de la legislación ferroviaria en España", en la obra colectiva *"El futuro del transporte por ferrocarril en España: Régimen jurídico"*, Dykinson, Madrid, 1997, página 221.

-así consideradas entonces- *ventajas* de establecimiento de líneas de transporte por ferrocarril. Con el objetivo de sacar adelante los numerosos proyectos ferroviarios que no habían sido capaz de encauzarse bajo la vigencia de las Reales Órdenes que habían precedido a esta Ley se reguló en la misma una mayor intervención del Estado en la construcción y explotación de los ferrocarriles, así como en lo que se refiere a las ayudas a aportar a las empresas concesionarias y se clasificaron las líneas en dos categorías: de servicio general y de servicio particular, regulándose de manera exhaustiva las posibles fórmulas de construcción de las líneas de servicio general, utilizando para ello instrumentos jurídicos precursores que en poco difieren a los actuales.

Posteriormente, el 23 de noviembre de 1877 se promulga una nueva Ley General Ferroviaria. La Ley de 1877 introdujo las siguientes novedades: un plan general ferroviario que no podría modificarse sino en virtud de una ley; la posibilidad de que las empresas gozaran de exenciones de derechos aduaneros o de aprovechamientos de obras de uso público compatibles con el de los ferrocarriles; unas garantías más severas a las compañías privadas tanto para solicitar como para obtener una concesión ferroviaria; y, la competencia del Ministro de Fomento sobre las cuestiones que se suscitaran en relación con la construcción y la explotación ferroviaria, así como de las relativas a la conservación de los ferrocarriles.

Además de ello, la Ley General de Ferrocarriles de 23 de noviembre de 1877 formuló los siguientes principios inspiradores de la nueva organización ferroviaria: el carácter temporal, aunque dilatado, de las concesiones, incluso en los ferrocarriles de uso particular; la continuidad y obligación del servicio, garantizado por la incautación y caducidad; la reversión; la ausencia del monopolio que pudiera estorbar a otras nuevas concesiones; la facultad de autorizar y, en ciertos casos, de modificar tarifas; y la vigilancia permanente de la autoridad.

A los ferrocarriles los clasificaba en ferrocarriles de servicio general, que se entregaban a la explotación pública para el transporte de viajeros y de tráficos de mercancías y, de servicio particular, que eran los destinados a la exclusiva explotación de una industria determinada o al uso privado.

2.2. La nacionalización del ferrocarril y la creación de RENFE

A la normativa ferroviaria de 1877 le sigue un período de *calma* legislativa quizás motivado porque esta normativa dejó ordenadas casi todas las cuestiones relativas a los ferrocarriles. Mientras tanto, la proximidad del plazo de reversión de las concesiones animaba a los concesionarios, como es comprensible desde la dinámica capitalista, a dejar de invertir. Este descuido, unido a otros factores de encarecimiento de los costes de explotación del ferrocarril o la aparición de otros medios de transporte que, ya de manera incipiente, competían con el ferrocarril hizo que se generase el caldo de cultivo óptimo para que se apostase por la nacionalización del ferrocarril. Antes de la total y completa nacionalización del ferrocarril llevada a cabo en 1941 es de destacar la promulgación del Estatuto Ferroviario de 1924, aprobado por Real Decreto-Ley de 12 de julio, en el que se recogen las bases para una reforma general y sistemática del régimen concesional de los ferrocarriles[140].

Con el régimen de auxilios estatales establecido en el Estatuto de 1924 las compañías ferroviarias experimentaron cierto alivio en su penosa situación económica.

No obstante, las empresas concesionarias no lograron superar la fuerte sacudida que les produjo la Guerra Civil española. Al término de la contienda las compañías habían quedado, como cabe imaginar, prácticamente descapitalizadas por lo que se avanzó de forma inevitable hacia la nacionalización ferroviaria, que se abordó en dos fases: en primer lugar, se procedería a la nacionalización de los ferrocarriles, creando una situación de hecho que consistiría en asegurar la explotación ferroviaria; y, en segundo lugar, por medio de una resolución de derecho, se indemnizaría debidamente a las compañías. Para ello se dictaron dos normas: la Ley de 8 de mayo de 1939 y la Ley de 24 de enero de 1941. La primera sustituyó los órganos de administración de las grandes Compañías concesionarias –la Norte, la de Madrid a Zaragoza y Alicante (MZA) y Oeste Andaluces-, por un Consejo Directivo de carácter jurídico-público y la segunda dio comienzo a la segunda fase del rescate ferroviario en la que se llevó a cabo la nacionalización de la explotación de la práctica totalidad de los ferrocarriles de vía ancha que se integraron en la Red Nacional de los Ferrocarriles Españoles (RENFE), a la que se le adscriben las líneas

---

[140] OLMEDO GAYA, A.: op. cit., página 11: "*Las compañías ferroviarias podían sujetarse de forma voluntaria al Estatuto. No obstante, aquellas empresas que no solicitasen su ingreso en el plazo fijado al efecto dejarían de disfrutar de las ayudas económicas provenientes del Estado. Es por ello por lo que la mayoría de las compañías se adhirieron al nuevo Estatuto*".

rescatadas por el Estado y las que ya eran de titularidad estatal con carácter previo. RENFE se creó como una entidad de Derecho público, con personalidad jurídica propia y distinta a la del Estado, con autonomía de funcionamiento y que actúa en régimen de empresa mercantil, es decir, que actuaba sujeta al Derecho privado.

3. EL DERECHO COMUNITARIO EUROPEO Y LA LIBERALIZACIÓN: LOS *TRES PAQUETES DE DIRECTIVAS FERROVIARIAS*

La liberalización del transporte, incluyendo el ferroviario, es de enorme importancia para el conjunto de países comunitarios y ha sido durante decenios uno de los objetivos declarados como prioritarios por la Unión Europea. Ya en el primer Tratado, en 1957, se establecía que la entonces Comunidad Económica Europea tendría como misión un desarrollo armonioso de todas las actividades económicas. Entre las estrategias para lograrlo se incluía "la adopción de una política común en la esfera del transporte" pero durante más de treinta años la UE no supo superar los obstáculos para plasmar en acciones concretas esta política. Sin embargo, a partir del Tratado de Maastricht (1992) se introdujo el concepto de "redes transeuropeas de transporte" lo que permitió desarrollar un plan general de infraestructuras de transporte a escala europea con el apoyo financiero comunitario. Ese mismo año el Libro Blanco del Transporte determinó que el objetivo de esta política común era eliminar los obstáculos en las fronteras entre los estados miembros y contribuir con ello a la libre circulación de personas y bienes(141).

El proceso de liberalización ferroviaria, desde el punto de vista del Derecho comunitario, se ha efectuado de manera progresiva, comenzando en los años noventa del siglo pasado y hallándose todavía inconcluso,(142) como prueba el hecho de que el último anuncio de calendario de liberalización total del transporte ferroviario de pasajeros efectuado por la Comisión Europea el 30 de enero de 2013 establece en el horizonte tem-

(141) ALONSO TIMÓN, A. J.: "Liberalización del transporte ferroviario de mercancías: quo vadis", en la obra colectiva dirigida por SANTAMARÍA PASTOR, J. A. "*Las técnicas de regulación de la competencia: una visión horizontal de los sectores regulados*". Madrid, IUSTEL, (2011).

(142) Sobre el proceso de liberalización del sector ferroviario, véase ALONSO TIMÓN, A. J.: "La liberalización del sector ferroviario". Anuario Jurídico y Económico Escurialense, número 40, año 2007, páginas 37 a 70.

poral del año 2019 la liberalización total para pasajeros. En teoría, como ya se ha apuntado, aunque los resultados no han sido los previstos, la liberalización del transporte ferroviario de mercancías está plenamente vigente desde el año 2007.

Como pone de manifiesto el Profesor Muñoz Machado, la apertura a la competencia del transporte por ferrocarril está íntimamente vinculada a las políticas comunitarias en la materia, basadas en lo principal, en la separación de las infraestructuras y la prestación del servicio[143]. De hecho, la separación de las infraestructuras de la explotación comenzó con la aprobación de la Directiva 91/440/CEE, de 29 de julio. El objetivo de esta norma, al apostar, de manera novedosa, por la separación entre infraestructura y explotación era sanear las cuentas de los operadores ferroviarios nacionales monopolizados y que las empresas nacionales ferroviarias de bandera empezasen a operar con criterios comerciales.

A esta Directiva de 1991 siguieron dos Directivas aprobadas en 1995: la 95/18/CE, sobre concesión de licencias a las empresas ferroviarias, y la 95/19/CE, sobre adjudicación de capacidades de la infraestructura y fijación de cánones de utilización. Ambas Directivas fueron incorporadas al ordenamiento jurídico español por el Real Decreto 2111/1998, de 2 de octubre.

La aprobación de estas Directivas muestra la preocupación comunitaria por el desarrollo de un sistema ferroviario europeo integrado, viable y compatible y pone de relieve los dos objetivos perseguidos por las instancias comunitarias en el sector desde el principio: la apertura del mercado a la competencia y la consecución de la interoperabilidad, como muestra la aprobación en el año 1996 de la Directiva 96/48/CE, incorporada al Derecho español por el Real Decreto 1191/2000, de 23 de junio.

Los objetivos, por tanto, a nivel comunitario, están claros. Se pretende fortalecer el transporte europeo de personas y de mercancías por ferrocarril como medio alternativo al transporte aéreo o naval en distancias donde el tren pueda tener una eficacia notable y unos costes económicos y medioambientales menores. Sin embargo, las prioridades nacionales y comunitarias, como veremos, difieren. Mientras en el ámbito comunitario se tiene la vista puesta esencialmente en las mercancías, tratando de emular a Estados Unidos, donde el transporte de mercancías por ferroca-

---

(143) MUÑOZ MACHADO, S.: *"Derecho de la regulación económica"*, tomo I *"Fundamentos e Instituciones de la Regulación"*. Madrid, IUSTEL (2009), página 107.

rril supone una importante fuente que coadyuva al crecimiento económico y a una movilidad sostenible y con menores riesgos, las preferencias de los distintos gobiernos nacionales se han decantado por el transporte ferroviario de personas a través del diseño de un modelo de Alta Velocidad que posee un alto atractivo social y produce un notable rédito político. Esta preferencia se ha hecho más palpable en el caso español. En realidad, el transporte de personas por ferrocarril entre distancias no superiores a los 600 ó 1000 kilómetros es una alternativa muy eficaz para los pasajeros que hace a este medio de transporte ser muy competitivo respecto del aéreo. Pero también el transporte de mercancías por ferrocarril presenta ventajas indudables que no se ha sabido o querido ver, lo que ha lastrado la implantación de un modelo que genere unas externalidades económicas positivas inherentes a este tipo de transporte.

El verdadero impulso a la liberalización ferroviaria en el ámbito europeo lo constituyen los llamados *"paquetes ferroviarios"*, compuestos por una pluralidad de Directivas que, en diferentes etapas, van madurando el proceso y venciendo la feroz resistencia nacional a la apertura del sector ferroviario.

El primer paquete ferroviario se aprueba en el año 2001 y lo componen tres Directivas aprobadas el 26 de febrero de 2001: la 2001/12/CE (que modifica la Directiva 91/440/CEE), la 2001/13/CE (que modifica la Directiva 95/18/CE), y la 2001/14/CE (que modifica la Directiva 96/48/CE).

Los objetivos perseguidos por este primer paquete de Directivas comunitarias serían los siguientes(144):

- Necesidad de acabar con los monopolios nacionales, previo saneamiento de las deudas acumuladas por las empresas monopolísticas tradicionales nacionales y sustituirlos por una verdadera apertura del mercado a la competencia, con entrada de nuevos operadores ferroviarios.
- Reequilibrio entre los distintos modos de transporte, atribuyendo a cada uno de ellos los costes económicos, medioambientales y sociales que les son propios.
- Necesidad de una nueva refinanciación del ferrocarril, con la aplicación de una nueva política de tasas y cánones que hagan viable el desarrollo de las infraestructuras ferroviarias.

(144) ALONSO TIMÓN, A. J.: "La liberalización...", op, cit., página 45.

- Necesidad de transformación de los sistemas ferroviarios nacionales en su conjunto como forma óptima de mejorar la interoperabilidad de las redes comunitarias.

En realidad, la aprobación de este *primer paquete ferroviario* pone de manifiesto que el desarrollo de un sistema ferroviario europeo integrado, viable y compatible no tiene como objetivo exclusivo la liberalización, sino que, más bien, la liberalización es el medio para conseguir el fin, que no es otro que la interoperabilidad eficiente. Es decir, conseguir una auténtica red ferroviaria europea capaz de mover eficientemente mercancías y personas y, por tanto, de competir económicamente con las economías más potentes del mundo.

El segundo paquete ferroviario se dictó en el año 2004, una vez aprobada en España la Ley 39/2003, de 17 de noviembre, del Sector Ferroviario, y está compuesto por otras tres Directivas y un Reglamento. Las Directivas son las siguientes: 2004/49/UE (de capacidad de infraestructura y cánones, incorporada al ordenamiento jurídico español por el Real Decreto 810/2007, de 22 de junio), 2004/50/UE (de interoperabilidad del sistema ferroviario europeo convencional, incorporada al ordenamiento jurídico español por el Real Decreto 354/2006, de 29 de marzo, sobre interoperabilidad del sistema ferroviario convencional y Real Decreto 355/2006, de 29 de marzo, sobre interoperabilidad del sistema ferroviario de Alta Velocidad) y 2004/51/UE (de adelanto de desarrollo de los ferrocarriles comunitarios, que adelantó, fruto del Acuerdo entre el Parlamento Europeo, el Consejo y la Comisión, la fecha de liberalización del transporte ferroviario de mercancías al 1 de enero de 2007)[145]. El Reglamento es el 881/2004, por el que se crea al Agencia Ferroviaria Europea.

El *tercer paquete ferroviario* se aprueba en el año 2007 y lo componen las siguientes normas: Directiva 2007/58/UE (regula la apertura del mercado para los servicios ferroviarios internacionales de transporte de viajeros

(145) La resistencia a la liberalización del transporte ferroviario de mercancías fue brutal por parte de algunos Estados miembros, lo cual se vislumbró en las diferentes reuniones del Consejo Europeo e hizo que se retrasase el calendario previsto en las Directivas integrantes del *primer paquete ferroviario*, que establecía en el 1 de enero de 2004 la entrada en vigor de dicha liberalización. Los Estados miembros más reacios querían retrasar la fecha al 1 de enero de 2010 y el Parlamento Europeo y la Comisión eran partidarios de que dicha liberalización se produjese lo antes posible. Al final, se llegó a un Acuerdo para que la liberalización fuese real el 1 de enero de 2007.

dentro de la Comunidad, aunque no para lo que unen un Estado miembro con un país tercero), Directiva 2007/59/UE (regula las condiciones y procedimientos para la certificación de los maquinistas de locomotoras y trenes con el propósito de establecer un modelo de certificado único que coadyuve en una mayor interoperabilidad) y Reglamento 1371/2007 (regula los derechos y obligaciones de los viajeros del ferrocarril).

4. LAS ÚLTIMAS NORMAS EUROPEAS Y ESPAÑOLAS DE 2012 EN MATERIA FERROVIARIA

4.1. El Real Decreto-Ley 22/2012, de 20 de julio

La insatisfactoria situación del modelo ferroviario español, con un notable retraso en la liberalización del transporte de pasajeros y una más que discreta evolución de la liberalización del transporte de mercancías hizo que el Gobierno aprobase un Real Decreto-Ley (Real Decreto-Ley 22/2012) el 20 de julio de 2012. La justificación que el Gobierno da para la promulgación de este Decreto-Ley es la necesidad de corregir algunos de los defectos que la aplicación práctica de la Ley 39/2003, de 17 de noviembre, del Sector Ferroviario había presentado, fundamentalmente referida a la necesidad de acelerar el proceso de liberalización del transporte ferroviario de personas. Otra de las cuestiones importantes que aborda el citado Real Decreto-Ley es la reestructuración de RENFE-Operadora en cuatro Sociedades Mercantiles Públicas de las previstas en el artículo 166, apartado 2, de la Ley 33/2003, de 3 de noviembre, de Patrimonio de las Administraciones Públicas, como paso previo a su necesaria privatización. En definitiva, las novedades más importantes de este Real Decreto-Ley son las siguientes:

- Supresión de la Entidad Pública Empresarial FEVE (Ferrocarriles Españoles de Vía Estrecha), en consonancia con el *Plan de Reestructuración y Racionalización del Sector Público Empresarial y Fundacional Estatal*, aprobado por el Gobierno el 16 de marzo de 2012. El patrimonio y el personal de esta Entidad se adscribe a ADIF y RENFE-Operadora.
- Creación, dentro de RENFE-Operadora, que, de momento, mantiene su naturaleza jurídica de Entidad Pública Empresarial, de cuatro sociedades mercantiles, participadas al 100 % por RENFE-

Operadora: viajeros, mercancías y logística, fabricación y mantenimiento, y gestión de activos[146]. El objetivo oficial, expresado en la exposición de motivos del Real Decreto 22/2012, que se pretende con esta reestructuración es que RENFE-Operadora cuente con un marco adecuado para abordar el proceso de liberalización y de apertura a la competencia con garantías de continuidad y de calidad. El objetivo velado e implícito que subyace es la preparación del terreno para la obligada privatización futura de RENFE-Operadora, cuestión que se debería haber abordado ya de manera decidida y necesaria para acelerar la liberalización del sector ferroviario, tanto de personas como de mercancías, pues el *status quo* actual de RENFE-Operadora, incluido el poco disimulado trato de favor que recibe constantemente la compañía de forma directa e indirecta, supone un cuello de botella difícil de salvar para otros operadores que obstaculiza notablemente el atractivo del mercado ferroviario y redunda en una más que lenta implantación de la competencia en el sector.

- División de ADIF en dos Sociedades para cumplir con los estrictos criterios de separación contable (denominados coloquialmente como *"murallas chinas"*) de la Directiva 2012/34 de Espacio Ferroviario Europeo Único, de tal forma que, para evitar que la parte no rentable de ADIF compute a efectos de déficit público en las cuentas del Estado, a una de las dos Sociedades, siguiendo los criterios de contabilidad europeos, se le adscribiría la parte del negocio de ADIF que es capaz de retornar más del 50 % de las inversiones en infraestructuras realizadas, que, básicamente lo constituyen las líneas de alta velocidad construidas o en construcción, mientras que la otra Sociedad gestionaría la parte del negocio de ADIF que tiene difícil retorno comercial, como son las líneas convencionales. Esta división se ha llevado a cabo por el Real Decreto-ley 15/2013, de 13 de diciembre (BOE de 15 de diciembre de 2013) que ha creado un organismo nuevo, desgajado de ADIF, denominado ADIF-Alta Velocidad.

---

(146) Estas cuatro sociedades tienen naturaleza de sociedades mercantiles públicas, de acuerdo con el artículo 166.2 de la Ley 33/2003, de 3 de noviembre, de Patrimonio de las Administraciones Públicas, según se apunta en la propia exposición de motivos del propio Real Decreto 22/2012, de 20 de julio.

- Anticipación de la apertura del transporte ferroviario de personas a través de la REFIG (Red Ferroviaria de Interés General), estableciendo como fecha de inicio de su liberalización el 31 de julio de 2013, modificándose para ello la disposición transitoria tercera de la Ley 39/2003, de 17 de noviembre, del Sector Ferroviario y anticipándose de esta manera al calendario europeo de liberalización, en términos parecidos a lo que ya han hecho otros países miembros, como por ejemplo el Reino Unido, que ha procedido a liberalizar de manera completa el sector ferroviario.
- Traspaso definitivo de la Red de Cercanías a las Comunidades Autónomas.
- Reestructuración de servicios e infraestructuras ferroviarias. La disposición adicional primera del Real Decreto-ley 22/2012 obliga a que antes del 31 de diciembre de 2012 el Ministerio de Fomento eleve al Consejo de Ministros una propuesta sobre la viabilidad de aquellas infraestructuras ferroviarias que no generen rentabilidad desde el punto de vista económico y social, para que, dentro de los nuevos tiempos que corren, se supriman en aras de la racionalidad del gasto público.

Por su parte, el Real Decreto-ley 4/2013, de 22 de febrero, de medidas de apoyo al emprendedor y de estímulo del crecimiento y de la creación de empleo (sic), junto con medidas para la reducción del empleo juvenil, incentivos fiscales para la creación de empleo, financiación empresarial, ayudas a las Entidades Locales y demás medidas bucólico-festivas-lúdico-pastoriles, en una muestra más del grado de deterioro al que ha llegado la técnica normativa en España, regula nuevas medidas de impulso a la liberalización del sector ferroviario y se ocupa de algún que otro aspecto ferroviario de obligado pronunciamiento legislativo por cuestiones internas (STC 245/2012, de 18 de diciembre), y por cuestiones externas (Directiva 2012/34/UE).

En el primer caso, la STC 245/2012, de 18 de diciembre, anula la disposición adicional novena, apartado 1, de la Ley 39/2003, de 17 noviembre, del Sector Ferroviario, que define la REFIG (Red Ferroviaria de Interés General) por relación a las infraestructuras ferroviarias explotadas por organismos dependientes de la Administración del Estado.

Indica el Alto Tribunal que el Estado debe concretar los criterios generales de adscripción definidos en la Ley y determinar de forma expresa las infraestructuras ferroviarias que integran la REFIG, utilizando para ello los instrumentos típicos de sectores del ordenamiento español que guardan afinidad con aquél. Una vez determinadas las infraestructuras que la componen, deberá traspasar a las Comunidades Autónomas las infraestructuras ferroviarias que no se integren en dicha red. En este sentido, y para dar cumplimiento a dicho pronunciamiento jurisprudencial, el Real Decreto-ley 4/2013, de 22 de febrero de 2013, obliga a que el Ministerio de Fomento, en el plazo de seis meses, elabore un *Catálogo de Líneas y Tramos de la Red Ferroviaria de Interés General*[147], estableciéndose una especie de Catálogo provisional, incluido como Anexo al Real Decreto-ley, hasta que no se apruebe el referido Catálogo definitivo en el plazo de seis meses. Queda así definitivamente impulsado un trámite que debería haberse solventado hace mucho tiempo.

El resto de cuestiones reguladas por el Real Decreto-ley 4/2013, de 22 de febrero son las siguientes:

- Transmisión a la entidad pública empresarial Administrador de Infraestructuras Ferroviarias (ADIF) de la titularidad de la red ferroviaria del Estado cuya administración tiene encomendada, con el objetivo de unificar la titularidad con las funciones de administración de la red en beneficio de la eficacia[148].

(147) La previsión al respecto se contiene en el artículo 37 del citado Real Decreto-ley, que modifica la disposición adicional novena de la Ley 39/2003, de 17 de noviembre, del Sector Ferroviario. La disposición adicional novena de dicha Ley, en los términos en que queda redactada de acuerdo con este Real Decreto-ley, dice que en el *Catálogo de Líneas y Tramos de la Red Ferroviaria de Interés General* se relacionarán las líneas y tramos conforme a un código oficial, asignado por la Dirección General de Ferrocarriles, y expresarán su origen y destino y una breve referencia a sus características técnicas y que en él figurarán relacionados por un lado las líneas y tramos de interés general y por otro, en anejo independiente del anterior, las líneas y tramos que, no reuniendo los requisitos del artículo 4 de la Ley del Sector Ferroviario, continúen temporalmente siendo administrados conforme a lo dispuesto en la Ley del Sector Ferroviario en tanto que, previa solicitud de la Comunidad Autónoma respectiva a la Administración General del Estado, se efectúe efectivamente el traspaso de la línea o tramo correspondiente.

En todo caso, para la determinación del referido catálogo, o de sus modificaciones, deberán ser oídas las Comunidades Autónomas por las que atraviese, o en su caso comprendan totalmente (sic) en su territorio, las correspondientes líneas o tramos ferroviarios.

(148) Se entiende la conveniencia de unificar dichas titularidades pero se duda de que sea el principio de eficacia el que salga más fortalecido con dicha unificación. Aunque dicho traspaso es obligado después de la aprobación de la Directiva 2012/34/UE (artículo 4), la verdad es que dicho traspaso de titularidad supone, adicionalmente, una compen-

- La extinción de FEVE (Ferrocarriles de Vía Estrecha) a efectos contables el 1 de enero de 2013.
- La sucesión en la prestación de los servicios ferroviarios que venía desempeñando RENFE-Operadora de las Sociedades Mercantiles Estatales creadas por el Real Decreto 22/2012, de 20 de julio, obligando a que obtengan del Administrador de Infraestructuras Ferroviarias (ADIF), la capacidad de infraestructura necesaria para la realización de los servicios que deseen prestar, de conformidad con lo previsto en la Orden FOM/897/2005, de 7 de abril, relativa a la Declaración sobre la Red y al procedimiento de adjudicación de capacidad de infraestructura ferroviaria y otorgándoles provisionalmente *ex lege* (artículo 36, apartado 1, del Real Decreto-ley 4/2013) la licencia de empresa ferroviaria prevista en el artículo 44 de la Ley del Sector Ferroviario y el certificado de seguridad a que se refiere el artículo 16 del Reglamento sobre seguridad en la circulación de la Red Ferroviaria de Interés General, para el ámbito de servicios que cada una explota, debiendo, en el plazo de seis meses desde que las citadas empresas inicien la explotación de los servicios, deberán acreditar que cumplen las exigencias establecidas en el artículo 45 de la Ley del Sector Ferroviario y sus normas de desarrollo y solicitar la correspondiente licencia definitiva de empresa ferroviaria. Asimismo, en el plazo máximo de un año desde que inicien la explotación, habrán de presentar la documentación que acredite que disponen de un sistema de gestión de la seguridad y que cumplen con los requisitos en materia de circulación ferroviaria, personal de conducción y material rodante, y solicitar el correspondiente certificado de seguridad, también definitivo[149].

---

sación por los reiterados incumplimientos que el Estado ha efectuado a lo largo de los años 2011 y 2012 del Contrato-programa firmado con ADIF. Además, dado el abultado endeudamiento de ADIF, contar con un mayor patrimonio superior a efectos de justificar externamente su solvencia será muy bienvenido, aparte de producir el expreso deseo de la aludida Directiva en el artículo citado de propiciar la separación funcional, contable y patrimonial entre el Administrador de la infraestructura y el Estado miembro.

(149) No se comparte la complicada opción elegida en el Real Decreto-ley 22/2012, de 20 de julio, para "trocear" RENFE-Operadora como paso previo a su privatización. Debería haberse optado por la creación de las cuatro Sociedades Mercantiles Públicas que se han creado, pero extinguiendo RENFE-Operadora como Entidad Pública Empresarial

- Liberalización del transporte ferroviario de viajeros a partir del 31 de julio de 2013, en la línea iniciada por el Real Decreto-ley 22/2012, de 20 de julio, mediante la obtención de títulos habilitantes a través de los cuales los nuevos operadores obtengan la licencia ferroviaria, expedida por el Ministerio de Fomento, previo informe de ADIF, en procedimientos de libre concurrencia.

Asimismo, se regula la posibilidad de que se presten en régimen de libre competencia sin necesidad de obtención de licencia ferroviaria "paquetes turísticos" cuando, aparte del servicio de transporte ferroviario, se incluyan como principales, servicios para satisfacer de una manera general las necesidades de las personas que realizan desplazamientos relacionados con actividades recreativas, culturales o de ocio, siendo el servicio de transporte por ferrocarril complemento de los anteriores. En ningún caso se podrá asimilar a esta actividad aquella que tuviera como objeto principal o predominante el transporte de viajeros por ferrocarril. Mediante Orden del Ministerio de Fomento, se regularán las condiciones de prestación de este tipo de servicios. Dicha regulación se establece en la Orden FOM/1403/2013, de 19 de julio (BOE de 25 de julio de 2013).

Respecto al factor externo apuntado (Directiva 2012/34/UE), nos remitimos a lo que se dirá en el apartado siguiente de este Capítulo, adelantando ahora que el objetivo del Real Decreto-ley 4/2013, de 22 de febrero en lo que al transporte ferroviario hace referencia es el mismo que el expresado por el Real Decreto 22/2012, de 20 de julio, es decir, en línea con la normativa europea, con la que se tiene que coordinar, acelerar el proceso de liberalización del sector ferroviario para conseguir hacer realidad la existencia de un espacio ferroviario europeo único en el horizonte temporal del año 2018-2019.

En definitiva, este Real Decreto-ley mete "de tapadillo" algunas cuestiones obligadas por la Directiva 2012/34/UE aprobada en noviembre de

---

directamente, como se ha hecho con FEVE. Es evidente que el peso político, social y, sobre todo, sindical, de RENFE-Operadora no es el de FEVE, pero la opción elegida no va a hacer otra cosa que complicar el proceso futuro de privatización (forzosa, porque lo impone la dinámica de liberalización que preside este mercado desde la perspectiva de la normativa comunitaria). El legislador ha optado por quedarse a medio camino y el trecho que le va a quedar por recorrer posteriormente va a ser mucho mayor que si hubiese afrontado de cara y con contundencia la difícil decisión que, sin duda, en el futuro, se va a tener que tomar sobre RENFE-Operadora. Pero, claro, el futuro es ese ente lejano al que, con suerte, se tendrá que enfrentar "el que venga".

2012, como la transmisión a la entidad pública empresarial Administrador de Infraestructuras Ferroviarias (ADIF) de la titularidad de la red ferroviaria del Estado, y desarrolla otras cuestiones que ya habían sido reguladas en el Real Decreto-ley 22/2012, concretando alguno de los puntos allí contenidos, como la extinción definitiva de FEVE o la reestructuración de RENFE-Operadora o los términos básicos en que se concretará el inicio de la liberalización del transporte ferroviario de personas a partir del 1 de julio de 2013.

Por último, habría que hacer referencia al recientemente aprobado Real Decreto-ley 1/2014, de 24 de enero, de reforma en materia de infraestructuras y transporte y otras medidas económicas (BOE de 25 de enero de 2014). Los objetivos de este Real Decreto son los siguientes:

- Dar rango de ley a los aspectos de seguridad ferroviaria más importantes, regulados en la Directiva 2004/18/CE del Parlamento Europeo y del Consejo, de 29 de abril de 2004, sobre la seguridad de los ferrocarriles comunitarios y por la que se modifican la Directiva 95/18(/CE del Consejo sobre la concesión de licencias a las empresas ferroviarias, y la Directiva 2001/14/CE relativa a la adjudicación de la capacidad de infraestructura ferroviaria, aplicación de cañones por su utilización y certificación de la seguridad. Se trata de otorgar una mayor relevancia, en consonancia con la citada Directiva a aspectos de la seguridad ferroviaria, tales como la identificación de responsabilidades en seguridad ferroviaria, la identificación de la autoridad responsable de seguridad, la definición de los certificados de seguridad que las empresas ferroviarias han de tener, el contenido de las autorizaciones de seguridad a los administradores de infraestructuras ferroviarias, las condiciones y requisitos para la autorización y puesta en servicio de todos los subsistemas de naturaleza estructural que componen el sistema ferroviario, así como las condiciones para el adecuado funcionamiento de los subsistemas de naturaleza funcional o las condiciones para la homologación del material ferroviario.
- Dar cumplimiento práctico a la Sentencia del Tribunal de Justicia de la Unión Europea de 28 de febrero de 2013, sobre actualizaciones del canon ferroviario.

4.2. La Directiva 2012/34/UE de Espacio Ferroviario Europeo Único

A nivel comunitario, el 21 de noviembre de 2012 se aprobó la Directiva 2012/34/UE. El retraso en la aplicación práctica del calendario de liberalización del transporte ferroviario de pasajeros respecto a lo previsto en las Directivas previas hace que las instancias europeas quieran dar un nuevo impulso al sector, corrigiendo los errores observados pero manteniendo el modelo de liberalización iniciado en el año 2001 con la aprobación del primer paquete ferroviario y profundizando en el mismo mediante una llamada de atención sobre aspectos de especial relevancia que no están siendo cumplidos en su totalidad por los Estados miembros y que, consecuentemente, obstaculizan y retrasan este proceso de liberalización. Esta Directiva supone una actualización de la normativa comunitaria en materia de transporte ferroviario, pues deroga total o parcialmente varias Directivas ferroviarias anteriores y, como ya ha quedado dicho, trata de profundizar en el modelo de liberalización diseñado con anterioridad, preocupándose especialmente por la separación funcional, contable y patrimonial de las empresas de explotación ferroviaria y las empresas de titularidad de la infraestructura (artículo 6 de la Directiva) y de estas con el Estado nacional (artículo 4 de la Directiva) en lo que se ha dado en llamar "establecimiento de murallas chinas", el equilibrio económico de éstas y la apertura a la competencia del sector (artículo 9 de la Directiva, cuyo rótulo es de por sí bien significativo: *"saneamiento transparente de la deuda"*), llamando la atención sobre el trato privilegiado que, todavía hoy, siguen dispensando los Estados miembros a las empresas ferroviarias de explotación nacionales, cuestión que supone un serio freno a la entrada de otros competidores en el mercado, como la experiencia de la liberalización del transporte ferroviario de mercancías ha dejado patente [150].

---

[150] Véase la afirmación contenida en la base novena de la Directiva, que establece lo siguiente: *"A falta de normas comunes sobre la distribución de los costes de infraestructura, los Estados miembros, previa consulta a los administradores de la infraestructura, deben adoptar normas que obliguen a las empresas ferroviarias a pagar por la utilización de la infraestructura ferroviaria. Dichas normas no deben discriminar entre empresas ferroviarias"*. Además, ténganse en cuenta en este mismo sentido, los artículos 10 (condiciones de acceso a la infraestructura), 13 (condiciones de acceso a los servicios auxiliares a la infraestructura), o 14 (acuerdos transfronterizos).

El ámbito de aplicación de la Directiva es el uso de infraestructuras ferroviarias para servicios ferroviarios nacionales e internacionales y, en concreto, de acuerdo con su artículo 1, se centra en los siguientes aspectos:

a) las normas aplicables a la administración de infraestructuras ferroviarias y a las actividades de transporte por ferrocarril de las empresas ferroviarias establecidas o que se establezcan en un Estado miembro.
b) los criterios para la concesión, la renovación o la modificación, por un Estado miembro, de licencias destinadas a las empresas ferroviarias que estén establecidas o que se establezcan en la Unión.
c) los principios y procedimientos aplicables para la determinación y percepción de cánones por la utilización de infraestructuras ferroviarias y para la adjudicación de capacidad de las mismas.

La Directiva no se aplica a las empresas ferroviarias que solo explotan servicios urbanos, suburbanos o regionales en redes locales y regionales aisladas, salvo que las empresas que presten dichos servicios estén bajo el control de una empresa ferroviaria que preste servicios nacionales o internacionales, como es el caso, por ejemplo, de la red de Cercanías española, explotada a través de RENFE-Operadora.

La Directiva también se ocupa de regular el procedimiento de otorgamiento de las licencias ferroviarias en la Unión (artículos 16 a 25), el establecimiento y exigencia del canon por la utilización de la infraestructura ferroviaria (artículos 26 a 37) y la adjudicación de capacidad de la infraestructura (a través de la Declaración sobre la Red).[151]

---

(151) La Directiva se completa con una serie de Anexos, que son los siguientes:

- Anexo I: Lista de los elementos de la infraestructura ferroviaria.
- Anexo II: Servicios que deberán prestarse a las empresas ferroviarias.
- Anexo III: Capacidad financiera.
- Anexo IV: Contenido de la declaración sobre la Red.
- Anexo V: Principios y parámetros básicos de los acuerdos contractuales entre autoridades competentes y administradores de infraestructuras.
- Anexo VI: Requisitos sobre costes y cánones relacionados con la infraestructura ferroviaria.
- Anexo VII: Calendario de adjudicación.
- Anexo VIII: Información contable que debe presentarse a petición del organismo regulador.
- Anexo IX:
  o Parte A: Directivas derogadas y lista de las modificaciones sucesivas.

La aprobación de esta Directiva supone una actualización del sector ferroviario a nivel europeo, un nuevo impulso al modelo liberalizador diseñado por las Directivas anteriores, centrándose en aspectos antiguos, ya tratados en las primeras Directivas ferroviarias de los años 90 del siglo pasado y de máxima preocupación en estos tiempos, como los problemas de endeudamiento de las empresas ferroviarias en manos todavía de los Estados miembros, la separación funcional, contable y patrimonial de los Administradores nacionales de la infraestructura respecto de los operadores de explotación públicos todavía no privatizados y de éstos respecto del Estado, el cumplimiento escrupuloso del otorgamiento de licencias ferroviarias a los nuevos operadores que pretendan entrar en el mercado y la asignación eficiente de capacidad a través de la regulación del mayor número de "surcos" posibles en cada infraestructura ferroviaria mediante la Declaración sobre la Red, con una preocupación tangible por la no discriminación de operadores en estos dos últimos aspectos, dada la experiencia reciente y el trato que, todavía hoy, como se ha puesto de manifiesto, reciben los operadores públicos nacionales de referencia, trato que es notoriamente contrario al cuerpo y alma de las Directivas comunitarias en materia ferroviaria.

En definitiva, se trata de homogenizar la regulación de los aspectos capitales que influyen de una manera más decisiva en la implantación del modelo liberalizador del sector y, por ende, del paso a un régimen de prestación en competencia de este servicio de interés económico general.

5. EL MODELO FERROVIARIO ESPAÑOL: SEPARACIÓN DEFINITIVA DE LA UNIDAD DE EXPLOTACIÓN *"CAMINO-VEHÍCULO"*. LA LEY 39/2003, DE 17 DE NOVIEMBRE, DEL SECTOR FERROVIARIO

La incorporación al Derecho español de las Directivas comunitarias examinadas se lleva a cabo en el año 2003 mediante la aprobación de la Ley 39/2003, de 17 de noviembre, del Sector Ferroviario. Muy especialmente, la citada norma nacional es el fruto de la transposición de las Directivas que forman parte del *primer paquete ferroviario* para el impulso de la liberalización de este sector, es decir, las Directivas 2001/12, la 2001/13 y la 2001/16.

- o Parte B: Plazos de transposición a la legislación nacional.
- • Anexo X: Tabla de correspondencias.

Los objetivos que se pretenden con la aprobación de esta norma se enuncian en la exposición de motivos de la misma.

En dicha exposición se deja muy claro que la intención del legislador no es tan sólo limitarse a incorporar las Directivas comunitarias aplicables en materia ferroviaria sino aprovechar para efectuar una regulación y actualización completa del ámbito ferroviario en nuestro país. La propia normativa comunitaria expresa el deseo de que los Estados miembros procedan a la modernización de toda su red como forma de mejorar la efectividad de la interoperabilidad comunitaria a través de la construcción de las líneas paneuropeas de ferrocarril de Alta Velocidad y, posteriormente, de mercancías.

No obstante, a pesar de este intento de mejorar la regulación y gestión de nuestro sector ferroviario, lo cierto es que es la necesidad de incorporar las Directivas comunitarias dictadas en el año 2001 la que lleva al legislador a aprobar esta norma, pues sin aquellas, ésta podría haber esperado largo tiempo. Y no sólo eso, sino que son dichas normas comunitarias las que, como veremos, condicionan el modelo de gestión ferroviaria contenido en esta normativa nacional, como no podía ser de otra forma.

La Ley 39/2003 se centra en los siguientes aspectos:

- Abrir el mercado ferroviario español a la competencia, con posibilidad de que cualquier operador pueda explotar las líneas de la antes denominada Red Nacional Integrada y ahora rebautizada como Red Ferroviaria de Interés General (REFIG).
- Consecuencia de la necesaria liberalización, se hace imprescindible la incorporación de un modelo de gestión con separación de la titularidad de la infraestructura, que será pública, y la explotación del servicio, que será totalmente privada al final del proceso.
- Reestructuración de la Administración ferroviaria española, con la creación de un Comité de Regulación Ferroviaria como órgano de resolución de los posibles conflictos que se den en el futuro entre los operadores de la Red y la escisión en dos de la empresa que había mantenido el monopolio del transporte ferroviario en España hasta ese momento (RENFE), cuya parte de infraestructuras pasa a la nueva Entidad Pública Empresarial encargada de la creación y mantenimiento de la infraestructura ferroviaria, denominada ADIF (Administrador de Infraestructuras Ferroviarias), y otra parte de explotación comercial denominada RENFE-Operadora, que, de mo-

mento, hasta completar la privatización y liberalización del sector, adopta la forma jurídica de Entidad Pública Empresarial también.

- La adaptación específica del sector del transporte ferroviario a las exigencias competenciales constitucionales, con invocación de los títulos que habilitan, desde el punto de vista interno, al Estado para ejercer dicha competencia, que ya se recogían en la LOTT de 1987, pero que se especifican aquí con mayor precisión y rigor.
- La apuesta por el transporte ferroviario como alternativa más eficiente frente a otros transportes con unos costes económicos y medioambientales mucho más difíciles de soportar para los Estados.

La apuesta por la liberalización es consecuencia de la normativa comunitaria. No obstante, es necesario destacar la notable resistencia que se observa en la Ley a la transposición del espíritu liberalizador de las Directivas comunitarias aplicables a este sector. En efecto, la incorporación de la normativa comunitaria en materia de transporte, no ya sólo del ferrocarril, pero primordialmente en el ámbito del ferrocarril, ha chocado desde el principio, como ya se ha señalado, con fuertes obstáculos de índole *nacionalista y corporativista* en cada uno de los Estados miembros[152]. El mejor parámetro con el que podemos medir el grado de resistencia con el que se está afrontando este proceso de liberalización ferroviaria es el retraso que se produjo en la transposición de las Directivas aplicables al sector. De hecho, el propio caso español es un magnífico ejemplo de lo que se acaba de afirmar, puesto que la aprobación de la Ley del Sector Ferroviario (aprobada en noviembre de 2003) incumplió el período de transposición de las Directivas integrantes del *Primer Paquete Ferroviario*, dictadas en 2001. El plazo de transposición expiraba en marzo de 2003. Por si fuera poco, la norma establecía un período de *vacatio legis* de seis meses, con lo que debería haber entrado en vigor en mayo de 2004, cosa que tampoco ocurrió, ya que el cambio de Gobierno producido en marzo de 2004 tuvo incidencia en la entrada en vigor de la norma. El nuevo Gobierno Socialista dictó, de manera insólita e inédita en nuestra historia constitucional y con un estilo poco ortodoxo desde el punto de vista de la técnica normativa, un Real Decreto-ley en abril del año 2004

(152) La expresión *"nacionalista y corporativista"* se toma del Paper 2/2003 (abril de 2003): "El Proyecto de Ley del Sector Ferroviario. Exigencias comunitarias y competencias autonómicas en materia de transporte ferroviario). Departamento de Derecho Constitucional e Historia de la Teoría Política (Universidad del País Vasco).

por el que se posponía la entrada en vigor de la Ley hasta el día 1 de enero de 2005, que es la fecha en la que finalmente entró en vigor la norma.

La explicación a todo este desaguisado hay que buscarla en la comentada resistencia de los Estados miembros, no sólo España, a que el papel de las instancias comunitarias vaya cada vez en aumento en ámbitos muy sensibles y de enorme trascendencia que venían siendo gestionados en régimen de monopolio por Corporaciones Públicas de enorme importancia y con una apreciable influencia política por estar dirigidas por personas muy cercanas al poder o procedentes directamente del ámbito político, pues en muchas ocasiones, esas grandes Corporaciones han servido de refugio *agradable* a la clase política, no sólo en España.

La Ley del Sector Ferroviario actualmente vigente en España supone la ruptura total con el modelo ferroviario anterior, acogiendo la normativa liberalizadora comunitaria y, en consecuencia, diseña un modelo ferroviario que se estructura sobre dos pilares fundamentales: la separación entre actividades de administración de infraestructuras y explotación de servicios, superando con ello la vieja identidad ferroviaria como unidad de explotación (camino-vehículo), y, derivado de lo anterior como casusa-efecto, la regulación de los elementos de base para la apertura progresiva del sector a la competencia(153).

5.1. ADIF

Como se acaba de poner de manifiesto, uno de los pilares esenciales de la Ley del Sector Ferroviario de 2003 es, siguiendo el modelo ferroviario europeo por el que apuestan las Directivas comunitarias, la separación entre la infraestructura ferroviaria y el material rodante que transcurre o que circula por dicha infraestructura. Para ello, se contempla en dicha norma la creación de dos nuevas entidades, a las que se otorga la naturaleza jurídica de Organismos Públicos y, más concretamente, la de Entidades Públicas Empresariales (EPEs), de acuerdo con lo establecido en el artículo 53 de la Ley 6/1997, de 14 de abril, de Organización

(153) En este sentido, véase RIVAS CASTILLO, M. I.: "Regulación y régimen del sector ferroviario", en la obra colectiva coordinada por MUÑOZ MACHADO, S. Y ESTEVE PARDO, J.: "*Derecho de la regulación económica*", tomo VI "*Transportes*", coordinado por RUIZ OJEDA, A., página 484, donde, además, se afirma que la nueva Ley es la expresión más fiel del impulso que sobre este medio de transporte se persigue desde el Estado, y representa el vértice de toda una pirámide de normas que configuran el nuevo escenario ferroviario.

y Funcionamiento de la Administración General del Estado (LOFAGE). Nos referimos a ADIF y a RENFE-Operadora. Su naturaleza jurídica de EPEs viene derivado del hecho de que ambas desarrollan una actividad que es susceptible de contraprestación económica y someten su régimen jurídico, con carácter general, al Derecho privado.

Por lo que hace referencia a ADIF, la Ley 39/2003, de 17 de noviembre, del Sector Ferroviario dedica su Capítulo V (artículos 20 a 28) al mismo, corroborando la naturaleza jurídica de EPE de este Organismo Público en el artículo 20 y regulando sus competencias, recursos, patrimonio, régimen de contratación de personal y presupuestario y demás aspectos de su actividad en los artículos siguientes.

Básicamente, ADIF es en la actualidad, después de la aprobación del Real Decreto-ley 4/2013 (artículo 34), y en cumplimiento de lo establecido en el artículo 4 de la Directiva 2012/34/UE, el titular de todas las infraestructuras ferroviarias de nuestro país y, por ende, el encargado de gestionarlas, mantenerlas y favorecer su explotación por parte de los distintos operadores ferroviarios interesados en el transporte de personas o mercancías a través del tren, a los que deberá dar acceso a la infraestructura de acuerdo con la capacidad establecida para cada una de ellas en la Declaración sobre la Red, que deberá elaborar y publicar ADIF, de acuerdo con la Orden Ministerial de Fomento que determina su contenido. Esta Declaración sobre la Red, de acuerdo con el artículo 29, apartado 1, de la Ley del Sector Ferroviario, *"expondrá las características de la infraestructura puesta a disposición de las empresas ferroviarias e informará sobre la capacidad de cada tramo de la red y sobre las condiciones de acceso a la misma. Asimismo, detallará las normas generales, plazos, procedimientos y criterios que rijan en relación con la adjudicación de capacidad y los cánones y principios de tarificación que se deben aplicar a los diferentes servicios que presten las empresas ferroviarias. Finalmente, contendrá cualquier otra información que pueda ser necesaria para cursar una solicitud de capacidad de infraestructura"*.

También será ADIF el que, en cumplimiento de otra de sus importantes funciones establezca los criterios de adjudicación de capacidad, es decir, el otorgamiento de lo que en el argot ferroviario se denomina "surcos" (el equivalente a los "*slots*" en el ámbito aéreo) y, de hecho, adjudique esos "surcos" a las empresas ferroviarias con licencia de explotación, licencia que debe ser otorgada por el Ministerio de Fomento, previo informe de ADIF. En resumen, las competencias más importantes de ADIF serían las siguientes (artículo 21 de la Ley del Sector Ferroviario):

- *La aprobación de los proyectos básicos y de construcción de infraestructuras ferroviarias que deban formar parte de la Red Ferroviaria de Interés General y su construcción, siempre que se lleve a cabo con sus propios recursos y con arreglo a lo que determine el Ministerio de Fomento.*
- *La construcción, con recursos ajenos, de infraestructuras ferroviarias, conforme al correspondiente convenio.*
- *El control e inspección de la infraestructura ferroviaria que administre, de sus zonas de protección y de la circulación ferroviaria que sobre ella se produzca.*
- *La explotación de los bienes de su titularidad, de los que le sean adscritos y de aquellos cuya gestión se le encomiende.*
- *La elaboración y publicación de la declaración sobre la red, en los términos vistos.*
- *La adjudicación de capacidad de infraestructura a las empresas ferroviarias que lo soliciten y la celebración de acuerdos marco con aquéllas.*
- *La emisión de informes con carácter previo al otorgamiento, por el Ministerio de Fomento, de las licencias de empresa ferroviaria y de las autorizaciones para prestar servicios que se hayan declarado de interés público.*
- *El otorgamiento de los certificados de seguridad, cuando así se determine por el Ministerio de Fomento.*
- *La prestación de servicios adicionales y, en su caso, de servicios complementarios y auxiliares al servicio de transporte ferroviario.*
- *La propuesta al Ministerio de Fomento de las tarifas por la prestación de los servicios adicionales y complementarios.*
- *El cobro de los cánones por utilización de las infraestructuras ferroviarias y, en su caso, de las tarifas por la prestación de servicios adicionales, complementarios y auxiliares.*
- *La cooperación, con los organismos que en otros Estados miembros de la Unión Europea administren las infraestructuras ferroviarias, para establecer y adjudicar capacidad de infraestructura que abarque más de una red nacional.*
- *La resolución de las reclamaciones de responsabilidad patrimonial que se formulen respecto de la actuación del mismo.*

- *Cualesquiera otras que se le asignen en esta Ley o en sus disposiciones de desarrollo.*

En realidad, ADIF es, todavía hoy, un gigante con pies de barro, el mayor terrateniente de España, junto con el Ministerio de Defensa pero en franca superioridad respecto a dicho Departamento Ministerial, resultado de la fusión por absorción de RENFE y GIF, con dos culturas provenientes de ambas entidades totalmente distintas y difícilmente compatibles y que debe todavía mejorar algunos aspectos de su funcionamiento a través de una reestructuración interna que simplifique su organización y reduzca sus efectivos a prácticamente la mitad. No obstante, debe decirse que a pesar del amplio margen de mejora existente en determinados ámbitos de su gestión, debe también afirmarse que el funcionamiento general del Organismo ha sido satisfactorio y que desde su nacimiento ha conseguido buenos resultados en aspectos muy concretos, como son la construcción de infraestructuras, la circulación por la red y la innovación tecnológica. Estas afirmaciones dispares son la evidencia de que existen Direcciones dentro de ADIF que funcionan realmente bien y otras cuyo funcionamiento sigue siendo deficiente. Y es que en un Organismo tan heterogéneo las diferencias de gestión son normales cuando la cultura de la empresa a través de una visión y una misión bien interiorizada de la misma por todos y cada uno de sus empleados no se ha conseguido todavía. Como ya se ha comentado en la actualidad, por mor del Real Decreto-ley 15/2013, ADIF ha quedado dividido en dos Entidades Públicas Empresariales (ADIF y ADIF-Alta Velocidad).

5.2. El Comité de Regulación Ferroviaria

El artículo 82 de la Ley 39/2003, de 17 de noviembre, del Sector Ferroviario crea este órgano, adscrito al Ministerio de Fomento, para que, con independencia funcional actúe en el sector ferroviario como garante de la competencia y para la resolución de los conflictos que pudieran oponer al Administrador de la infraestructura con cualquiera de las empresas ferroviarias que operan en la REFIG.

De acuerdo con el apartado 2, del artículo 82 de la Ley del Sector Ferroviario, el Comité de Regulación Ferroviaria estará compuesto por un presidente, un mínimo de dos y un máximo de cuatro vocales y un secretario. El presidente y los vocales serán designados por el Ministro de Fomento, entre personas de reconocida competencia profesional en el sector ferroviario o en la regulación de mercados. El secretario será designado por el presidente. El mandato del Presidente y de los vocales del Comité tendrá una duración de seis años, al término de los cuales no podrán ser designados nuevamente (artículo 82, apartado 3).

Las funciones de este Comité están recogidas en el artículo 83 de la Ley del Sector Ferroviario. Son las siguientes:

> *a) Salvaguardar la pluralidad de la oferta en la prestación de los servicios sobre la Red Ferroviaria de Interés General y sus zonas de servicio ferroviario, así como velar por que éstos sean prestados en condiciones objetivas, transparentes y no discriminatorias.*
>
> *b) Garantizar la igualdad entre empresas públicas y privadas, así como entre cualesquiera candidatos, en las condiciones de acceso al mercado de los referidos servicios.*
>
> *c) Velar por que los cánones y tarifas ferroviarios cumplan lo dispuesto en esta Ley y no sean discriminatorios.*

Para el cumplimiento de dichos fines el Comité de Regulación Ferroviaria ostenta las siguientes competencias:

a) Conocer y resolver las reclamaciones que, en relación con la actuación del Administrador de Infraestructuras Ferroviarias, las empresas ferroviarias y los restantes candidatos, planteen las empresas ferroviarias y los restantes candidatos en materia de:

1.° El otorgamiento y uso del certificado de seguridad y el cumplimiento de las obligaciones que éste comporte.

2.° La aplicación de los criterios contenidos en las declaraciones sobre la red.

3.° Los procedimientos de adjudicación de capacidad y sus resultados.

4.° La cuantía, la estructura o la aplicación de los cánones y tarifas que se les exijan o puedan exigírseles.

5.° Cualquier trato discriminatorio en el acceso a las infraestructuras o a los servicios ligados a éstas que reciban de la Administración o de cualesquiera entes públicos, o que se produzca por actos llevados a cabo por otras empresas ferroviarias o candidatos.

Cuando se trate de reclamaciones entre empresas ferroviarias y los restantes candidatos, o entre aquellas y estos entre sí, se establecerán reglamentariamente las condiciones en que podrá exigirse a éstos el pago de los gastos que ocasione el procedimiento.

b) Iniciar de oficio los procedimientos que estime necesarios, resolver acerca de cualquier denuncia y adoptar, en su caso, las medidas necesarias para remediar la situación que los haya originado en el plazo de dos meses desde la recepción de toda la información.

c) Supervisar las negociaciones entre candidatos y administradores de infraestructuras sobre el nivel de los cánones e intervenir en las mismas cuando prevea que el resultado de dichas negociaciones puede contravenir las disposiciones comunitarias aplicables.

d) Informar preceptivamente los proyectos de normas en los que se fijen cánones y tarifas ferroviarios.

e) Emitir informe determinante sobre los expedientes en materia ferroviaria tramitados por la Comisión Nacional de la Competencia. Dicho informe deberá emitirse en un plazo de quince días. Cuando la Comisión Nacional de la Competencia, en su caso, resuelva, sólo podrá disentir del contenido del informe determinante de forma expresamente motivada.

f) Informar a la Administración del Estado y a las Comunidades Autónomas que lo requieran respecto de cualquier proyecto de norma o resolución que afecte a la materia ferroviaria.

g) Cualesquiera otras que se le atribuyan por la ley o por reglamento.

Las reclamaciones ante Comité de Regulación Ferroviaria deberán presentarse en el plazo de un mes desde que se produzca el hecho o la decisión correspondiente.

Una vez iniciado el procedimiento, el Comité de Regulación Ferroviaria podrá, en cualquier momento, adoptar las medidas provisionales que estime oportunas para asegurar la eficacia de la resolución. Estas medidas se adoptarán motivadamente, serán proporcionadas y limitadas en el tiempo.

Las resoluciones dictadas por el Comité de Regulación Ferroviaria en el ejercicio de sus competencias pondrán fin a la vía administrativa.

Las resoluciones dictadas por el Comité de regulación ferroviaria serán recurribles ante el orden jurisdiccional contencioso-administrativo.

5.3. Las empresas ferroviarias. Especial referencia a RENFE-Operadora

La legislación actualmente vigente exige que toda empresa que pretenda dedicarse al transporte de mercancías o de personas por ferrocarril deba obtener la correspondiente licencia ferroviaria, que, de acuerdo con el artículo 44 de la Ley del Sector Ferroviario, deberá otorgarse por el Ministerio de Fomento, previo informe de ADIF. Para su obtención, la empresa que solicite la licencia deberá, en todo caso, formular la declaración de actividad, que habrá de comprender los tipos de servicios que pretenda prestar.

La concreta definición de lo que se entiende por empresa ferroviaria se contiene en el artículo 43 de la Ley del Sector Ferroviario. Este precepto afirma que *son empresas ferroviarias aquellas entidades, titulares de una licencia de empresa ferroviaria, cuya actividad principal consiste en prestar servicios de transporte de viajeros o de mercancías por ferrocarril, en los términos establecidos en esta Ley. Las empresas ferroviarias deberán, en todo caso, aportar la tracción. Se consideran, asimismo, empresas ferroviarias aquellas que aporten exclusivamente la tracción.*

A día de hoy, las empresas que cuentan con licencia ferroviaria son las siguientes[154]:

- RENFE-Operadora.
- COMSA.
- CONTINENTAL RAIL.
- ACCIONA.
- TRANSFESA.
- TRACCION RAIL.
- EUSKOTREN.
- ARCELORMITTAL.
- LOGITREN.
- FESUR.
- FGC (FERROCARRILES DE LA GENERALIDAD DE CATALUÑA).

(154) Datos obtenidos de la página web del Ministerio de Fomento de España (http://www.fomento.gob.es/MFOM/LANG_CASTELLANO/DIRECCIONES_GENERALES/FERROCARRILES/EMPFERROVIARIAS/).

- ALSA FERROCARRIL.
- G&O GUINOVART RAIL.
- FERROVIAL RAILWAY.

Además, cuenta con homologación de licencia europea EUROCARGO RAIL y con habilitación específica para adjudicación de capacidad TRANSFESA, SICSA, LTF, CONTE RAIL, PECOVA y TRAMESA.

Todas estas empresas ferroviarias actúan en el ámbito de las mercancías como consecuencia de que dicho sector está "teóricamente" liberalizado desde el año 2007 y de que el sector de pasajeros no está liberalizado a día de hoy, por lo que en el sector de pasajeros sigue operando en régimen de monopolio RENFE-Operadora.

De todas las empresas que cuentan con licencia ferroviaria en España a día de hoy destaca, por razones obvias, RENFE-Operadora, que ha sido la empresa de referencia, tradicional y de bandera del sector ferroviario español. Como ya se ha comentado a lo largo de este trabajo RENFE-Operadora tiene la naturaleza jurídica de Entidad Pública Empresarial en la actualidad. Dicha EPE se creó por la disposición adicional tercera de la Ley del Sector Ferroviario con el objeto de prestar servicios de transporte ferroviario tanto de mercancías como de viajeros, incluyendo el mantenimiento del material rodante. A pesar de lo que pudiera parecer, esta nueva RENFE-Operadora creada por la Ley del Sector Ferroviario de 2003 no es la sucesora natural de la extinta RENFE, sino que aquel papel es asumido hoy primordialmente por ADIF, que se convierte en el nuevo *dinosaurio* ferroviario, sin perjuicio de que RENFE-Operadora siga prestando parte de los servicios que venía realizando la antigua RENFE por lo que al transporte de mercancías y de pasajeros hace referencia.

Como ya se ha apuntado también, RENFE-Operadora se encuentra en la actualidad en un proceso de transformación, iniciado con la promulgación del Real Decreto-ley 22/2012, de 20 de julio, que crea cuatro Sociedades Mercantiles Públicas dependientes de ella, en los términos ya apuntados en otro apartado de este trabajo. Este proceso de transformación debe concluir inexorablemente en la privatización de RENFE-Operadora en un futuro no muy lejano, cuando se haya producido la completa liberalización del transporte ferroviario de mercancías y de pasajeros en nuestro país como consecuencia natural y conveniente de la aplicación práctica del modelo ferroviario europeo. Mientras tanto, los mimos y cuidados que a RENFE-Operadora sigue dispensando el

Ministerio de Fomento de España suponen un retraso notable en el proceso de liberalización ferroviaria y un obstáculo o barrera de entrada al mercado casi insalvable para otros operadores ferroviarios. El paso intermedio que se ha dado ahora es plausible, no en la forma pero sí en el fondo, como estadio intermedio para soltar lastre y que se produzca la completa privatización de una compañía que no puede seguir siendo pública por mucho más tiempo. Las pérdidas que dicha empresa genera al Estado y el efecto distorsionante de la competencia que su existencia pública conlleva hace imprescindible que el proceso de privatización se aborde de manera decidida y completa cuanto antes, a pesar de los importantes problemas políticos y sociales que el Gobierno que aborde dicho proceso va a tener que soportar.

5.4. Cercanías

El modelo de Cercanías español presenta algunas peculiaridades dignas de mención. La titularidad de las estaciones de cercanías es de ADIF, quien las construye y mantiene, pero el servicio se presta por parte de RENFE-Operadora mediante un Convenio tripartito entre el Ministerio de Fomento, a través de la Dirección General de Ferrocarriles, ADIF y RENFE-Operadora. Asimismo, existen Convenios entre RENFE-Operadora y las distintas Comunidades Autónomas donde existen núcleos de Cercanías que tienen por objeto regular el funcionamiento, la frecuencia y, sobre todo, la financiación de la prestación del servicio, aportando las Comunidades Autónomas una subvención al mismo. Debemos recordar, además, que en la actualidad se ha producido el traspaso definitivo de la Red de Cercanías a las Comunidades Autónomas, por lo que serán éstas las que, conjuntamente con ADIF y RENFE-Operadora, desarrollen el modelo de explotación.

Es necesario poner de manifiesto asimismo que el ámbito de las Cercanías no está sujeto a un proceso de liberalización por parte del Derecho comunitario europeo, a diferencia de lo que ocurre con los servicios ferroviarios de mercancías o de pasajeros.

En la práctica, el servicio ferroviario de Cercanías ha funcionado razonablemente bien desde que se diseñó el modelo actual a finales de los años 80 del siglo pasado, habiéndose incrementado el volumen de infraestructuras construidas y, por ende, los núcleos existentes y las líneas de servicio, el volumen de viajeros que lo utiliza y mejorado notablemente el servicio. En definitiva, se puede decir que siendo como es el servicio de Cercanías un servicio público de marcado carácter social en el que la rentabilidad económica debe sacrificarse algo más en aras de los intereses de una gran parte de la colectividad, la experiencia de gestión de este servicio es satisfactoria en nuestro país, con unos estándares de prestación del servicio realmente buenos.

5.5. Pasajeros

El transporte ferroviario de pasajeros no está liberalizado en la actualidad. Las normativa europea recientemente aprobada y las noticias más recientes, expresadas por boca del Comisario Europeo de Transportes, Slim Kallas, el pasado 30 de enero de 2013, indican que no se podrá producir una efectiva y total liberalización del transporte ferroviario de pasajeros en el ámbito europeo hasta el año 2019 (la Directiva 2012/34/UE lo fija para 2018), a pesar de que, inicialmente, en las primeras Directivas integrantes de los *paquetes ferroviarios* se aludía al año 2010 como fecha efectiva de liberalización. No obstante, a día de hoy, hay dos Estados miembros que han procedido a la liberalización completa de su sector ferroviario: Suecia y Reino Unido. Otros lo han liberalizado parcialmente ya: Alemania, Austria, Italia, República Checa y los Países Bajos.

El principal problema que está encontrando la Comisión europea para la liberalización del mercado ferroviario de pasajeros es el mismo que tuvo cuando se liberalizó el de mercancías y no es otro que la resistencia de algunos Estados miembros a dicha liberalización, especialmente Francia y Alemania. En el primer caso porque la situación geográfica francesa hace vulnerable su espacio ferroviario, a lo que se resiste con ferocidad su administrador de infraestructura y su operador ferroviario de referencia (SNCF). En el caso de Alemania los motivos son bien diferentes, aunque con alguna concomitancia por lo que a su administrador de infraestructura y operador ferroviario principal se refiere. La estructura en holding de Deutsche Bahn obligaba a que se tuviera que desprender de determinadas infraestructuras para permitir el acceso en condiciones de igualdad y no discriminación a otros operadores ferroviarios, a lo que se niega tajantemente dicho operador y el Gobierno alemán. La solución de compromiso adquirida y reflejada en la Directiva 2012/34/UE es la de establecer "murallas chinas" de separación estricta en el funcionamiento, patrimonio y contabilidad del administrador de la infraestructura y del operador ferroviario de referencia con el objetivo de garantizar el acceso a la red en condiciones de igualdad del resto de operadores ferroviarios interesados en el transporte de pasajeros.

En el caso español, el actual Gobierno parece decidido a adelantar la liberalización del transporte ferroviario de pasajeros a los plazos europeos como ya han hecho los países señalados (Reino Unido y Suecia) y se ha marcado como meta, y así lo ha reflejado en el Real Decreto-ley 22/2012, de 20 de julio, iniciar dicho proceso de liberalización el 1 de julio de 2013. Con ese objetivo y con el de cumplir los estrictos parámetros de separación funcional, patrimonial y contable que exige la normativa ferroviaria europea, en el Real Decreto-ley 4/2013, de 22 de febrero, ha procedido a transferir los activos ferroviarios del Estado a ADIF y a completar la reestructuración de RENFE-Operadora iniciada con la aprobación del citado Real Decreto-ley 22/2012. Las intenciones son buenas y el esfuerzo necesario y obligado. Los resultados no han sido deseados.

El transporte ferroviario de personas en España se caracteriza por la notable diferencia de calidad entre las líneas de Alta Velocidad y las líneas convencionales. Mientras la Alta Velocidad cuenta con una infraestructura a la altura de cualquier infraestructura ferroviaria del mundo y es un modelo a seguir por los distintos países que construyen líneas de Alta Velocidad, la red convencional no puede llegar, ni de lejos, a los niveles de prestación de servicio de la Alta Velocidad. Estas diferencias se ven reflejadas en el precio de los billetes, lo que ha creado dos categorías de usuarios ferroviarios claramente diferenciados, y desde el punto de vista social, ha generado numerosas críticas. En realidad, los precios de los billetes de Alta Velocidad en España se mantienen caros debido a la ausencia de competencia. La entrada en juego de nuevos operadores ferroviarios redundaría en una bajada considerable de las tarifas y, consecuentemente, en una reducción de esa brecha social existente en la actualidad, produciendo una democratización de la Alta Velocidad española similar a la acontecida en el sector aéreo. En este sentido, desde el mes de febrero de 2013 el Ministerio de Fomento ha apostado por un nuevo modelo de tarifas más flexible que tiene como objetivo abaratar el precio de los billetes de la Alta Velocidad española. Es también una forma de ensayo previo a la entrada de otros operadores ferroviarios en este mercado de pasajeros, detectando así la elasticidad precio-demanda.

La apuesta española por el mercado ferroviario de pasajeros ha sido clara y notoria, con un volumen inversor en los últimos 20 años descomunal en Alta Velocidad no conocido en ninguno de los países de nuestro entorno. Nuestro país ha sido capaz de aprovechar las grandes cantidades recibidas de los Fondos Europeos de Cohesión para articular la segunda red de Alta Velocidad del mundo, sólo superada en número de kilómetros por China desde hace escasos meses, y ha servido también para dar rienda suelta a las aspiraciones políticas de no pocos dirigentes, que han mercadeado votos de manera descarada y, en algunos casos, vergonzante, con la Alta Velocidad en general y con alguna infraestructura muy concreta integrante de alguna línea de Alta Velocidad en concreto. Los réditos en votos de la Alta Velocidad española los estamos pagando en la actualidad a un alto precio, puesto que ya no recibimos el mismo dinero para invertir de los Fondos europeos y la situación de crisis económica en que se encuentra en la actualidad nuestro país hace que tengamos un Administrador de Infraestructuras Ferroviarias altamente endeudado, sin posibilidad de cumplir los plazos de construcción de las líneas de Alta Velocidad pendientes y teniendo que hacerse cargo de las líneas deficitarias ya construidas, por no hablar de la sangría para las arcas públicas que constituye el único operador de pasajeros existente (RENFE-Operadora).

Ante este panorama desolador para el erario público, la única salida posible es la apuesta decidida y firme por la liberalización total y completa del transporte ferroviario de pasajeros. Con dicha liberalización saldrá ganando todo el sector ferroviario en su conjunto, público y privado, administrador de la infraestructura y operadores (incluida la propia RENFE-Operadora), y los ciudadanos. El administrador de la infraestructura porque podrá optimizar la gestión de la misma, recibiendo mayores aportaciones de parte de los nuevos operadores en forma de canon ferroviario por utilización de la red y por la prestación de los servicios auxiliares, adicionales y complementarios. Los operadores ferroviarios porque en un escenario de competencia real ajustarán su gestión, sus tarifas y su estructura a la realidad de su demanda y los ciudadanos porque se aprovecharán de un mercado en competencia con un más que previsible escenario de bajada de precios.

5.6. Mercancías

El transporte ferroviario de mercancías ha sido, hasta hace bien poco, el gran olvidado del sector. Habiéndose centrado nuestro país en el diseño de una red de Alta Velocidad que sirve más intereses políticos que intereses generales y un modelo de gestión de las Cercanías que sirve objetivos parecidos, las mercancías quedaron como el patito feo al que nadie prestaba atención. No obstante, en honor a la verdad, hay que decir que la red española de Alta Velocidad y el modelo de Gestión de Cercanías son ejemplos a seguir en numerosos países y que los resultados obtenidos a lo largo de los últimos 25 años son espectaculares, por lo que la pugna por los votos en detrimento de las mercancías no ha sido del todo banal y ha tenido alguna e importante externalidad positiva desde el punto de vista social, no así económico.

Sin embargo, en los últimos años, como consecuencia de dos motivos trascendentales, como son la apertura del mercado del transporte ferroviario de mercancías tras su liberalización en el año 2007 y la crisis aguda que sufrimos desde ese mismo año, han hecho que este tipo de transporte haya ocupado de una manera mucho más visible la agenda política. El descubrimiento de la importancia del transporte ferroviario de mercancías como forma de movilidad sostenible y de reactivación económica es un hecho que no ha pasado inadvertido en los últimos tiempos. La situación geográfica de España como nexo de unión entre el Norte de África y el Sur de Europa y las notables posibilidades de valor añadido que de dicha posición geográfica se pueden obtener a través del incremento de la intermodalidad y de la interoperabilidad han hecho que el volumen de inversión en centros logísticos de transporte ferroviario de mercancías se haya incrementado notablemente. A ello ha ayudado la liberación de parte de la red ferroviaria convencional perteneciente a la REFIG como consecuencia de la apertura de las nuevas líneas de Alta Velocidad.

Básicamente, los problemas que nos encontramos a día de hoy en el terreno del transporte ferroviario de mercancías son los siguientes:

- Prioridad de paso de los trenes convencionales de pasajeros y de las Cercanías en la utilización de la infraestructura ferroviaria. No es inusual que los trenes de mercancías tengan que parar al tener que atravesar una ciudad de tamaño medio o grande debido a la necesidad de priorizar el paso de los trenes de pasajeros, ya sean de media o larga distancia o de Cercanías. Esta circunstancia, como se ha dicho, ha mejorado tras la inauguración de las nuevas líneas de Alta Velocidad, pero todavía queda un amplio margen para la mejora de este aspecto.

- Insuficiencia de infraestructuras ferroviarias de uso para mercancías. Otro de los grandes problemas con que contamos todavía hoy es el bajo volumen de transporte que pueden mover unos trenes de mercancías que, como máximo, tienen un tamaño de 450 metros de longitud, frente a los 750 metros de longitud que de media tienen los trenes de mercancías en los países europeos de nuestro entorno, o los 1.500 o 2.000 metros de longitud que llegan a tener los trenes de mercancías en Estados Unidos, país que, precisamente ha priorizado las mercancías ferroviarias, frente a los pasajeros, que, debido a las características de dicho país, son reubicados en aviones para las largas distancias o derivados hacia la carretera para las cortas distancias. El hecho de que los trenes de mercancías españoles tengan un tamaño tan corto está bastante relacionado con la falta de infraestructuras ferroviarias pensadas *ad hoc* para las mercancías, como por ejemplo la ausencia de apartaderos de un tamaño suficientemente grande como para componer trenes de una mayor longitud. Hay que trabajar pues en la creación o generación de infraestructuras ferroviarias específicas para mercancías.
- La existencia de escasos Centros logísticos de mercancías y la desconexión existente entre ellos. No ha existido en nuestro país un diseño pensado y, por ende, coherente de los Centros logísticos de mercancías ferroviarias por lo que existe actualmente la necesidad de crear una red de ellos que estén conectados con corredores ferroviarios de mercancías que, a modo de malla, coadyuven en la movilidad eficiente de las mercancías por ferrocarril. Los corredores ferroviarios deben estar conectados con otros Centros logísticos igualmente importantes, como por ejemplo los puertos o las grandes ciudades para favorecer la intermodalidad. Como se dirá posteriormente, algo de eso ya se está empezando a hacer, siendo ejemplos importantes y paradigmáticos el intento de crear un corredor ferroviario que conecte toda la costa española desde el puerto de Algeciras hasta el puerto de Barcelona, en una especie de A-7 ferroviaria, o la implantación de un gran Centro logístico de mercancías en Aranjuez que conecte Madrid con su principal vía de abastecimiento, que es el puerto de Valencia, a través de un corredor ferroviario potenciado entre Madrid y Valencia, con mayores frecuencias, sobre todo nocturnas para evitar los Cercanías, y trenes de tamaño superior, como consecuencia de la

liberación de parte del tráfico de ese corredor que ha supuesto la apertura de la línea de Alta Velocidad que une las dos ciudades. El resto de corredores ferroviarios, aparte del Mediterráneo y el de Madrid-Valencia citados, podría ser el que uniese toda la cornisa cantábrica, conectando puertos de la relevancia de Bilbao, Gijón o La Coruña y otro corredor transversal que uniese Barcelona, Zaragoza, Madrid y Portugal. Con estos corredores se tejería una malla de intermodalidad e interoperabilidad muy beneficiosa para el incremento de la movilidad de mercancías por ferrocarril y, por ende, potenciadora de la actividad económica nacional[155].

- No existencia de una verdadera liberalización por la posición de privilegio y de trato de favor que se da a RENFE-Operadora, que es contraria al Derecho comunitario. Este hecho ha supuesto que todas las empresas con licencia ferroviaria de mercancías (14 en la actualidad), de una manera o de otra, hayan tratado de aliarse con RENFE-Operadora y no hacerle verdadera competencia, ya que, sin la *mantita* de RENFE-Operadora hace mucho frío en el ámbito ferroviario de mercancías. Sólo en los últimos dos años hemos asistido a algún tímido movimiento rebelde que pretende hacer competencia real a RENFE-Operadora. Algo está cambiando, pero tienen que cambiar muchas más cosas, entre otras debe abordarse la privatización total de RENFE-Operadora, que es el proceso que se ha iniciado en julio de 2012, pero que se ha quedado a medio camino, apostando por una solución de fraccionamiento de la compañía como paso previo necesario, pero poco ortodoxo en los términos en que se ha formulado, queriendo imitar el modelo alemán de "holding" ferroviario de Deutsche Bahn cuando deberíamos haber apostado más por el modelo británico.
- Sistema manifiestamente mejorable de precios y de servicio por el transporte de las mercancías ferroviarias, que a pesar de las rectificaciones efectuadas en los últimos años sigue estando alejado de criterios de mercado.

---

[155] En este sentido, véase el Capítulo de ALONSO TIMÓN, A. J. "La liberalización del transporte ferroviario de mercancías: quo vadis?" (páginas 287 a 337), dentro del libro colectivo dirigido por SANTAMARÍA PASTOR, J. A. y coordinado por CABALLERO SÁNCHEZ, R. ""*Las técnicas de regulación de la competencia: una visión horizontal de los sectores regulados*". Madrid. IUSTEL (2011).

La preocupación por la mejora del transporte ferroviario de mercancías es, como ya se ha dicho, reciente y ello se puede constatar en medidas concretas que se han adoptado en este sector en los últimos años. A continuación pasamos a detallar, por orden cronológico, las más importantes.

Desde que se aprueba en el año 2004 el *segundo paquete ferroviario* y, con él, se empezase a vislumbrar la hoja de ruta de la liberalización del sector, se producen los primeros movimientos empresariales para lograr un mejor posicionamiento en el nuevo escenario de competencia. En todos estos movimientos ha jugado un papel relevante, como no podía ser de otra manera, RENFE-Operadora.

En diciembre de 2005, tiene lugar el primer movimiento de gran calado en el sector del transporte de mercancías por ferrocarril. Se trata de la creación de una Sociedad Mercantil encargada de gestionar los tráficos ferroviarios de mercancías entre Aragón y Barcelona por parte de RENFE-Operadora, Acciona y el Puerto de Barcelona, con participación mayoritaria (51 % del capital social) de Acciona.

Este primer movimiento es muy sintomático pues demuestra que las empresas interesadas en entrar en el mercado del transporte ferroviario de mercancías, como se ha puesto de manifiesto, tratan de entrar de la mano del operador dominante y no de hacerle frente, al menos inicialmente, conscientes de que el mercado no está lo suficientemente abierto a la competencia ni es razonablemente maduro para cambiar unas prácticas o hábitos de manera rápida.

El Acuerdo de 2005 entre tres operadores logísticos de primer orden que ahora se comenta también es sintomático desde el punto de vista de la intermodalidad, que es otro de los objetivos que se debe conseguir en un estadio avanzado de liberalización del transporte ferroviario de mercancías. En este sentido, debe tenerse en cuenta que el puerto de Barcelona, sin ser el más importante en movimiento de mercancías de España, sí que tiene un tamaño adecuado para mover un gran volumen de éstas hacia otros territorios, especialmente, el centro y norte de Europa. De hecho, como veremos más adelante, este movimiento iniciado en el año 2005 ya tenía en mente el objetivo claro de complemento necesario que posteriormente tuvo lugar el 21 de diciembre de 2010, cual es la entrada en servicio del primer corredor español de mercancías ferroviarias con Europa de ancho de vía internacional, vía Perpiñán, a través del puerto de Barcelona.

Además, no debe olvidarse un dato adicional que explica este primer e importante Acuerdo entre estos tres operadores logísticos y que es más desconocido para el gran público pero muy tenido en cuenta por los conocedores del sector ferroviario: la gran capacidad logística del Puerto Seco de Zaragoza, que lo convierte en el más grande existente en España a día de hoy.

Poco después, RENFE-Operadora y Acciona llegan a otro Acuerdo realmente importante que sirve de complemento eficaz del anterior en cuanto al objetivo señalado de transportar mercancías por ferrocarril más allá de nuestras fronteras. Nos estamos refiriendo al Acuerdo mediante el cual RENFE-Operadora y Acciona explotan de manera conjunta la línea Algeciras-Barcelona como parte integrante de un proyecto logístico que tiene como finalidad transportar mercancías entre Marruecos y Francia, a través del denominado *corredor mediterráneo*, cuya implantación, a pesar de los avances de los últimos meses, lleva un retraso importante.

En febrero de 2007, RENFE-Operadora llega a otro Acuerdo importante con Continental Rail (integrada en el Grupo ACS) por el que crean una Sociedad conjunta denominada Construrrail, S.A., participada en un 49 % por RENFE-Operadora y en un 51 % por Continental Rail, para el transporte de mercancías entre el puerto de Valencia y el Puerto Seco de Coslada en Madrid mediante la realización de cuatro viajes semanales entre la terminal de contenedores del Grupo ACS Marítima Valenciana y el Puerto Seco de Coslada.

Ello supone que una empresa bien asentada en el sector ferroviario como ACS se garantiza una cuota importante de mercado con su presencia en el puerto que primordialmente abastece a la capital de España y cuya línea de mercancías se ha visto mejorada por dos hechos que se producirían pronto, como ya se podía intuir en la fecha en la que se firma el Acuerdo: la menor congestión de tráfico ferroviario de pasajeros de la línea convencional como consecuencia de la entrada en funcionamiento de la línea de Alta Velocidad que une a ambas ciudades y que se inauguró el 18 de diciembre de 2010 y la apuesta definitiva de ADIF por Coslada frente a Abroñigal, en decadencia y en peligro de extinción por la consolidación de Coslada y los nuevos proyectos logísticos a desarrollar en Aranjuez.

En marzo de 2007 se produce otro hecho que va a tener una incidencia importante en el ámbito del transporte de mercancías por ferrocarril.

Nos referimos al cambio de tarifas que para este tipo de transporte realiza RENFE-Operadora en esa fecha. Esta medida estuvo acompañada de una polémica inicial que no se ha mantenido a lo largo del tiempo porque le ha venido bien a todo el mundo y porque protestar contra algo de lo que haga en este sector RENFE-Operadora supone coger la gripe de manera automática.

El objetivo de la medida adoptada por RENFE-Operadora era, se decía, racionalizar el servicio de trenes *"multicliente"*, auténtico quebradero de cabeza para la operadora.

El *multicliente* es uno de los dos tipos de transporte ferroviario intermodal, junto con el de *tren completo,* que es aquel en el que un empresario contrata un tren entero, acordando la fecha y la hora de movimientos del mismo. Sin embargo, el servicio *multicliente* funcionaba, más o menos, como los trenes regulares de viajeros. Tenía rutas establecidas en las que los clientes podían contratar una parte del tren. Esas rutas eran fijas y con días preestablecidos.

El problema era que muchas de estas rutas se hacían con el tren casi vacío. Para evitarlo, RENFE-Operadora decidió unificar criterios y reubicar trenes. Se mantenía el servicio, pero se eliminaban o reducían los que eran muy deficitarios. Además, las tarifas por servicios ferroviarios de mercancías no se revisaban en profundidad desde hacía más de 35 años y aunque los precios habían ido siendo adecuados con los incrementos de IPC y combustibles, cuando era el caso (RENFE-Operadora tiene no pocas líneas sin electrificar que funcionan con máquinas de gasóleo), había también contratos específicos con las empresas que hacían que en una misma línea y para cargas similares lo realmente pagado fuera muy diferente para una u otra empresa. La unificación de tarifas, aunque de media supuso una rebaja, en algunos casos conllevó un incremento.

La situación era tan dispar que mientras para algunos clientes las nuevas tarifas equivalían a un descuento, para otros acarreó un aumento de hasta el 50%, porque había muchos planes personalizados.

Tras conocer la preocupación del Gobierno catalán por la adopción de esta medida, debido, sobre todo, a que las carreteras catalanas soportan el transporte local y buena parte del que se produce entre la Península y el resto de Europa, RENFE-Operadora tuvo en consideración algunas particularidades, aunque ya antes se había planteado que en algunos casos el tratamiento debía ser diferente para ciertas mercancías. Sobre todo, en dos casos: las mercancías peligrosas y aquéllas cuyas empresas necesitan una inversión para realizar el transporte (cisternas, por ejemplo) y con frecuencia realizan el viaje en un sentido con carga y el de vuelta de vacío, que es otro de los graves problemas que en el transporte de mercancías se encuentran los distintos operadores.

En el trasfondo de esta medida subyace obviamente la necesidad de adaptarse a las nuevas condiciones del mercado, en un escenario en el que existían ya ocho compañías con licencia ferroviaria de mercancías que podían empezar a hacer daño, vía tarifas, a una operadora dominante que tenía un régimen de tarifas absolutamente desfasado, incoherente e injusto.

En el terreno de las tarifas, hay que tener en cuenta la necesidad de adaptación de las tarifas de los servicios ferroviarios de mercancías a las Órdenes Ministeriales del Ministerio de Fomento 1587/2003 y 898/2005. Ni las citadas Órdenes Ministeriales ni, por supuesto, la *"racionalización"* de tarifas llevada a cabo por RENFE-Operadora en 2007 supusieron un avance en el proceso de liberalización del transporte de mercancías por ferrocarril, sino más bien al contrario puesto que el verdadero objetivo que perseguía RENFE-Operadora con esta *"racionalización"* era establecer barreras de entrada al mercado vía tarifas, frenando así el proceso de liberalización.

Prueba de lo que se acaba de afirmar es que en el año 2008 se dan a conocer varios informes, nacionales e internacionales, que efectúan un repaso al proceso de liberalización del transporte ferroviario de mercancías con unas conclusiones desoladoras. Según el informe realizado por el Foro internacional del Transporte (ITP), en el primer trimestre de 2008 en España se transportaron por ferrocarril 2.699 millones de toneladas (por kilómetro), frente a las 64.636 millones de toneladas que optaron por la carretera. Estas cifras suponían un retroceso del 2,8% del tren frente a un incremento del 2,5% de la carretera. Ello suponía que casi tres años después de la liberalización del transporte de mercancías por ferrocarril la carretera seguía ganando terreno al tren. La razón de este incremento se encontraba, para dicho informe, en la misma liberalización, pues las tarifas ferroviarias se habían incrementado, en algunos casos, hasta un 40% desde que, supuestamente, de manera al menos formal, se había liberalizado el sector.

El informe ponía de manifiesto la escasez de proyectos emprendidos por los nuevos operadores que habían ingresado en este *"mercado"* a pesar de contar ya en la época en la que se emite el informe con nueve empresas que habían obtenido la licencia ferroviaria (RENFE-Operadora, Comsa Rail Transport, Continental Rail, Acciona Rail Services, Activa Rail, Tracción Rail, Eusko Trenbideak, Arcelor Mittal Siderail y Logitren Ferroviaria), siendo la posición de RENFE-Operadora muy similar a la anterior a la liberalización. En realidad, como se viene comentando, RENFE-Operadora seguía siendo el principal protagonista de este *"mercado"*. Ninguna de las compañías privadas que contaban con licencia se marcaban como objetivo desbancarla de su posición. Más bien todo lo contrario. Gran parte de ellas, como se expone, han firmado contratos de colaboración para dotar de su parte logística a RENFE-Operadora en orden a mejorar los servicios que ofertan.

Siguiendo con el excurso cronológico, el 4 de diciembre de 2008 tiene lugar el primer ataque frontal a la todopoderosa e intocable RENFE-Operadora a través de la entrada en escena de un operador ferroviario inglés (EUROCARGO RAIL), aunque perteneciente al Grupo Deutsche Bahn, quien empieza a explotar una ruta de mercancías de manera independiente al margen de RENFE-Operadora entre Barcelona y Zaragoza. El objetivo a medio plazo de la citada empresa es explotar el triángulo de oro de las mercancías en España (Madrid-Valencia-Barcelona) teniendo como punto importante Zaragoza al estar a medio camino entre Madrid y Barcelona. La previsión de esta compañía era captar la mitad de sus mercancías de la carretera y otro 25% de antiguos clientes de Renfe que dejaron el ferrocarril, completando su negocio con envíos internacionales aprovechando la oferta competitiva que supone contar con las empresas del grupo Deutsche Bahn.

Pues bien, el 2 de febrero de 2011, EUROCARGO RAIL dio un paso más en su estrategia de expansión en la comercialización del transporte de mercancías al poner en funcionamiento una nueva ruta entre Zaragoza y Sevilla con un tren de mercancías semanal, operado conjuntamente con Acotral (Grupo Logístico de Mercadona) y Transfesa (también perteneciente al Holding de Deutsche Bahn y que puede considerarse como el primer operador ferroviario de transporte de mercancías en España, lo que confirma su intento de no ligarse a RENFE-Operadora y de mantener como principal base de operaciones Zaragoza Plaza, pero ya con mayores pretensiones al ir extendiéndose más allá del triángulo de oro.

En el mes de marzo de 2009 se produce otro acontecimiento digno de ser destacado. En primer lugar, el Acuerdo al que llegan ADIF y REFER (el administrador de la infraestructura ferroviaria portuguesa) para poner en marcha un segundo enlace directo de transporte ferroviario de mercancías por ferrocarril entre España y Portugal entre Madrid-Abroñigal y Lisboa-La Alverca a través de locomotoras homologadas por los dos países. El primer enlace ferroviario de mercancías entre España y Portugal se había puesto en marcha un año antes y discurría entre Zaragoza, principal centro logístico español, como se ha indicado, y Lisboa. Las empresas interesadas en abrir este *surco* entre Zaragoza y Lisboa primero y entre Madrid y Lisboa después fueron COMSA RAIL (como representante español) y TAKARGO RAIL (como representante portugués) con el objetivo de explotar contenedores *multiclientes* a través de trenes de 465 metros de longitud máxima. Es importante destacar este Acuerdo como ejemplo de interoperabilidad ferroviaria, que ha sido y sigue siendo uno de los mayores caballos de batalla para la liberalización del sector del transporte ferroviario de mercancías en Europa y, como se ve, no es tan difícil de implantar a nivel técnico pues depende en muchos casos más de la voluntad política de llevarlo a cabo que de las dificultades técnicas que nos podamos encontrar, que, en la práctica, hoy son escasas. Algo se va moviendo respecto de la interoperabilidad, como vemos. Y lo que se mueve es la voluntad política de los gobiernos europeos debido a dos circunstancias: las presiones a nivel comunitario para que avance un proceso de liberalización del transporte ferroviario de mercancías que sin interoperabilidad queda en nada y la crisis económica global, que ha puesto de manifiesto la necesidad de utilizar medios de transporte más eficientes y más respetuosos con el medio ambiente, con reducción de costes y generación de importantes sinergias que ahora se empiezan a descubrir.

Llegamos a 2009 y, como vemos, el sector se empieza a mover a todos los niveles, entre los operadores y entre los diferentes Estados. Entre los operadores mediante la entrada de más protagonistas en un mercado que ya empieza a arrancar y que se le puede denominar como tal sin comillas porque no depende de un solo operador sino que ya hay operadores que actúan de manera independiente y con más acuerdos entre los operadores a nivel internacional y no sólo nacional. Ese es el terreno donde se empieza a jugar el partido. Si hasta finales de 2008 los Acuerdos habían tratado de ser nacionales preponderantemente, el movimiento de fichas se realiza a partir de entonces a nivel europeo, tratando de asociarse con operadores de diferentes países que aseguren la continuidad del viaje de las mercancías por ferrocarril a lo largo de la vieja Europa. Este hecho se ve favorecido por la mejora de la interoperabilidad a la que nos acabamos de referir. Los Estados han tomado conciencia de la desidia que había protagonizado su actuación en el sector de las mercancías y la necesidad de diseñar un modelo de transporte ferroviario de mercancías que, lejos de perjudicar sus intereses nacionales, los pueda beneficiar notablemente.

El hecho de que las antiguas compañías monopolísticas nacionales estén llegando a acuerdos nacionales e internacionales en este sector está haciendo que presionen a sus Estados para que, ahora a diferencia de antes, abran la mano al mercado de manera más rápida y efectiva una vez que ven que su posicionamiento dentro del mismo está garantizado y que su cuenta de resultados mejorará con la liberalización, lejos de empeorar, cosa que ya era difícil de conseguir, con o sin liberalización.

En octubre de 2009, el Ministerio de Fomento, consciente de la necesidad de avanzar en el proceso de liberalización del transporte ferroviario de mercancías, organizó la "I Jornada de impulso del transporte de mercancías por ferrocarril" para conocer las necesidades de los diferentes agentes del sector de cara a la celebración de una Conferencia Sectorial. El objetivo principal de la Conferencia Sectorial era consensuar un proyecto de Plan Estratégico para el Transporte de Mercancías por Ferrocarril en España, tal y como anunciara el propio Ministro de Fomento en sede parlamentaria ese mismo año. En esta jornada, punto de arranque del proceso de diálogo con todo el sector, se desarrollaron tres puntos de debate: la logística como herramienta de eficiencia; los nuevos actores y el nuevo esquema de gestión del transporte ferroviario de mercancías; y, finalmente, la gestión de las plataformas logísticas intermodales y los proyectos de participación público-privada. En los debates participaron, como ponentes destacados, representantes del sector logístico y del transporte en sus diferentes modos.

Todos los participantes en dicha Jornada estuvieron de acuerdo en que España necesita conseguir prioritariamente un mayor desarrollo de la intermocalidad y un reparto modal más equilibrado. Con la organización de esta Jornada y la celebración de una Conferencia Sectorial en la materia, el Gobierno dejaba entrever de manera palmaria la necesidad de que tanto los operadores ferroviarios como, en especial, las Comunidades Autónomas participasen en el diseño del modelo de transporte de mercancías por ferrocarril, sobre todo en lo que se refiere a dos puntos esenciales que están muy directamente relacionados: la implantación y gestión de los centros logísticos y la mejora de la intermodalidad. El propio Ministro de Fomento de esa época, José Blanco, había comentado en alguna ocasión su extrañeza porque el proceso de liberalización del transporte de mercancías por ferrocarril no avanzase a la velocidad deseada y cuando trató de encontrar algunas de las causas de la lentitud que dicho proceso experimentaba se dio cuenta de que una de las más importantes era la falta de consenso entre el Estado y las Comunidades Autónomas en la implantación de los centros logísticos, lo cual tenía una incidencia directa en la eficiencia del sistema, ya que los centros logísticos se hallaban desconectados entre sí y respecto a otros modos de transporte, lo que hacía inviable la mejora de la intermodalidad. El propio Subsecretario de Fomento de entonces, Jesús Salvador Miranda Hita, afirmó que era necesario un "cambio de rumbo" para que el transporte de mercancías por ferrocarril alcanzase mayor cuota de mercado en España y se aprovechen sus ventajas desde el punto de vista de la sostenibilidad medioambiental y social. Actualmente, las mercancías transportadas por ferrocarril en España (en toneladas-kilómetro) representan en torno al 4% del total. Se trata de una cuota sensiblemente inferior a la de países europeos como Francia (15%), o Italia (10,4%), y apenas ha crecido tras incorporarse nuevos operadores. Por su parte, el Secretario General de Transportes que participó también la aludida Jornada, José Luis Cachafeiro, consideró "vital" para el país contar con un sistema logístico y de transporte eficiente, dada nuestra posición periférica en Europa, y animó a desarrollar un modelo de gestión más eficiente para el transporte de mercancías por ferrocarril.

Así lo afirmaba el ministro José Blanco en Santander en abril de 2010, cuando mantuvo un encuentro con empresarios, organizado por la patronal CEOE-CEPYME, para analizar la situación de las infraestructuras en aquella comunidad autónoma. Allí reiteró que el modelo de transporte ferroviario de mercancías se quiere definir "entre todos" y por "consenso", dentro de la "prioridad fundamental" que su departamento quiere dar a un sector "muy importante" y que "va a contribuir de forma muy decisiva" a la competitividad de la economía española. El Ministro José Blanco explicó que el modelo "no existía" y que se debía a que, si no se cuenta con los gobiernos autonómicos, las Comunidades Autónomas comienzan a planificar sus plataformas logísticas, pidiendo luego que se las conecte con la red ferroviaria de mercancías en un modelo que para el ministro "no funciona". El titular de Fomento señaló que no comprendía la "poca importancia" que tenía el transporte ferroviario de mercancías.

La reflexión final que nos dejó la Jornada y la posterior Conferencia Sectorial es que para que el transporte de mercancías por ferrocarril despegue en España hace falta, esencialmente, que los servicios sean fiables, que los costes sean competitivos y que se avance también hacia una verdadera liberalización del sector. Es decir, el axioma irrefutable: a mayor liberalización, mayor eficiencia en la gestión y, por ende, mayores rentabilidades.

Avanzando en el tiempo, seguimos viendo cómo se siguen moviendo cosas y que algunas de las propuestas que se efectuaron en la citada Jornada se van implantando.

Nos referimos a la liberalización de los servicios adicionales, complementarios y auxiliares en instalaciones logísticas que tuvo lugar en el mes de abril de 2010. En dicha fecha, ADIF estableció un procedimiento para la asignación de espacios y el uso en régimen de prestación de dichos servicios dentro de sus instalaciones logísticas a las empresas ferroviarias y candidatos habilitados.

Esta medida simplifica el acceso a más de 30 instalaciones logísticas de ADIF. Las instalaciones logísticas con gestión inicial inmediata en régimen de autoprestación son la Alhondiguilla-Vilaviciosa, Almería, El Carpio de Córdoba, Jerez Mercancías, Peñarroya Pueblo Nuevo, Alzira, Burriana-Alquerías, Gandía Mercancías, La Roda de Albacete, Moncofar, Villarreal, Villarrobledo, Les Borges del Camp, Tamarite Altorricón, Canfranc, María de la Huerva, Tardienta, San Vicente de Castellet, Ponferrada, Curtis, Toral de los Vados, La Felguera, Araia, Sequero Arrubal, Manzanares, Tembleque, Villacañas, Picón de los Serranos y Sanchidrian.

El procedimiento aprobado establece las condiciones administrativas, técnicas y económicas para que las empresas ferroviarias y candidatos habilitados puedan prestar directamente en diversas instalaciones logísticas de ADIF los servicios adicionales, complementarios y auxiliares recogidos en la Declaración sobre la Red.

Se han realizado recientemente esfuerzos adicionales para conseguir el impulso de la liberalización del sector a través de la gestión más eficiente de los centros logísticos. De hecho, ADIF fijó ya en 2010 una reducción global de un 3,7% en las tarifas por la prestación de servicios adicionales, complementarios y auxiliares en sus instalaciones logísticas de mercancías.

Asimismo, con el objetivo de favorecer la intermodalidad, en febrero de 2011 ADIF llegó a un Acuerdo con diecisiete autoridades portuarias con el objetivo de que se faciliten los procedimientos operativos para el acceso y expedición de trenes al interior de los Puertos, así como la coordinación y dirección única de las circulaciones y maniobras interiores, colaborando con el responsable de la seguridad en la circulación de la Autoridad Portuaria en una gestión segura y eficiente de la red. Las Autoridades Portuarias que, hasta ahora, han suscrito el citado acuerdo con ADIF son A Coruña, Algeciras, Alicante, Avilés, Barcelona, Bilbao, Castellón, Ferrol, Huelva, Marín, Pasajes, Santander, Sevilla, Tarragona, Valencia, Vigo y Vilagarcía. Como podemos observar, forman parte de dicho Acuerdo los principales puertos de España, lo que supone un avance importante en la implantación de una intermodalidad real y efectiva.

La liberalización en la prestación de estos servicios se ha iniciado ya por tanto, pero se ha hecho de manera tímida, sorpresiva y poco ortodoxa, como tuvo ocasión de poner de manifiesto el Consejo de Estado al no estar incluido el sector del transporte en la Directiva de Servicios, más conocida como Directiva *Bolkenstein*, con la entrada en vigor de la Ley Omnibus (Ley 25/2009, de 22 de diciembre), cuyo artículo 24 modifica los artículos 21 y, especialmente, el artículo 40 de la Ley del Sector Ferroviario, que permite que dichos servicios sean prestados por el propio ADIF, como venía sucediendo, pero también, esta es la novedad, por empresas prestadoras provistas del preceptivo título habilitante otorgado por ADIF o, incluso, por las propias empresas ferroviarias y los candidatos titulares de material rodante para sí mismos, siempre que hayan suscrito con ADIF el correspondiente acuerdo o contrato sobre disponibilidad de espacios. Este cambio normativo se ha desarrollado posteriormente por norma reglamentaria mediante el Real Decreto 100/2010, de 5 de febrero, que modifica el Reglamento del Sector Ferroviario. Las formas de liberalizar estos servicios deberían haber sido otras, mediante la aprobación de una norma *ad hoc* de modificación de la Ley del Sector Ferroviario y no haber incluido un artículo paracaidista en la Ley Omnibus. A pesar de las heterodoxas formas, bienvenido sea porque, aunque queda mucho trecho todavía por recorrer, los primeros pasos ya están dados[(156)].

---

(156) Sobre este particular, téngase en cuenta a COLLADO MARTÍNEZ, R.: "La vía lenta de la Ley del Sector Ferroviario y la vía rápida de la Ley Omnibus: la supuesta libe-

Por otra parte, entre las medidas tomadas recientemente también destaca la fijación de tarifa con coste cero para los servicios adicionales de acceso y expedición de trenes a todas las empresas ferroviarias que accedan a las instalaciones logísticas de titularidad de ADIF, y la modificación del servicio complementario de manipulación de unidades de transporte intermodal (UTI), ofreciendo un servicio integrado que incluye el periodo de estocaje hasta 2 días hábiles o el tránsito temporal de hasta 7 días.

La apuesta de ADIF por el impulso de sus servicios logísticos se ha hecho notar en los últimos meses, donde ha empezado a hacer los deberes como consecuencia de que su primo mayor, el Ministerio de Fomento, así se lo ha impuesto.

ADIF cuenta actualmente con una Dirección General de Explotación y Construcción, donde se engloba la antigua Dirección Ejecutiva de Servicios Logísticos, que debe prestar su apoyo a las empresas ferroviarias con licencia y candidatos con capacidad asignada que así lo demanden, conforme a las condiciones establecidas en la Declaración sobre la Red, y cuyas principales funciones son las siguientes:

- Gestionar las instalaciones de mercancías de ADIF que le han sido asignadas.
- Garantizar la prestación de servicios adicionales, complementarios y auxiliares con criterios de eficiencia y calidad, con respeto a los principios de objetividad, transparencia y no-discriminación.
- Ofertar otros servicios logísticos ligados al transporte de mercancías por ferrocarril en un contexto liberalizado.
- Fomentar el intercambio modal de mercancías.
- Optimizar los recursos disponibles.
- Potenciar la seguridad en las operaciones.

En definitiva, la gestión que ADIF realiza en sus instalaciones de mercancías debe garantizar la no-discriminación entre operadores, como nos recuerda insistentemente la Directiva 34/2012/UE.

Por último, debemos incluir dos acontecimiento recientes acaecidos el 21 de diciembre de 2010 y los días 20 y 21 de enero de 2011. Nos referimos, en primer lugar, a la puesta en servicio del primer corredor trans-

---

ralización del transporte ferroviario de mercancías". Revista de la Asamblea de Madrid, número 21. Diciembre de 2009.

fronterizo de mercancías en ancho internacional entre España y Francia, que conecta la zona portuaria de Barcelona con Perpiñán, tras una inversión de 337 millones de euros en diciembre de 2010. La entrada en servicio de esta conexión de ancho europeo supone un hito en la historia del ferrocarril y abre una nueva etapa en la conexión con Europa.

La nueva conexión permite a RENFE-Operadora iniciar sus tráficos internacionales de mercancías a través del nuevo túnel del Pertús, que une Figueres con Perpiñán, con cuatro trenes semanales que conectarán Barcelona con Lyon y Milán y una oferta reforzada. Este primer servicio forma parte del producto Barcelona-Lyon, operado conjuntamente por Naviland Cargo, Port de Barcelona y RENFE-Operadora. Con la nueva conexión, RENFE-Operadora aumenta su oferta de carga en unas 300 toneladas por tren al circular con trenes de 750 metros y reducir el plazo de transporte en unas 6 horas por la agilización del paso fronterizo tras la eliminación de la manipulación de las mercancías en la frontera.

La nueva conexión con Francia permitirá además abrir nuevas opciones de enlace con la Red Intermodal Multicliente de RENFE-Operadora para el transporte de contenedores a través de la terminal de Morrot. RENFE-Operadora tiene entre sus proyectos en estudio un nuevo servicio que conecte Barcelona con Toulouse y Burdeos en un servicio similar al Barcelona-Lyon y que también se prestaría a través del nuevo túnel con ancho europeo. El corredor tiene una longitud total de 168 km, de los que 92 corresponden a líneas de ancho convencional en las que se ha instalado el tercer carril para su utilización en ancho internacional, mientras que los 76 km restantes pertenecen a tramos de la futura conexión Barcelona-Figueres de la Línea de Alta Velocidad Madrid-Barcelona-frontera francesa.

Los cuatro trenes semanales que conectarán Barcelona con Lyon y Milán transportaron un total de 544.000 toneladas durante 2011, de las que 218.000 corresponden al servicio Barcelona-Lyon y 336.000 al servicio que une la ciudad condal con Italia. El uso del ferrocarril frente a otros medios de transporte en estos servicios, supondrá un ahorro energético total de 33.680 toneladas de CO_2 y 8.560 toneladas de petróleo.

El duro melón de la frontera francesa está abierto ya de par en par y se ha abierto por la parte dulce. Es este un dato nada despreciable que supondrá un acelerón importante para el sector, tanto a nivel nacional por el empuje que ello propiciará para la implantación definitiva del *corredor mediterráneo* como a nivel internacional por el aumento de movimientos de mercancías que conllevará.

Interoperabilidad, intermodalidad y competencia real y efectiva son los tres pilares sobre los que hay que construir el edificio de la liberalización del transporte ferroviario de mercancías. Y este edificio, a día de hoy, está todavía a medio hacer porque esos tres pilares no son lo suficientemente sólidos como para sujetar toda la estructura, aunque, poco a poco, se van dando pasos en la buena dirección. Hay que tener en cuenta que se necesita un gran esfuerzo inversor, sobre todo para la mejora de las infraestructuras existentes, tanto de vías como de centros logísticos, y que el momento económico con la actual crisis no es el más adecuado, lo cual ha supuesto también una ralentización de estas inversiones y el planteamiento de alternativas como la colaboración público-privada para poder llevarlas a cabo.

6. CONCLUSIONES

— El contexto nacional e internacional está actualmente abierto a una nueva regulación ferroviaria que acelere los procesos de liberalización en los distintos países europeos, especialmente en aquellos que todavía no han hecho los deberes por presentar mayor resistencia al cambio.

— La importancia económica del sector ferroviario es más que evidente, pues ha supuesto en nuestro país el mayor volumen de inversión pública en infraestructuras en los últimos veinte años, sobre todo en infraestructuras de transporte de viajeros, y supondrá un gran volumen inversor también en los próximos años para la generación de infraestructuras ferroviarias de mejora del transporte de mercancías.

— La importancia social del sector ferroviario es también evidente, ya que es un medio de transporte que favorece la movilidad geográfica de la población, siendo necesario en la actualidad profundizar en la democratización de la utilización de la alta velocidad por parte de amplios estratos de la población que no tienen acceso a dicha utilización para mejorar el *gap* existente entre usuarios de primera y segunda clase y en la mejora del transporte ferroviario de mercancías como forma de reactivar la actividad económica.

— La importancia jurídica del sector ferroviario es notoria, como ámbito en el que, dado el enorme volumen de inversión que las nuevas infraestructuras requiere, se están ensayando fórmulas de liberalización, gestión y financiación de esas infraestructuras que se centran en los aspectos más novedosos del Derecho administrativo moderno y que suponen la necesidad de estudio, propuesta y mejora.

— La importancia medioambiental del sector ferroviario no ofrece dudas, al ser un modo de transporte respetuoso con el medio ambiente y, por ende, coadyuvante en la lucha contra el cambio climático.

— En definitiva, la importancia del transporte ferroviario para la sostenibilidad es un hecho poco controvertido hoy en día.

— El modelo ferroviario español se encuentra claramente condicionado por el modelo ferroviario que a nivel europeo se ha ido diseñando a través de las Directivas comunitarias en la materia.

— El modelo ferroviario español se ha centrado primordialmente en las cercanías y en el transporte de pasajeros, pero no de mercancías. Desde hace dos años, se están realizando esfuerzos importantes por la potenciación del modelo ferroviario español de mercancías, con algunos resultados que empiezan a ser tangibles.

— La liberalización total y completa tanto del transporte de mercancías (parcialmente liberalizado ya) y de pasajeros (todavía por liberalizar) es la solución más apropiada para acabar con los problemas seculares de nuestro modelo ferroviario, especialmente la sangría económica que para las arcas del Estado ha supuesto el mantenimiento vía cuentas públicas de un operador de referencia con una gestión y explotación alejada de la realidad de la demanda y de las necesidades ferroviarias de manera consuetudinaria. La liberalización traería indudables beneficios para todos los agentes intervinientes en el sector ferroviario, incluido el propio operador de referencia (RENFE-Operadora), por los motivos expuestos en este trabajo.

— Liberalización, interoperabilidad, intermodalidad y sostenibilidad son las palabras claves y los objetivos básicos del modelo ferroviario europeo.

— El transporte ferroviario se une al resto de sectores económicos de interés general (SIEG) que, por mor de la acción de las instancias europeas, han pasado del monopolio a la liberalización como forma de obtención de un mercado ferroviario europeo abierto que funcione de manera más eficiente mediante la reducción de costes de transacción y la mejora de la calidad de prestación y compita así, tanto en personas, pero, sobre todo, en mercancías, con otras potencias económicas mundiales, especialmente con EEUU.

— En la liberalización del sector ferroviario europeo se ponen de manifiesto, de manera intensa, las características esenciales del proceso liberalizador de todos y cada uno de los SIEG, como el cambio de concepción de la noción de servicio público, el cambio de paradigma de actuación del Estado en el terreno económico, pasando de ser un Estado interventor a un Estado garante de prestaciones, y la apertura de los mercados a la competencia mediante la adopción de medidas de liberalización económica que favorezcan la misma mediante el tratamiento igualitario de todos los operadores jurídicos interesados en la entrada en dicho mercado.

LA REGULACIÓN Y SUPERVISIÓN DEL TRANSPORTE AÉREO

MARIANO MAGIDE HERRERO
Doctor en Derecho
Abogado Uría y Menéndez
Profesor Colaborador Asociado ICADE-UPC

I. INTRODUCCIÓN; OBJETO Y ÁMBITO DEL PRESENTE TRABAJO

En la actualidad, pocas actividades tienen ya una regulación exclusivamente nacional. Esto es particularmente cierto en el caso del transporte aéreo, actividad destinada por naturaleza y desde su inicio a desbordar las fronteras nacionales. La concepción de este trabajo colectivo excluye la posibilidad de tratar aquí la regulación del transporte aéreo desde una perspectiva internacional o incluso supranacional. No se analizará, por tanto, el conjunto de tratados que aseguran las tradicionalmente conocidas como "libertades del aire", fundamentalmente el Convenio sobre Aviación Civil de 1954, ni el papel esencial de la organización nacida de dicho Convenio, la Organización de Aviación Civil Internacional **("OACI")**, en la regulación y funcionamiento del transporte aéreo internacional[(157)]. Tampoco se dará cuenta en este trabajo de la ordenación y gestión supranacional del espacio aéreo que suponen EUROCONTROL y los Reglamentos del "cielo único europeo"[(158)]. Estas exclusiones vienen motivadas por su ámbito territorial, más allá del estatal, y también porque, aunque afectan de modo fundamental al transporte aéreo, se refieren principalmente a la gestión del tráfico aéreo, más que a la actividad de transporte en sí.

Hechas las exclusiones, procede fijar el objeto de esta colaboración. En línea con el objeto general de la obra, me centraré en la regulación y supervisión públicas del transporte aéreo como actividad económica. De modo complementario, me referiré a otras dos actividades públicas esenciales para el funcionamiento del transporte, que se mueven principalmente en el plano de los servicios públicos y no en el de la regulación y supervisión: la gestión de las infraestructuras aeroportuarias y la gestión del tráfico aéreo.

II. LA REGULACIÓN Y SUPERVISIÓN COMO FORMA DE INTERVENCIÓN DE LOS PODERES PÚBLICOS EN LA ECONOMÍA. SU JUSTIFICACIÓN Y SENTIDO EN EL ÁMBITO DEL TRANSPORTE AÉREO

1. Regulación y supervisión

A mi juicio, la actividad de intervención de los Poderes públicos en el ámbito económico que últimamente se suele denominar "regulación" puede dividirse en dos fases lógica y temporalmente diferenciables: regulación y

(157) Una introducción a estos temas puede verse en I. Estaún y Díez de Villegas, "La Organización de Aviación Civil Internacional. Las cinco libertades del aire", en *Régimen Jurídico del Transporte Aéreo*, VV AA, A. Menéndez (dir.), Thomson-Civitas, Madrid, 2005.

(158) *Vid.*, por ejemplo, V.M. Aguado y R. Van Dam, "La gestión del tránsito aéreo en Europa: el papel dinámico de Eurocontrol en un contexto dinámico", en *Régimen jurídico..., cit.*

supervisión[159]. O si no se quiere emplear el término regulación, que ha ido consolidándose con éxito para hacer referencia al conjunto de estas dos fases ideales (desdibujando su deseable distinción), ordenación y supervisión.

La regulación, u ordenación, sería la primera de estas fases o etapas. Consistiría en la actividad pública de elaboración de las normas y el dictado de los actos administrativos que establecen con cierta unidad de sentido la organización y funcionamiento de una determinada parcela de la vida de la comunidad, o de la actividad económica, si se hace referencia a la regulación y ordenación de la economía. Afrontada desde una perspectiva estática, la regulación u ordenación sería el precipitado de esa actividad, es decir, el conjunto de normas y actos discrecionales que conforman o dan sentido a la parcela de actividad ordenada.

Esta actividad de ordenación es fundamentalmente normativa, de modo que la actividad administrativa de regulación u ordenación se realizaría esencial y principalmente mediante el ejercicio de la potestad reglamentaria, que completaría la regulación legal del concreto sector de actividad. Pero la ordenación de un sector, y por tanto la actividad administrativa de ordenación, no se agota necesariamente en la actividad normativa. En este planteamiento, constituiría también actividad de ordenación o regulación la actividad administrativa no normativa en la que la Administración pública ejerciera una discrecionalidad configuradora, y contribuyera así a la conformación esencial del sector regulado y, por tanto, a la definición de la política del sector. Esta "discrecionalidad configuradora" sería, así, la versión más fuerte de la discrecionalidad entendida como la remisión parcial que el Poder legislativo hace a la Administración pública para que ésta contribuya al paulatino proceso de determinación del interés general a partir de la ponderación de los intereses particulares y colectivos en presencia, en lo que es una actividad esencialmente política.

A partir de la ordenación o regulación de un determinado sector o actividad, la supervisión administrativa sería la actividad de la Administración limitativa de la libertad de los Administrados mediante la cual se pretende garantizar que los sujetos privados, o públicos que actúan en régimen de Derecho privado, que operan en ese sector o desarrollan esa actividad se ajusten, en su actuación, a lo establecido en la orde-

---

[159] A esta actividad, y a sus dos fases, me referí con mayor detalle en M. Magide, *Los límites constitucionales de las Administraciones independientes*, INAP, Madrid, 2000, pp. 315 y ss.

nación de dicho sector o actividad. Idealmente, esta actividad de garantía comprende un control previo de la actividad (mediante el ejercicio de la potestad autorizatoria), su seguimiento (mediante el ejercicio de facultades de vigilancia e inspección), la posibilidad de corregir la actuación de los sujetos supervisados mediante mandatos imperativos y, finalmente, un control represivo mediante el ejercicio de la potestad sancionadora.

En definitiva, la regulación ordenación supondría el establecimiento de las "reglas del juego", la supervisión, su garantía.

2. Justificación y sentido de la regulación y supervisión de la actividad de transporte aéreo: el papel central de la seguridad

A día de hoy, no existe probablemente ningún sector de actividad en el que no exista una mínima intervención administrativa en la actividad de los particulares. No obstante, se habla de un régimen de regulación y supervisión de un determinado sector cuando esa intervención cobra un mínimo de intensidad y está organizada sobre una base coherente: normalmente una serie de normas que arrancan en el rango de la ley y son objeto de un desarrollo reglamentario, y que prevén las facultades administrativa de supervisión a las que se ha hecho referencia (de control previo, seguimiento de la actividad y sanción) para garantizar el efectivo cumplimiento de sus previsiones. En el caso del transporte aéreo, esa norma es fundamentalmente la Ley 21/2003, de 7 de julio, de Seguridad Aérea **("LSA")**, sin perjuicio de la vigencia parcial con menor relevancia de la Ley 48/1960, de 21 de julio, de Navegación Aérea **("LNA")**.

La Exposición de motivos de la LSA enuncia una serie de principios que inspirarían ese sistema de regulación y supervisión. Así, tras hacer referencia a que la promulgación de la Ley pretendía incorporar las exigencias de la normativa comunitaria y las decisiones más relevantes de la OACI y EUROCONTROL, afirma:

> *"El reforzamiento de las potestades públicas de intervención sobre el tráfico y el transporte aéreos que esta Ley lleva a cabo obedece igualmente a otros tipo de consideraciones. En primer lugar, la constatación de que el establecimiento de un mercado progresivamente abierto a la competencia entre diferentes compañías aéreas como el actual exige la adaptación de la Autoridad aero-*

náutica civil, que ha de asumir la función de órgano regulador y velar por la libre competencia entre ellas, el acceso a los operadores y de los usuarios a los servicios aeronáuticos y el orden y la seguridad generales del transporte aéreo."

A pesar de la referencia a la competencia, y sin perjuicio de que ciertas normas del sector tengan una orientación pro-competencia, la regulación del transporte aéreo está claramente orientada a garantizar el valor fundamental de la seguridad y, complementariamente, a asegurar una mínima calidad en los servicios de transporte aéreo. Es el valor central de la seguridad el que justifica una regulación detallada de la actividad y un sistema de supervisión administrativa con las potestades que se examinarán a continuación. Ello sin perjuicio de que la liberalización del sector incrementara la necesidad de la supervisión en garantía de la competencia, ante la entrada de nuevos operadores en los diferentes ámbitos del sector de transporte aéreo.

III. REGULACIÓN Y SUPERVISIÓN DEL TRANSPORTE AÉREO

1. Las fuentes de la regulación estatal

El articulo 149.1.20ª de la Constitución atribuye al Estado la competencia exclusiva en materia de "*aeropuertos de interés general; control del espacio aéreo, tránsito y transporte aéreo, servicio meteorológico y matriculación de aeronaves*". De este modo, y como no podía ser de otra manera habida cuenta de la naturaleza del transporte aéreo, es el Estado el que concentra las competencias normativas y ejecutivas relevantes en este tema. Esta distribución competencial deja un limitadísimo espacio a las Comunidades Autónomas, algunas de las cuales han asumido estatuariamente competencias en materia de aeropuertos que no son de interés general y legislado al respecto, como sucede, por ejemplo, con las Ley 14/2009, de 22 de julio, de Aeropuertos y Helipuertos de Cataluña[160]. Ello sin perjuicio de la incidencia que el ejercicio de competencias autonómicas, como las relativas al medio ambiente o al consumo, tienen sobre el transporte aéreo.

---

(160) Fundada en la competencia atribuida por el artículo 140 del Estatuto de Autonomía de Cataluña sobre los aeropuertos y helipuertos situados en el territorio de esa Comunidad Autónoma que no tengan la calificación legal de interés general.

Como ya se ha dejado expuesto, el texto central de la regulación legal del transporte aéreo es la LSA. Sigue formalmente vigente, además, la LNA de 1960, si bien una buena parte de los preceptos que no fueron expresamente derogados por la LSA (letra a) de su Disposición Derogatoria Única) deben entenderse tácitamente derogados por esta última. Lo cierto es que resulta difícil de justificar, desde la perspectiva de la técnica normativa, que la LSA no derogara íntegramente la LNA, incorporando las previsiones de ésta que se hubieran deseado mantener vigentes.

La LSA, (y en la limitada medida que se ha dejado expuesta) la LNA, se completan en el ámbito de la gestión del tráfico aéreo y de la gestión aeroportuaria, respectivamente, con la Ley 9/2010, de 14 de abril, que regula la prestación de servicios de tránsito aéreo, establece las obligaciones de los proveedores civiles de dichos servicios y fija determinadas condiciones laborales para los controladores de tráfico aéreo, y el Real Decreto-ley 13/2010, de 3 de diciembre, de actuaciones en el ámbito fiscal, laboral y liberalizadoras para fomentar la inversión y el empleo. Como se examinará en su momento, estas dos normas han abierto un proceso de colaboración privada en la gestión de estos dos servicios públicos aún por concretar.

Las previsiones de la LSA y la LNA han sido desarrolladas reglamentariamente en algunos casos, como sucede, con el Reglamento de Inspección Aeronáutica, aprobado por Real Decreto 98/2009, de 6 de febrero. Pero por su peculiaridad, conviene detenerse en las "Circulares aeronáuticas" previstas en el artículo 8 de la LSA. De conformidad con este precepto:

> *"1. El Director General de Aviación Civil podrá aprobar, en el ámbito de la aviación civil, disposiciones de carácter secundario y de contenido técnico, que completen, precisen y aseguren la más eficaz aplicación de las normas dirigidas a preservar la seguridad y el orden del tránsito y del transporte aéreos civiles.*
>
> *2. Tales disposiciones que deberán tener en cuenta las prescripciones y recomendaciones adoptadas por la Organización de Aviación Civil Internacional y por los organismos internacionales de los que forme parte el Estado español, se denominarán "Circulares Aeronáuticas" y serán obligatorias, para las personas físicas y jurídicas que ejecuten las actividades y presten los servicios vinculados a la formación del personal aeronáutico, al diseño, la producción,*

el mantenimiento y la explotación de las aeronaves y productos aeronáuticos, a la gestión de los sistemas aeroportuarios y de navegación aérea, a la prestación de los servicios necesarios para la navegación aérea y a la realización de las actividades de transporte y trabajos aéreos y aviación general y deportiva.

[...]".

El término circular evocaba tradicionalmente en nuestro Derecho las instrucciones internas de servicio de la Administración, reguladas actualmente en el artículo 21 de la Ley 30/19932, de 26 de noviembre, de Régimen Jurídico de las Administraciones Públicas y del Procedimiento Administrativo Común **("LRJ-PAC")**, si bien este mismo término se emplea con cierta habitualidad para hacer referencia a normas reglamentarias, sobre todo a aquellas emitidas por entidades de la Administración institucional[(161)]. En el presente caso, la naturaleza normativa, propiamente reglamentaria, de las Circulares aeronáuticas es incuestionable, habida cuenta de su función de "*completar, precisar y asegurar la aplicación*" de las normas que ordenan el sector (apartado 1 del artículo 8) y el ámbito de los sujetos a los que obligan (apartado 1 del artículo 8). El proclamado carácter técnico de estos instrumentos no es, lógicamente, óbice para su naturaleza normativa, puesto que dicho carácter es predicable de la mayor parte de las normas reglamentarias de los sectores regulados. En consonancia con la naturaleza propiamente normativa de estas Circulares, el apartado 3 del citado artículo prevé la audiencia a los interesados en su elaboración, y el apartado 4 su entrada en vigor tras su preceptiva publicación.

La competencia para aprobar esta Circulares corresponde al Director General de Aviación Civil. Atribución competencial que no encaja con la práctica de nuestra Administración General del Estado, en la que los Directores General no tienen atribuida normalmente potestad reglamentaria, si bien la LSA tiene rango suficiente para realizar, en el caso de las Circulares aeronáuticas, esa atribución[(162)]. Hasta el momento se han

(161) Como sucede con las normas del Banco de España, de la Comisión Nacional del Mercado de Valores o de la nueva Comisión Nacional de los Mercados y de la Competencia.

(162) El Consejo de Estado fue crítico con esta atribución, precisamente desde la perspectiva de su oportunidad organizativa, en su Dictamen de 19 de diciembre de 2002 (ex. 3407/2002), en el que defendió que "*razones de coherencia con las previsiones del ordenamiento jurídico aconsejan reconducir las posibles regulaciones objeto de las circulares aeronáuticas a uno de los cauces naturales del ejercicio de la potestad reglamentaria: la orden*

dictado cinco de estas Circulares, relativas a procedimientos de control de ruido en el tráfico en los aeropuertos de Madrid o Barcelona, arrendamiento de aeronaves, y al procedimiento de certificación de proveedores civiles de servicios de navegación aérea.

Esta normativa estatal debe completarse con las normas de Derecho comunitario, de aplicación preferente, dictadas sobre la materia, a algunas de las cuales se hará referencia en la presente colaboración.

2. Una regulación que gira alrededor de la seguridad aérea; su ámbito subjetivo

Como se ha dejado ya avanzado, es la seguridad el valor jurídico principal que justifica un régimen intenso de regulación y de supervisión de la actividad. Ello sin perjuicio de otros valores y objetivos que esa regulación pretende también salvaguardar, como la libre competencia y las garantías de los derechos de los consumidores, en relación con una actividad tan importante en el tráfico económico como el transporte aéreo. Seguridad que debe entenderse en sentido amplio, como una protección de la integridad de las personas que incluye aspectos ambientales como la protección frente al ruido[163].

Por esta razón, el núcleo central de la LSA es su Título IV, titulado precisamente "[d]*e las obligaciones por razones de seguridad aérea*". No resulta posible examinar aquí estas obligaciones, pero sí referirse al artículo 32, que establece los sujetos de las obligaciones por razones de seguridad, y con ello el ámbito subjetivo del sistema de regulación y supervisión del sector: personal aeronáutico; escuelas de vuelo y centros de formación aeronáutica y aeroclubes; entidades dedicadas al diseño, producción y mantenimiento de las aeronaves y productos aeronáuticos; operadores aéreos; compañías aéreas y empresas de trabajos aéreos; proveedores de servicios de navegación aérea; agentes y proveedores de servicios aeroportuarios; gestores de los aeropuertos; aeródromos y de-

---

ministerial. Se evitaría así una situación un tanto singular en la organización administrativa estatal como es la atribución de potestad reglamentaria a una dirección general".

(163) El Tribunal Constitucional, recogiendo la jurisprudencia del Tribunal Europeo de Derechos Humanos al respecto, considera que, en determinadas condiciones, el ruido puede lesionar los derechos fundamentales a la integridad física y moral, además de los relativos a la intimidad personal y familiar y a la inviolabilidad del domicilio (cfr., por todas, la Sentencia 150/2011, de 29 de septiembre).

más instalaciones aeroportuarias; pasajeros y otros usuarios de los servicios aeronáuticos; y entidades colaboradoras en materia de inspección aeronáutica.

3. La supervisión administrativa de la regulación del transporte aéreo; competencias e instrumentos de supervisión

Establecida una determinada regulación en un sector, la actividad administrativa de supervisión está dirigida a garantizar su efectivo cumplimiento. Los instrumentos que la Administración utiliza a tal fin son, siguiendo las tres fases ideales de la supervisión (control previo, seguimiento de la actividad y medidas correctoras, y control represivo), las autorizaciones y figuras afines, las facultades de inspección y corrección, y el ejercicio de la potestad sancionadora.

Se examinan a continuación a qué órganos corresponde ejercer esas facultades y cómo funcionan con carácter general esos instrumentos en relación con el transporte aéreo.

3.1.1. Competencias

Dejando al margen las importantes competencias del Ministerio de Defensa en su ámbito propio de actuación, la LSA atribuía las competencias de supervisión de la actividad aeronáutica al Ministerio de Fomento (artículos 4, 5 y 6). En el organigrama de este segundo Ministerio, cobraba especial relevancia la Dirección General de Aviación Civil, a la que se atribuían importantes competencias que no suelen residenciarse en nuestra Administración a ese nivel, como la ya referida de aprobación de las Circulares aeronáuticas o las sancionadoras atribuidas por el artículo 62 de la LSA.

Como una muestra más de la innecesaria proliferación de entidades administrativas sufrida en nuestro Derecho en las últimas décadas, la Disposición Adicional Tercera de la Ley 28/2006, de 18 de julio, de Agencias Estatales, autorizó la creación de la Agencia Estatal de Seguridad Aérea (**"AESA"**), que se produjo mediante la aprobación del Real Decreto 184/2008, de 8 de febrero, por el que se aprueba el Estatuto de la Agencia Estatal de Seguridad Aérea (en adelante, **"el Estatuto de AESA"**). AESA asume el grueso de las competencias de supervisión del sector, restando en el Ministerio las funciones normativas, de impulso y dirección de la política del sector y de relación con otras Administraciones y entidades internacionales. La Agencia no es una Administración independiente de supervisión (que no se justificaba muy probablemente en este sector), sino una suerte de personificación de la Dirección General de Aviación Civil, que ahora funciona como tal, con muchas menores competencias, mientras su titular, el Director General, preside de modo nato la Agencia (artículo 14 del Estatuto), si bien el grueso de las competencias ejecutivas de la Agencia son ejercidas por su Director (cfr. artículos 15, 17 y 26 del Estatuto).

3.1.2. Las autorizaciones en el ámbito del transporte aéreo

El mecanismo clave de la fase preventiva de la supervisión es la autorización, entendida en un sentido amplio y tradicional como un acto declarativo de la Administración por el se permite la realización de una actividad que tiene su fundamento en una posición subjetiva activa del sujeto autorizado (un derecho, una libertad), y que se otorga una vez constatado que la realización de esa actividad es compatible y respetuosa con el interés general. La autorización supone así una remoción de una prohibición instrumental de realizar una actividad sin el control previo de la Administración, enlazando con la concepción tradicional de Ranelletti de esta categoría. En el ámbito del transporte aéreo, este examen de conformidad con el interés general gira, cómo no, alrededor fundamentalmente de la seguridad, y supone la necesaria constatación previa, mediante el correspondiente procedimiento, de que la actuación de los sujetos supervisados se desarrollará en condiciones adecuadas de seguridad. Este control se hace a través de las conocidas como autorizaciones de funcionamiento, que permiten el ejercicio de una actividad aeronáutica destinada a prolongarse en el tiempo, dando inicio a la relación de supervisión entre la Administración y el autorizado.

No hay espacio en esta colaboración para analizar la multitud de autorizaciones exigidas en este sector bajo diferentes denominaciones (autorizaciones, licencias, certificaciones, títulos habilitantes). Muestra de su transcendencia es, por ejemplo, que la primera de las obligaciones específicas que el Título IV de la LSA impone en sus artículos 35 y siguientes a los principales sujetos supervisados (el personal aeronáutico, las entidades de diseño, producción y mantenimiento de aeronaves y productos aeronáuticos, las compañías aéreas, etc.) es precisamente la de disponer de la correspondiente autorización. Ante la imposibilidad de un análisis exhaustivo, las autorizaciones de funcionamiento de las compañías aéreas pueden ser una piedra de toque para dar idea de cómo opera en el sector este instrumento de supervisión.

El funcionamiento de una compañía área, en el ámbito comunitario, exige una doble autorización de funcionamiento, regulada en la actualidad en el Reglamento 1008/2008, de 24 de septiembre, del Parlamento y el Consejo sobre normas comunes para la explotación de servicios aéreos en la Comunidad **("Reglamento 1008/2008")**. Esta norma exige, en primer lugar, el denominado "certificado de operador aéreo", que no es una certificación en sentido técnico-jurídico, sino una verdadera autorización destinada a garantizar *"que el operador posee la capacidad profesional y la organización necesarias para garantizar la seguridad de las operaciones especificadas en el mismo, según se prevé en las disposiciones de Derecho comunitario aplicables o en la normativa nacional, según proceda"* (artículo 2.8 del Reglamento). En segundo lugar, una "licencia de explotación", que le permitirá *"prestar servicios aéreos en las condiciones"* que figuren en ella (artículo 2.1 del Reglamento). Los artículos 4 y 5 del Reglamento 1008/2008 supeditan el otorgamiento de la licencia de explotación a la acreditación de la capacidad financiera para el mantenimiento en ciertas condiciones de la actividad, requisito que en última instancia también va dirigido a garantizar la seguridad, insostenible sin la debida capacidad financiera. Se trata, pues, de autorizaciones regladas como es propio de un sector liberalizado, sin perjuicio de las obligaciones de servicio público que el propio Reglamento asume que los Estados miembros pueden imponer a ciertas compañías para asegurar el transporte en determinados trayectos (artículo 16).

De acuerdo con el mercado único en este ámbito, los certificados y licencias otorgados por las autoridades competentes de los Estados miembros tienen validez en el ámbito comunitario; algo que se puede predicar, en general, de las diferentes autorizaciones del sector. En nuestro país, la competencia para su otorgamiento, renovación, suspensión y revocación, como sucede con la gran mayoría de las autorizaciones en la materia, corresponde a AESA. También corresponde a esta Agencia la aceptación o reconocimiento de las autorizaciones expedidas por autoridades extracomunitarias (artículo 9 de su Estatuto).

3.1.3. El seguimiento y corrección de las actividades aeronáuticas

Autorizado un sujeto a realizar una determinada actividad aeronáutica, la segunda fase ideal de la supervisión de esa actividad es su seguimiento y eventual corrección por la Administración competente, de nuevo AESA en nuestro caso de modo principal. En esta segunda fase se incluyen, lógicamente, variadas autorizaciones precisas para realizar una determina actuación, pero lo que la caracteriza es una actividad administrativa destinada a acceder a la información necesaria para poder verificar que las actividades aeronáuticas se realizan, y se van a poder realizar, en las condiciones establecidas en la ordenación de la actividad. Este acceso a la información se funda sobre dos pilares: la potestad de inspección propiamente dicha y la imposición por la normativa aplicable, o por requerimientos particulares de la Administración, de una serie de obligaciones de información a los sujetos supervisados. Esta recogida de información es la base esencial para que la Administración pueda ejercer adecuadamente el resto de sus funciones de supervisión (otorgamiento, suspensión y revocación de autorizaciones, emisión de órdenes, imposición de sanciones, etc.).

Las obligaciones de información, derivadas directamente de las previsiones normativas o de decisiones de la Administración al amparo de la norma aplicable, son múltiples en el ámbito de la regulación aeronáutica. Como ejemplo del modo en que funciona este mecanismo de la actuación supervisora de la Administración, puede hacerse referencia a las obligaciones de información que el ya citado Reglamento 1008/2008 impone a las compañías aéreas, para que la autoridad competente (AESA en nuestro caso) esté en condiciones de determinar en todo momento si la compañía mantiene las condiciones que justificaron en su momento el otorgamiento de la correspondiente licencia o si, por haber desaparecido dichas condiciones, procede su revocación. En este sentido, el artículo 8 de la citada norma, además de prever la obligación de las compañías de remitir a la autoridad de supervisión determinada información de forma periódica (como las cuentas auditadas), dispone, por ejemplo, que *"la autoridad competente para la concesión de las licencias podrá en todo momento evaluar la situación financiera de toda compañía área comunitaria a la que haya concedido una licencia de explotación y solicitarle la información pertinente"* (apartado 4). De modo más amplio aún, el apartado 1 del citado precepto establece en su párrafo segundo que "[l]*as compañías áreas comunitarias deberán poder demostrar, en cualquier momento en que se lo solicite la autoridad competente para la concesión de las licencias, que cumplen todos los requisitos"* exigidos para el mantenimiento de la eficacia de sus licencias.

Existen, pues, amplios apoderamientos legales a favor de la autoridad de supervisión para exigir información a los sujetos supervisados que pueda ser relevante para el ejercicio correcto de la supervisión. Como sucede con el ejercicio de toda potestad cuyo actuación implique una incidencia en la esfera de derechos e intereses de los particulares, estas solicitudes de información deberán estar motivadas (artículo 54.1.a de la LRJ-PAC), ser adecuadas a los fines que animan la supervisión y guardar con ellos una debida relación de proporcionalidad.

En cuanto a la inspección propiamente dicha, la LSA le dedica su Título III. En línea con el papel de la inspección en la actividad de supervisión que se ha dejado señalado, el artículo 20.1 de la LSA la define como

> *"[...] la vigilancia y control del cumplimiento de las normas que ordenan las distintas actividades propias de la aviación civil y la supervisión para verificar los requisitos exigidos para obtener, conservar y renovar los certificados, aprobaciones, autorizaciones, licencias, habilitaciones y, en general, los documentos oficiales que habilitan para el ejercicio de funciones, la realización de actividades y la prestación de servicios aeronáuticos"*.

Esta función de inspección se encuentra actualmente atribuida a AESA (artículo 9.1.c de su Estatuto), que la ejerce sobre las aeronaves, productos y equipos aeronáuticos, los sistemas aeroportuarios y de navegación aérea, los servicios y actividades relacionados con la aviación civil, tanto en operaciones de vuelo como de tierra, el personal aeronáutico y los titulares o explotadores de los referidos servicios o actividades (cfr. artículos 20.2 y 22 de la LSA). Desde el punto de vista de su ámbito espacial, las previsiones sobre la inspección contenidas en la LSA se extienden a los referidos sujetos y actividades en la medida en que se encuentren o se desarrollen en territorio español, de conformidad con la regla general de que las normas de policía (como sin duda son las relativas a la inspección) obligan a todo aquél que se halle en ese territorio (artículo 8.1 del Código civil). Habida cuenta del carácter marcadamente internacional del transporte aéreo, el artículo 23 de la LSA contiene previsiones sobre la inspección de aeronaves matriculadas en otros Estados cuando se encuentren en territorio español, que a pesar del epígrafe correspondiente (*"transferencia de responsabilidades de inspección"*), no se trata de una asunción de competencias de inspección propias de otros Estados, sino del desarrollo de la función de inspección por AESA sobre el ámbito territorial que le es propio[(164)]. Todo ello sin perjuicio de que la Administración española (AESA a través del Ministerio de Fomento) pueda solicitar el auxilio de las autoridades de otros Estados para la realización de inspecciones necesarias para el adecuado ejercicio por nuestras autoridades de su función de control, sobre la base de lo previsto en los tratados internacionales o en la normativa comunitaria (párrafo 1° del artículo 23 de la LSA).

El ejercicio de esta función inspectora corresponderá, como es regla general en nuestro Derecho, a personal funcionario, que en el ejercicio de sus funciones tendrá la consideración de autoridad pública, y que tiene amplias facultades de acceso a los espacios, personas y documentación necesarias para el ejercicio de su función, precisando lógicamente el auxilio judicial cuando su labor inspectora requiera la entrada en un espacio que tenga la consideración de domicilio, ya sea de una persona física o jurídica (cfr. artículo 25 de la LSA). La atribución a AESA de la potestad de inspección, y la reserva a su personal funcionario del ejercicio efectivo de esa función, no excluye la posibilidad de que tareas o actividades auxiliares o de apoyo administrativo de esa inspección se encomienden a

---

(164) Dispone, en este sentido, el párrafo segundo del artículo 23 que *"[...]las autoridades aeronáuticas podrán asumir total o parcialmente las obligaciones y funciones de esta naturaleza que a otros Estado incumban respecto de las aeronaves de su matrícula, si éstas son explotadas por un operador aéreo que tiene su oficina principal o su residencia permanente u operen de forma estable en España"*. A mi juicio, esa referencia a la "operación estable" no debe excluir la posibilidad de realizar inspecciones a aeronaves en territorio español, cuando las exigencias de seguridad lo requieran, que sólo se encuentren de manera ocasional o puntual en nuestro país. Y ello como consecuencia de la regla general mencionada en el texto de que las leyes de policía, y por tanto las normas relativas a la inspección, *"obligan a todos los que se hallen en territorio español"*. Por esta misma razón, el ejercicio de la potestad de inspección se puede extender también, por ejemplo, al personal aeronáutico que, habiendo recibido el título habilitante para la realización de sus actividades de la autoridad competente de otro Estado, realice su actividad, de manera estable o puntual, en nuestro país.

empleados públicos que carezcan de tal condición (apartado 1° del citado artículo 25).

Como ya se ha mencionado, la información recogida mediante la imposición de obligaciones de información o mediante el ejercicio de la potestad de inspección sirve de base para el ejercicio del resto de las facultades de supervisión: para revocar autorizaciones o para decidir su renovación, o para la incoación de un expediente sancionador, por ejemplo. Y puede dar también lugar a la emisión de órdenes por parte de la autoridad que, sin perjuicio de eventuales consecuencias sancionadoras o de revocación de títulos habilitantes de una actividad, estén destinadas a corregir la actuación de los sujetos supervisados para asegurar que se ajusten a la regulación y que, de este modo, se salvaguarden los bienes e intereses que motivan aquella; en el ámbito aeronáutico, principalmente la seguridad. La manifestación más radical de esta facultad de corrección es la prevista en el artículo 30 de la LSA, que permite (en la actualidad al Director de AESA) acordar *"la inmovilización de una aeronave o la limitación o suspensión temporal de los certificados, aprobaciones, autorizaciones, licencias o habilitaciones previamente otorgados, cuando se hayan constatado irregularidades que afecten de forma cierta, grave e inmediata a la seguridad aérea"*, y ello ya sea como consecuencia de una denuncia o a propuesta motivada de la inspección aeronáutica, sin que sea necesaria la previa instrucción de un procedimiento. Procedimiento que sí será necesario instruir para adoptar medidas de corrección o restablecimiento de la legalidad que no se justifiquen en la referida afectación *"cierta, grave e inmediata a la seguridad aérea"*.

3.1.4. Régimen sancionador

De acuerdo con el esquema teórico de la supervisión al que bien responde la actuación administrativa en el sector aeronáutico, la potestad sancionadora es el instrumento de cierre de la actividad de supervisión, sin la cual ésta difícilmente sería eficaz. En el marco de la supervisión, el ejercicio de la potestad sancionadora tiene una particular función preventiva, en la media en que fortalece la efectividad de instrumentos de supervisión claramente preventivos, como las autorizaciones, las obligaciones de información impuestas a los sujetos supervisados y las facultades de inspección de la Administración, puesto que las sanciones cubren la vulneración del régimen de autorizaciones, la infracción de las obligaciones de información o el entorpecimiento de la actividad administrativa de inspección. En este contexto de la supervisión, la potestad sancionadora cumple también una segunda función: garantizar, mediante su efecto disuasorio, los bienes jurídicos cuya protección pretende la regulación administrativa, cuando dichos bienes no estén adecuadamente protegidos por la tipificación de ilícitos penales o civiles.

El régimen sancionador del sector aeroportuario[165], que está recogido en lo fundamental en el Título V de la LSA, responde básicamente a este esquema, si bien en algunas ocasiones lo desborda, como se comentará más adelante. Si a este hecho se le une la inexplicable vigencia de la parte sustantiva de la Ley 209/1964, de 24 de diciembre, Penal y Procesal de Seguridad Aérea **("Ley Penal y Procesal de Seguridad Aérea")**, con la que la LSA se solapa en ocasiones, el resultado es un régimen punitivo del sector aeronáutico excesivamente prolijo y complejo.

La potestad sancionadora en el sector la ejerce AESA, y más concretamente su Director, mediante resoluciones que ponen fin a la vía administrativa y, por tanto, sólo serán recurribles en reposición o en la vía contencioso-administrativa. En este sentido, y sobre la base de una deslegalización implícita (y técnicamente podo ortodoxa) contenida en la Disposición Adicional Tercera de la Ley 28/2006, de 18 de julio, de Agencias, que autorizaba la creación de AESA para asumir competencias hasta entonces atribuida a la Administración General del Estado, el artículo 10 del Estatuto de AESA ha modificado la competencia para la imposición de sanciones en el sector prevista en el artículo 58 de la LSA.

La LSA, en sus artículos 44 y siguientes, tipifica una serie de infracciones que pueden clasificarse en infracciones en materia de seguridad, relativas al sistema aeroportuario[166], a la prestación de servicios de transporte aéreo, a la protección contra el ruido, y a la infracción del deber de colaboración con las autoridades aeronáuticas. Sin ánimo de exhaustividad, conviene, a mi juicio, realizar una somera descripción de estas infracciones, para dar idea del modo en que el régimen sancionador del

---

(165) Del que me ocupé con mayor atención y extensión en M. Magide Herrero, "El régimen sancionador en materia de transporte aéreo", en *Régimen jurídico..., cit.*

(166) Las infracciones relativas al sistema aeroportuario previstas en la LSA se completan, en relación con las infraestructuras aeroportuarias que no sean de interés general, con las infracciones que puedan preverse en las normas autonómicas, como es el caso de la Ley 14/2009, de 22 de julio, de Aeropuertos y Helipuertos de Cataluña.

transporte aéreo protege los bienes e intereses que la regulación del sector considera centrales.

(i) *Infracciones en materia de seguridad*. El artículo 44 de la LSA tipifica como infracciones administrativas el incumplimiento de las obligaciones de seguridad que el Título IV de la Ley impone a los diferentes sujetos sometidos al régimen de supervisión aeronáutico. De acuerdo con el apartado 1° del citado artículo, el mero incumplimiento de cualquiera de esas obligaciones dará lugar a una infracción leve. Si en la infracción concurre alguna de las circunstancias previstas en los apartados 2° y 3° del artículo 44, la infracción será considerada, respectivamente, grave o muy grave. Estas circunstancias agravantes del tipo se refieren a la causación de incidentes graves o accidentes de aviación, de daños personales o materiales, o de retrasos o suspensiones no justificadas en los servicios aeronáuticos. Como infracciones relativas a la seguridad aérea se han de considerar también las tipificadas en el artículo 46 de la LSA, que prevé una serie de infracciones leves, graves y muy graves relativas al transporte de mercancías peligrosas o sujetas a normas especiales por vía aérea.

(ii) *Infracciones relativas al sistema aeroportuario*. El artículo 48 tipifica como infracciones leves, graves y muy graves relativas al funcionamiento y uso de aeropuertos de interés general la realización de actuaciones culposas o dolosas que pongan en peligro los bienes situados en las zonas de servicios de los aeropuertos, o las actividades que se desarrollan en esas zonas, o que causen daño o menoscabo en dichos bienes o actividades. En un buen número de casos, estas actuaciones constituirán al mismo tiempo un incumplimiento de obligaciones en materia de seguridad aérea y encajarán, por tanto, en alguno de los tipos infractores previstos en el artículo 44 de la LSA. A mi juicio, los dos grupos de infracciones responden a un mismo fundamento: la protección de la seguridad en el transporte aéreo. En consecuencia, el principio de *non bis in idem* excluiría, en esos casos, la imposición de una doble sanción. El artículo 48 tipifica también como infracción otras conductas relativas al incumplimiento de normas sobre identificación y acceso en los aeropuertos, el incumplimiento de ciertas reglas relativas a la gestión de instalaciones y sistemas y a la prestación de servicios portuarios, así como la contravención del régimen de servidumbres aeronáuticas. Por su parte, el artículo 49 de la LSA tipifica una serie de infracciones relativa a la indebida utilización de *slots* o franjas horarias que también se pueden considerar infracciones relativas al sistema aeroportuario.

(iii) *Infracciones relativas a la prestación de servicios de transporte aéreo*. El artículo 45 de la LSA tipifica una serie de infracciones (leves, graves y muy graves) que penalizan acciones u omisiones que perjudican el correcto y transparente funcionamiento de los servicios de transporte aéreo.

(iv) *Infracciones relativas a la regulación del tráfico aéreo en materia de ruido*. El artículo 47 de la LSA, en atención a la especial relevancia de la regulación del ruido de aeropuertos, aeronaves y rutas aéreas, tipifica como infracciones administrativas (también leves, graves o muy graves) el incumplimiento de la disciplina o regulación (normas y órdenes entendidas ambas en sentido amplio) del transporte aéreo en materia de control de ruido.

(v) *Infracciones del deber de colaboración con las autoridades aeronáuticas*. En línea con la ya comentada función de garantía que la potestad sancionadora tiene del resto de instrumentos de la supervisión administrativa, el artículo 50 de la LSA tipifica como infracciones administrativas (de nuevo leves, graves y muy graves) la vulneración de una serie de deberes de información a las autoridades aeronáuticas civiles estatales previstos en la normativa aplicable, así como la obstaculización del adecuado desarrollo por esas autoridades de sus facultades de investigación e inspección. Como garantía de otro de los instrumento de supervisión, la facultad de corregir radicalmente actuaciones que pongan en riesgo la seguridad aérea, el citado artículo 50 tipifica como infracciones muy graves el quebrantamiento de: (a) las medidas extraordinarias de inmovilización de aeronaves, y de limitación y suspensión de la eficacia de certificados, aprobaciones, licencias o habilitaciones que puede adoptar la Administración por razones de seguridad en aplicación del artículo 30 de la LSA; y (b) de las medidas cautelares cuya adopción en el marco de un procedimiento sancionador contempla el artículo 63 de la LSA (que pueden coincidir en su contenido con las anteriores).

El artículo 55 de la LSA prevé una escala de sanciones económicas para las infracciones leves, graves y muy graves. Esta escala se eleva muy sustancialmente (pudiendo llegar, las sanciones por infracciones muy graves, a 4.500.000 euros) cuando la infracción es cometida por una persona física o jurídica que desarrolle la actividad sujeta a supervisión con carácter comercial o a cambio de una contraprestación económica. Adicionalmente, el legislador ha tenido presente el riesgo de que el beneficio económico resultante para el infractor de la comisión de la infracción supere la cuantía de la multa máxima, perdiendo así la sanción tanto su efecto represivo como su efecto disuasorio. Así, en aquellos casos en que exista y pueda conocerse el beneficio bruto obtenido como consecuencia de los actos u omisiones en que consistan las infracciones, la cuantía de la multa podrá ser incrementada hasta alcanzar, en el caso de las infracciones graves, un importe no inferior al tanto ni superior al doble del beneficio obtenido y, en el caso de las muy graves, un importe no inferior al tanto ni superior al triple del beneficio obtenido.

Junto con estas sanciones de multa, la LSA, en su artículo 56, prevé una serie de sanciones accesorias para las infracciones graves y muy graves que hayan sido cometidas con ocasión del desempeño de funciones, la realización de actividades o la prestación de servicios aeronáuticos para los que se exija un título administrativo habilitante o, en su caso, derechos de tráfico. Estas sanciones accesorias pueden consistir, en función de la gravedad de la infracción y de la eventual reincidencia, en la suspensión o limitación del título habilitante o derecho; en su revocación; o incluso en la inhabilitación durante un período máximo de tres años para ser titular de cualquier derecho o título habilitante que faculte para la realización de actividades o la prestación de servicios aeronáuticos, así como para ejercer las facultades que confieren los que se posean (y que no hayan sido objeto de la sanción accesoria de revocación).

En el marco de la regulación de cada una de las sanciones someramente expuestas, la determinación de la concreta sanción habrá de atender a los criterios que, de conformidad con el principio de proporcionalidad que rige en general la dosimetría punitiva en el ámbito administrativo, se contienen en el artículo 59 de la LSA.

Por su parte, el artículo 57 de la LSA prevé que, junto con la sanción, la resolución que ponga fin al procedimiento sancionador podrá contener medidas accesorias de naturaleza no sancionadora. Concretamente, la obligación del infractor de restituir las cosas al estado anterior a la comisión de la infracción, así como la exigencia de indemnización *"de los daños irreparables por cuantía igual al valor de los bienes destruidos o el perjuicio causado, en el plazo que se fije"*, y de los *"daños y perjuicios a los intereses públicos"*.

En realidad, las dos medidas se pueden reconducir a una: la obligación del infractor de restituir la situación previa al hecho ilícito y dañoso, compensando, in natura o mediante una indemnización, el perjuicio ocasionado. Esta potestad destinada a la restitución del estado de cosas original sólo será de aplicación en relación con aquellos daños ocasionados a bienes de titularidad pública y al interés público. No cabría que la Administración, al sancionar una infracción de la que se han derivado daños materiales a bienes o intereses privados, exigiese (mediante una resolución administrativa ejecutiva y susceptible de ejecución forzosa) la restitución de una situación material o la indemnización de unos daños que encuentran su cauce en el ejercicio de las correspondientes acciones civiles entre sujetos privados. Esta facultad prevista en el artículo 57 de la LSA, expresión de la más general de autotutela administrativa, debe circunscribirse, pues, a la relación entre la Administración y el sujeto infractor. En este sentido, la profunda transformación del régimen jurídico de la gestión de nuestros aeródromos y de los bienes aeroportuarios que ha supuesto la creación de Aena Aeropuertos, S.A., y a la que se hará mención más adelante, cuestiona seriamente la posibilidad de que, como medida accesoria a una sanción administrativa, AESA obligue al infractor a la reposición de bienes que son dominio necesariamente privado de una sociedad mercantil (aunque, a día de hoy, totalmente en mano pública), o a indemnizar los perjuicios sufridos por la citada mercantil, un sujeto de naturaleza privada y sujeto íntegramente el Derecho privado.

En general, tal y como se ha anunciado al principio de este apartado, la definición legal del régimen sancionador del transporte aéreo responde a la función de cierre o garantía de la supervisión administrativa propia de la potestad sancionadora. Así, como se ha dejado expuesto, las infracciones previstas pretenden, por ejemplo, fortalecer las facultades de inspección de la autoridad aeronáutica y, por otro lado, procuran garantizar el respeto efectivo de los elementos principales de la ordenación del transporte aéreo, muy principalmente las obligaciones de seguridad que la LSA impone a los diferentes sujetos del sector. De este modo, las infracciones administrativas previstas en la LSA se configuran, por lo general, como es típico del Derecho administrativo sancionador, como infracciones "de riesgo". Esto es, como injustos definidos a partir del incumplimiento de un determinado deber u obligación, sin conexión, en principio, con las eventuales consecuencias de ese incumplimiento, que si produce la efectiva lesión de un bien jurídico puede dar lugar a la aplicación de los remedios propios del Derecho civil o penal.

No obstante lo anterior, en algunos casos la LSA habría rebasado este campo y finalidad propios, a mi juicio, de la potestad administrativa sancionadora. Así, por ejemplo, al considerar como un elemento agravante de las infracciones en materia de seguridad (que puede convertir una infracción inicialmente leve en grave o muy grave) el hecho de que el incumplimiento de la obligación dé lugar a daños materiales o personales (apartados 2 y 3 del artículo 44), cuando los remedios contra esos daños efectivos han de buscarse propiamente en el Derecho civil o en el penal. Estos solapamientos con el ámbito penal se incrementan como consecuencia de la vigencia parcial de la Ley Penal y Procesal de Seguridad Aérea, que tipifica como delitos o faltas el mero incumplimiento de deberes u obligaciones de seguridad.

La consecuencia de todo ello es que, en el actual estado de cosas, una misma conducta puede, en un buen número de casos, subsumirse tanto bajo una infracción de las definidas en la LSA como considerarse un delito o falta. En estos casos, y ante la ausencia, a mi entender, de diferentes fundamentos de la normativa penal y administrativa, el principio de *non bis in ídem* debería excluir la imposición de dobles sanciones o, en algunos casos, la agravación de las sanciones administrativas por circunstancias que, por sí solas, pueden constituir un delito o falta penal (como los daños en las personas derivados del incumplimiento de alguna de las obligaciones de seguridad de la LSA).

IV. CONSTRUCCIÓN Y GESTIÓN DE LAS INFRAESTRUCTURAS AEROPORTUARIAS DE INTERÉS GENERAL; LA CREACIÓN DE AENASA Y LAS BASES PARA LA COLABORACIÓN PRIVADA EN ESTE ÁMBITO

Resulta necesario, en el marco del análisis de la regulación del transporte aéreo, hacer una mínima referencia a la gestión de las infraestructuras aeroportuarias, cuando menos a aquéllas que son de interés general y que, por tanto, son de competencias estatal en aplicación de lo previsto en el artículo 149.1.2ª de la Constitución[(167)]. Aunque, como se referirá a continuación, la LSA permite la iniciativa privada en la construcción y gestión de estas infraestructuras, ésta se ha llevado lógicamente a cabo de un modo absolutamente principal por el Estado, a través en las últimas décadas de un ente público instrumental, Aeropuertos Españoles y Navegación Aérea **("AENA")**, que ha sido fruto recientemente de una profunda transformación, que anticipa posibles cambios ulteriores en el modelo de gestión.

La construcción y gestión directa por el Estado de este tipo de infraestructuras deja poco espacio para la iniciativa privada, hasta el punto que la regulación legal para los casos en que una entidad privada (o una Administración pública distinta de la estatal) pretenda construir y gestionar un aeropuerto de interés general es mínima. En realidad, se limita a la previsión del artículo 9 de la LSA, aplicable también a los aeropuertos de gestión directa, de que la construcción y puesta en funcionamiento de una instalación aeroportuaria requerirá de una autorización del Ministerio de Fomento (en la actualidad de AESA), previo informe del Ministerio de Defensa. En los últimos años esta posibilidad ha dado lugar a la promoción de tres aeródromos, por las Comunidades Autónomas de Castilla-La Mancha, Valencia y Murcia (en el primer caso, con cierta colaboración de la iniciativa privada), que han constituido sendos fracasos, resultando, a día de hoy, al menos los dos primeros, inviables.

Junto con la poco exitosa aparición de estas iniciativas al margen de la gestión estatal directa, lo últimos años han venido marcados por la transformación del modo en que se venía llevando a cabo esa gestión pública y por la creación de las bases para una potencial transformación más profunda en el futuro, que dé entrada al capital y la iniciativa privada en dicha gestión.

---

(167) La definición de qué es un aeropuerto de interés general se encuentra en la actualidad en el artículo 1 del Real Decreto 2858/1981, de 27 de noviembre, de calificación y gestión de los aeropuertos civiles, de conformidad con el cual: *"Serán calificados como aeropuertos de interés general por la Subsecretaría de Aviación Civil, previos los informes y acuerdos previstos en el Real Decreto-ley 12/1978, de 27 de abril: 1. Los que reúnan las condiciones para servir tráfico internacional. 2. Aquéllos que, por su situación, características o su capacidad de generar tráfico, puedan incidir en la ordenación del transporte o del espacio aéreo, o en el control del mismo. 3. Los que sean aptos para ser designados como aeropuertos alternativos de los anteriores. 4. Los que tengan interés para la defensa nacional"*.

En plena crisis presupuestaria, y esta situación coyuntural es la que explica realmente el cambio operado, se aprobó el Real Decreto-ley 13/2010, de 3 de diciembre, de actuaciones en el ámbito fiscal, laboral y liberalizadoras para la fomentar la inversión y el empleo (en adelante, **"el Decreto-ley 13/2010"**).

A mi juicio, la colaboración privada en la construcción y gestión de infraestructuras aeroportuarias puede plantear interesantes ventajas, pero esa colaboración puede llevarse a cabo mediante el empleo de esquemas contractuales que se han utilizado con éxito en otros sectores, fundamentalmente, la concesión de obra pública (o contratos jurídico-privados configurados sobre el esquema concesional), que sigue siendo, a día de hoy, el mecanismo contractual fundamental para la colaboración público-privada en el ámbito de las infraestructuras en nuestro Derecho[168]. El Decreto-ley 13/2010 contempla la utilización de este tipo de contratos (que habrían sido aplicables sin necesitar para ello una reforma legal), pero el elemento fundamental de la reforma que introdujo, animada por una atropellada voluntad de conseguir ingresos que enjugaran el acuciante déficit público, fue la creación de una sociedad mercantil que ha asumido las infraestructuras que venía gestionando el Ente público AENA. Aparte de esta medida central, el Decreto-ley 13/2010 preveía otras de las que también se dará cuenta a continuación. En cualquier caso, la consigna era la obtención de ingresos adicionales del modo que fuera (algo finalmente no conseguido), hasta el punto que algunas de las fórmulas de "privatización" previstas se lanzaron paralelamente, en un proceso que, a mi entender, distó mucho de cómo se debe acometer un proceso de reforma del modo de gestionar un servicio o infraestructura públicos en colaboración con actores privados.

El artículo 7 del Decreto-ley 13/2010 preveía la creación, por decisión del Consejo de Ministros, de la actual Aena Aeropuertos, S.A. **("AENASA")**, íntegramente participada por AENA en un principio, pero destinada a ser parcialmente privatizada, si bien este precepto contiene el mandato legal de que AENA *"conservará en todo caso la mayoría de dicho capital"*. AENASA había de asumir, y así lo ha hecho, el conjunto de

---

(168) *Vid.* M. Magide, "El marco legal de la colaboración público-privada: algunas referencias particulares al ámbito de la defensa", en *El futuro de la colaboración del sector privado con el sector público*, F. Laguna Sanquirico (Coor.), AESMIDE-Fundación Ramón Areces, Madrid, 2012.

funciones y obligaciones que venía desempeñando AENA en materia de gestión y explotación de los servicios de la red de aeropuertos que gestionaba AENA en el momento de entrada en vigor del Decreto-ley 13/2010. Tras la creación de AENASA, AENA ha quedado limitada a sus funciones relativas a la navegación aérea (que también han sido objeto de reforma, como se verá en el próximo apartado).

La creación de AENASA, en sí misma, no ha supuesto una mayor flexibilización del régimen de actuación del gestor de la red aeroportuaria de interés general que pudiera haber incrementando su eficiencia y eficacia empresarial, salvo en lo propiamente patrimonial, sin que este último punto suponga, a mi parecer, una ventaja sustancial. AENA ya era una entidad regida por el Derecho privado en prácticamente toda su actuación, que contrataba de conformidad con la normativa de contratación en los sectores del agua, la energía, los transportes y los servicios postales, y que tenía un régimen laboral para su personal, régimen que, en ambos casos, se ha mantenido para AENASA (cfr. artículo 8 del Real Decreto-ley 13/2010). La creación de AENASA no perseguía dotar al gestor de un régimen más eficiente, sino permitir su privatización parcial, sobre la base de asunciones poco realistas que, de hecho, no han dado lugar a venta alguna de su accionariado por el momento.

La creación de AENASA sí ha supuesto un profundo cambio en el régimen patrimonial de las instalaciones aeroportuarias de interés general, que resultaba necesario para dotar a AENASA de contenido patrimonial de cara a su prevista privatización, pero que no supone una ventaja real para la gestión de su patrimonio, y que ha dado lugar a una situación única y potencialmente problemática desde el punto de vista de la protección de los intereses públicos: la desafectación de las infraestructuras aeroportuarias de interés general y su conversión en bienes sujetos a un régimen de propiedad privada y de titularidad de una sociedad mercantil. En este sentido, el artículo 9 del Real Decreto-ley 13/201 preveía la desafectación de todos los bienes adscritos a AENA *"que no estén afectos a los servicios de navegación aérea, incluidos los destinados a los servicios de tránsito aéreo de aeródromo"*, que han pasado a ser patrimonio de AENASA.

Parte de estos bienes demaniales adscritos a AENA se destinaban a actividades comerciales complementarias o accesorias a los servicios aeroportuarios, y se gestionaban sin mayor problema mediante el otorgamiento de concesiones demaniales (para la implantación de zonas comerciales, por ejemplo). Esas concesiones debieron convertirse en contratos de arrendamiento, en un proceso en el que, de modo discutible, se impuso a los arrendatarios el reconocimiento en favor de AENASA de facultades extrañas a un contrato jurídico-privado pero propias del modelo concesional que se abandonaba (cfr. apartado 4º de la Disposición Transitoria 3ª del Real Decreto-ley 13/2010). Si para ese conjunto de bienes la desafectación y patrimonialización no ha supuesto una ventaja práctica, para el resto, para los bienes propiamente afectos a los servicios aeroportuarios (las pistas del aeropuerto, por ejemplo), el nuevo régimen supone un riesgo.

Es cierto que el dominio público no es una categoría universal, pero es una categoría aquilatada en nuestro Derecho para garantizar, mediante el otorgamiento a la Administración de una serie de facultades exorbitantes al régimen privado de propiedad, que determinados bienes sirven adecuadamente al uso público o al servicio público del que constituyen su sustrato físico. La transformación del régimen patrimonial de los aeropuertos de interés general prevista en el Decreto-ley 13/2010 ha supuesto una renuncia a esa garantía para preparar una privatización parcial que tres años después no se ha llevado a cabo, ni parece previsible que se realice en un futuro próximo. Renuncia que no habría sido necesaria, por ejemplo, para permitir la gestión privada de determinados aeropuertos mediante contratos similares a la concesión de obras públicas(169).

Además de la creación de AENASA, y de la transmisión a ésta de las funciones y patrimonio aeroportuario antes adscrito a AENA como preparación para su privatización parcial, el Decreto-ley 13/2010 preveía también otros dos mecanismos dirigidos a permitir la colaboración privada en la gestión de la red aeroportuaria de interés general o, si se quiere ver de modo más crudo a la luz de la evidente finalidad del Decreto-ley 13/2010, de obtener fondos para las arcas públicas. La primera era la posibilidad de que AENASA adjudicara contratos de concesión de servicios aeroportuarios (contratos jurídico-privados, en realidad, y no concesio-

(169) Similar en la medida en que, propiamente, una entidad con el régimen jurídico de AENA no adjudicaba contratos administrativos y, por tanto, sus contratos no podían ser, técnicamente, contratos de concesión de obras públicas de los previstos en la normativa de contratos del sector público, pero si podrían haber replicado en lo sustancial este modelo contractual.

nes en sentido técnico-jurídico), en los que el concesionario asumiría la gestión de un aeropuerto a su propio riesgo y ventura. La segunda, la de crear sociedades filiales de AENASA para la gestión de determinados aeropuertos, que replicarían el régimen jurídico y patrimonial de AENASA y que podrían ser parcialmente privatizadas.

Sobre la base de las posibilidades abiertas por el Decreto-ley 13/2010, el Gobierno, mediante Acuerdo del Consejo de Ministros de 15 de julio de 2011, abrió dos línea de entrada a la participación privada.

En primer lugar, autorizó la venta de hasta el 49 % de AENASA, dejando la determinación del concreto porcentaje que habría de ofrecerse al mercado y los plazos del proceso de venta pendientes de las condiciones del mercado. Sin embargo, este proceso no llegó siquiera a arrancar. Sin perjuicio de las difíciles condiciones de los mercados en aquellos momentos, la concepción del proceso se basaba en una asunción débil: el interés por participar de modo minoritario y sin una efectiva influencia en la gestión de una sociedad cuyo control continúa siendo clarísimamente estatal y que, por su actividad, se presta a decisiones de orientación más política que empresarial, que la dirección estatal continuaría imponiendo a los socios minoritarios. Piénsese, por ejemplo, en la realización de nuevas inversiones en aeropuertos por razones de equilibrio territorial, y no puramente empresariales, o la gestión de personal a partir de criterios poco coincidentes con los de un inversor privado. Es posible que esos criterios sean razonables en una empresa pública, pero difícilmente atraerán el interés del capital privado en participar en ella.

Algo más avanzó el segundo proceso abierto por el Gobierno, una extraña combinación de las dos últimas posibilidades de "privatización" concebidas por el Decreto-ley 13/2010. En el ya citado Acuerdo del Consejo de Ministros de 15 de julio de 2011, se autorizó la creación de dos filiales de AENASA para la gestión, respectivamente, de los aeropuertos de Barajas y El Prat. Creadas esas sociedades, su relación con AENASA y la gestión de los aeropuertos se plasmó en una suerte de contrato de concesión, abriéndose un concurso para la enajenación del 90,5 % del capital de esas sociedades con unos elevadísimos precios mínimos. De nuevo, el escaso realismo de las asunciones sobre las que se basaba el proceso condujo a su paralización, ante la falta de interés de los mercados, a los que se les ofrecía la entrada, a un precio exorbitante, en unas especies de concesionarias con unos contratos ya definidos y muy poco atractivos.

De este modo, el supuesto proceso de modernización de la gestión de nuestra red aeroportuaria ha quedado en prácticamente nada tres años después: en la gestión de esa red a través de una sociedad mercantil con un forzadísimo régimen patrimonial. Situación en principio transitoria, en la medida en que parece que sigue contemplándose por la Administración la participación privada, de un modo u otro, en esa gestión, que debería plantearse, si no se quiere repetir la experiencia de 2011, sobre bases más estudiadas y realistas.

En este sentido, ya ha quedado establecido en la LSA el marco tarifario dual de los aeropuertos de interés general. Por un lado, el aplicable a AENASA (el único de efectiva aplicación por el momento) y, por otro, el de las futuras (si llegan a existir) sociedades concesionarias (cfr. artículos 68 a 71 de la LSA). En el caso de ANEASA (y sus filiales), los ingresos por servicios propiamente aeroportuarios, definidos en el apartado 2° del artículo 68 de la LSA, se definen como prestaciones patrimoniales de carácter público y serán determinados y actualizados de acuerdo con la LSA (artículos 72 a 92 y 97 a 101 de la LSA), mientras que el resto de sus ingresos (fundamentalmente los de sus actividades comerciales accesorias) se definen como precios privados. Por su parte, los eventuales concesionarios obtendrán por sus servicios precios privados, que inicialmente estarían fijados en los correspondientes contratos, y que se actualizarán y modificarán de conformidad con los procedimientos de transparencia, consulta y supervisión contemplados para las concesionarias en los artículos 102 a 104 de la LSA. Estos procedimientos (introducidos en la reforma de la LSA operada por la Ley 1/2011, de 4 de marzo) intentan garantizar que las diferentes tarifas, de AENASA y de los eventuales concesionaros[170], se fijen de modo transparente, en atención a los costes y niveles de calidad de los diferentes servicios, y con participación de las compañías usuarias.

---

(170) El artículo 105 de la LSA prevé también la aplicación de un mecanismo de transparencia, consulta y supervisión para las tarifas de los aeropuertos de titularidad privada que tengan un tráfico anual superior a los cinco millones de pasajeros (ninguno en la actualidad), pero remite su fijación a una norma de naturaleza reglamentaria. Debe tenerse en cuenta que, a efectos de la LSA, "titularidad privada" significa titularidad distinta de la de AENASA o su sucesor en al gestión de la red estatal de aeropuertos de interés general (ya se gestione el aeropuerto directamente o a través de un concesionario). Por tanto, los aeropuertos de interés general promovidos por una Comunidad Autónoma serían, a estos efectos, aeropuertos privados.

La supervisión de este sistema de fijación de tarifas corresponderá a la recientemente creada Comisión Nacional de los Mercados y de la Competencia[171], si bien su participación en el caso de las prestaciones patrimoniales de carácter público de AENASA es puramente informativa. Por el contrario, sus competencias sí serían de naturaleza realmente decisoria en el caso de las eventuales concesionarias, cuando existiera un desacuerdo con las compañías usuarias[172].

V. SERVICIOS DE NAVEGACIÓN AÉREA

Como se ha dejado expuesto, tras la creación de AENASA, las funciones directas de AENA (que sigue siendo el accionista único de AENASA) se limitan a la navegación área. Y este ámbito de actividad, en las últimas décadas realizado como un servicio público a través de AENA, ha sufrido también una importante transformación en los últimos años. De nuevo, la coyuntura ha marcado en buena medida también esta reforma. En este caso, la peculiar y difícil relación de AENA con sus controladores aéreos.

No es esta colaboración el marco adecuado para entrar en profundidad a analizar el conflicto laboral de AENA y los controladores, a pesar de su indudable interés desde la perspectiva del funcionamiento del sector y de la propiamente jurídica (con, por ejemplo, por la aprobación de un Real Decreto-ley para regular las condiciones laborales básicas de ese colectivo). Sí resulta justificado una breve referencia, en la medida en que este conflicto está en la base de la Ley 9/2010, de 14 de abril, por la que se regula la prestación de servicios de tránsito aéreo, se establecen las obligaciones de los proveedores civiles de dichos servicios y se fijan determinadas condiciones laborales para los controladores civiles de tránsito aéreo (en adelante, **“Ley 9/2010”**).

El conflicto entre AENA y sus controladores, arrastrado durante años con graves perturbaciones del correcto funcionamiento de nuestro sistema aeroportuario, partía de una convenio colectivo difícilmente justificable desde la perspectiva del correcto ejercicio por el Ente público de sus funciones, que había consagrado una situación triplemente anómala. En primer lugar, una escasez de “oferta” de controladores en el mercado,

(171) Cfr. artículo 10 de la Ley 3/2013, de 4 de junio, de creación de la Comisión Nacional de los Mercados y de la Competencia.

(172) Cfr., en este sentido, las diferente redacción de los artículos 101 y 103 de la LSA.

derivada de un limitadísimo acceso a la habilitación correspondiente y de la posibilidad de una pronta y inusualmente remunerada "jubilación" de los controladores (la "licencia especial retribuida"). En segundo lugar, una bajísima jornada obligatoria, que debía ser completada necesariamente (y lo era en la práctica totalidad de los casos) con un sistema de horas totalmente voluntarias para los controladores, que obtenían así una elevada remuneración adicional y, más perturbador aún, tenían en su mano en todo momento reducir la capacidad de ordenación del tránsito aéreo de AENA a niveles absolutamente insuficientes. Y, en tercer lugar, una considerable limitación del poder de dirección propio del empresario (AENA) en favor de una autoorganización de los controladores, con una aparente justificación en la necesidad de una especie de autorregulación profesional del servicio de ordenación del tráfico.

Tan perturbadora para los intereses generales resultaba esta situación, que dio lugar a la aprobación del Real Decreto-ley 1/2010, de 5 de febrero, de idéntico título a la citada Ley, que no es sino fruto de la tramitación de la norma de urgencia como proyecto de ley. El Real Decreto-ley, y la resultante Ley, intentan en primer lugar poner coto a los tres excesos antes comentados, con una limitación transitoria del uso de las licencias especiales retribuidas, con la imposición de una jornada mínima obligatoria más ajustada a la realidad y con el reforzamiento de las facultades de dirección de AENA como empresario. Pero, junto con este contenido propiamente laboral, estas normas han creado la base legal para una liberalización parcial del control del tráfico aéreo. Liberalización que, en última instancia, también está vinculada al conflicto laboral de los controladores, puesto que la apertura del servicio a otros prestadores distintos de AENA era un modo indirecto de limitar el poder de un colectivo que había capturado al Ente público desde dentro. Finalidad a la que también apuntaba otra medida de la Ley: la implantación de los servicios de información de vuelo de aeródromo (AFIS) en los aeropuertos de menor tráfico (cfr. Disposición Adicional 2ª).

El artículo 1 de la Ley, en su apartado 1, reafirma la atribución a AENA de la gestión directa del servicio de tránsito aéreo. No obstante, el apartado 2 de este artículo permite al Ministerio de Fomento designar, para bloques específicos de nuestro espacio aéreo, a proveedores civiles de servicios de tránsito aéreo que estén debidamente habilitados para la prestación de ese servicio por AESA u otra autoridad aeronáutica de supervisión de la Unión Europea. Esa designación sólo podrá referirse a los servicios de control de área y de aproximación a los aeropuertos, quedando la prestación de los servicios de navegación aérea en ruta reservados a AENA, tal y como se deduce del tenor del artículo 1 de la Ley interpretado a la luz de su Exposición de motivos.

La designación del Ministerio de Fomento no supone atribuir a éste la selección del prestador de los servicios, sino que constituye un mecanismo de control dirigido a asegurar que aquél cumple con los requisitos para la adecuada prestación del servicio y a establecer los requisitos técnicos y operativos precisos para dicha prestación. A fin de asegurar el cumplimiento de esos requisitos, la designación habrá de contar con el informe favorable de AESA.

La selección del prestador corresponde al gestor aeroportuario, cuya propuesta deberá ser aceptada por el Ministerio, salvo que el prestador propuesto no cumpla con los requisitos que la normativa imponga para llevar a cabo el servicio. Así se deduce, a mi juicio, de una lectura conjunta del artículo 1, que en su apartado 3º afirma expresamente que la propuesta de proveedor *"formará parte de su poder de organización"*, y de una lectura sistemática de lo previsto en ese precepto y en la Disposición Adicional 2ª de la Ley, que se refiere a la selección de nuevos proveedores de servicios de tránsito aéreo de aeródromo por parte del gestor de la red de aeropuertos de interés general.

De acuerdo con esta Disposición Adicional 2ª, a la que se remite el artículo 7.4 del Decreto-ley 13/2010 en relación con la AENASA, el Ministerio de Fomento podrá, mediante orden ministerial, decidir que el servicio de tránsito aéreo de aeródromo y en una zona determinada debe quedar abierto a un prestador distinto de AENA, tras lo cual AENASA deberá seleccionar ese prestador mediante un procedimiento de contratación conforme a lo dispuesto en la Ley 31/2007, de 30 de octubre, sobre procedimientos de contratación en los sectores del agua, la energía, los transportes y los servicios postales. Una vez seleccionado el proveedor, AENASA habrá de formular la correspondiente propuesta para que, de acuerdo con lo previsto en el artículo 1 de la Ley 9/2010, el proveedor en cuestión sea designado por el Ministerio de Fomento. Para aquellos aeródromos que no sean considerados por el Ministerio de Fomento como susceptibles de ver el control de su tráfico aéreo licitado para seleccionar a un nuevo proveedor, AENA continuará prestando el servicio.

Como consecuencia del ya comentado carácter coyuntural de la Ley 9/2010 y su vinculación al conflicto laboral con los controladores de

AENA, se produjo, a finales de la pasada legislatura, la contratación de proveedores para 13 aeródromos españoles, pero este proceso de salida al mercado del control de la navegación aérea en los aeropuertos de interés general se ha detenido con la pacificación del referido conflicto y el cambio de gobierno.

De nuevo en este punto, superada la convulsión coyuntural, la aplicación de la posibilidad de apertura al mercado de esta actividad se encuentra en punto muerto. Quedan las bases normativas para continuar este proceso, que, al igual que ocurre con la transformación de la gestión del sistema aeroportuario, necesita, a mi juicio, de una reflexión sobre sus objetivos y posibilidades más pausada que la que se llevó a cabo en 2010-2011.

LA NAVEGACIÓN MARÍTIMA Y EL TRANSPORTE

ROSA MARÍA COLLADO MARTÍNEZ
Profesora de Derecho Administrativo
Letrada del Consejo de Estado

1. INTRODUCCIÓN Y JUSTIFICACIÓN. LOS SISTEMAS DE TRANSPORTES. EL TRANSPORTE MARÍTIMO Y SUS PECULIARIDADES. EL ANTEPROYECTO DE LEY DE NAVEGACIÓN MARÍTIMA

Es una afirmación indiscutida que el sistema de transportes forma parte esencial en el desarrollo económico y social. Así fue desde siempre, desde las calzadas romanas hasta el Imperio Español, basado en un monopolio comercial que permitía la llegada a España de los productos coloniales, en especial de los metales preciosos, y la expedición a las Américas de los suministros precisos. La Flota de Indias navegó por el

Atlántico desde el siglo XVI hasta el XVIII, conectando después con las Filipinas y Asia, a través del Galeón de Manila. Los barcos mercantes se hacían a la mar protegidos por buques de guerra fuertemente armados y los resultados de las expediciones transformaron en profundidad la relación entre España y las Indias[173].

El auge y declive del monopolio castellano es un buen ejemplo de la influencia del transporte en el sistema económico, influencia que se aprecia aún más en nuestro mundo actual globalizado. Los modos de transporte, los servicios accesorios, la defensa de los viajeros y mercancías han evolucionado con los grandes avances tecnológicos y con ellos también ha cambiado la forma de la intervención estatal sobre el transporte.[174]

En este contexto el transporte marítimo siempre ha tenido sus especialidades, hasta el punto de configurar, según sostienen algunos autores, un derecho propio, el derecho de la navegación o derecho marítimo, con reglas propias sobre responsabilidad y contratos, con una mayor participación de los convenios y acuerdos internacionales que otros sectores del ordenamiento y con una fuerte presencia de los intereses de la soberanía estatal[175], aun cuando nunca ha dejado de proclamarse, a veces con ciertas dosis de retórica, el principio de libertad de los mares[176]. Otros autores, por el contrario, sospechan que el derecho marítimo no es tan peculiar como dicen sus agentes y operadores, que encuentran en estas características la excusa para crear un ordenamiento a medida de algunos navieros y algunos Estados[177].

Son varias las razones que justifican estas peculiaridades pero sin duda la primera es el medio en que se desenvuelve el transporte: el

---

(173) Elliot, John, *La España Imperial*, 5ª ed., Vicens Vives, Barcelona, 1998.

(174) Martín-Retortillo Baquer, Lorenzo, *Transportes*, en *Derecho Administrativo Económico*, volumen II, La Ley, Madrid, 1991.

(175) El Informe publicado en 1993 por el Tribunal de Defensa de la Competencia, titulado *Remedios políticos que pueden favorecer la libre competencia en los servicios y atajar el daño causado por los monopolios,* contiene interesantes reflexiones sobre el transporte en general y el transporte marítimo en particular.

(176) Puede atribuirse su primera formulación a Francisco de Vitoria y Vázquez de Menchaca, seguidos por Hugo Grocio.

(177) Baena Baena, Pedro Jesús, *La reforma del derecho comunitario de la competencia y liberalización de los transportes marítimos*, en Martínez Sanz, Fernando y Petit Lavall, María Victoria, *Estudios sobre derecho y economía del transporte: reforma y liberalización*, coordinado por Fernando Juan y Mateu, Tecnos, Madrid, 2009.

mar. La navegación es asunto arriesgado, como ha destacado la doctrina[178]. Muchas de las instituciones del derecho marítimo tienen su origen en el riesgo que supone el transporte por mar, entre ellas y por citar algunas, el préstamo a la gruesa, los seguros marítimos, la fortuna de mar o el sistema de responsabilidad limitada del naviero. No queda tan lejana en el tiempo la Declaración de Paris de 1856 en la que los Estados se comprometieron a no entregar nuevas patentes de corso. Solo entonces se proclama la libertad de los mares y se prohíbe la confiscación de mercancías enemigas en buques neutrales, salvo que fueran contrabando de guerra[179]. Estos riesgos del mar son menores hoy pero no dejan de existir naufragios de grandes cruceros[180], petroleros que encallan en las costas[181] y ataques de piratas[182]. El mar sigue siendo un medio hostil.

En todo caso el derecho marítimo español siempre se ha entendido como la legislación del comercio marítimo[183], que vivía en los magníficos preceptos (por lo claros y breves) del Código de Comercio de 1885, complementado por los convenios y acuerdos internacionales, junto con los relevantes acuerdos de las conferencias marítimas con su sistema de

---

(178) Con cita de muchos otros, Pulido Begines, Juan Luis, *El derecho de la navegación marítima (I). Concepto. El buque. El naviero*, en Martínez Sanz, Fernando (dir) y Puetz, Achim (coord), *Manual de derecho del transporte*, Marcial Pons, Madrid, 2010.

(179) Vicent Chuliá, Francisco, voz *Navegación marítima* en la Nueva Enciclopedia Jurídica, Ed. Francisco Seix, S.A, Vol. XVII, págs. 82-143, Barcelona, 1982.

(180) El 13 de enero de 2010 el crucero italiano Costa Concordia, chocó con un arrecife y encalló frente a la isla del Giglio, en la Toscana. Murieron 32 personas, entre pasajeros y tripulación.

(181) Las normas comunitarias vigentes sobre el transporte de crudo fueron respuesta a la catástrofe ecológica que provocó el petrolero "Erika", un buque abanderado en Malta, que se partió en dos mientras transportaba 30.000 toneladas de fuel pesado frente a la costa de Bretaña en 1999. Fueron condenados la compañía propietaria del crudo, el armador y la sociedad de certificación. En España naufragaron, provocando graves daños ambientales, el "Mar Egeo" y el "Prestige". Los paquetes "Erika I" y "Erika II" son la base de la política europea de seguridad marítima.

(182) Desde 1990 grupos de piratas operan en la Costa de Somalia, atacando petroleros y cargueros. Uno de los buques capturados fue un pesquero español, el "Alakrana". Su tripulación fue secuestrada para exigir un rescate.

(183) Arroyo Martínez, Ignacio, *El derecho marítimo en la obra de Joaquín Garrigues*, en *Estudios de Derecho Marítimo*, Bosch, Barcelona, 2001. La primera aproximación general al Derecho marítimo de Garrigues se publicó en 1940.

reparto de fletes y tráficos[184], propios de las líneas regulares de transporte internacional. Su enfoque jurídico siempre ha resultado complejo. Como decía Aurelio Menéndez citando a Ripert: el Derecho marítimo no encuentra un lugar adecuado en esa gran división de las ciencias jurídicas en Derecho público y Derecho privado[185].

A estas líneas generales, más propias del derecho mercantil que del derecho público, se sumaron las leyes especiales cuya enumeración completa no tiene cabida en los limitados márgenes de este estudio. Baste por tanto con algunas citas, agrupadas siguiendo la clásica tipología de la acción administrativa y distinguiendo entre leyes de policía, de fomento y de servicio público. Entre las primeras merecen una mención la Ley de 22 de diciembre de 1955, por la que se aprueba el texto articulado de la Ley Penal y disciplinaria de la Marina Mercante, la Ley 60/1962, de 24 de diciembre de 1962, por la que se regulan los auxilios, salvamentos, remolques, hallazgos y extracciones marítimos, la Ley 21/1977, de 1 de abril, sobre aplicación de sanciones a los casos de contaminación marina provocada por vertidos desde buques y aeronaves, y la Ley 2/1967, de 8 de abril de 1967, sobre embargo preventivo de buques. Buenos ejemplo de la legislación en materia de fomento son la Ley de 2 de junio de 1939, instituyendo un sistema de crédito naval, la Ley de 27 de febrero de 1939, relativa a la constitución de hipotecas sobre buques nacionales, y la Ley de 12 de mayo de 1956, de protección y renovación de la flota mercante española. Y, entre las que se refieren preferentemente al servicio público destacan por su interés las normas relativas a las comunicaciones marítimas de interés nacional, gestionadas en su momento por la Compañía Transmediterránea[186], y las

---

(184) Las conferencias marítimas tienen su reflejo en el artículo 261 del Real Decreto Legislativo 2/2011, de 5 de septiembre, por el que se aprueba el Texto Refundido de la Ley de Puertos del Estado y de la Marina Mercante, que las define como grupo constituido por dos o más empresas navieras que efectúan navegaciones de línea regular de cabotaje, exterior o extranacional en una o varias rutas particulares, dentro de determinados límites geográficos, y que han concertado un acuerdo, cualquiera que sea su naturaleza, dentro de cuyo marco actúan ateniéndose a unos fletes uniformes o comunes o a cualesquiera otras condiciones convenidas en lo que respecta a la navegación.

(185) Menéndez Menéndez, Aurelio, *La reforma de la legislación marítima*, en *La reforma de la Legislación Marítima*, Arroyo Martinez, Ignacio y Beltrán Sanchez, Emilio M., (dir.), Aranzadi, Navarra, 1999. El texto se presentó en el Pleno de Académicos de número de la Real Academia de Jurisprudencia y Legislación de10 mayo de 1999.

(186) Cuétara, José María de la, *Gestión de las comunicaciones marítimas nacionales (Transmediterránea)*, Revista de Administración Pública, número 94, Madrid, 1981.

normas que afectan a los servicios públicos encomendados a la Sociedad de Salvamento y Seguridad Marítima (SASEMAR). No resulta sencillo encajar en cualquiera de estas tres categorías la última y casi recién llegada Ley 41/2010, de 29 de diciembre,(187) de protección del medio marino.

Sobre este confuso panorama incidió, con voluntad parcialmente codificadora, la Ley 27/1992, de 24 de noviembre, de Puertos del Estado y de la Marina Mercante, hoy convertida en el Real Decreto Legislativo 2/2011, de 5 de septiembre, por el que se aprueba el Texto Refundido de la Ley de Puertos del Estado y de la Marina Mercante.

En la materia que ocupa a este trabajo es esencial la aportación del derecho internacional que, a partir de mediados del siglo XX, presta especial atención a la unificación del derecho marítimo. Destaca, por su importancia, la tarea de las agencias especializadas de las Naciones Unidas, la Organización Marítima Internacional (OMI), la Conferencia de Naciones Unidas sobre el Comercio y el Desarrollo (UNCTAD) y la Comisión de las Naciones Unidas para el Derecho Mercantil Internacional (UNCITRAL). De gran relevancia es también el trabajo del Comité Marítimo Internacional (CMI). Existen en este asunto múltiples tratados internacionales, multilaterales, regionales o bilaterales, en relación con la navegación, los derechos de la gente de mar, la prevención y control de la contaminación y otros muchos aspectos. Pero a la existencia de esta regulación añade el derecho marítimo otra peculiaridad ya que el principio de estatalidad, que comporta que sólo el Estado es fuente material del derecho, está en crisis en este ámbito. En su lugar, se ha configurado un sistema de fuentes(188) caracterizado por múltiples niveles de disciplina y por múltiples actores intervinientes, en el que, junto a los sujetos públicos creadores de normas, han aparecido, con creciente influencia, sujetos particulares, empresas y organismos privados que inventan nuevos y autónomos instrumentos de producción normativa.

Y a todo ello se habrá de sumar la indudable aportación de la Unión Europea, ya que el transporte es una de las políticas comunes, regulada

(187) Sobre este asunto reviste especial interés el Informe del Consejo de Estado sobre la protección de hábitats y especies marinas, de 19 de julio de 2006, que puede encontrarse en *www.consejo-estado.es*

(188) Dictamen del Consejo de Estado en Pleno 449/2013/283/2013, de 24 de julio de 2013. El Dictamen critica que el texto sometido a consulta ignora la cuestión de la producción privada de las normas de la navegación marítima y la necesidad de observarlas en las relaciones económicas, so pena de la imposibilidad de operar en el tráfico.

por el Título VI (artículos 90 a 100) del Tratado de Funcionamiento de la Unión Europea. La política de transportes se ha centrado en la eliminación de los obstáculos en las fronteras entre los Estados miembros y la consecución de la libre circulación de personas y bienes. Se trata, por tanto, de completar el mercado interior, garantizar el desarrollo sostenible, desarrollar las grandes redes en Europa, dominar el espacio, reforzar la seguridad y fomentar la cooperación internacional, lo que se traduce, en materia marítima, en la modernización de las infraestructuras, la armonización de los equipos y de los procedimientos, el incremento de la seguridad marítima y la protección del medio ambiente marino. Los objetivos estratégicos de la política europea de transporte marítimo para 2018 se definen en la Comunicación de la Comisión de 21 de enero de 2009, sobre Objetivos estratégicos y recomendaciones para la política de transporte marítimo de la Unión Europea hasta 2018(189).

No es de extrañar, por tanto, que la doctrina y los operadores clamaran por una revisión y codificación del derecho aplicable, sobre todo teniendo en cuenta que el venerable Libro III del Código de Comercio no se ha reformado en más de cien años. Tras las aportaciones iniciales, señala Vicent Chuliá(190), es fácil distinguir dos grandes sectores, el de los maritimistas, abogados y especialistas de las escuelas oficiales, y el de los profesores universitarios, generalmente mercantilistas. A estos dos grupos se suma recientemente un enfoque más público, centrado en la liberalización del sector y que trata de alcanzar una visión general sobre el sistema de transporte. Sea como fuere, en la materia no ha habido consenso ni siquiera en el nombre, pero esta discusión doctrinal, como recuerda Pulido Begines no afecta al derecho marítimo, que sigue su propia evolución, con independencia de las polémicas doctrinales(191).

Aurelio Menéndez, entonces Presidente de la Comisión de Codificación, se decantó como otros por una recodificación del moderno derecho del

---

(189) Estepa Montero, Manuel, *Regulación del transporte marítimo: Las autopistas del mar*, en *Transportes,* dir. Ruiz Ojeda, Alberto, Madrid, Fundación Instituto Universitario de Investigación José Ortega y Gasset, Iustel, Madrid, 2010. El volumen es el sexto de la obra colectiva Derecho de la Regulación Económica, dirigida por Santiago Muñoz Machado.

(190) Vicent Chuliá, Francisco, voz *Navegación marítima* en Nueva Enciclopedia Jurídica, Ed. Francisco Seix, S.A, Vol. XVII, págs. 82-143, Barcelona, 1982.

(191) Pulido Begines, Juan Luis, *El derecho de la navegación marítima (I). Concepto. El buque. El naviero*, en Martínez Sanz, Fernando (dir) y Puetz, Achim (coord), *Manual de derecho del transporte,* Marcial Pons, Madrid, 2010.

mar, integrando el derecho marítimo privado y la disciplina pública del tráfico marítimo(192). El proyecto de Ley General de Navegación Marítima tramitado en la IX Legislatura caducó en diciembre de 2008, no sin haber suscitado algunas críticas(193). El modelo elegido se inspiraba en el *"Códice della navigazione"* italiano, y era un proyecto ambicioso en su ámbito material y en su propósito, descartando otros modelos como el alemán y el francés(194).

En el mismo modelo se inspira el Proyecto de Ley de Navegación Marítima que en estos momentos se encuentra en las Cortes Generales, donde tuvo entrada el 23 de noviembre de 2013, cuya exposición de motivos señala:

> *"La Ley de la Navegación Marítima lleva a cabo una reforma amplia del Derecho marítimo español contemplando todos sus aspectos. Se trata de una renovación que no busca una mera actualización y codificación, sino que también responde a su imprescindible coordinación con el Derecho Marítimo Internacional y su adecuación a la práctica actual del transporte marítimo.*
>
> *Esta norma permite superar las contradicciones existentes entre los distintos convenios internacionales vigentes en España y la dispersa normativa que regula esta materia, cuya cabecera está todavía constituida por el Libro III del Código de Comercio de 1885. Al mismo tiempo, pone fin a las carencias que en estos últimos años se han detectado en relación a una pluralidad de intereses nacionales cuya tutela debe ser reforzada. Es el caso de la seguridad de la navegación, la protección del medio ambiente y del patrimonio cultural subacuático, el uso del mar territorial,*

---

(192) Menéndez Menéndez, Aurelio, *La reforma de la legislación marítima*, en *La reforma de la Legislación Marítima*, Arroyo Martinez, Ignacio, y Beltrán Sanchez, Emilio M., (dir.), Aranzadi, Navarra, 1999.

(193) Alcántara Gonzalez, José María, *El proyecto de ley general de navegación marítima: Alicia a través del espejo*, La Ley, Revista jurídica española de doctrina, jurisprudencia y bibliografía, número 4, 2007, que se refiere, entre otros aspectos, a la coordinación entre el Registro de Bienes Muebles y el Registro administrativo de Buques y la asunción parcial de las normas contenidas en los convenios internacionales.

(194) García-Pita y Lastres, José Luis, *El buque como eje del derecho a la navegación marítima, del código de comercio al PLGNM/2008*, en *Estudios de derecho marítimo*, Coordinados por Quintáns Eiras, María Rocío, Díaz de la Rosa, Angélica, y García-Pita y Lastres, José Luis (dir.), Estudios Aranzadi, 2012.

la lucha contra la contaminación, los intereses españoles en materia de pesca, la extranjería y la inmigración, o la lucha contra el contrabando. La ley regula el marco en el que se inscriben las actividades propias del tráfico marítimo, constituido por el propio medio geográfico y los espacios físicos que la hacen posible, así como los instrumentos y los vehículos, garantizando la necesaria coherencia del Derecho español con los distintos Convenios internacionales en materia de Derecho marítimo. Esta amplitud conlleva que esta Ley incluya prácticamente todos los aspectos de la navegación, tanto de Derecho público como privado."

El objeto de este Proyecto de Ley obliga necesariamente a incorporar algunos de sus preceptos a este estudio, en espera de que se convierta en norma vigente. Existe, sin duda, el riesgo de que incurra en caducidad, como su precedente, pero otra opción sería insensata a la vista del avanzado estadio de su tramitación. Sobre este particular resulta de especial interés el Dictamen del Consejo de Estado en Pleno 449/2013/283/2013, de 24 de julio de 2013. El dictamen pone de manifiesto que la regulación de la navegación marítima, la de los espacios marítimos y el medio ambiente marino es primordialmente internacional y está contenida en tratados internacionales y en resoluciones de organizaciones internacionales constantemente en situación de cambio y cuya codificación y unificación es difícil, sino imposible, de modo que se ha optado por atribuir a la mayor parte de las normas contenidas en el Anteproyecto, y en especial a las atinentes a la regulación del tráfico empresarial de la navegación marítima, la consideración de derecho dispositivo.

2. DE LA LEGISLACIÓN A LA REGULACIÓN. EL ENFOQUE ECONÓMICO Y LA IMPORTANCIA DEL SECTOR: LA LIBERALIZACIÓN Y LA COMPETENCIA

No solo en el sector del transporte marítimo sino en todos los sistemas de transporte nos encontramos insertos en unos nuevos paradigmas. El concepto clásico de servicio público se ha visto transformado por los nuevos conceptos del servicio de interés general, la libre competencia se manifiesta como principio soberano y las estructuras clásicas del derecho, ya sea público o privado, se ven sometidas a constante revisión por la actuación de determinados axiomas económicos.

No bastaría, por tanto, con un estudio de las normas vigentes en la materia del transporte marítimo sino que sería preciso enfocar su estudio con un análisis de las estructuras económicas, las finalidades políticas y el funcionamiento real del sistema de transportes marítimos. Este enfoque de lo que se entiende por regulación en este sentido, tan ambicioso como interesante, sobrepasa el objetivo de este trabajo.(195)

Son muchos los datos que se pueden aportar sobre la importancia económica del sector del transporte marítimo. Por citar alguno de los más relevantes, valgan las cifras del Anuario Estadístico de Puertos del Estado que, en su edición de 2010, cuantifica el tráfico de mercancías del Sistema Portuario de Titularidad Estatal en más de 432 millones de toneladas(196), o las que ofrece la Unión Europea que calcula que el 74% de las mercancías que entran o salen de Europa lo hacen por mar (aunque una quinta parte de ese volumen transita actualmente por tres puertos, Rotterdam, Hamburgo y Amberes) y el 40% del tráfico intraeuropeo utiliza el transporte marítimo de corta distancia(197). En razón de estos datos se hace precisa la definición de las políticas públicas, entre ellas, y por citar algún ejemplo, las relativas a la seguridad marítima, la protección del medio ambiente o las llamadas autopistas del mar.(198)

(195) Un magnífico ejemplo puede verse en Ruiz Ojeda, Alberto, y Benítez Morcillo Gabriel, *Cielo único europeo y cielos abiertos transatlánticos,* en Derecho de la Regulación Económica: Transportes, dir. Ruiz Ojeda, Alberto, Madrid, Fundación Instituto Universitario de Investigación José Ortega y Gasset, Iustel, Madrid, 2010, que constituye el volumen sexto del Derecho de la Regulación Económica, dirigido por Santiago Muñoz Machado.

(196) Por cifras absolutas sigue siendo el Puerto de la Bahía Algeciras el primero de los españoles, con más de 71 millones de toneladas. En cuando al tráfico de contenedores destacan las Autoridades Portuaria de Valencia, de la Bahía de Algeciras y la de Barcelona. Véase Puertos del Estado, Anuario Estadístico 2011, Sistema Portuario de Titularidad Estatal en *www.puertos.es*.

(197) La Directiva 2009/42/CE del Parlamento Europeo y del Consejo, de 6 de mayo de 2009, sobre la relación estadística del transporte marítimo de mercancías y pasajeros, prevé que los Estados transmitan a la Unión Europea sus datos estadísticos sobre buques, mercancías y pasajeros.

(198) Presta especial atención a este tema Estepa Montero, Manuel, *Regulación del transporte marítimo: Las autopistas del mar,* en *Transportes,* dir. Ruiz Ojeda, Alberto, Derecho de la regulación económica, volumen 6, Fundación Instituto Universitario de Investigación José Ortega y Gasset, Iustel, Madrid, 2010.

En lo que a este enfoque económico se refiere parece existir una creencia generalizada: la mayor liberalización del sector aportará beneficios a los usuarios, cargadores, pasajeros y consumidores en general. Por decirlo con las palabras del Informe del Tribunal de Defensa de la Competencia de 1993: nadie niega que la competencia tiene unos efectos económicos muy positivos de cara a la eficiencia y al aumento de la riqueza. Y añade el Informe que, en general, la competencia tiene unos efectos sociales positivos por la simple razón de que abarata el precio, aumenta la cantidad consumida, amplía el abanico de opciones y, permite, por tanto, que el servicio puede ser consumido por un mayor número de ciudadanos[199].

Sin embargo en un sector tan globalizado como el transporte marítimo es preciso distinguir cuidadosamente los ámbitos de desarrollo del sistema de transporte ya que las normas sobre liberalización y competencia no se aplican del mismo modo en todos ellos. La liberalización no es plena en el mercado interior español y tampoco lo es en la Unión Europea, que actúa frente al exterior como un único sujeto, tratando de defender nuestras flotas y astilleros de la competencia de terceros países, en especial de Asia. Como señalaba Villar Rojas, a la Administración Pública le gusta tanto la libre competencia como a los empresarios privados: le gusta aplicada a los demás[200]. Sobre este asunto se volverá después.

Por lo que afecta al sistema de transportes nacional se ha de tener en cuenta que el transporte marítimo se rige por los principios constitucionales generales sobre la actividad económica, es decir, propiedad y libertad de empresa en el marco de la economía de mercado. Sin embargo la presencia de los intereses de soberanía justifica la imposición a las empresas navieras de obligaciones de servicio público. En efecto, el artículo 260 del texto refundido de la Ley de Puertos del Estado y de la Marina Mercante, aprobado por Real Decreto Legislativo 2/2011,

---

[199] Se cita como un ejemplo significativo la introducción de competencia en el transporte aéreo en Estados Unidos que llevó a cabo la administración demócrata del Presidente Carter. Al reducirse el precio del transporte aéreo, el transporte en avión dejó de ser un servicio reservado a unos pocos. Muchos ciudadanos que antes sólo podían viajar en coche o en autobús podían también viajar en avión. El informe citado se puede consultar en *www.cncompentencia.es*.

[200] Villar Rojas, Francisco José, *Los descuentos en las tarifas por el uso de puertos y aeropuertos: una práctica controvertida*, REDETI, Revista de derecho de las telecomunicaciones e infraestructuras en red, Año nº 10, Nº 28, 2007.

de 5 de septiembre, prevé que se pueden imponer a las empresas navieras[201]:

- obligaciones de servicio público en los servicios regulares de navegación interior y de cabotaje, sea para garantizar el transporte entre distintas localidades, sea para garantizar una prestación en condiciones aceptables de frecuencia, precio, calidad o universalidad. La prestación de estas obligaciones será compensada por el Estado español[202].
- obligaciones específicas a las empresas navieras que realicen servicios regulares o no regulares de navegación interior, de cabotaje, exterior o extranacional por motivos de salvamento, seguridad marítima, lucha contra la contaminación, sanitarios u otras causas graves de utilidad pública o interés social. En particular, la Administración marítima podrá obligar a las empresas navieras que realicen tráficos marítimos a la intercambiabilidad de billetes y sujeción a horarios establecidos. También en este caso se prevé una compensación a las empresas.

El texto refundido de la Ley de Puertos del Estado y de la Marina Mercante, aprobado por Real Decreto Legislativo 2/2011, de 5 de septiembre, se ocupa de precisar que el cumplimiento de estas obligaciones tendrá la consideración de conducta exenta por la Ley a los efectos previstos en el apartado 1 del artículo 4 de la Ley 15/2007, de 3 de julio, de Defensa de la Competencia, en lo que se refiere a líneas que unen puertos españoles con las Ciudades Autónomas de Ceuta y Melilla o con puertos de Marruecos o de Argelia y durante los días de la Operación Paso del Estrecho y otros periodos justificados.

En cuanto a las obligaciones de derecho público relacionadas con las líneas regulares de cabotaje con Baleares fueron estudiadas en su momento por de la Cuétara, explicando con detalle el proceso mediante el que el Estado se hizo cargo, mediante compra de las acciones, de las an-

---

(201) Los operadores de las líneas regulares que comunican los territorios insulares con la península son Acciona, Balearia, Euroferry y FRS.

(202) De la Cruz Ferrer, Juan y Llorente Caballero, Alfonso, *Compensaciones y obligaciones de servicio público en el transporte marítimo*, en *Financiación de las obligaciones de servicio público: ayudas públicas a las telecomunicaciones, televisión, correos y transporte aéreo, marítimo y terrestre*, coord. por Montero Pascual, Juan José, UNED y Tirant lo Blanch, 2009.

tiguas líneas marítimas de la empresa Transmediterránea[203]. Se ha de precisar que la navegación de cabotaje con finalidad mercantil está reservada a buques mercantes españoles y de los restantes Estados miembros de la Unión Europea y del Espacio Económico Europeo (así lo disponen los artículos 8.2 y 257 del Real Decreto Legislativo 2/2011, de 5 de septiembre y el artículo 1.1 del Reglamento (CEE) 3577/92 del Consejo de 7 de diciembre). La Ley 62/2003, de 30 de diciembre, de Medidas Fiscales, Administrativas y del Orden Social, en su artículo 109, introdujo una importante novedad en la regulación legal de esta materia, suprimiendo el requisito de la autorización administrativa previa para las navegaciones de interés público. El régimen jurídico aplicable se encuentra en el Real Decreto 1516/2007, de 16 de noviembre, por el que se determina el régimen jurídico de las líneas regulares de cabotaje marítimo y de las navegaciones de interés público. Se permite de este modo garantizar la suficiencia de servicios de transporte regular con destino a (o con procedencia en) las Islas Baleares, Islas Canarias, Ceuta y Melilla.

3. LA UNIÓN EUROPEA, EL DERECHO DE LA COMPETENCIA Y EL TRANSPORTE MARÍTIMO INTERNACIONAL

Las peculiaridades del sector de transporte marítimo no solo se aprecian en el sistema nacional sino también en el plano comunitario e internacional. Habrán de bastar, por tanto, unas breves notas sobre las peculiaridades del transporte marítimo, que necesariamente han de pasar por el estudio de las llamadas conferencias marítimas. Como ha señalado con acierto Arroyo[204] el tráfico marítimo internacional ha gozado tradicionalmente de un régimen especial que escapaba al derecho de la libre competencia, principalmente en lo que hace a las conferencias marítimas, prácticas restrictivas o contrarias a la libertad que reservan determinados tráficos de línea regular a las navieras miembros de la conferencia, al tiempo que imponen fletes, precios, condiciones de carga y otras restricciones a los usuarios o cargadores del servicio. Y ese régimen privilegiado se ha mantenido parcialmente pese a las enfáticas proclamaciones de la libertad de mercado, justificándose en razones de eficiencia

---

(203) Cuétara, José María de la, *Gestión de las comunicaciones marítimas nacionales (Transmediterránea)*, Revista de Administración Pública, número 94, Madrid, 1981.

(204) Arroyo Martinez, Ignacio, *Conferencias marítimas y Código de conducta,* en *Estudios de derecho marítimo*, Bosh, Barcelona, 2001, págs. 341 y ss.

y rentabilidad. A ese dato se suma la existencia de fuertes intereses de soberanía nacional en la flota y finalmente se ha de tener en cuenta que los países cuya flota es mayor pueden influir y determinar el comportamiento de los cargadores de los países en vías de desarrollo[(205)], demandantes de transporte.

Cabe comenzar esta historia con la Declaración de París de 1856 en la que se proclama la libertad de los mares, reflejo de la ideología liberal de la época en la que se consagran definitivamente las libertades de propiedad y de empresa. La apertura del Canal de Suez en 1869 condujo a una guerra de fletes entre navieros que supuso reducción de beneficios para todos ellos o la pérdida de ventaja en la negociación, es decir, un buen ejemplo de las consecuencias perniciosas del exceso de competencia.

Los armadores, constituidos ya en muchas ocasiones como empresas, se organizaron en conferencias internacionales, es decir cárteles, tratando de conseguir una posición dominante en el mercado. Se pretendía que los tráficos fueran regulares, las rutas pudieran planificarse y los cargadores se sujetaran a las pólizas y usos fijados con esta finalidad. Destaca en este sentido la actividad de la Conferencia Marítima Internacional y del Báltico y la Cámara de Navegación del Reino Unido, defensores, como es lógico, de la hegemonía de la flota británica. Se cita como la primera en la serie de conferencias marítimas la Conferencia de Calcuta en 1875[(206)].

Por su parte, los países en los que prevalecían los intereses empresariales de los cargadores promulgaron leyes en defensa de sus derechos, de entre las cuales el mejor ejemplo es la Shipping Act de 1936 de los Estados Unidos, en línea semejante a las leyes de Australia, Canadá o Nueva Zelanda[(207)].

Las demandas de los países menos desarrollados, incapaces de acceder al sector, encontraron acogida en la UNCTAD, en el seno de la Organización de Naciones Unidas, que aprobó en 1974 el Convenio Internacional sobre el Código de Conducta de las Conferencias Marítimas,

---

(205) La Declaración de Argel de 1967 denunció el derecho marítimo como un derecho creado por las viejas naciones marítimas nacionales y sus empresas para los armadores, cuyas consecuencias son lesivas para los países en vías de desarrollo e incluso para el comercio marítimo en general.

(206) Arroyo Martinez, Ignacio, *Conferencias marítimas y Código de conducta*, op.cit.

(207) Vicent Chulia, Francisco, op. cit.

que entró en vigor el 6 de octubre de 1983. A tenor de los artículos 1 y 2 del Código las compañías navieras nacionales de un país cuyo tráfico internacional esté conferenciado tendrán derecho a ser miembros con plenitud de derechos de una conferencia que sirva el comercio exterior de su país, adquiriendo la participación del 20%, en los fletes y el volumen del tráfico generado en esa ruta (la llamada regla 40-40-20).

Si bien los Estados Unidos trataron de proteger los intereses de los cargadores y someter a control el tráfico conferenciado, en Europa se optó por la política de no interferencia, hasta el punto en que el ordenamiento europeo no se aplicaba al transporte marítimo. El Reglamento (CEE) nº 954/79 del Consejo, de 15 de mayo de 1979, relativo a la ratificación por los Estados miembros del Convenio de las Naciones Unidas relativo a un Código de conducta para las conferencias marítimas, o a la adhesión de dichos Estados al Convenio, la Comunidad Económica Europea, fijó una postura común sobre el Convenio de las Naciones Unidas relativo a un Código de conducta para las conferencias marítimas. Pero solo a partir del Memorandum el 14 de marzo de 1985 "*Hacia una política común de Transportes-Transportes marítimos*" comienzan a adoptarse medidas en este sector en la Unión Europea[(208)] y el Reglamento 4.057/86, de 22 de diciembre se ocupa de las modalidades de aplicación de los artículos 85 y 86 del Tratado al transporte marítimo (actuales artículos 101 y 102). Sostiene Arroyo, por tanto, que desde la promulgación del Tratado de Roma hasta fechas bien recientes el transporte marítimo ha vivido *de facto* al margen de los efectos de la libre competencia[(209)].

En el momento actual el sector del comercio marítimo internacional tiene una gran importancia en Europa. Estepa[(210)] aporta estos significativos datos: se ha de tener en cuenta el 60% del valor global del comercio marítimo internacional corresponde a servicios regulares, lo que incluye a las conferencias marítimas, y en el transporte marítimo de línea en contenedor los servicios regulares de transporte de contenedores suponen aproximadamente el 40% del comercio exterior de la Unión Europea. Por

---

(208) Sobre el particular resulta interesante el Informe de la Comisión al Consejo sobre la "*Aplicación de los cuatro Reglamentos en el ámbito del transporte marítimo adoptados por el Consejo el 22 de diciembre de 1986*".

(209) Arroyo Martínez, Ignacio, *Conferencias marítimas y Código de conducta*, op. cit.

(210) Estepa Montero, Manuel, *Las conferencias marítimas en el ámbito de la Unión Europea: el final de una exención a la libre competencia*, Anuario Jurídico y Económico Escurialense, XLIII, 2010.

otra parte, los tres mayores operadores mundiales de servicios regulares de transporte marítimo son europeos.

Por lo que se refiere al marco jurídico, el artículo 100 del Tratado de Funcionamiento de la Unión Europea se expresa en estos términos:

> *"Artículo 100 (antiguo artículo 80 TCE)*
>
> *1. Las disposiciones del presente título se aplicarán a los transportes por ferrocarril, carretera o vías navegables.*
>
> *2. El Parlamento Europeo y el Consejo podrán establecer, con arreglo al procedimiento legislativo ordinario, disposiciones apropiadas para la navegación marítima y aérea. Se pronunciarán previa consulta al Comité Económico y Social y al Comité de las Regiones."*

Del texto se desprende que las normas generales aplicables a los transportes en el seno de la Unión Europea no extienden su ámbito de forma automática a los transportes internacionales marítimos, en los que la Unión Europea se comporta como un estado. Buen ejemplo de esta política es la firma de tratados internacionales en materia de navegación marítima, como el firmado con la Republica Popular China[211]. No podría ser de otro modo, teniendo en cuenta las normas en la materia de los países terceros, como se refleja en la Comunicación de la Comisión al Parlamento Europeo, al Consejo, al Comité Económico y Social Europeo y al Comité de las Regiones relativa a los *"Objetivos estratégicos y recomendaciones para la política de transporte marítimo de la UE hasta 2018"*.

La Comunicación señala que Europa desempeña un importante papel en el contexto del transporte marítimo actual, ya que las empresas europeas poseen el 41 % de la flota mundial total (en TPM) y sufren tanto las consecuencias de la adaptación del transporte marítimo europeo a las necesidades de la economía global como la presión de la competencia ejercida por los países del mundo especializados en transporte marítimo. Muchas veces estos competidores extranjeros poseen ventajas significativas en términos de ayudas públicas, acceso a capital barato y mano

---

(211) El Acuerdo sobre transporte marítimo entre la Comunidad Europea y sus Estados Miembros, por una parte, y el Gobierno de la República Popular de China, por otra, hecho en Bruselas el 6 de diciembre de 2002 entró en vigor el 1 de marzo de 2008. Se ha publicado en el BOE de 25 de marzo de 2013.

de obra abundante o aplicación flexible de las normas acordadas a nivel internacional.

A la vista de lo expuesto la Comisión tiene interés en lograr y mantener condiciones competitivas estables y previsibles a nivel mundial para el transporte marítimo y otras industrias marítimas, reforzar la competitividad de las agrupaciones (clusters) marítimas europeas, mantener el sistema de ayudas de Estado al transporte marítimo y actuar de manera decidida en apoyo de condiciones comerciales internacionales marítimas y de acceso a los mercados justas.

Así las cosas, el Reglamento (CE) nº 1419/2006 del Consejo, de 25 de septiembre de 2006, que deroga el Reglamento (CEE) nº 4056/86 por el que se determinan las modalidades de aplicación de los artículos 85 y 86 del Tratado a los transportes marítimos y se modifica el Reglamento (CE) nº 1/2003 ampliando su alcance con objeto de incluir el cabotaje y los servicios internacionales de tramp, supuso el fin de la exención por categorías para las conferencias marítimas de línea, que les permitía fijar los precios y regular la capacidad bajo ciertas condiciones. Esta exención por categorías para las conferencias marítimas de línea, prevista en el Reglamento (CEE) no 4056/86, eximía de las prohibiciones en materia de competencia a los acuerdos, decisiones y prácticas concertadas de todos o algunos de los miembros de una o más conferencias marítimas de línea que cumplían ciertas condiciones y tenía su justificación en el hecho de que garantizaba a los exportadores unos servicios fiables que no pueden lograrse por otros medios menos restrictivos. Por otra parte, el Reglamento (CE) n° 1490/2007 del Parlamento Europeo y del Consejo, de 11 de diciembre de 2007, ha derogado el Reglamento (CEE) n° 954/79 del Consejo relativo a la ratificación por los Estados miembros del Convenio de las Naciones Unidas relativo a un código de conducta para las conferencias marítimas, o a la adhesión de dichos Estados al Convenio.

Las posibles consecuencias de la derogación de estos reglamentos y la desaparición de las conferencias[(212)] en el ámbito de la Unión Europea han sido estudiadas Estepa Montero[(213)], que señala que: *"En definitiva, pues, a*

---

(212) Hacia el final del año 2008, existían unas 150 conferencias marítimas internacionales en todo el mundo, de las que 28 operaban en rutas con salida y llegada a la Unión Europea.

(213) Estepa Montero, Manuel, *Las conferencias marítimas en el ámbito de la Unión Europea: el final de una exención a la libre competencia,* Anuario Jurídico y Económico Escurialense, XLIII, 2010.

la restricción de la competencia que suponen las conferencias le seguiría, casi con toda probabilidad, el oligopolio formal de las grandes empresas que, de esta manera, conseguirían, en la práctica, un panorama bastante parecido al preexistente, en cuanto al número de competidores reales y los desafíos a los que deben hacer frente". A la vista del desarrollo normativo de estos aspectos se pregunta Baena Baena si el derecho del transporte marítimo es tan especial como nos habían hecho creer o si, por el contrario, "la pretendida especialidad deriva del éxito de una tesis, la de los navieros"(214).

4. LOS PUERTOS

Antes de avanzar en este estudio es precisa la referencia a una materia conexa y esencial en el transporte marítimo: las infraestructuras, que resultan ser, en este caso, los puertos. Como primera mención se impone la relativa al estudio de los puertos y el sistema portuario, de los lugares de donde zarpan los barcos y donde llegan las mercancías. Ha señalado con acierto Miguez Macho(215) que en la consideración antigua de los puertos primaba su importancia estratégica para la defensa, lo que los aproximaba a la órbita militar. A partir del siglo XIX los aspectos comerciales adquieren mayor relevancia pero las infraestructuras portuarias siguen sujetas, quizá por inercia, a un régimen jurídico público. Los puertos no han sido ajenos a los procesos de privatización y liberalización y aun cuando las infraestructuras siguen siendo bienes de dominio público se ha avanzado en España hacia un sistema de autogestión portuaria, con libre competencia en la prestación de los servicios portuarios, cuya finalidad última es la rentabilidad del sistema.

Su regulación se encuentra en el Real Decreto Legislativo 2/2011, de 5 de septiembre, por el que se aprueba el texto refundido de la Ley de Puertos del Estado y de la Marina Mercante, que define los puertos comerciales del siguiente modo:

---

(214) Baena Baena, Pedro Jesús, *La reforma del derecho comunitario de la competencia y liberalización de los transportes marítimos*, en Martínez Sanz, Fernando y Petit Lavall, María Victoria, *Estudios sobre derecho y economía del transporte: reforma y liberalización*, coordinado por Fernando Juan y Mateu, Tecnos, Madrid, 2009.

(215) Miguez Macho, Luis, *Los puertos*, en *Lecciones y materiales para el estudio del derecho administrativo*, Cano Campos, Tomás, coord. Vol. 5 (Bienes e infraestructuras públicas), Iustel, Madrid, 2009.

"Artículo 3. Puertos comerciales.

1. Son puertos comerciales los que en razón a las características de su tráfico reúnen condiciones técnicas, de seguridad y de control administrativo para que en ellos se realicen actividades comerciales portuarias, entendiendo por tales las operaciones de estiba, desestiba, carga, descarga, transbordo y almacenamiento de mercancías de cualquier tipo, en volumen o forma de presentación que justifiquen la utilización de medios mecánicos o instalaciones especializadas."

El estudio de los puertos ha ocupado y ocupa a la doctrina española, que ha investigado su concepto y sus especialidades dentro del dominio público, su relación con la soberanía y con el mar territorial, sus sistemas de gestión, basados en las Autoridades Portuarias y el Ente Público Puertos del Estado, las autorizaciones y concesiones en el dominio, las tarifas y otros muchos aspectos[(216)]. Si tal ocurre con los puertos más aun se aprecia con las costas, lugar en que los puertos se asientan. El principio fundamental del grupo normativo que afecta a los puertos pretende la transformación del dominio público mientras que en las costas y playas se busca sobre todo la conservación.[(217)]

Aun siendo materia apasionante no cabe en el limitado objeto de este estudio, en el que solo son precisas algunas reflexiones sobre la influencia de su organización y estructura en relación con la marina mercante y algunas consideraciones en cuanto a su competitividad. Sobre este primer aspecto se ha destacar la acción de la Unión Europea en la materia. En mayo de 2013 la Comisión Europea ha presentado una nueva iniciativa

---

(216) La bibliografía es abundante. Valga la cita del volumen elaborado por la Abogacía General del Estado, Dirección del Servicio Jurídico del Estado, *Manual de dominio público marítimo-terrestre y puertos del Estado,* dirección de Fuentes Bardají, Joaquín, Ministerio de Justicia, Aranzadi, Madrid, 2011 y el clásico estudio de Acero Iglesias, Pablo, *Organización y régimen jurídico de los puertos estatales*, Aranzadi, Puertos del Estado, Santander, 2002. Más cercano en el tiempo, Rojas Martínez-Parets, Fernando de, *El régimen de los puertos del Estado,* Pamplona, Aranzadi, 2011, dentro de la colección de monografías sobre derecho ambiental.

(217) *Manual de dominio público marítimo-terrestre y puertos del Estado*, Abogacía General del Estado, Dirección del Servicio Jurídico del Estado, dirección de Fuentes Bardají, Joaquin, Ministerio de Justicia, Aranzadi, Madrid, 2011. Véase también Rivas Andrés, Rafael, *La obligatoriedad de publicar en diario oficial los reglamentos particulares de cada puerto*, Diario La Ley, N° 7091, 2009.

que pretende modernizar 319 de los 1200 puertos marítimos europeos, tratando de mejorar sus instalaciones y sistemas y de flexibilizar su gestión financiera y burocrática.[218]

Por lo que se refiere al segundo aspecto ha señalado Palao Taboada[219] que se pueden identificar, en principio, tres grandes modelos en relación con la titularidad de los puertos en Europa. En el modelo municipal se encontrarían los puertos de los Países Bajos y Alemania, en un sistema de propiedad privada, los puertos del Reino Unido, y en el modelo de propiedad estatal, los países del sur de Europa como España, Francia, Portugal o Grecia, en un sistema cuyos antecedentes se remontan al Imperio Romano.

A la Administración General del Estado corresponde la competencia sobre los puertos de interés general, a tenor del artículo 149.1.20 de la Constitución[220] y tal y como se definen en el artículo 4 del texto refundido de la Ley de puertos:

> *"Artículo 4. Puertos de interés general.*
>
> *1. Son puertos de interés general los que figuran en el anexo I de la presente Ley clasificados como tales por serles de aplicación alguna de las siguientes circunstancias:*
>
> *a. Que se efectúen en ellos actividades comerciales marítimas internacionales.*
>
> *b. Que su zona de influencia comercial afecte de forma relevante a más de una Comunidad Autónoma.*
>
> *c. Que sirvan a industrias o establecimientos de importancia estratégica para la economía nacional.*
>
> *d. Que el volumen anual y las características de sus actividades comerciales marítimas alcancen niveles suficientemente relevan-*

---

(218) Los datos y propuestas de la Unión Europea pueden consultarse en *http://ec.europa.eu/transport/modes/maritime/ports_en.htm.* Véase también el Real Decreto 1617/2007, de 7 de diciembre, por el que se establecen medidas para la mejora de la protección de los puertos y del transporte marítimo.

(219) Palao Taboada, Fernando, *La participación privada y la financiación de infraestructuras del transporte: la gestión portuaria en un mercado competitivo*, Revista de derecho urbanístico y medio ambiente, Año nº 29, número extraordinario dedicado a los Puertos, 1995.

(220) Fernández Rodríguez, Jesús, *Competencias del Estado: puertos y aeropuertos*, en *El estado de las autonomías: los sectores productivos y la organización territorial del Estado*, Martínez-Simancas Sánchez, Julián y Jiménez-Blanco y Carrillo de Albornoz, Antonio, coord., Vol. 4, (Ordenación del territorio), Madrid, 1997.

tes o respondan a necesidades esenciales de la actividad económica general del Estado.

e. Que por sus especiales condiciones técnicas o geográficas constituyan elementos esenciales para la seguridad del tráfico marítimo, especialmente en territorios insulares. (...)"

Y esta opción constitucional(221) tiene una justificación económica basada en la necesidad de conseguir la financiación para estas grandes infraestructuras cuya rentabilidad no es tan alta o inmediata como para conseguir atraer a la iniciativa privada, cuyas expectativas no se ven satisfechas, salvo en el campo de la explotación. En todo caso, como señala Palao(222), el análisis de la situación internacional permite concluir que las condiciones de titularidad privada o pública, estatal, regional o municipal, no prejuzgan ni el modelo de gestión ni su eficiencia. Se hace preciso, por tanto, distinguir, ente la titularidad de la infraestructura y su gestión(223), teniendo en cuenta que los costes del uso de la infraestructura

(221) La distribución de competencias entre el Estado y las Comunidades Autónomas en materia de puertos ha dado lugar a conflictos constitucionales de compleja resolución. Véase Míguez Macho, Luis, op cit. Presta especial atención al tema Jiménez de Cisneros Cid, Francisco Javier, *Los puertos en el territorio: la constitucionalidad de la Ley de Puertos del Estado y de la Marina Mercante: Análisis de las Sentencias del Tribunal Constitucional núm. 40/1998, de 19 de Febrero y de 2 de Abril de 1998*, Revista de derecho urbanístico y medio ambiente, Año nº 32, Nº 160, 1998. En su momento, las Comunidades Autónomas de Canarias, Cataluña, Galicia e Islas Baleares interpusieron recurso de inconstitucionalidad contra la Ley 27/1992, de 24 de noviembre, de Puertos del Estado y de la Marina Mercante, por entender que la citada Ley invadía sus competencias exclusivas sobre puertos y ordenación del territorio y urbanismo, que se derivaban del bloque de la constitucionalidad.

(222) Palao Taboada, Fernando, *La participación privada y financiación de infraestructuras del transporte: la gestión portuaria en un mercado competitivo*, Revista de derecho urbanístico y medio ambiente, Año nº 29, Nº Extra 145, dedicado a los Puertos, 1995.

(223) Señala Ruiz Ojeda que nuestro sistema portuario de titularidad estatal reúne todos los elementos de un verdadero régimen de perecuación, basado en los principios de autosuficiencia económica, plena repercusión de costes, tanto externos como internos, a través del sistema tarifario, a los usuarios de los servicios, sostenibilidad patrimonial y equilibrio entre competencia y solidaridad interportuaria, es decir, los puertos con resultados de explotación excedentarios deben subvenir a los deficitarios mediante el mecanismo de las transferencias. Ruiz Ojeda, Alberto Luis, *La financiación de los puertos y del sistema portuario de titularidad estatal: una aproximación al régimen de perecuación*, Revista de Derecho de las telecomunicaciones e infraestructuras en red, Año nº 7, Nº 21, 2004.

se transfieren al usuario, al transportista y al naviero. Desde el año 1994, el sistema portuario español se autofinancia y ha dejado de depender de los Presupuestos Generales del Estado. Tan es así que incluso las obras de modernización o conservación se financian de este modo.

La inevitable consecuencia de este planteamiento es la necesidad de que sean los usuarios de los puertos y no lo contribuyentes los que sufragan los gastos de funcionamiento, operaciones e inversiones, incluidos algunos costes adicionales, como el sistema de señalización marítima a lo largo de toda la costa y los servicios centralizados(224). Si se tiene en cuenta que, salvo en los casos de Inglaterra y Dinamarca, este comportamiento no es seguido por los países europeos se comprende fácilmente que las tarifas de los puertos españoles se encuentran en una posición poco competitiva ya que los operadores marítimos habrán de incluir estos costes en su planificación de transporte, junto con el precio de los fletes y de los servicios portuarios(225) y los gastos del transporte desde el puerto hasta el destino final(226).

Sobre este particular es inevitable la referencia al sistema de tarifas portuarias y su accidentada historia(227). Las tarifas(228) por servicios

(224) Palao Taboada, Fernando, op. cit.

(225) En junio de 2013 la Comisión Europea ha decidido llevar a España ante el TJUE en relación con sus normas de contratación de trabajadores portuarios en varios puertos españoles. Actualmente no se permite a las empresas estibadoras de estos puertos recurrir al mercado para contratar a su personal. En cambio, las normas vigentes obligan a las empresas estibadoras a participar financieramente en el capital de empresas privadas, que a su vez les proporcionan la mano de obra necesaria. Solo en caso de que la mano de obra propuesta por dichas empresas privadas sea inadecuada o insuficiente las empresas estibadoras pueden contratar libremente personal en el mercado. La Comisión considera que estas prácticas laborales restrictivas pueden desalentar a empresas estibadoras de otros Estados miembros que deseen establecerse en los puertos españoles.

(226) Navas Gutierrez, Mariano, *Influencia del modelo de gestión y de la política tarifaria en la competitividad de los puertos. Aplicación al caso español*, Universidad Politécnica de Madrid, Madrid, 2002.

(227) Sobre la prestación de servicios en los puertos véase el Informe IPN 06/2009 emitido por la Comisión Nacional de la Competencia, de fecha 25 de febrero de 2009.

(228) Sobre tarifas de servicios públicos en general véase García de Enterría, Eduardo, *Sobre la naturaleza de la tasa y las tarifas de los servicios públicos*, Revista de Administración Pública, número12, 1953 y Ariño Ortiz, Gaspar, *Las tarifas de los servicios públicos: poder tarifario, poder de tasación y control judicial*, Instituto García Oviedo y Universidad de Sevilla, 1976. Sobre el asunto portuario en particular Ariño Ortiz, Gaspar, *El régimen de prestación de servicios en los puertos de interés general, en La nueva legisla-*

portuarios se configuraron en la Ley 27/1992, de 24 de noviembre, de Puertos del Estado y de la Marina Mercante como precios privados. Su fijación era competencia de las autoridades portuarias[229]. Las Sentencias 102/2005, de 20 de abril, y 121/2005, de 10 de mayo, concluyeron que tales tarifas no eran precios privados sino auténticas prestaciones patrimoniales de carácter público sujetas al artículo 31.3 de la Constitución porque, *"con independencia de que la norma califique como servicios todos los presupuestos de hecho que determinan su devengo, dichas tarifas se exigen, bien por servicios que (...) se prestan en régimen de monopolio, bien por la utilización y ocupación de los bienes o instalaciones portuarias"* (STC 102/2005). El Tribunal Constitucional entendió que el artículo 70 no respetaba la reserva de ley que, para las prestaciones de carácter público en general y los tributos en particular, establecen, respectivamente, los artículos 31.3 y 133.1 de la Constitución, ya que se relegaba a una orden ministerial la definición de los supuestos y la estructura tarifaria a aplicar, así como sus elementos esenciales.

En atención a estas sentencias y su fundamento, es decir, que estos servicios se prestaban en régimen de monopolio de facto y sobre terrenos de dominio público[230], las contraprestaciones por los servicios fueron después calificadas como tasas en la Ley 48/2003, de 26 de noviembre, de régimen económico y de prestación de servicios de los puertos de interés general, modificada por la Ley 33/2010, de 5 de agosto, hoy inserta en el texto refundido. El resto de los servicios, no monopolizados por coexistir con la iniciativa privada, mantuvieron su calificación de precios privados. Más tarde fue declarada la inconstitucionalidad de las normas retroactivas sobre liquidación de tarifas por servicios portuarios anuladas por Sentencia del Tribunal Constitucional 161/2009, de 29 de junio.

En todo caso, y como consecuencia del fallo del Tribunal Constitucional, se interpusieron numerosas reclamaciones de responsabilidad patrimonial del Estado legislador por los importes correspondientes

ción portuaria: comentarios a la Ley 48/2003, de 26 de noviembre, de Régimen Económico y de Prestación de Servicios de los Puertos de Interés General, 2004.

(229) Un completo estudio sobre tarifas y tasas puede verse en Rojas Martínez-Parets, Fernando de, *El régimen de los puertos del Estado*, Pamplona, Aranzadi, 2011.

(230) El modelo adoptado por ADIF para los servicios ferroviarios es casi idéntico. Véase Collado Martínez, Rosa María, *La vía lenta de la Ley del Sector Ferroviario y la vía rápida de la Ley Ómnibus: la supuesta liberalización del transporte de mercancías por ferrocarril*, Revista Asamblea, número 21, pp 335 a 358, Madrid, 2009.

a los abonos de las tarifas liquidadas por las Autoridades Portuarias(231). Tras ser declaradas nulas estas normas muchos de los interesados que habían pagado estas cantidades solicitaron que fueran anuladas las liquidaciones, pretensión que tuvo éxito en algunos casos y Tribunales(232), aun cuando la postura del Consejo de Estado, cuyo dictamen es preceptivo en esta materia, fue siempre más matizada(233). Hasta tal punto que en el Consejo de Ministros de 16 de abril de 2010 fue preciso conceder un crédito extraordinario por importe de 90.566.930,73 euros para atender el pago del principal más los intereses derivados de las sentencias judiciales firmes anulatorias de las liquidaciones por tarifas portuarias practicadas por las Autoridades Portuarias de Barcelona, Málaga, Marín y Ría de Pontevedra, Tarragona y Valencia.

No se olvide, por otra parte, que junto a los comerciales existen en nuestro sistema portuario puertos pesqueros, puertos de refugio o abrigo, y puertos deportivos(234) (artículo 3.4 del Real Decreto Legislativo 2/2011, de 5 de septiembre), a los que este trabajo no dedicará su atención. Y tampoco podrán formar parte de este estudio los puertos, bases, estaciones e instalaciones de carácter militar, que dependen del Ministerio de Defensa(235) (artículo 14 de la citada norma).

---

(231) El Dictamen 1017/1999, de 14 de octubre de 1999, del Consejo de Estado, resuelve una consulta potestativa acerca de cuál resulta ser el órgano competente para resolver reclamaciones de responsabilidad patrimonial sobre cuestiones de la competencia de los Puertos del Estado.

(232) Valgan como ejemplos las Sentencias del Tribunal Supremo de 9 de febrero de 2007 y de 5 de marzo de 2008. Más cercana en el tiempo, la Sentencia del Tribunal Supremo de 24 de enero de 2011, que desestima la reclamación de responsabilidad del estado legislador.

(233) Un buen ejemplo es el Dictamen del Consejo de Estado 2027/2008, de 15 de enero de 2009, sobre el acuerdo del Consejo de Ministros por el que se desestiman las reclamaciones formuladas por daños patrimoniales consistentes en abono por los reclamantes de la tarifa T-4 "Pesca Fresca" reguladas por el Ministerio de Fomento como precios privados de acuerdo con los apartados 1 y 2 del artículo 70 de la Ley 27/1992 de Puertos del Estado y de la Marina Mercante, declarados inconstitucionales por el Tribunal Constitucional.

(234) La Ley 55/1969, de 26 de abril, sobre puertos deportivos, fue derogada por la Ley 27/1992, de 24 de noviembre, de Puertos del Estado y de la Marina Mercante. Véase sobre el particular Zambonino Pulito, María, *Puertos y Costas: Régimen de los Puertos Deportivos*, Tirant Monografías, Cádiz, 1997.

(235) Sobre el tema Corrales Elizondo, Agustín, *La normativa administrativa en el Anteproyecto de Ley General de la Navegación Marítima. Su incidencia en las competencias de la Armada I y II*, Revista General de Marina, volumen 252, números 1-2, enero-febrero, 2007 y número 3, marzo, 2007.

5. LA NAVEGACIÓN MARÍTIMA Y SUS CLASES

En atención a estas precisiones el objeto de este estudio sobre el transporte marítimo queda limitado a la navegación comercial, excluyendo la navegación científica, la navegación pesquera y la navegación militar. En segundo lugar se habrá de precisar que este trabajo no tomará en cuenta el régimen jurídico de plataformas y los artefactos navales. En estos términos, si navegación es desplazamiento en un medio fluido, la navegación marítima es desplazamiento sobre o bajo las aguas marítimas. A estos efectos la marina mercante se define por el Real Decreto Legislativo 2/2011, de 5 de septiembre, por el que se aprueba el texto refundido de la Ley de Puertos del Estado y de la Marina Mercante del siguiente modo:

> *"Artículo 6. Marina Mercante.*
>
> *1. A los efectos de esta Ley se considera Marina Mercante:*
>
> *a. La actividad de transporte marítimo, exceptuando el que se lleva a cabo exclusivamente entre puertos o puntos de una misma Comunidad Autónoma, que tenga competencias en esta materia, sin conexión con puertos o puntos de otros ámbitos territoriales. (...)"*

Y distingue, posteriormente, entre los siguientes tipos de navegación, en función de su ámbito:

- Navegación interior es la que transcurre íntegramente dentro del ámbito de un determinado puerto o de otras aguas interiores marítimas españolas.
- Navegación de cabotaje es la que, no siendo navegación interior, se efectúa entre puertos o puntos situados en zonas en las que España ejerce soberanía, derechos soberanos o jurisdicción.
- Navegación exterior es la que se efectúa entre puertos o puntos situados en zonas en las que España ejerce soberanía, derechos soberanos o jurisdicción y puertos o puntos situados fuera de dichas zonas.
- Navegación extranacional es la que se efectúa entre puertos o puntos situados fuera de las zonas en las que España ejerce soberanía, derechos soberanos y jurisdicción.

Y en función de las condiciones de prestación:

- Regular. Navegación de línea regular es la sujeta a itinerarios, frecuencias de escalas, tarifas y condiciones de transporte previamente establecidas.
- No regular. Navegación no regular es la que no está incluida en los términos de la letra anterior.

Los principios generales[(236)] sobre los que pivota el sistema en España incluyen a la tutela de la seguridad de la vida humana en la mar, la seguridad de la navegación marítima, la protección del medio ambiente marino, la existencia de los servicios de transporte marítimo que demanden las necesidades del país, el mantenimiento de las navegaciones de interés público y, finalmente, la promoción de la competencia en el transporte marítimo conforme a la clasificación de mercados de transporte que sea establecida por el Gobierno, junto con la promoción de las autopistas del mar como modo alternativo y complementario al transporte de mercancías[(237)].

Sin embargo, todos o alguno de los tipos de transporte pueden ser sometidos, como ya se ha expresado, a un régimen de obligaciones de servicio público con el fin de garantizar la suficiencia de servicios de transporte regular con destino o procedencia en las Islas Baleares, las Islas Canarias y Ceuta y Melilla o someterse a un régimen de contratos administrativos especiales en atención a la satisfacción de forma directa o inmediata de la finalidad pública que aquellas representan.

6. EL RÉGIMEN JURÍDICO DEL MAR

Como es evidente no hay redes de infraestructuras en el transporte marítimo y solo como metáfora podrían considerarse así las llamadas autopistas del mar. A diferencia del sistema de transportes por carretera o ferrocarril en el que la actividad de transporte[(238)] ha de desarrollarse

---

(236) Zambonino Pulito, María, *Régimen jurídico de la marina mercante*, Tirant lo Blanch y Universidad de Cádiz, Universidad de Cádiz, Valencia, 2008.

(237) Los objetivos relativos a la libre competencia quedan desterrados a los lugares finales en la enumeración de las finalidades públicas. Prevalecen sobre ellos en la enumeración la seguridad, el medio ambiente, las necesidades del país o las navegaciones de interés público (artículo 7 del Real Decreto Legislativo 2/2011, de 5 de septiembre).

(238) Martínez Sanz, Fernando y Petit Lavall, María Victoria, *Estudios sobre derecho y economía del transporte: reforma y liberalización*, coordinado por Martínez Sanz, Juan y Mateu, Fernando, Tecnos, Madrid, 2009.

utilizando una infraestructura previamente construida, en los transportes aéreos o marítimos no existe esta red, más allá de los lugares de llegada de las naves o aeronaves. Desde ese punto de vista cualquier investigación sobre el derecho marítimo está incompleta sin un estudio de los puertos, pero, como se dijo, eso es materia de otro estudio. No obstante, es oportuno precisar en este momento que la calificación jurídica del mar en los puertos es la que corresponde a las aguas interiores.

La red opera no solo como elemento previo para la actividad sino que permite una liberalización por el procedimiento más o menos simple de separar la propiedad o gestión de la infraestructura de su uso, posibilidad que no cabe en el sistema de transportes por vía marítima. No es, por tanto, de extrañar, que los procesos de liberalización sean menos sencillos[239], ya que no está al alcance del poder público alterar de forma sustancial las reglas de funcionamiento del sistema o desarticular un monopolio preexistente de infraestructuras.

Hay quizá una tercera acepción de la red, en cuanto medida de seguridad. El medio aéreo y el marino son, como ya se dijo, medios hostiles para el ser humano pero inevitables para las relaciones entre Estados. De ahí que sobre su uso y aprovechamiento sea tan intensa la presencia del derecho internacional como lo es la de los intereses propios de la soberanía de cada Estado[240].

No cabe en este lugar un estudio histórico sobre el régimen jurídico internacional, que arranca, como señala Diez de Velasco, del fracaso total de la Conferencia de La Haya para la Codificación del Derecho Internacional celebrada en 1930 y la codificación del Derecho del Mar en las Conferencias de Ginebra de 1898 y 1960.[241] Baste ahora señalar

---

(239) Véase el estudio sobre el sector aéreo de Ruiz Ojeda, Alberto, y Benítez Morcillo Gabriel, *Cielo único europeo y cielos abiertos transatlánticos*, en Derecho de la Regulación Económica: *Transportes*, dir. Ruiz Ojeda, Alberto, Madrid, Fundación Instituto Universitario de Investigación José Ortega y Gasset, Iustel, Madrid, 2010, que constituye el volumen sexto del Derecho de la regulación económica, dirigido por Santiago Muñoz Machado. El artículo analiza con detalle, entre otros muchos aspectos, el modo en que las compañías de bajo coste han conseguido los cambios en el mercado del transporte por avión.

(240) Diez de Velasco, Manuel, *Instituciones de Derecho Internacional Público*, 18 edición, Tecnos, 2013.

(241) Un magnífico y detallado resumen puede encontrarse en Vicent Chulia, Francisco, op. cit.

que el actual derecho del mar se basa en la Convención de las Naciones Unidas sobre Derecho del Mar (CONMAR), aprobada el 10 de diciembre de 1982 en Montego Bay. Estas normas tienen su reflejo en el ordenamiento español, que ha incorporado muchos de los Convenios y Tratados internacionales en la materia.

A los efectos que interesan en relación con el transporte marítimo es oportuno distinguir los regímenes jurídicos del mar en los puertos y en las zonas de navegación marítimas.

A tenor el artículo 8 del Decreto Legislativo 2/2011, de 5 de septiembre, por el que se aprueba el texto refundido de la Ley de Puertos del Estado y de la Marina Mercante: *"Las aguas interiores marítimas incluyen las de los puertos (...)"*. En principio sobre esta zona se ejerce soberanía plena por el Estado español, que tolera, no obstante que cualquier buque que no sea de Estado, sea cual sea su pabellón, pueda navegar por las aguas interiores españolas, ya sea para atravesarlas sin entrar en nuestros puertos, ya sea precisamente para hacer escala o comerciar en ellos. Como es lógico este régimen de tolerancia se limita por normas en materia de seguridad, pesca, contaminación del mar, inmigración, protección del patrimonio cultural, polizones, tráfico de sustancias o materias ilícitas y muchas otras[(242)]. De lo expuesto resulta que la jurisdicción sobre los buques extranjeros en puerto es plena y total[(243)].

La entrada en un puerto español precisa autorización, que habrá de ser otorgada por la Administración portuaria y se requiere para la utilización de las instalaciones y la ocupación del dominio público. Los buques extranjeros habrán de disponer además de un consignatario en el puerto. El "despacho" o salida a la mar se supedita igualmente a autorización.

El mismo artículo 8 del Decreto Legislativo 2/2011, de 5 de septiembre, por el que se aprueba el Texto Refundido de la Ley de Puertos del Estado y de la Marina Mercante, define las zonas de navegación como aquellas *"en las que España ejerce soberanía, derechos soberanos o juris-*

---

(242) Entre muchas otras disposiciones destacan el Real Decreto 1334/2012, de 21 de septiembre, sobre las formalidades informativas exigibles a los buques mercantes que lleguen a los puertos españoles o que salgan de éstos y la Orden FOM/1194/2011, de 29 de abril, por la que se regula el procedimiento integrado de escala de buques en los puertos de interés general.

(243) Así lo prevé con total claridad el artículo 12 del Anteproyecto de Ley de Navegación Marítima.

dicción, además de las aguas interiores marítimas, el mar territorial, la zona contigua y la zona económica exclusiva", precisión que se habrá de completar con las definiciones de la Ley 10/1977, sobre el mar territorial, y la Ley 15/1978, de 20 de febrero, sobre la zona económica exclusiva[244].

En estas zonas de navegación España ejerce su soberanía sobre los buques nacionales o extranjeros que navegan por ellas, con aplicación de los conceptos convencionales de Estado del Pabellón, Estado Ribereño y Estado del Puerto. Así, si bien en principio todos los buques que naveguen en nuestras aguas tienen obligación de exhibir su pabellón, signo de su nacionalidad, se reconoce la regla internacional general, que ya en su momento trató de favorecer el comercio marítimo: los buques extranjeros puede ejercitar en el mar territorial de cualquier Estado la navegación mientras esa actividad sea constitutiva de "paso inocente"[245].

Como ha recordado el Consejo de Estado en su Dictamen del Consejo de Estado en Pleno 449/2013/283/2013, de 24 de julio de 2013, la libertad de navegación es el régimen propio del alta mar y no del resto de los espacios marítimos. En éstos, conforme a la mencionada Convención, rige el de navegación limitada, en virtud del derecho de paso inocente cuando se trata del mar territorial (artículo 17 de la Convención de Derecho del Mar) o en virtud del derecho de paso en tránsito en los estrechos internacionales (artículo 37 de la Convención de Derecho del Mar).

En estos términos, el Consejo de Estado ha hecho constar que la previsión inicial del Anteproyecto de Ley de Navegación Marítima que consagra *"el principio de libre navegación en los espacios marítimos españoles carece de todo fundamento, invierte innecesariamente el régimen establecido en la Convención del Derecho del Mar, comporta una restricción injustificada de la soberanía nacional sobre nuestros espacios marítimos*

---

(244) España está tratando de ampliar la plataforma continental española más allá de las 200 millas náuticas en diversas zonas, como el Golfo de Vizcaya y el oeste del archipiélago canario. La posición española ya se ha presentado en la Comisión de Límites de la Plataforma Continental de Naciones Unidas, prevista en la Convención de las Naciones Unidades sobre Derecho del Mar, y, de prosperar, supondrá un notable incremento de los espacios marítimos en los que España ejercerá su soberanía en ciertas materias.

(245) El Convenio de las Naciones Unidas sobre Derecho del Mar fue aprobado el 31 de abril en Nueva York y abierto a la firma en Montego Bay, Jamaica. Su artículo 17 dispone: *"Derecho de paso inocente. Con sujeción a esta Convención, los buques de todos los Estados, sean ribereños o sin litoral, gozan del derecho de paso inocente a través del mar territorial."*

más inmediatos y puede comprometer gravemente los intereses nacionales de seguridad y defensa y entorpecer la labor de la Armada y del Servicio la Guardia Civil del Mar".

Este derecho de paso inocente puede ser suspendido temporalmente, como prevé el artículo 25.3 de la Convención del Derecho del Mar, en determinadas áreas del mar territorial, si dicha suspensión es indispensable para la protección de la seguridad del estado ribereño, incluidos los ejercicios con armas. El derecho no abarca la detención o el fondeo en aguas territoriales, que a veces tiene como finalidad evitar los trámites portuarios o el pago de tasas o tarifas.

También se ha de tener en cuenta que España tiene, en cuanto país ribereño, un derecho de persecución que habilita la intervención del Estado más allá de los puertos, las aguas interiores y el mar territorial, conferido por el artículo 33 de la Convención del Derecho del Mar para prevenir y sancionar actos que infrinjan sus leyes y reglamentos, aduaneros, fiscales, de inmigración o sanitarios cometidos en su territorio o en su mar territorial y aún en la zona económico-exclusiva y alta mar, no obstante no haberse iniciado la persecución en caliente, cuando se trate de delitos de jurisdicción universal contemplados en propia convención o en otros tratados internacionales(246).

Resulta oportuno, por otra parte, hacer una referencia expresa al caso del Estrecho de Gibraltar: la navegación a través del Estrecho de Gibraltar se rige por lo dispuesto en la Parte III de la Convención de las Naciones Unidas sobre el Derecho del Mar, si bien el Estado español añadió unas declaraciones interpretativas en su Instrumento de Ratificación(247) . El

(246) Dictamen del Consejo de Estado en Pleno 449/2013/283/2013, de 24 de julio de 2013, que puede encontrarse en *www.consejo-estado.es*

(247) En el Instrumento de ratificación de la Convención de las Naciones Unidas sobre el Derecho del Mar, hecho en Montego Bay el 10 de diciembre de 1982, publicado en el Boletín Oficial del Estado de 14 de febrero de 1997, España interpreta que *"a) El régimen establecido en la parte III de la Convención es compatible con el derecho del Estado ribereño de dictar y aplicar en los estrechos utilizados para la navegación internacional sus propias reglamentaciones, siempre que ello no obstaculice el derecho de paso en tránsito. b) En el artículo 39, párrafo 3.a), la palabra «normalmente» significa «salvo fuerza mayor o dificultad grave». c) Lo dispuesto en el artículo 221 no priva al Estado ribereño de un estrecho utilizado para la navegación internacional de las competencias que le reconoce el Derecho internacional en materia de intervención en los casos de los accidentes a que se refiere el citado artículo."*

régimen en los estrechos utilizados para la navegación internacional es el de "paso en tránsito" y no el de "paso inocente", lo que tiene consecuencias, entre otros aspectos, en la navegación de submarinos.

Existen previsiones especiales en las normas internacionales y nacionales para determinados tipos de buques o de carga, como pueden ser los buques de propulsión nuclear, los que transportan materiales peligrosos, los buques de investigación o los petroleros. España es especialmente sensible a algunas de estas materias después de los desastres ecológicos que supusieron los vertidos de los buques "Mar Egeo" y "Prestige."[(248)]

7. LOS BUQUES. CONCEPTO Y RÉGIMEN JURÍDICO. REGISTRO Y ABANDERAMIENTO

Corresponde ahora, visto el régimen jurídico del mar, encarar el estudio del medio del transporte: el buque. La Real Academia Española entiende que un buque es: *"Barco con cubierta que, por su tamaño, solidez y fuerza, es adecuado para navegaciones o empresas marítimas de importancia"*. No existe una definición de buque en el Código de Comercio, lo que ha dado pie a interesantes discusiones doctrinales sobre la materia, las más de las veces relacionadas con la necesidad de afirmación del derecho marítimo como disciplina autónoma en relación con el derecho administrativo o con el derecho mercantil.

García Pita entiende que el concepto de buque es un elemento fundamental del derecho marítimo, una raíz, que contribuye a delimitar el propio ámbito de aplicación de este agregado normativo entendido como

---

(248) En el primero de los casos, un buque de bandera griega llegó a las costas de la ciudad de La Coruña el día 30 de noviembre de 1992 con un cargamento de 79.300 toneladas de petróleo crudo, fondeando en la medianoche en la ría de Ares, con destino final en la terminal de Repsol del puerto. El 2 de diciembre, durante las maniobras de amarre, se perdió el control del buque que encalló contra las rocas de la Torre de Hércules, incendiándose y vertiéndose el crudo. El "Prestige", otro petrolero, abanderado en Bahamas, se hundió el 19 de noviembre de 2002 frente a las costas de Galicia, vertiendo toneladas de fueloil que llegaron a la costa y ocasionaron un desastre ecológico. Los petroleros monocasco fueron prohibidos poco después en la Unión Europea. Resulta especialmente interesante el Dictamen el Consejo de Estado 2.060/2002, de 5 de septiembre de sobre el proyecto de Real Decreto-Ley por el que se autoriza a celebrar acuerdos transaccionales, entre el Estado español, el Fondo Internacional de indemnización de daños debidos a la contaminación por hidrocarburos de 1971 y los perjudicados por el siniestro del buque "Mar Egeo".

derecho especial[249]. Este vehículo con que se realiza la navegación, señala, da lugar a hechos, actos y negocios jurídicos productores de las relaciones sociales sometidas al derecho marítimo, definido por Arroyo, como derecho especial o derecho de la especialidad[250].

Señala Vicent Chuliá[251] que el estudio del régimen jurídico de los buques ha de incluir aspectos como el fomento de su construcción y explotación, el control de la seguridad en la construcción y el régimen de abanderamiento y matrícula. La mayor parte de estos aspectos exceden los límites de un estudio como este, centrado sobre todo en el transporte marítimo, de modo que habrá de bastar con algunas pinceladas.

Tampoco es posible incluir en este estudio el régimen jurídico de las embarcaciones con fines de recreo y deportivos ni el de los buques de guerra. En el mismo sentido el Anteproyecto de Ley de Navegación Marítima excluye de su ámbito los buques y embarcaciones de Estado, incluidos los de guerra, que son aquellos afectos a la Defensa nacional u otros de titularidad o uso público, siempre que presten servicios públicos de carácter no comercial (artículo 3). Los de guerra se definen en particular como los adscritos a las Fuerzas Armadas, que lleven los signos exteriores distintivos de los buques de guerra de su nacionalidad y que se encuentren bajo el mando de un oficial militar debidamente designado por el Gobierno de su Estado, cuyo nombre esté inscrito en el escalafón de oficiales o en un documento equivalente y cuya dotación esté sometida a la disciplina de las Fuerzas Armadas regulares.

En el Decreto Legislativo 2/2011, de 5 de septiembre, por el que se aprueba el texto refundido de la Ley de Puertos del Estado y de la Marina Mercante la definición es la que sigue:

> *"Artículo 9.2. Se entiende por buque civil cualquier embarcación, plataforma o artefacto flotante, con o sin desplazamiento, apto para la navegación y no afecto al servicio de la defensa nacional."*

Sin embargo, la definición legal prevista en el artículo 56 del Proyecto de Ley de Navegación Marítima solo tiene en común con la ya citada la

---

(249) En su estudio sobre el buque aporta interesantes referencias al derecho comparado. Véase García-Pita y Lastres, José Luis, op. cit.

(250) Arroyo Martinez, Ignacio, *El derecho marítimo como derecho especial o derecho de la especialidad*, en *Estudios de Derecho marítimo*, Bosch, Barcelona, 2001.

(251) Vicent Chuliá, Francisco, op. cit.

capacidad para navegar, pues no incluye los vehículos pequeños, que deben ser calificados como embarcaciones, ni tampoco las plataformas y artefactos flotantes. Así se expresa el precepto, basándose en la capacidad para navegar y la capacidad para transportar[(252)]:

> *"Artículo 56. Se entiende por buque todo vehículo con estructura y capacidad para navegar por el mar y para transportar personas o cosas, que cuente con cubierta corrida y de eslora igual o superior a 24 metros."*

La divergencia entre estas definiciones ha sido objeto de consideración crítica por parte del Consejo de Estado que entiende que puede producir consecuencias no deseadas y resulta desaconsejable en una norma que aspira a incluir en su ámbito tanto el derecho público como el derecho privado de la navegación. Tampoco cuenta en su favor la previsión de la Ley de Navegación Marítima con el aval del derecho internacional ya que las definiciones de buques que ofrecen los tratados internacionales son mucho más amplias que la citada[(253)].

Añade el Proyecto que el buque es un bien mueble y registrable, compuesto de partes integrantes y pertenencias. Las primeras son los elementos que constituyen la estructura del buque, de modo que no pueden separarse del mismo sin menoscabo de su propia entidad, las segundas los elementos destinados al servicio del buque de un modo permanente, pero que no integran su estructura. Son, finalmente, accesorios, los elementos consumibles adscritos al buque de un modo temporal.[(254)]

---

(252) En el Proyecto constan también definiciones de artefactos navales y plataformas fijas, estas últimas calificadas como bienes inmuebles.

(253) Así, por ejemplo, el Reglamento Internacional para prevenir los abordajes, Convenio hecho en Londres el 20 de octubre de 1972, dispone en su Regla 3 que la palabra "buque" designa a toda clase de embarcaciones, incluidas las embarcaciones sin desplazamiento y los hidroaviones, utilizadas o que puedan ser utilizadas como medio de transporte sobre el agua. Mayor problema puede plantearse en relación con el Convenio Internacional para la unificación de ciertas reglas en materia de conocimientos de embarque de 25 de agosto de 1924, según Protocolos de 1968 y 1979, cuyo artículo 1 define el "buque", a los efectos del Convenio, como cualquier embarcación empleada para el transporte de mercancías por mar, a diferencia del Anteproyecto.

(254) Señala el artículo 576 del Código de Comercio que: *"Se entenderán siempre comprendidos en la venta del buque el aparejo, respetos, pertrechos y máquinas si fuere de vapor, pertenecientes a él, que se hallen a la sazón en el dominio del vendedor. No se considerarán comprendidos en la venta las armas, las municiones de guerra, los víveres ni el combustible. (...)"*.

El registro de los buques es doble. Por una parte se han de registrar en la Sección de Buques del Registro de Bienes Muebles, por otra en el Registro de Buques y Empresas Navieras, con la finalidad de proporcionar seguridad a las relaciones jurídicas de aquéllos. Esta duplicidad ha sido objeto de la crítica de parte de la doctrina pero se ha defendido por quienes la justifican atendiendo a la existencia de una doble necesidad, por una parte resulta precisa la calificación jurídica aparejada a su inscripción en el Registro de Bienes Inmuebles, por otra, se ha de atender a la necesidad de la Administración de mantener un cierto control sobre la flota(255).

Resulta, por otra parte, del mayor interés la mención del Registro especial de buques y empresas navieras de las Islas Canarias(256). Este Registro se creó por la disposición adicional decimoquinta de la Ley 27/1992, de 24 de noviembre, de Puertos del Estado y de la Marina Mercante y fue adaptado por la Ley 19/1994, de 6 de julio, de modificación del Régimen Económico y Fiscal de Canarias. La inscripción en este Registro permite a las empresas sujetarse a un régimen especial siempre que tengan un centro efectivo de control de la explotación de los buques en Canarias o un establecimiento o representación permanente en las Islas, y sean propietarias de los buques que pretendan inscribir o tengan la posesión de éstos bajo contrato de arrendamiento a casco desnudo u otro título que lleve aparejado el control de la gestión náutica y comercial del buque(257). En estos términos se permite la inscripción de buques civiles, excluidos los de pesca, con arqueo mínimo de 100 GT, destinados a la navegación de cabotaje, exterior o extranacional. Este régimen resulta más flexible en cuanto al régimen de las dotaciones de los buques y sus requisitos de nacionalidad y en lo que afecta a las normas aplicables a la tripulación, pero sobre todo ofrece algunas ventajas tributarias(258).

---

(255) En el Proyecto de Ley de Navegación Marítima se prevé la creación de un Registro Especial para Buques históricos y réplicas, destinado a proteger un patrimonio cultural que en España, como nación marinera, reviste gran importancia y es digno de protección.

(256) El Dictamen del Consejo de Estado en Pleno 449/2013/283/2013, de 24 de julio de 2013, estima que es procedente incluir esta referencia en el Anteproyecto de Ley de Navegación marítima que, sorprendentemente, no cita este Registro.

(257) En 2011 había 278 buques inscritos en este Registro Especial.

(258) Entre los incentivos se encuentran exenciones o bonificaciones en los Impuestos sobre Transmisiones Patrimoniales y Actos Jurídicos Documentados, sobre el Impuesto

Se ha de precisar, por otra parte, que los buques españoles se someten a las normas españolas. Así lo dispone el artículo 9 del Decreto Legislativo 2/2011, de 5 de septiembre, por el que se aprueba el texto refundido de la Ley de Puertos del Estado y de la Marina Mercante, teniendo en cuenta que los buques debidamente registrados y abanderados en España tendrán a todos los efectos la nacionalidad española, nacionalidad que tiene carácter extraterritorial en algunos aspectos. No se debe olvidar que el abanderamiento de buques es competencia exclusiva del Estado, a tenor del artículo 149.1.20 de la Constitución.

Por lo que se refiere a este efecto de territorialidad, se ha de destacar que ya desde el Convenio de Ginebra de 29 de abril de 1958 los buques tienen la obligación de navegar bajo bandera o pabellón de un estado[(259)]. A falta de tal, el buque habría de ser considerado "pirata". La regulación interna se encuentra en el Real Decreto 1027/1989, de 28 de julio, sobre abanderamiento, matriculación de buques y registro marítimo y será sustituida por los artículos 88 y siguientes del Proyecto que se refieren al abanderamiento como el acto que otorga el derecho a enarbolar el pabellón español[(260)].

Por lo que se refiere al fomento[(261)] de la construcción de buques la intervención pública siempre ha sido intensa en España, país con una larga tradición en este sector tanto en la construcción civil como en la militar, que arranca desde el siglo XII, como señala Tamames[(262)]. La expansión aragonesa por el Mediterráneo y la castellana por el Atlántico contribu-

sobre la Renta de las Personas Físicas y sobre Sociedades, así como el "Tonnage Tax" que permite a las empresas navieras optar por pagar el impuesto sobre sociedades sobre una cantidad fija por tonelada registrada, en vez de en función de los beneficios obtenidos.

(259) Aun hoy el Código de Comercio se refiere a los corsarios, regulando en los artículos 622 y siguientes las obligaciones del Capitán si tuviere noticias de corsarios o buques de guerra.

(260) El artículo 4 del Real Decreto 2335/1980, de 10 de octubre, por el que se regula el uso de la Bandera de España y otras banderas y enseñas a bordo de los buques nacionales, recoge la costumbre del mar según la cual los buques españoles deberán izar el pabellón nacional a la vista de buque de guerra o fortaleza.

(261) Sobre las técnicas de fomento en general Villar Palasí, J.L., *Las técnicas administrativas de fomento y apoyo al precio político*, Revista de Administración Pública 14, Madrid, 1954 y Jordana de Pozas, Luis, *Ensayo de una teoría de fomento en el Derecho administrativo*, en Revista de Estudios Políticos, 48, Madrid, 1949.

(262) Tamames, Ramón, *Estructura Económica de España,* 22ª edición, Alianza Universidad Textos, Madrid, 1992, pags. 335 y ss.

yen a esta expansión de la industria naval, solo interrumpida por la derrota de la Armada Invencible. Posteriormente los Borbones se ocupan de la reconstrucción de los astilleros y arsenales y dentro del programa de Patiño empezaron en 1717 las obras del Arsenal de La Carraca en Cádiz, al que se sumarían los arsenales de El Ferrol y Cartagena. La derrota de Trafalgar supone un cambio sustancial del que la actividad de construcción de barcos solo se recuperará ya bien entrado el siglo XX.

En este siglo y tras una gran crisis del mercado se promulga Ley de 2 de junio de 1939, instituyendo un sistema de crédito naval, y posteriormente la Ley de protección a la construcción naval de 5 de mayo de 1951, sustituida por la Ley de 12 de mayo de 1956, de protección y renovación de la flota mercante española(263). Se pretendía construir un millón de TRB en diez años, mediante la concesión de créditos a los navieros para la adquisición de buques de hasta un 80% de su valor y a créditos a las empresas para la modernización de los astilleros.

Al amparo de esta legislación y aprovechando la buena situación del mercado tras el cierre del Canal de Suez las empresas españolas prosperaron. La Sociedad Española de Construcción Naval (SECN), conocida como "La Naval" se ocupó de la construcción de buques tanto civiles como militares, con arsenales en El Ferrol (Astano), La Carraca y Cartagena, a los que se sumaron la factoría siderúrgica de Reinosa y los astilleros de Sestao(264). Esta y otras empresas se fusionaron para crear en 1969 Astilleros Españoles (AESA), integrada dentro del Instituto Nacional de Industria, que contaba con astilleros en Cádiz, Sevilla, Gijón, Bilbao y Santander. Por otra parte se había creado la Empresa Nacional Bazán de Construcciones Navales Militares S.A., inserta también en el marco del Instituto Nacional de Industria(265).

La crisis de los setenta se dejó sentir en el sector, acompañada de la reapertura de la Canal de Suez, que provocó un descenso significativo de las necesidades de grandes buques, en especial de petroleros(266). El sec-

(263) Tamames, Ramón, op.cit.

(264) Entre otros se construyeron los cruceros pesados "Canarias" y "Baleares" y varios destructores de la clase "Churruca".

(265) En 1988 Bazán entrego a la Armada Española el portaaviones Príncipe de Asturias.

(266) En esta época finalizó la construcción de un gran astillero en Cádiz, proyectado en mejores épocas, lo que contribuyó a agudizar aun más la crisis.

tor naval español se vio sometido a un doloroso proceso de reconversión industrial, cuyas primeras medidas se adoptaron en 1978 y resultaron insuficientes. En la década siguiente, la Ley 21/1982, de 9 de junio, sobre medidas para la Reconversión Industrial[(267)], y el Real Decreto Ley 8/1983, de 30 de noviembre, sobre reconversión y reindustrialización, tratan de atajar el problema sin éxito. En 1985 se cierran varios astilleros, no sin una gran conflictividad social y graves problemas de orden público. Por otra parte, nuestra adhesión a la Comunidad Económica Europea hizo necesario replantearse el problema de los astilleros no rentables.

Posteriormente Astilleros Españoles y Bazán se fusionaron, creando en el año 2000 la empresa Izar, que pasó a ser gestionada por la Sociedad Estatal de Participaciones Industriales (SEPI). Tras la última reestructuración del sector, y como resultado del proceso de escisión de Izar nace Navantia, empresa pública española de construcción naval. Subsiste, como Entidad Pública Empresarial, la Gerencia del Sector de la Construcción Naval[(268)] entre suyos fines se encuentra la culminación del proceso de reconversión del sector y la gestión y el control de los fondos, ayudas públicas y subvenciones disponibles.

En este momento y en cuanto a la política de fomento la norma básica es el "Marco Naval"[(269)] aplicable a las ayudas estatales a la construcción naval, adoptado mediante la Comunicación de la Comisión Europea (2011/C 364/06)[(270)], sobre Directrices comunitarias sobre ayudas de Estado al Transporte Marítimo[(271)]. La Unión Europea entiende que la decreciente competitividad del sector en Europa justifica la existencia de algunos tipos de ayudas públicas, como, por ejemplo, la amortización acelerada de las inversiones, la exención de impuestos sobre los beneficios, siempre que estos beneficios se vuelvan a invertir en buques, o las

(267) La Ley permitía que el Gobierno en aquellos sectores industriales de interés general que atravesaban situaciones de crisis de especial gravedad pudiera aplicar, con carácter excepcional, por Real Decreto, medidas de reconversión, entre ellas, fusiones, segregaciones o agrupaciones de empresas y también planes de empleo que incluían despidos.

(268) Con origen en el Real Decreto 1433/1987, de 25 de noviembre, sobre primas a la construcción naval.

(269) Publicado el 14 de diciembre de 2011 en el Diario Oficial de la Unión Europea.

(270) Sustituye a la Comunicación 2003/C 317/06, publicada en el Diario Oficial de la Unión Europea, número C 317, de 30 de diciembre de 2003.

(271) Véase la Comunicación de la Comisión *"Hacia una nueva estrategia marítima"* (COM (96) 0081-C4-0237/96, de 8 de marzo de 1996.

ayudas en materia de seguridad social y de imposición de los ingresos de los trabajadores del mar, destinadas a reducir las cargas de las compañías navieras derivadas de la explotación de buques matriculados en la Comunidad.

Las ayudas en España se encontraban recogidas en el Real Decreto 442/1994, de 11 de marzo, sobre primas y financiación a la construcción naval. Las medidas incluían la concesión de avales del Estado a la inversión en buques, un régimen especifico de tributación de las navieras y ayudas para la financiación de la construcción de buques(272). La última modificación del sistema se encuentra en el Real Decreto 237/2013, de 5 de abril(273), por el que se modifica el Real Decreto 442/1994, de 11 de marzo, sobre primas y financiación a la construcción naval, para adecuarlo a las normas del derecho de la Unión Europea. Se ha de tener en cuenta que la decisión de la Comisión Europea de 30 de mayo de 2012, sobre las ayudas de Estado n.° SA. 34583 (2012/N) - España y SA. 34584 (2012/N) - España, ha considerado que la prórroga de los regímenes españoles de financiación para la exportación de buques y de ayudas horizontales a la construcción naval es compatible con el Tratado de Funcionamiento de la Unión Europea.

A pesar de todas estas políticas de fomento el sector naval europeo no atraviesa un buen momento y se viene observando un descenso exponencial de la producción en Europa, que contaba con un 25 por ciento de cuota de mercado en el año 1994 y cuenta con menos del 5 por ciento en el año 2012. Entre otros datos relevantes destaca este: en el año 2011 Europa consiguió un total de 131 nuevos contratos para buques,

(272) La versión anterior del régimen de amortización anticipada de los bienes adquiridos mediante arrendamientos financieros está siendo objeto de una investigación detallada de la Comisión Europea. El "tax lease", en vigor desde 2002, permitía la amortización acelerada y anticipada de los barcos, generando beneficios fiscales a los inversores ya que permitía deducir fiscalmente el coste de determinados activos adquiridos mediante arrendamientos financieros desde el inicio de la construcción de los buques, sin esperar a que fueran explotados comercialmente. Se estima que las ayudas del Estado español llegaron a 8.000 millones de euros, que permitieron la construcción de 275 buques entre 2002 y 2010. El nuevo régimen de amortización anticipada de bienes adquiridos mediante arrendamientos financieros ("Spanish Tax Lease") ha sido autorizado por la Comisión Europea, al entender que no incluía elementos de ayuda estatal con arreglo a las normas europeas.

(273) A este respecto véase el Dictamen del Consejo de Estado 1363/2012, de 31 de enero de 2013.

entre ellos 32 para los noruegos, 12 para los alemanes y 20 para los Países Bajos. España consiguió tan sólo 4 contratos. Los astilleros japoneses durante el 2010 consiguieron adjudicarse un total de 80 buques nuevos (118 en 2010). China, por su parte, contrató 500 (953 en 2010). Corea del Sur contrató 361 (466 en 2010) buques nuevos, y si se cuentan el resto de participantes asiáticos, la cantidad de nuevos contratos asciende a los 1.043 buques. A mitad de 2012, aproximadamente, toda Asia ha contratado algo más de 1.200 buques. Europa tan sólo se ha hecho con 150 nuevos contratos[(274)]. Es previsible que a la vista de estos datos la política de la Unión Europea no siga las normas más ortodoxas de la libre competencia.

8. NAVIEROS Y ARMADORES. LOS SUJETOS DE LA NAVEGACIÓN

Parece oportuna en primer lugar una referencia a la importancia económica del sector, con datos que casi desmerecen la tradición marítima española. Lo cierto es que las dificultades para el transporte terrestre interior en la Península Ibérica hubieran debido determinar una mayor presencia de la navegación pero nunca fue así, en parte, señala Tamames, por la burocratización excesiva del cabotaje[(275)].

La flota mercante controlada por empresas navieras españolas suma un resultado de 141 buques con pabellón español (con 2,441 millones GT) y 88 buques con pabellón extranjero (con 2,007 millones GT). Dentro de la flota española, el segmento de mayor cuota corresponde a los buques de pasaje (33,8 %), seguidos de los buques de carga general (14,5 %), "ro-ros"[(276)] y petroleros (ambos con el 13,1 %) y los buques gaseros (8,3 %)[(277)].

En el año 2011 la facturación de las empresas navieras españolas fue del orden de 2.000 millones de euros, repartidos entre un 36% en tráficos "tramp" y un 64% en líneas regulares, de las cuáles el 95% corresponde a los tráficos de cabotaje nacional. Se entiende por transporte o tráfico

---

(274) Gerencia del Sector Naval, *Informe sobre la construcción naval en 2011* e *Informe sobre la construcción naval en España en 2011*, en *www.gernaval.org*.

(275) Tamames, Ramón, op. cit.

(276) RO-RO es el buque, o barco que transporta cargamento rodado, tanto automóviles como camiones (Roll On-Roll Off).

(277) Los datos proceden de los trabajos preparatorios del Anteproyecto de Ley de Navegación Marítima y se refieren a 2013.

"tramp" la navegación efectuada sin itinerario fijo, contratando el total o parte de la capacidad de carga de un buque, por contraposición al tráfico en líneas regulares.

Si bien los datos económicos dan muestra de un sector de cierta importancia, una primera aproximación jurídica al concepto de navieros y armadores resulta desalentadora. En el Código de Comercio se entiende por naviero: *"la persona encargada de avituallar o representar el buque en el puerto en que se halle"* (artículo 586) pero no resultan claras las diferencias entre naviero, propietario y armador. Pulido Begines entiende que la causa puede encontrarse en la personificación del buque que difumina los criterios aplicables al empresario(278). En todo caso resulta necesaria una cierta claridad en cuanto a la definición ya que determinará el régimen general de responsabilidades del buque y la empresa.

En principio, en el Código de Comercio, el naviero es un comerciante marítimo, de modo que se exige su inscripción en el Registro Mercantil. Así lo dispone el artículo 595 que señala que *"El naviero, ya sea al mismo tiempo propietario del buque o ya gestor de un propietario o de una asociación de copropietarios, deberá tener aptitud para comerciar y hallarse inscrito en la matrícula de comerciantes de la provincia. El naviero representará la propiedad del buque y podrá, en nombre propio y con tal carácter, gestionar judicial y extrajudicialmente cuanto interese al comercio."* De esta condición de comerciante se deriva no solo la necesidad de la inscripción en el Registro sino también la obligación de someterse a las reglas generales que para los comerciantes impone el Código de Comercio.

Más ajustados a la realidad actual resultan los conceptos del texto refundido de la Ley de Puertos del Estado y de la Marina Mercante, aprobado por Real Decreto Legislativo 2/2011, de 5 de septiembre, que utiliza este criterio:

> *"Artículo 10. Empresas navieras.*
>
> *Se entiende por empresario o empresa naviera la persona física o jurídica que, utilizando buques mercantes propios o ajenos, se dedique a la explotación de los mismos, aun cuando ello no cons-*

(278) Pulido Begines, Juan Luis, *El derecho de la navegación marítima (I).* Concepto. El buque. El naviero, en Martínez Sanz, Fernando (dir) y Puetz, Achim (coord), *Manual de derecho del transporte*, Marcial Pons, Madrid, 2010.

tituya su actividad principal, bajo cualquier modalidad admitida por los usos internacionales."

Se ha de tener en cuenta finalmente que en el Anteproyecto de Ley de Navegación Marítima los conceptos, ya acomodados al derecho internacional, resultan ser más flexibles. Dispone el artículo 154:

"Artículo 145. Concepto de armador y de naviero.

1. Es armador quien, siendo o no su propietario, tiene la posesión de un buque o embarcación, directamente o a través de sus dependientes, y lo dedica a la navegación en su propio nombre y bajo su responsabilidad.

2. Se entiende por naviero o empresa naviera la persona física o jurídica que, utilizando buques mercantes propios o ajenos, se dedique a la explotación de los mismos, aún cuando ello no constituya su actividad principal, bajo cualquier modalidad admitida por los usos internacionales.

3. En el caso de condominio naval, recaerá la condición de armador en cada uno de los condóminos, sin perjuicio de su derecho a nombrar un administrador."

Por su parte, el artículo 146 del Anteproyecto dispone que "el armador que dedique el buque a la navegación con fines empresariales deberá inscribirse en el Registro Mercantil". Así parece que, frente al armador "ordinario", regulado en el artículo 145.1, que tiene la posesión de un buque o embarcación y lo dedica a la navegación, este artículo 146 configura una suerte de armador "cualificado" o "mercantil", que se dedica a la navegación "con fines empresariales". Por esta razón el Consejo de Estado estimó que era oportuno que se aclarara en la versión final de la norma si existe una diferencia sustantiva entre la actividad de "navegación con fines empresariales" y la de "explotación" de un buque mercante[(279)]. El Anteproyecto precisa, posteriormente, que, a falta de inscripción y salvo prueba en contrario que nunca perjudicará a tercero de buena fe, se considerará armador al propietario que figure inscrito en el Registro de Bienes Muebles.

(279) Dictamen del Consejo de Estado en Pleno 449/2013/283/2013, de 24 de julio de 2013.

Por lo que se refiere al concepto de armador ha señalado el Consejo de Estado[280] que el concepto del Anteproyecto de Ley de Navegación Marítima, tomado de la literalidad del texto refundido de la Ley de Puertos del Estado y de la Marina Mercante debe cohonestarse con el consagrado la Directiva 93/103/CE del Consejo, de 23 de noviembre de 1993, relativa a las disposiciones mínimas de seguridad y de salud en el trabajo de los buques de pesca. El artículo 2.f) de esta Directiva define la figura del armador, a los efectos de lo establecido en la misma, en los siguientes términos: *"El propietario registrado de un buque, excepto cuando el buque sea fletado con cesión de la gestión náutica o sea gestionado, total o parcialmente, por una persona física o jurídica distinta del propietario registrado en virtud de un acuerdo de gestión; en este caso se considerará que el armador es, según corresponda, el fletador a quien se ha cedido la gestión náutica del buque o la persona física o jurídica que efectúa la gestión del buque"*.

La Comisión Europea emitió en su día un dictamen motivado, de fecha 31 de mayo de 2012, requiriendo a España la adecuada transposición de este concepto de armador, lo que se llevó a cabo mediante modificación, por Real Decreto 1696/2012, de 21 de diciembre, del artículo 2.6 del Real Decreto 1216/1997, de 18 de julio, por el que se establecen las disposiciones mínimas de seguridad y salud en el trabajo a bordo de los buques de pesca. El citado precepto reglamentario reproduce así hoy literalmente la definición de armador contenida en la Directiva. El concepto de armador recogido en el Anteproyecto no puede contradecir ni alejarse del de la Directiva 93/103 y el Real Decreto 1216/1997, pues los buques de pesca (a los que se refiere la regulación de estas dos últimas disposiciones) entran dentro del ámbito de aplicación de aquél y pueden ser objeto, como se ha visto, de la actividad del armador prevista en el mismo. Dicho esto, entiende el Consejo de Estado que la definición del "armador" del artículo 145.1 del Anteproyecto, aun no siendo una reproducción literal de la contenida en el artículo 2.f) de la Directiva 93/103, resulta compatible con lo establecido en ella.

En todo caso, y con independencia de precisiones terminológicas lo relevante es el régimen de responsabilidad. De este modo se trata de asegurar que el armador sea responsable ante terceros de los actos y

---

(280) Dictamen del Consejo de Estado en Pleno 449/2013/283/2013, de 24 de julio de 2013.

omisiones del capitán y dotación del buque, aun cuanto tiene derecho a limitar su responsabilidad en los supuestos establecidos en las leyes. Precisamente por esta razón ha de inscribirse en el Registro de Buques y Empresas Navieras (artículo 257 del texto refundido) y ha de contratar necesariamente un seguro[281] (artículo 254 del mismo texto refundido) para cubrir las eventuales responsabilidades civiles en la que pueda incurrir en el curso de la explotación de sus buques[282]. Es igualmente responsable del cumplimiento de las obligaciones impuestas por las normas de seguridad y del cumplimiento de las previsiones relativas a la dotación del buque[283].

Los límites en los que se desenvuelve este estudio impiden prestar mayor atención a la figura del capitán[284]. Baste decir, por tanto, que a las potestades que ostenta en la navegación desde un punto de vista técnico (decisiones sobre seguridad del buque y protección de la vida humana, abandono del buque y naufragio) se suma la representación del armador o naviero. Puede, en su caso, levantar una "protesta de mar", que constará en el Diario de Navegación. Su actuación en materias relativas a nacimientos o fallecimientos a bordo, testamentos y desapariciones se asemeja a la del encargado del Registro Civil, en lo que afecta a los hechos y actos inscribibles que ocurran durante un viaje marítimo. Se encuentran entre estas competencias la de celebrar matrimonios en peligro de muerte[285] y autorizar el testamento marítimo[286]. Estas competencias han sido

[281] Sobre el seguro marítimo véase Girgado Perandones, Pablo, *Los seguros marítimos y aéreos*, en Martínez Sanz, Fernando (dir) y Puetz, Achim (coord), *Manual de derecho del transporte*, Marcial Pons, Madrid, 2010. El autor identifica las distintas modalidades del seguro que puede recaer sobre cascos, cargamentos, beneficio esperado, flete y responsabilidad civil del naviero.

[282] El seguro marítimo quedó al margen del ámbito de la Ley 50/1980, de 8 de Octubre, de Contrato de Seguro.

[283] El derecho del trabajo se incorporó al derecho marítimo en atención a las necesidades de proteger la vida humana en el mar y el propio medio marítimo. La Organización Marítima Internacional ha prestado especial atención a dicha materia, destacando el Convenio Internacional sobre Formación Titulación y Guardia de la Gente de Mar de 1978 en materia de marina mercante, conocido como STCW/78/95. Existe otro convenio semejante en relación con los buques pesqueros conocido como STCW-F/95.

[284] Sobre la reserva de nacionalidad para el Capitán véase la Sentencia del Tribunal Supremo, Sala 3ª, de 4 de diciembre de 2003.

[285] Artículo 52 del Código Civil.

[286] Artículo 722 y siguientes del Código Civil.

caracterizadas por la doctrina administrativa como un modo de ejercicio privado de funciones públicas[287].

9. LOS CONTRATOS DE UTILIZACIÓN DEL BUQUE. COMPRAVENTA Y ARRENDAMIENTO DE BUQUES. EL CONTRATO DE FLETAMENTO Y SUS MODALIDADES. EL CONTRATO DE PASAJE. OTROS CONTRATOS EN EL DERECHO MARÍTIMO

Un estudio de los contratos de utilización del buque ha de empezar, necesariamente, con una referencia a la compraventa de buques mercantes. En este contrato impone el artículo 573 del Código de Comercio que "*La adquisición de un buque deberá constar en documento escrito, el cual no producirá efecto respecto a tercero si no se inscribe en el Registro Mercantil*". La razón fundamental es que sobre este bien pueden recaer tanto una serie de derechos de garantía de los acreedores en relación con la utilización del mismo como el contrato de hipoteca naval, regulado por la Ley de 21 de agosto de 1893, de Hipoteca Naval y el Convenio internacional de Ginebra sobre los privilegios marítimos y la hipoteca naval del 16 de mayo de 1993. El Tribunal Supremo ha declarado en sentencia de 18 de mayo de 2005 que el que la inscripción del buque sea obligatoria "*significa que no es facultativa, pero no que tenga eficacia constitutiva, esto es, que resulte necesaria para que la mutación jurídica o cambio de titularidad se produzca. (...) Realmente, la inscripción de la transmisión del buque en el Registro Mercantil, aunque obligatoria, tiene una naturaleza meramente declarativa, en el sentido de que el cambio jurídico de titularidad se produce o tiene lugar fuera del mundo tabular y en el de que los asientos registrales solamente le atribuyen publicidad*".

Como ha destacado el Consejo de Estado[288], en líneas generales, la realización de negocios jurídicos sobre el buque sólo se somete en el Anteproyecto de Ley de Navegación Marítima al requisito formal de su documentación por escrito, aunque la producción de efectos frente a terceros se subordina frecuentemente a su inscripción registral. El precepto no aclara, sin embargo, si ese documento escrito, sea público o privado,

---

[287] Sainz Moreno, Fernando, *Ejercicio privado de funciones públicas*, Revista de Administración Pública, números 100-102, Madrid, 1983.

[288] Dictamen del Consejo de Estado en Pleno 449/2013/283/2013, de 24 de julio de 2013, sobre el Anteproyecto de Ley de Navegación Marítima.

tiene en todo caso acceso al Registro pero de la interpretación que se desprende de los artículos 578 del Código de Comercio y 149 y 150 del Reglamento del Registro Mercantil de 14 de diciembre de 1956 resulta que el principio registral de titulación pública rige en la actualidad en este terreno. El Anteproyecto de Ley de Navegación Marítima parece suprimir esta exigencia de documento público para el acceso al Registro, opción que supondría una modificación del sistema vigente que debe ser razonada y justificada, ya que al suprimir la exigencia del documento público para el acceso al Registro, el Anteproyecto hace recaer sobre éste toda la responsabilidad de la verificación de la regularidad formal y material de la titularidad o del negocio jurídico cuya inscripción se solicita.

El primero de los contratos de utilización del buque es el contrato de arrendamiento de buque, que carece de regulación específica en nuestro Código de Comercio. En el Anteproyecto de Ley de Navegación Marítima se caracteriza del siguiente modo:

> *"Artículo 188. Concepto.*
>
> *Por el contrato de arrendamiento de buque el arrendador se obliga, a cambio de un precio cierto, a entregar un buque determinado al arrendatario para que éste lo use temporalmente conforme a lo pactado o, en su defecto, según su naturaleza y características."*

Destacan Emparanza Sobejano y Martín Osante[(289)] que este contrato *"en la práctica anglosajona recibe el nombre de bareboat charter, fletamento a casco desnudo, aludiendo así a que el buque, frecuentemente, se cede sin armar ni equipar"*, contrato que debe diferenciarse del contrato de time *charter by demisé,* en el que se arrienda un buque armado y equipado, con todo lo preciso para hacerse a la mar.

En cuanto resulta ser un arrendamiento de cosa mueble y a falta de previsiones en el Código de Comercio se rige por las disposiciones del Código Civil[(290)] y las pólizas o contratos tipo, unificados en los formu-

---

(289) Emparanza Sobejano, Alberto, y Martín Osante, José Manuel, El transporte marítimo (I). Contratos de arrendamiento de buque y fletamento, en Martínez Sanz, Fernando, (dir.) y Puetz, Achim, (coord.), *Manual de derecho del transporte,* Marcial Pons, Madrid, 2010, pags. 87 y ss.

(290) Código Civil. Artículo 1546. *"Se llama arrendador al que se obliga a ceder el uso de la cosa, ejecutar la obra o prestar el servicio; y arrendatario al que adquiere el uso de la cosa o el derecho a la obra o servicio que se obliga a pagar."*

larios BARECON/89 y BARECON/2001[291]. El Anteproyecto de la Ley de Navegación Marítima exige forma escrita.

El objetivo fundamental de este contrato se encuentra en la posibilidad de disponer de buques para satisfacer una demanda específica de transporte o en la posibilidad de arrendar un buque con un determinado pabellón para una campaña. Destaca Arroyo que el arrendatario adquiere la condición de naviero[292] de modo que responde de las consecuencias de la empresa de navegación y habrá de garantizar también el buen estado de la cosa arrendada. No podrá, por otra parte, ceder el buque o subarrendarlo sin consentimiento del arrendador. El propietario, arrendador, ha de entregar el buque con sus pertrechos en las condiciones fijadas y garantizar su navegabilidad.

En la práctica internacional se practica también con cierta frecuencia el contrato de arrendamiento financiero del buque, en el que a la cesión temporal de uso se añade una opción de compra una vez terminado este período. El contrato permite, como señala Arroyo[293], financiar la construcción y explotación del buque, como cualquier otro contrato de leasing.

Por lo que se refiere al contrato de fletamento, en el Anteproyecto de Ley de Navegación Marítima se define del siguiente modo:

> *"Artículo 203. Concepto.*
>
> *Por el contrato de transporte marítimo de mercancías, también denominado fletamento, se obliga el porteador, a cambio del pago de un flete, a transportar por mar mercancías y entregarlas al destinatario en el puerto o lugar de destino".*

Señala Vicent Chuliá[294] que a pesar de la relativa claridad de la regulación del Código de Comercio parte de la doctrina ha discutido sobre la tipicidad del contrato. Es habitual en parte de la doctrina señalar que el contrato engloba varias modalidades contractuales y distinguir entre el contrato de fletamento por tiempo y el contrato de fletamento por viaje,

---

[291] Los formularios proceden de la BIMCO, es decir, The Baltic and International Maritime Council. *www.bimco.org*

[292] Arroyo Martínez, Ignacio, *Compendio de derecho marítimo*, 4ª ed., Tecnos, Madrid, 2012.

[293] Arroyo Martínez, Ignacio, *Compendio de derecho marítimo*, op. cit.

[294] Vicent Chuliá, Francisco, op.cit.

incluyendo después referencias al contrato de fletamento en régimen de conocimiento de embarque, el subfletamento, el contrato por viajes consecutivos, el contrato de tonelaje, el contrato por viaje redondo o el contrato multimodal, todos ellos modalidades o submodalidades del fletamento. En todo caso, la opinión mayoritaria es que el objeto del contrato de fletamento es el transporte de mercancías de modo que la obligación fundamental del fletante reside en el transporte de estas, con independencia de las circunstancias que concurran en el buque, de modo que si éste dejara de estar en disposición de navegar habría de ser sustituido por otro[295].

La opción del Anteproyecto de Ley de Navegación Marítima pasa por configurar el fletamento como un contrato de transporte que alguien realiza en beneficio de otro, que paga por ello, moviéndose de origen a destino y procurando el desplazamiento solicitado. Dentro de este tipo contractual unificado caben las especialidades de los fletamentos por viaje y por tiempo, junto con el transporte de mercancías bajo conocimiento de embarque. Así lo dispone el artículo 204.1:

> *"Artículo 204.1. Fletamento por tiempo y por viaje.*
>
> *1. Cuando el fletamento se refiera a toda o parte de la cabida del buque podrá concertarse por tiempo o por viaje. En el fletamento por tiempo el porteador se compromete a realizar todos los viajes que el fletador vaya ordenando durante el periodo pactado, dentro de los límites acordados. En el fletamento por viaje, el porteador se compromete a realizar uno o varios viajes determinados."*

La regulación tenía carácter dispositivo en el Código de Comercio y lo tiene en el Proyecto de Ley de Navegación Marítima, en particular en lo que afecta al régimen de responsabilidad del porteador, salvo en lo que se refiere al contrato de transporte en líneas regulares bajo régimen de conocimiento de embarque. En todo caso, en el fletamento es frecuente la utilización de modelos o formularios como las pólizas GENCON, GENTTME, ASBATANKBOY, NORGRAIN, CENTROCON, FERTICOM, INTERTANKO, BALTIME, NYPE, CEMENCO, ASBATIME, SHELLTIME, GASVOY, MULTIFORM, por citar algunas.

Como dispone el artículo 652 del Código de Comercio el contrato de fletamento *"deberá extenderse por duplicado en póliza firmada por los con-*

[295] Emparanza Sobejano, Alberto, y Martín Osante, José Manuel, op. cit.

tratantes, y cuando alguno no sepa o no pueda, por dos testigos a su ruego", aun cuando cabe entenderlo celebrado con arreglo a lo que resulte del conocimiento de embarque. La póliza es, por tanto, un documento con efectos fundamentalmente probatorios junto al que aparece en ocasiones el conocimiento de embarque, que acredita que las mercancías fueron recibidas por el transportista[(296)].

En el contrato de fletamento por tiempo (*time charter*) el objeto del contrato es la navegación durante un tiempo determinado a cambio de la contraprestación, llamada flete. La actividad de navegar se constituye así en elemento esencial del contrato, a través de la puesta a disposición por parte del fletante de un buque apto para la navegabilidad, obligación que se corresponde con el derecho del fletador a disponer del buque. Coherentemente el flete se calcula en función de las unidades de tiempo[(297)]. Por lo que se refiere a las obligaciones de las partes, Arroyo distingue entre las obligaciones del naviero fletante, que incluyen la navegabilidad del buque, el mantenimiento del casco y el equipo, la cesión comercial del buque, la necesidad de realizar los viajes con la máxima celeridad y la obligación de colaborar, y las del fletador, que ha de pagar el flete, emplear el buque según lo convenido y devolverlo en perfecto estado.[(298)]

En el contrato de fletamento por viaje (*voyage charter*) el fletante o naviero pone a disposición del fletador el buque a cambio de una cantidad o precio denominada flete[(299)]. Suele tener por objeto el transporte de cargas completas (graneles, gases, fertilizantes, etc) en los llamados viajes *tramp,* es decir, viajes no regulares y en líneas libres de navegación. Se rige este contrato por el principio de autonomía de la voluntad, a di-

---

(296) Arroyo, Compendio de derecho marítimo,...op cit.

(297) Código de Comercio: "*Artículo 652. El contrato de fletamento deberá extenderse por duplicado en póliza firmada por los contratantes, y cuando alguno no sepa o no pueda, por dos testigos a su ruego. La póliza de fletamento contendrá, además de las condiciones libremente estipuladas, las circunstancias siguientes: (...) 8.ª El flete que se haya de pagar, expresando si ha de ser una cantidad alzada por el viaje, o un tanto al mes, o por las cavidades que se hubieren de ocupar, o por el peso o la medida de los efectos en que consista el cargamento, o de cualquiera otro modo que se hubiere convenido.*"

(298) Las pólizas conceden al armador un derecho de retención sobre los cargamentos y fletes y al fletador un derecho de retención sobre el buque como garantías recíprocas del cumplimiento.

(299) El concepto no es unánime en la doctrina. Véase Arroyo, Compendio de derecho marítimo, op. cit.

ferencia del sistema de transporte mediante conocimiento de embarque que ha sido objeto de varios convenios internacionales. El buque es, por tanto, elemento esencial del contrato, así como sus características y su capacidad de carga[300] y prescribe el Código de Comercio que ha de ser debidamente identificado en la póliza. El fletante está obligado a poner a disposición del fletador el buque, a realizar el viaje convenido y a transportar las mercancías hasta el lugar de destino. Adquiere, a cambio, un derecho al flete. Se ha de tener en cuenta, finalmente, que el transporte de las mercancías implica la carga y descarga de las mismas. El tiempo previsto para estas operaciones se denomina plancha o estadía y su prolongación indebida demora o sobreestadía. La regulación de los derechos y obligaciones de los sujetos de contrato en estos tiempos obedece a la necesidad de obtener la rentabilidad prevista por el uso del buque en el contrato. El Anteproyecto de Ley de Navegación Marítima dedica a este extremo los artículos 239 a 245.

La peculiaridad del contrato de fletamento en régimen de conocimiento de embarque reside en que la posición de las partes en la negociación de los términos del contrato no es idéntica[301]. En las líneas regulares de navegación internacional los navieros pueden imponer sus condiciones a los cargadores[302]. La necesidad de equilibrar esta situación se encuentra ya en normas como la Harter Act estadounidense de 1993 marcando una línea que sigue el Convenio de Bruselas de 1924.

Esta modalidad del contrato fue inicialmente regulada en España por la Ley de 22 de diciembre de 1949, de unificación de reglas en los conocimientos de embarque en buques mercantes, que incorpora a nuestro ordenamiento el Convenio de Bruselas de 25 de agosto de 1924[303],

(300) Emparanza Sobejano, Alberto, y Martín Osante, José Manuel, *El transporte marítimo (I). Contratos de arrendamiento de buque y fletamento*, en Martínez Sanz, Fernando, (dir.) y Puetz, Achim, (coord.), *Manual de derecho del transporte*, Marcial Pons, Madrid, 2010, pags. 87 y ss.

(301) Emparanza Sobejano, Alberto, y Martín Osante, José Manuel, *El transporte marítimo (II), contratos de transporte marítimo de mercancías en régimen de conocimiento de embarque,* en Martínez Sanz, Fernando, (dir.) y Puetz, Achim, (coord.), *Manual de derecho del transporte*, Marcial Pons, Madrid, 2010, pags.113 y ss.

(302) Vicent Chuliá, Francisco, op. cit.

(303) La reunión fue convocada por el Comité Marítimo Internacional (CMI) y representa los intereses de los países armadores. Así lo demuestra el amplio sistema de exoneración de la responsabilidad del porteador marítimo.

conocido como reglas de La Haya, y ratificado por España[304]. La norma pretende evitar los abusos en las exoneraciones de responsabilidad de los navieros. En todo caso es preciso tener en cuenta que las normas pueden resultar aplicables también a los transportes marítimos internos o nacionales al preverse contractualmente su aplicación por remisión, a través de las llamadas cláusulas *Paramount.*

En este momento, el régimen del Anteproyecto de Ley de Navegación Marítima recoge la regulación de la responsabilidad del porteador por daños y averías de las cosas transportadas contenida en las Reglas de La Haya-Visby ratificadas por España y por la generalidad de los países marítimos[305], aun cuando se han tenido en cuenta las Reglas de Rotterdam, que aun no han entrado en vigor[306]. Las Reglas de La Haya fueron elaboradas tras la primera guerra mundial y aprobadas en la Conferencia de La Haya de 1921. Se modificaron en 1968 y 1979 por los protocolos de Visby. España ha ratificado tanto las reglas como los dos protocolos.

Por su parte las Reglas de Hamburgo de 1978 tienen su origen en el Convenio de las Naciones Unidas sobre el transporte marítimo de mercancías y resultan más equitativas que las primeras, que otorgan al porteador un régimen privilegiado. Las Reglas de Rotterdam se formulan en el marco del Convenio de las Naciones Unidas sobre el contrato de transporte internacional de mercancías total o parcialmente marítimo y resultarían más ventajosas para España, país cargador, que las vigentes de La Haya-Visby[307]. España fue el primer país en ratificar este convenio, en enero de 2011, de forma coherente con su posición en la materia.

---

(304) La Ley excluía de su ámbito de aplicación el cabotaje nacional.

(305) Según la OCDE, las Reglas de La Haya-Visby regulan actualmente el 95 por 100 del comercio marítimo mundial.

(306) Sobre los convenios en la materia y su ámbito de aplicación véase López Santana, Nieves, *Algunas cuestiones en torno al ámbito de aplicación del proyecto de Convenio sobre el transporte total o parcialmente marítimo de mercancías,* en Martínez Sanz, Fernando y Petit Lavall, María Victoria, *Estudios sobre derecho y economía del transporte: reforma y liberalización,* coordinado por Fernando Juan y Mateu, Tecnos, Madrid, 2009, pag 26 y ss.

(307) La doctrina coincide en señalar que el régimen de responsabilidad previsto en las Reglas de Rotterdam resulta más equilibrado. Ofrecen también la ventaja de prever la regulación de los documentos electrónicos y el transporte multimodal.

El Anteproyecto de Ley de Navegación Marítima regula también el contrato en régimen de conocimiento de embarque.

> *"Artículo 205.*
>
> *Fletamento para el transporte de mercancías determinadas en régimen de conocimiento de embarque.*
>
> *El fletamento también puede referirse al transporte de mercancías determinadas por su peso, medida o clase. En este caso, las condiciones del contrato podrán figurar en el conocimiento de embarque u otro documento similar."*

El conocimiento de embarque es el documento (ya sea en soporte papel o en soporte electrónico) que acredita que las mercancías han sido recibidas a bordo del buque y que documenta el derecho a la restitución de esas mercancías en el puerto de destino. Las menciones necesarias de dicho conocimiento incluyen la identificación del porteador y del cargador, la descripción de las mercancías, los lugares o puertos de inicio y fin del transporte, la fecha de entrega de las mercancías y el lugar de emisión del conocimiento(308). De este modo, como destacan Emparanza Sobejano y Martín Osante,(309) el conocimiento cumple una función probatoria, en cuanto acredita la existencia de las mercancías y su entrega, una función contractual, en cuanto fija las condiciones esenciales del contrato de transporte y una función representativa, ya que el conocimiento de embarque es un título valor que permite reclamar en destino la posesión de las mercancías(310).

Así los términos se entiende que el régimen del contrato de transporte mediante conocimiento de embarque tiene como finalidad principal la regulación de las obligaciones del porteador entre las que se encuentran las de navegabilidad, las de vigilancia sobre las operaciones de estiba y

(308) Anteproyecto de Ley de Navegación Marítima.

(309) Emparanza Sobejano, Alberto, y Martín Osante, José Manuel, *El transporte marítimo (II), contratos de transporte marítimo de mercancías en régimen de conocimiento de embarque*, en Martínez Sanz, Fernando, (dir.) y Puetz, Achim, (coord.), *Manual de derecho del transporte*, Marcial Pons, Madrid, 2010, pags.113 y ss.

(310) Anteproyecto de Ley de Navegación Marítima

"Artículo 251. Eficacia traslativa. La transmisión del conocimiento de embarque producirá los mismos efectos que la entrega de las mercancías representadas, sin perjuicio de las acciones penales y civiles que correspondan a quien hubiese sido desposeído ilegítimamente de aquellas."

desestiba y las relacionadas con la custodia y entrega de las mercancías. No cabe, en los limitados márgenes de este estudio un análisis más completo del régimen de responsabilidad del porteador.

En el Proyecto de Ley de Navegación Marítima consta también una regulación del documento de transporte multimodal o combinado, regulación que pretende atender a esta nueva modalidad de transporte que se lleva a cabo fundamentalmente mediante contenedores(311).

Hay otros muchos contratos que merecerían una atención específica en un estudio más completo. Baste, dados los límites de este trabajo, con alguna breve referencia. En lo que se refiere al objeto del contrato es preciso distinguir los contratos de transporte de mercancías de los contratos de pasaje. El Código de Comercio dedica a "los pasajeros en los viajes por mar" los artículos 693 y siguientes, en una regulación hoy completamente desfasada(312) sobre la que se incorporó el Convenio relativo al transporte de pasajeros y sus equipajes por mar, hecho en Atenas el 13 de diciembre de 1974, modificado por varios protocolos(313). No se ha de olvidar que la seguridad y los derechos de los pasajeros han tenido gran influencia en la moderna configuración del derecho de la navegación ya que el Primer Convenio SOLAS (Safety of Life at Sea) fue el producto de la Conferencia Internacional sobre Seguridad de la Vida en el Mar, convocada por el gobierno británico tras la catástrofe del Titanic(314).

Al mismo Convenio de Atenas se refiere el Anteproyecto de Ley de Navegación Marítima, que dedica al contrato de pasaje los artículos 287

(311) Emparanza Sobejano, Alberto, *El transporte multimodal*, en Martínez Sanz, Fernando, (dir.) y Puetz, Achim, (coord.), *Manual de derecho del transporte*, Marcial Pons, Madrid, 2010, pags. 386 y ss.

(312) Arroyo, Ignacio, *Compendio de derecho marítimo*, 4ª ed., Tecnos, Madrid, 2012, pags 171 y ss y Emparanza Sobejano, Alberto, y Martín Osante, José Manuel, *El transporte marítimo (III). Otros contratos auxiliares de la navegación. El contrato de pasaje*, en Martínez Sanz, Fernando, (dir.) y Puetz, Achim, (coord.), *Manual de derecho del transporte*, Marcial Pons, Madrid, 2010, pags. 139 y ss.

(313) El Real Decreto 1247/1999, de 16 de julio, sobre reglas y normas de seguridad aplicables a los buques de pasaje que realicen travesías entre puertos españoles ha sido modificado en varias ocasiones, la última por el Real Decreto 457/2011, de 1 de abril. En este proyecto recayó el Dictamen 128/2011, de 3 de marzo de 2011, del Consejo de Estado.

(314) El transatlántico "Titanic" de la Compañía Cunard Lines dejó 1563 muertos de entre las 2244 personas que llevaba a bordo, en parte por causa de la insuficiencia de botes salvavidas. Véase Vicent Chuliá Francisco, voz *Navegación marítima*, en la Nueva Enciclopedia Jurídica, Ed. Francisco Seix, S.A., Vol. XVII. Págs. 82-143, Barcelona, 1982.

a 300, y se remite también a las normas de la Unión Europea, en particular el Reglamento (UE) nº 1177/2010 del Parlamento Europeo y del Consejo, de 24 de noviembre de 2010, sobre los derechos de los pasajeros que viajen por mar y por vías navegables, que incluye los servicios de pasaje y los cruceros(315). Se ha de tener en cuenta que los puertos europeos acogen todos los años a más de 400 millones de pasajeros, en un régimen de prestación de servicios que está plenamente liberalizado, siempre que los buques naveguen bajo bandera de un país de la Unión Europea(316).

En el Anteproyecto de Ley de Navegación Marítima constan también otros contratos auxiliares(317) de la navegación, entre ellos, el contrato de practicaje(318), el remolque, el arredramiento náutico con finalidad únicamente deportiva o recreativa sea con o sin tripulación(319), la gestión naval(320) y el contrato de consignación(321)

Reviste interés para la materia objeto de este estudio la regulación de la mención en el Anteproyecto de Ley de Navegación Marítima del

(315) Las principales navieras del mundo dedicadas a los cruceros son Royal Caribbean International, Carnival Cruise Lines, Celebrity Cruises, Disney Cruise Line, Holland America y Norwegian Cruise Line.

(316) Reglamento (CEE) Nº 4055/86 del Consejo, de 22 de diciembre de 1986, relativo a la aplicación del principio de libre prestación de servicios al transporte marítimo entre Estados miembros y entre Estados miembros y terceros países.

(317) Emparanza Sobejano, Alberto, y Martín Osante, José Manuel, El transporte marítimo (III). *Otros contratos auxiliares de la navegación. El contrato de pasaje*, en Martínez Sanz, Fernando, (dir.) y Puetz, Achim, (coord.), *Manual de derecho del transporte*, Marcial Pons, Madrid, 2010, pags. 139 y ss.

(318) Artículo 325 del Anteproyecto de Ley de Navegación Marítima: "*Mediante el contrato de practicaje una persona denominada práctico se obliga, a cambio de un precio, a asesorar al capitán en la realización de las diversas operaciones y maniobras para la segura navegación de buques por aguas portuarias o adyacentes*".

(319) "*Artículo 307. Concepto. Por el contrato de arrendamiento náutico el arrendador cede o pone a disposición del arrendatario, a cambio de precio, un buque o embarcación de recreo por un período de tiempo y con una finalidad exclusivamente deportiva o recreativa*". Quizá la expresión "arrendamiento náutico" no sea la que mejor define el objeto del contrato.

(320) "*Artículo 314. Concepto. Por el contrato de gestión naval, una persona se compromete, a cambio de una remuneración, a gestionar, por cuenta y en nombre del armador todos o alguno de los aspectos implicados en la explotación del buque. Dichos aspectos pueden hacer referencia a la gestión comercial, náutica, laboral o aseguradora del buque.*"

(321) "*Artículo 319. Concepto. Se entiende por consignatario a la persona que por cuenta del armador o del naviero se ocupa de las gestiones materiales y jurídicas necesarias para el despacho y demás atenciones al buque en puerto.*"

contrato de manipulación portuaria. El anteproyecto le dedica los artículos 329 y siguientes definiéndolo como el contrato en que un operador se compromete, a cambio de un precio, a realizar todas o alguna de las operaciones de manipulación de las mercancías en puerto previstas en esta ley u otras de similar naturaleza. Entre estas operaciones se encuentran las de carga, carga, descarga, estiba y desestiba a bordo de los buques, así como las de recepción, clasificación, depósito y almacenamiento en muelle o almacenes portuarios, y las de transporte intraportuario. Igualmente, podrá incluir las operaciones materiales similares o conexas a las anteriores. El operador portuario será responsable de todo daño, pérdida de las mercancías o retraso en su entrega, causados mientras se encontraban a su cuidado en tanto no pruebe que se debieron a causas fortuitas y que, para evitar sus efectos, el operador o sus auxiliares adoptaron todas las medidas razonablemente exigibles, con la limitación de la responsabilidad del porteador por pérdida o daño de las mercancías prevista en el artículo 4.5. e) del Convenio internacional para la unificación de ciertas reglas en materia de conocimientos de embarque, que será asimismo aplicables al operador de manipulación portuaria. Se ha de precisar que el contenido del capítulo se inspira en el Convenio de las Naciones Unidas sobre la responsabilidad de los empresarios de terminales de transporte en el comercio internacional, hecho en Viena el 19 de abril de 1991, que ha sido firmado pero no ratificado por España.

10. A MODO DE CONCLUSIÓN

En el momento en que se cierra este archivo el Proyecto de Ley de Navegación Marítima ha culminado su tramitación y ha sido aprobado por el Consejo de Ministros. Produce una cierta desazón entregar a las prensas estas páginas pero los plazos apremian. Tiempo habrá para estudiar la incidencia de esta relevante norma en el sector del transporte marítimo.

Made in the USA
Coppell, TX
10 November 2026

11840737R00254